520번의 금요일

일러두기

1. 이 책은 '사단법인 4.16 세월호 참사 진상규명 및 안전사회 건설을 위한 피해자 가족협의회'의 세월호참사 10주기 공식 기록집이다. 본문에서는 단체 명칭을 '가족협의회'로 줄여 쓰되, '4·16가족협의회' '가협' 등을 해당 문맥에 맞게 표기한다.

2. 가족협의회는 2014년 4월 16일 사고 이후 4월 26일 '안산 단원고등학교 유가족대책위원회'(유가족대책위)로 출범하여 그해 5월 6일 총회 이후 '세월호 사고 희생자/실종자/생존자 가족대책위원회'(가족대책위)로 활동하다가 2015년 1월 총회 이후 현재의 '사단법인 4.16 세월호 참사 진상규명 및 안전사회 건설을 위한 피해자 가족협의회'(가족협의회)로 전환했다(참고로 사단법인으로 등록된 것은 2016년의 일이다). 본문에서는 해당 시기별로 '유가족대책위' '가족대책위' '가족협의회'를 구분해서 쓴다.

3. 본문에서 가족협의회의 부모 이름은 '○○ 엄마 ○○○ 씨' 식으로 쓰되, 글의 맥락에 따라 '○○ 엄마' '○○ 아빠' 등으로 표기한다. 해당 인물들에 대한 정확한 정보는 「책 속에 등장하는 사람들」에서 확인할 수 있다.

4. 기타 단체 명칭 및 법률 명칭은 본문에서 처음 나올 때에 정식 명칭을 써주고 그 뒤로 약칭을 쓴다. (인용문에서는 약칭을 먼저 쓰고 정식 명칭을 괄호 안에 넣는다.)

법률 명칭: 4·16세월호참사 진상규명 및 안전사회 건설 등을 위한 특별법(세월호 특별법) / 4·16세월호참사 피해구제 및 지원 등을 위한 특별법(세월호피해지원법) / 사회적 참사의 진상규명 및 안전사회 건설 등을 위한 특별법(사회적 참사 특별법)

단체 및 기관 명칭: 가습기살균제사건과 4·16세월호참사 특별조사위원회(사회적참사특별조사위원회, 사참위) / 단원고등학교(단원고) / 4·16 세월호참사 특별조사위원회(세월호특조위, 1기 특조위) / 4월16일의약속국민연대(4·16연대) / 국군기무사령부(기무사, 현 국군방첩사령부) / 생명·안전·약속 4·16재단(4·16재단) / 세월호 선체조사위원회(선조위) / 세월호참사 국민대책회의(국민대책회의) / 전국민주노동자총연맹(민주노총) / 중앙재난안전대책본부(중대본) / 해양경찰(해경) / 해양수산부(해수부)

세월호참사가족협의회
2014~2023년의 기록

520번의
금요일

세월호참사 작가기록단

책 속에 등장하는 사람들

단원고 희생자 부모

강지은(상준 엄마)	고영환(우재 아빠)	김광미(인배 엄마)	김광배(건우 아빠)
김내근(민지 아빠)	김도현(동수 엄마)	김명임(수인 엄마)	김미나(건우 엄마)
김미현(성빈 엄마)	김병준(민정 아빠)	김성실(동혁 엄마)	김순길(윤희 엄마)
김연실(차웅 엄마)	김영오(유민 아빠)	김정해(주현 엄마)	김종기(수진 아빠)
김칠성(주아 아빠)	김현동(다영 아빠)	남영미(수진 엄마)	문연옥(이태민 엄마)
문종택(지성 아빠)	박요섭(시찬 아빠)	박유신(예진 엄마)	박윤수(소희 아빠)
박은희(예은 엄마)	박정화(은정 엄마)	박혜영(윤민 엄마)	빈운종(하용 아빠)
성시경(김혜선 엄마)	신명섭(지현 엄마)	신점자(휘범 엄마)	신현호(승희 아빠)
안명미(지성 엄마)	안영진(중근 아빠)	양옥자(재강 엄마)	엄소영(성호 엄마)
오병환(영석 아빠)	오홍진(준영 아빠)	유경근(예은 아빠)	유점림(지민 엄마)
유해종(미지 아빠)	윤경희(시연 엄마)	윤명순(고운 엄마)	윤영순(민규 엄마)
윤옥희(웅기 엄마)	은인숙(승묵 엄마)	이남석(창현 아빠)	이미경(영만 엄마)
이미순(지숙 엄마)	이선자(동영 엄마)	이재복(수연 아빠)	이정숙(지혜 엄마)
이지성(도언 엄마)	임영애(준영 엄마)	임종호(세희 아빠)	장순복(준우 엄마)
장훈(준형 아빠)	전명선(찬호 아빠)	전미향(준혁 엄마)	전인숙(경빈 엄마)
정부자(호성 엄마)	정성욱(동수 아빠)	정순덕(순영 엄마)	정유은(주아 엄마)
정은영(보미 엄마)	정정희(다영 엄마)	조기하(담비 아빠)	조덕호(봉석 아빠)
조순애(혁이 엄마)	최경덕(성호 아빠)	최성용(윤민 아빠)	최순화(창현 엄마)
최지영(순범 엄마)	한홍덕(은지 아빠)	홍영미(재욱 엄마)	황인열(지현 아빠)

단원고 생존자 부모

김순덕(애진 엄마)	김영희(연희 엄마)	문석연(시우 엄마)	방미자(영서 엄마)
신경희(인서 엄마)	장동원(애진 아빠)		

단원고 희생자 형제자매

김소리 김채영 남서현 박보나 박예나 이영수 최윤아

단원고 생존자

김도연 김주희 이시우 장애진

시민(활동가, 연대자)

공우영(민간 잠수사) / 김경민(전 사회적참사특별조사위원회 피해지원과 과장) / 김도훈(전 안산시 희망마을사업추진단 단장) / 김문수(삼풍백화점 붕괴 참사 유가족) / 김미숙(4·16합 창단 단원) / 김민환(교수, 추모사업분과 자문위원) / 김상우(민간 잠수사) / 김선우(4·16연 대 사무처장) / 김성묵(일반인 생존자) / 김영례(진도 주민) / 김영은(안산 '울타리넘어') / 김은호(안산 희망교회 목사) / 김태현(4·16가족극단 '노란리본' 감독) / 김혜진(생명안전동 행 정책위원) / 노란(약사, 해남 주민) / 라은영(쉼표) / 마연숙(퀼트 공예가) / 미류(인권운 동사랑방 상임활동가) / 박래군(4·16재단 상임이사) / 박미리(4·16합창단 지휘자) / 박성현 (4·16재단 나눔사업1팀장) / 박인환(안산 화정교회 목사) / 박주민(국회의원) / 박태일(진 도 주민) / 서채완(변호사) / 손인성(진도 주민) / 안홍택(고기교회 목사) / 양한웅(조계 종 사회노동위원회 집행위원장) / 오혜란(4·16연대 공동대표) / 위성태(4·16안산시민연대 집행위원장) / 윤석기(2·18 대구지하철 화재 참사 유가족) / 이소연(다큐멘터리 〈장기자랑〉 감독) / 이승용(약사, 해남 주민) / 이연우(안산 '아름드리') / 이옥영(동거차도 주민) / 이 재홍(4·16생명안전공원 시민발주서 프로젝트 담당자) / 이지연(꽃누르미 공예가) / 이진형 (청지기교회 목사) / 이태호(4·16연대 상임집행위원장) / 임남곤(진도 주민) / 임남희(안산 '힐링센터 0416 쉼과 힘' 전 사무국장) / 임정자(동화작가) / 임주현(4·16재단 사무처장) / 정경일(4·16생명안전공원 예배팀) / 정인선(광주시민상주모임) / 전광근(민간 잠수사) / 최 철호(4·16합창단 단원) / 한석호(4·16연대 안전사회위원장) / 황병주(민간 잠수사) / 황필 규(변호사, 사회적참사특별조사위원회 비상임위원)

세월호참사 관련 활동 전반에 헌신하다가 세상을 떠난 故 박지민(원석 엄마),
故 김관홍(민간 잠수사), 故 박종필(미디어 활동가) 님을 기억합니다.
고인의 뜻은 여기에 남아 우리의 길을 함께 비출 것입니다.

차례

아이들이 돌아오지 못한 금요일, 520번째

2022년 봄, 가족협의회에서 세월호참사 10주기를 앞두고 그동안의 활동을 정리하여 기록해달라는 제안을 받았다. 우리에 대한 그동안의 신뢰와 믿음에서 나온 제안이었기에 너무나 고마웠지만, 이제 와서야 고백하건대 그 당시 우리들 어느 누구도 선뜻 해보자는 말을 입 밖에 내지 못했다.

세월호, 가족협의회, 10년. 이 세 단어가 주는 무게를 도저히 감당할 자신이 없었다. 무례를 범하지 않고 거절하기 위한 묘수가 없을까 잠시 고민도 했다. 하지만 우리 인권기록 활동의 계기가 되기도 했던 세월호참사, 그리고 가족협의회와의 관계는 우리의 역량과 조건을 떠나 쉽사리 외면하거나 회피할 수 없는, 뭐라 이름 붙이기도 어려운 그 무엇이었다. 또한 세월호참사가 그러했듯이 10주기 기록 작업 또한 많은 재난참사와 그 기록에 직간접적으로 영향을 줄 것이며 가족들의 바람도 그러할 것이라 여겼기에, 우리도 용기를 내어 애를 써보기로 했다. 짧지 않은 시간 수차례 회의 끝에, 우리는 가족들의 이야기를 그대로 받아 적지는 않을 것이며 가족들과 함께 10년을 기록하겠다는 나름의 원칙을 세우고 작업을 시작했다.

10주기 기록 작업에 본격적으로 들어가기에 앞서 우리는 이 참사에 관해 우리가 알고 있는 것은 무엇이며, 우리가 미처 모르고 있는 것은 무엇인지부터 짚어봤다. 우리는 4·16세월호참사 작가기록단이라는 이름으로 그간 세 권의 단행본을 냈고, 그랬기에 10여 년 동안 가족들 곁에서 그리 멀리 떨어져 있지 않았다고 생각했다. 하지만 이건 우리의 생각이었을 뿐, 실제로 사람들을 만나고 작업을 할수록 우리는 우리의 무지를, 우리가 보았고 알고 있다고 짐작했던 것들이 얼마나 지엽적이고 단편적이며 일면적이었는지 깨달았다.

대개의 시민들은 가족들이 2014년 4월 16일부터 진도 팽목항에서, 광화문에서, 청운동에서, 안산 화랑유원지 분향소에서 몸과 마음을 다해 싸우고 버텨냈던 그 모습을 기억하고 있다. 하지만 시민들이 한 해 한 해 각자의 삶을 사는 동안, 그들도 자신의 삶을 살아왔다. 그들 개개인의 삶은 생각보다 간단하지 않았다. 참사 직후의 뜨거웠던 열기가 지난 뒤 어느덧 그들 곁에는 몇 되지 않은 이들만 남은 듯도 했다. 신산하다 하면 신산하다 할 수 있는 냉혹한 현실이었다.

2년여 동안 100명이 훌쩍 넘는 가족들, 그리고 세월호운동에 함께한 여러 시민들과 활동가들을 만났다. 거기에는 전, 현직 가족협의회 임원은 물론 이제는 대부분 사회에 진출한 생존 학생들과 희생자의 형제자매들도 있었으며, 여러 사정으로 인해 이제는 세월호운동과 거리를 두고 있는 이들과 여전히 활발한 활동을 하고 있는 이들도 포함되었다. 다들 서로 다른 위치와 시간 속에서 각자가 간직해온 소중한 이야기를 전해주었다.

　　인터뷰를 마치고 우리는 다들 하나의 명확한 사실 앞에 멈춰 섰다. '어느 누구도, 가족들조차도 이 참사를, 그리고 참사 이후 지난 10여 년을 온전히 설명하거나 해명하는 것은 불가능하다.' 당연히 여기에 담긴 이야기들, 기록들은 누군가의 주관적인 진술이며, 특정한 관점이 반영된 것이고, 그런 점에서는 일방적인 주장일 수 있다. 지난 10여 년 헤아릴 수 없이 많은 이들이 함께했던 수많은 일들 속에 우리가 건져 올린 것은 극히 일부이며, 그것도 빛바랜 기억에 의존한 증언이다. 그마저도 한 권의 책에 오롯이 담기에는 역부족임을 여러 대목에서 절감해야 했다.

　　또한 너무나 당연하게도 우리가 전하고 싶은 이야기와 가족들이 남기고 싶은 이야기는 딱 들어맞지 않았다. 단적인 예로, 우리는 가족들의 갈등을 가능한 한 있는 그대로 듣고자 했다. 그게 어디 쉬운 일이었겠는가. 차마 입 밖으로 말을 꺼내기 어려워하는 이도 있었고 이야기 중에 격앙되어 잠시 쉬자는 이도 있었다. 그러고 나서 다른 가족을 만나면 그와 상반된 이야기를 듣기도 일쑤였다. 가족협의회 임원들과 몇 차례 워크숍을 하며 서로의 간극을 확인하고 좁히는 자리를 갖기도 했으며, 때로는 머리를 맞대고 퍼즐을 맞추듯 같이 다양한 모양의 그림을 그리기도 했다.

그러하기에 이 기록은 지난 10여 년 동안 가족들 몸과 마음에 새겨진 수만 개의 사연들 중에 아주 작은 부분들을 엮은 열두 개의 소품에 불과할지 모른다. 백 명이 넘는 사람들의 목소리를 받아 적은 뒤 그 이야기의 조각들을 맞추고 이어 붙이는 일은 역시 쉽지 않았다. 하지만 이들이 참사 직후 분노에 치를 떠는 와중에, 어느 누구도 나서지 않는 때에 얼떨결에 연단에 올랐던, 그전에는 그저 평범한 시민으로 살았던 이들이라는 점을 떠올린다면 이 어수선해 보일 수 있는 기록들에서 10년이 지나도 여전히 남아 있는 어떤 힘과 진심을 발견할 수 있을 것이다. 그럼에도 행간에서 여전히 남아 있을 어긋남과 빈틈이 보인다면, 그것을 이 기록의 한계인 동시에 또 다른 가능성으로서 읽어주었으면 하는 바람이다.

여러 면에서 세월호참사는 한국 재난참사와 재난 피해자 운동의 시발점이자 가장 중요한 분기점이다. 단적으로 사회적 참사특별조사위원회 보고서를 면밀히 살펴보면 알 수 있다. 조사위원회의 보고서는 해당 조사 과제가 적정했는지 여부를 판단하는 것이라 할 수 있는데, 그 적정성을 판단하기 위한 어떤 기준이나 선례도 존재하지 않았다. 세월호참사는 한국 재난참사에서 법령에 의해 최초로 피해자 지원 등이 이루어진 참사였기 때문이다. 희생자 추모사업뿐만 아니라 피해 지역의 공동체 회복이라는 개념이 등장한 것도 최초였고, 피해자와 생존자에 대한 심리지원도, 자원봉사자와 민간 잠수사 같은 조력자에 대한 보호나 지원 조치도, 희생자 유품의 보존과 관리도 모두 유례를 찾을 수 없는 최초의 사례들이다.

　과거 5·18광주민주화운동과 제주4·3사건 같은 국가폭력 사건들을 제외하고 재난참사에서 특별법을 통해 독립적인 조사기구가 만들어진 뒤 진상규명에 나선 것 또한 최초였으며, 피해자들이 그 과정에서 주도적으로 참여한 것도 세계적으로 찾아보기 힘든 일이었다. 이 수많은 '최초'들은 가족들만의 힘은 아니었지만 가족들이 없었다면 애초부터 상상하기 어려운 '사건'들이었다.

　모든 것들이 처음이었기에 어쩔 수 없이 시행착오도 많았고 저항도 거셀 수밖에 없었다. 유가족을 포함하여 피해자들을 향한 비난과 폄훼, 혐오와 저주도 온전히 감당해야 했다. 생명과 존엄을 돈과 저울질하는 사회에서 피해자에 대한 편견과 고정관념은 두터웠고 어느 순간에는 비수처럼 날카로웠다. 더 견디기 힘들었던 것은 가족들 사이에서의 분란과 갈등으로 인한 아픔이었을 것이다. 불가피했지만 내상은 더 깊었고 더 오랜 상처를 남겼으며, 이를 드러내기에는 10년이란 시간이 충분하지 않다는 것을 우리는 이 작업을 통해 다시금 확인할 수 있었다.

　하지만 가족협의회는 한곳만 바라보고 달려가지도, 울타리를 높이 치고 안으로 움츠러들지도 않았다. 참사의 진상규명은 물론 재발 방지와 안전한 사회를 만들기 위해, 재난참사를 제대로 기억하고 추모하는 것을 하나의 가치관으로 정립하기 위해 안간힘을 쏟았다. 더불어 가족들은 분노 속에서 각성하고, 슬품 가운데서 성찰했다. 그 과정에서 시민들과 함께 재난 피해자의 권리를 구성하고, 다른 재난참사 피해자들에게 손을 내밀어 연대의 길을 냈다.

작업을 시작하며 작가기록단이 가족협의회에 건넨 첫 질문은 이 기록이 과연 어떤 결과물이기를 바라느냐는 것이었다. 하나로 모인 대답은 '솔직한 기록'이었다. 그 바탕에는 매 순간 전력을 다했던 지난 활동에 대해 객관적인 평가를 받고 싶다는 마음과, 그럴 때만이 다른 재난 피해자들에게도 도움이 될 것이란 확신이 있었다. 물론 각자 가진 솔직함의 정도, 그 폭과 깊이는 다를 수밖에 없다. 그럼에도 미숙함과 어리석음까지 주저하지 않고 드러내주었던 가족들의 용기에 다시 한번 존경의 마음을 전한다. 무엇보다 가족협의회 10주기를 기록한다는 이유만으로 몇 해 만에, 또는 일면식도 없음에도 불구하고 불쑥 연락했을 때 어김없이 응답하고 환대해준 가족들과 시민들, 활동가들에게 감사드린다. 그리고 4·16기억저장소에도. 4·16기억저장소가 발간한 『그날을 말하다』는 이 작업의 지도를 그리는 데가장 요긴한 참고서였다. 또한 작가기록단의 『금요일엔 돌아오렴』『다시 봄이 올 거예요』『그날이 우리의 창을 두드렸다』 작업 과정에서의 기록들, 묵묵히 현장을 지켜온 4·16연대 미디어위원회와 5천여 건의 영상을 생산해온 세월호 유가족방송 4·16TV를 비롯한 수많은 세월호와 관련된 기록 집단이 없었다면 결과는 지금보다 훨씬 더 앙상할 수밖에 없었을 것이다. 그

기록 과정에 함께했던 모든 동료에게도 고마움을 전하고 싶다.

참으로 무모하리만치 방대하고 난이도 높은 작업이었지만 그럼에도 순간순간 이 기록 작업의 구성원으로 참여하고 있다는 사실만으로도 뿌듯했다. 돌이켜보면 작가기록단 구성원들 서로가 서로를 믿고 기대고 의지할 수 있었기에 가능한 일이었다. 또한 작가기록단의 첫 책『금요일엔 돌아오렴』을 함께 만들며 맺은 인연으로 한결같이 섬세하고 사려 깊은 조언과 조력을 아끼지 않은 박대우 편집자가 있었기에 가능한 일이었다. 그런 의미에서 이 책은 작가기록단과 편집자의 공동 저작이다.

이제 곧, 아이들이 돌아오지 못한 금요일을 520번째 맞이한다. 어떤 금요일은 진도 팽목항에서, 어떤 금요일은 안산 합동분향소에서, 서울 광화문과 국회와 청운동에서, 목포와 제주에서. 글자로, 영상으로, 노래로, 연극으로, 누군가는 책갈피와 노란 리본으로, 집과 일터와 거리에서 맞이한 금요일들. 사무치게 그립고 참담하고 절망적이었으나 언뜻 희망이 엿보이기도 했을 그 금요일들. 그 수많은 금요일의 마음들을 조금이나마 떠올리면서 많은 이들과 그 기억을 나누고 싶다.

재난 이후, '기억하겠다'는 말은 소중한 것들을 잃은 이들에게, 깊은 슬픔과 상실감에 잠긴 피해자들에게 건네는 위로이면서 결코 잊지 말아야 한다는 소박하지만 단단한 자기와의 약속이다. 어떤 문화연구자들은 나를 나이게끔 하는 것, 당신을 당신이게끔 하는 것은 다름 아닌 기억이며, 특히 우리를 우리이게끔 하는 것을 가리켜 집단기억이라고 부른다고 한다. 그렇다면 이 기록은 지난 10여 년 세월호의 시간을 되짚어보는 동시에 세월호에 관한 집단기억을 만들고, 우리를 다시 구성하는 첫 걸음인지도 모르겠다. 방금 이 이야기 속에 들어온, 어쩌면 새로운 질문과 마주할 당신과 함께.

열 번째 봄,
4·16세월호참사 작가기록단

그 섬

고행

"왼발, 왼발, 왼발."

"어이쿠!"

칭칭 감긴 파란 천막원단 뭉치를 실은 들것 모양의 쇠파이프가 위아래로 크게 휘청거렸다. 파이프에 동여맸던 끈이 가로세로 10미터 크기 원단의 무게를 감당하지 못하고 툭 끊어져버린 것이다. 길 폭이 좁아 손이 더 있다 한들 보탤 수도 없고, 앞뒤로 두 명씩 넷이서 오롯이 매고 올라가야 하는 산비탈 오솔길. 애초에 원단을 실은 들것을 들어 올릴 때부터 이것을 들고 산비탈을 오르는 게 과연 인력으로 가능키는 한 일일까 싶었다. 하지만 별 도리가 없다. 파이프에 끈을 더 야무지게 묶고 어깨에 걸친 뒤 다시 걸음을 뗀다. 맨 앞에 선 영석 아빠 오병환 씨가 구령을 외친다.

"왼발, 왼발, 왼발."

구령 한 번에 한 걸음, 50센티미터씩, 뭍에 올라온 거북이

처럼 더딘 전진이다. 얼마 지나지 않아 누군가의 입에서 욕지기가 터져 나온다. "미치겠다." 수색대 출신이라고 으스댔던 담비 아빠 조기하 씨 입에서도 단내가 풀풀 난다. 그걸 아는지 모르는지 아랑곳하지 않고 또 시작되는 '왼발' 구령.

고작 20여 미터쯤 갔을까. 겨우 내려놓고 여기저기 서둘러 걸터앉는 아빠들. 턱밑까지 차오른 숨에 아무 말도 하지 못하고, 주섬주섬 꺼내 든 담배도 가쁜 숨을 몇 차례 쉰 뒤에야 입으로 가져간다. "먼저 올라간 선발대는 왜 안 내려오는 거야?"

> 동수 아빠도 "아이 씨, 나 잡아먹으셔" 하며, 막 바리바리 쌓아 올린
> 지게를 지고 올라갔다 내려왔다를 네다섯 번인가 했나 봐요. 자기는
> 도저히 더는 못 내려가겠다고. 저보고 좀 내려가라고 하는데
> 저도 벌써 대여섯 번인가 오르락내리락해서 다리가 후들거려
> 도저히 못 가겠더라고요. (애진 아빠 장동원)

목적지는 동거차도 동두산 중턱 산마루. 며칠 전에 쳐놓은 텐트가 거센 바닷바람에 사흘을 못 버티고 종잇장처럼 구겨졌다. 그때, 근처에 딱 봐도 전망 좋은 자리에 흉물스럽게 방치된 철제 구조물이 눈에 들어왔다. 2014년 모 방송사 취재팀이 촬영용으로 설치했던 것이다. 하우스 기둥에 헝겊과 비닐을 두르고, 바닥에 스티로폼을 깔고, 이제 이 천막원단으로 덧씌우기만 하면 제법 그럴듯한 초소가 될 터였다.

"왼발, 왼발, 왼발."

"안 되겠어. 내려, 내려."

소희 아빠 박윤수 씨의 다리는 진작부터 후들거렸다. 목적지가 바로 저 너머인데 다시 휴식. 산을 오를수록 경사가 더 가팔라져서 앞 사람 궁둥이가 코에 닿을 듯했다. 혼자 지게 짐을 지고 오르면 30여 분 걸리는 거리였지만 넷이 하려니 족히 서너 배는 넘게 걸린 듯했다. 아빠들의 거친 숨소리와 구령이 그 뒤로도 한참 동안 동거차도를 울렸다.

천막이 설치되고 난 뒤에도 씻고 마실 물을 담은 페트병, 일주일치 식량, 전기를 돌릴 발전기, 손가락 굵기의 전기선 다발, 아이스박스 등등 살림살이를 이고 지는 일은 끊임없이 이어졌다. 마치 죽음의 신에게 맞선 죄로 산꼭대기에서 굴러떨어지는 커다란 바위를 영원히 온몸으로 다시 밀어 올려야 했던 시시포스의 형벌처럼.

인연

구실잣밤나무와 후박나무 숲이 군락을 이루고 괭이갈매기, 가마우지, 동박새 같은 희귀한 새들이 둥지를 트는 섬. 세월호가 침몰한 바다에서 1.6킬로미터 떨어져 배로 5분 거리도 채 안 되는, 무인도를 제외하고 가장 가까운 섬, 동거차도.

물살이 거세기로 유명한 맹골수도 옆 거차군도에 속한 섬들 가운데 하나로, 혹자는 파도가 너무 거칠어 거차도라 불렸다고 하고 혹자는 백제시대 제주도를 왕래할 때 여기를 경유했기에 거차도라 불렸다고 한다. 중국 대륙에서 새벽닭이 울면 그 울음소리가 들렸다는 믿거나 말거나 이야기가 전해 오는 한반도 가장 서남단의 섬.

2015년 8월, 정부가 바다 밑에 가라앉은 세월호를 인양하기로 결정하자 가족협의회는 세월호 인양 과정에서 또 무엇을 감추고 어떤 거짓말을 할지 몰라 근처 섬에 초소를 설치하고 그 과정을 감시하기로 했다.

> 감시초소를 어디에다 둘지 고민하고 있는데 지성이 아버님이 동거차도가 어떻겠느냐는 거예요. 그때만 해도 저는 거기가 어딘지 몰랐어요. 사전 답사를 가서 동거차도에 들어갔는데 가슴이 먹먹하더라고요. 바로 눈앞에 침몰한 곳이 보이니까. 이렇게 가까웠구나… (동수 아빠 정성욱)

> (동거차도에) 가서 보니까 너무 가까워서, 구명조끼 입고 수영 다 할 수 있는 거리예요. 배에서 나오라고만 했으면 다 살 수 있었는데. 왜 굳이 못 나오게 해서… 이렇게 가까운데. (재강 엄마 양옥자)

어떤 엄마아빠들은 도착하자마자 주저앉아 울거나 할 말을 잊은 채 망부석이 됐다. '이렇게 가까웠구나.' '구명조끼를 다 입었다는데 퇴선 방송만 했더라면.' 동거차도에 도착한 가족들은 손에 닿을 듯한 그곳, 바다 한가운데 떠 있는 부표가 가리키는 침몰 지점을 바라보며 가슴을 쥐어뜯었다. 새삼 덜덜 떨리는 손을 꼭 움켜쥐며 분노에 치를 떨기도 했다.

참사가 일어난 후 보름 뒤인 2014년 5월 1일, 세월호에서 유실된 문지성 학생의 시신이 발견된 곳이 바로 이 섬이기도 하다. 동거차도 연안 미역 양식장에서 작업을 하다 이를 확인하고 수습한 이는 참사 발생 당시 배를 끌고 구조를 돕기도 했던 동거차도 주민 이옥영 씨였다. 만약 그렇게 양식장에서 발견되지 않았더라면 하는 생각만으로도 아득해지는, 그런 기적 같은 일이다. 그 인연으로 지성 아빠와 이옥영 씨는 형 동생 하는 사이가 되었다.

참사 이후 가족들이 싸우는 곳 어디서나 카메라로 현장을 기록했던 지성 아빠는 이번에는 아빠들과 함께 카메라를 들고 동거차도로 가게 되었다. 자연스럽게 감시단의 베이스캠프는 이옥영 씨의 자택이 되었다. 감시단은 아빠들을 중심으로 3인 1조, 일주일씩 돌아가며 초소를 지켰다. 희생자가 이어준 한없이 슬프면서도 귀한 인연의 섬에서.

해방구

"저거 뭐야?" "야, 일단 가자." "왜? 무슨 일이야?" "뛰어, 얼른 카메라 들고 따라와." "빨리, 서둘러!"

성호 아빠랑 하용이 아빠랑 저랑 셋이 들어갔는데, 바지선에 예인선이

붙어 있었는데 밤에 뭔지 모를 물건이 내려가고 올라가는 게

보이는 거예요. 그러더니 배가 움직이는 거야. 그걸 찍으려고, 쫓아가

찍으려고 한밤중에 산을 두 개를 넘었어요. 카메라를 들고 셋이

정신없이 배를 쫓아갔는데 저쪽 하늘에서 날이 훤하게 밝아오는

거야. 돌아오면서 보니까 온통 길도 없고 풀숲이 우거져 있어. 아니,

이런 데를 우리가 어떻게 온 거지 싶더라고요. (건우 아빠 김광배)

인양 작업 업체의 바지선(선체 바닥이 평평한 무동력 대형 화물
운반선)은 감시초소의 카메라를 의식한 것인지 방향을 틀어 등
을 돌린 채 주로 야간에 작업을 했다. 바지선에 승선할 수는 없
지만 인양 과정을 지켜볼 수는 있게 해주겠다던 해양수산부는
언제 그랬냐는 듯 가족들의 안전을 운운하며 아예 바지선에 접
근조차 하지 못하게 막았다. 심지어 바지선에 서치라이트를 설
치하고 해가 지면 감시초소를 향해 라이트를 비추며 촬영을 방
해했다. 그래도 잘 인양해달라는 간절함 반, 무언의 압박 반의
심정으로 망원렌즈가 달린 카메라 두 대를 설치하여 24시간 녹
화를 하고 매일매일 촬영일지를 적어나갔다.

사실 천막이라고 하지만 움막에 가깝고, 초반에 전기도 없고 물도 없고.

그러니 제대로 씻기를 하겠어요? 누가 봐도 거지꼴인 거지. 며칠을

못 씻고 밥도 맨날 먹어봐야 컵라면 먹고 이러니까. (예은 아빠 유경근)

날이 갈수록 몰골은 초췌해졌지만 그나마 여기서는 다른 사람의 시선을 의식하지 않고 마음껏 울기도 하고 웃기도 하며, 성질이 나면 실컷 욕을 해댈 수도 있었다.

> 내 마음에 담아놓은 걸 마음 놓고 풀 수 있는 데가
> 거기였어요. 소리를 지르든, 술을 마시든, 실컷 울든 누가
> 뭐라고 하는 사람이 없잖아요. 아빠가 운다고 핀잔을 주는
> 사람도, 눈치 봐야 할 사람도 없고. (동수 아빠 정성욱)

바람이 불면 바람이 불어서, 비가 오면 비가 내려서 먼저 간 아이들이 더 그리워졌다. 술잔을 기울이며 마음껏 아이들의 이야기를 하다 눈시울이 벌게지도록 울었다. 검은 바다를 향해 목이 쉴 때까지 아이들 이름을 부르기도 했다. 그동안 쌓인 울분과 원망, 비통함을 거친 바닷바람에 모두 실어 보내는 섬, 오로지 고행으로 일군 아빠들의 해방구였다.

용기

엄마들도 같이하겠다, 왜 아빠들만 해야 한다고 생각하느냐고 했더니 안 된다는 거예요. 화장실이 없다, 화장실도 그렇고 조건이 너무 열악하다는 거예요. 그래도 우리는 엄마이기에 가겠다고 했어요. 그래서 이제 순범 엄마, 웅기 엄마,

그리고 제가 처음으로 들어갔어요. (경빈 엄마 전인숙)

원래 물이 부족하기도 했지만 볼일 볼 데가 마땅치 않으니 최대한 물을 안 마시고 버티는 수밖에 없었다. 오르고 내려가는 일 자체가 고역이니 꼬박 3일을 꼼짝 않고 천막에서 버텼다. 다음 날, 초소로 올라간 엄마 셋이 3일 동안이나 감감무소식으로 기약이 없자 덜컥 걱정스러운 마음에 섬 주민 옥영 씨가 마을에서 올라와 안부를 살피고는 가슴을 쓸어내리며 내려갔다.

일주일 뒤에 교대하기로 하고 들어왔지만 풍랑이 심하면 사나흘을 더 버텨야 할 때도 있었다. 열흘 동안 감지도 못한 머리를 질끈 동여매고 진도로 나와 곧장 시민들과의 간담회에 가야 할 때도 있었고 도보행진에 참여해야 하는 날도 있었다. 혹여나 사람들이 가까이 올라치면, 오래 못 씻어서 냄새가 날지도 모른다며 농담 섞인 경고를 보내야 했다.

처음 들어갔을 때 자려고 누웠는데 눈보라가 치더라고요. 펄럭이는 비닐 아래서 눈을 맞으면서 잤어요. 온갖 옷이란 옷은 다 껴입고, 같이 들어온 엄마들 셋이 껴안고 담요를 덮고. 그런데 낮에는 기온이 25도까지 올라서 반팔을 입어야 하고. 감기가 오지게 걸렸죠. 그러면서도 인양 과정을 지켜보는 게 참 웃기기도 하고 비참하기도 하고. '우리가 여기서 왜 이러고 있어야 해?' (웅기 엄마 윤옥희)

날이 춥거나 몸이 힘든 건 괜찮은데, 아이들 생각에 숨이 막히고

가슴이 아파서 그걸 다스리느라 힘들었어요. 그러다 이제 희생자
이름을 불러주는 추모곡 〈이름을 불러주세요〉를 틀어놓고
하나하나 이름 부르는 소리를 들으면서 버텼죠. (순범 엄마 최지영)

아침에 천막을 들추고 나가면 발밑 어디쯤에 뱀이 똬리를
틀고 있기도 했고, 해가 저물면 불빛을 찾아 날아온 온갖 벌레
들이 꼬였다. 아빠들 중에는 반딧불이가 지천이라 아름다웠다
고 기억하는 이도 있었지만, 엄마들 눈에는 그저 사방이 흉측한
날벌레 천지였다. 천막 안에 쳐놓은 모기장 텐트를 들추면 어른
손 한 뼘도 넘는 새까만 지네들이 기어다녔다. 순범 엄마 최지
영 씨는 기겁을 하며 자지러졌다. 웅기 엄마 윤옥희 씨가 어디
선가 병을 가져와 가둔 뒤 멀찍이 방생했다. 경빈 엄마 전인숙
씨는 초소 주변에 거미줄을 치고 자신들을 노려보는 듯한 거미
를 차마 죽이지는 못하고 본인도 거미를 노려보며 눈싸움을 벌
이기도 했다. 엄마들이 감시초소에 머물 때에는 이 장면들이 되
풀이되었다.

감시초소에서 내려오는 길에 제가 뒹굴었어요. 전날 비가 와서
길이 미끄러웠거든요. 뒹구는 그 순간에 저도 모르게 욕이
나오는 거예요. 왜 내 새끼를 억울하게 보내고 내가 이런 짓을
해야 하나. 막 욕이 나왔어요. (혁이 엄마 조순애)

거기서는 모든 게 다 힘들었지만 힘들 때마다 생각하는 게

'우리 아이들이 겪은 일에 비하면 이건 아무것도 아니지,

우리 아이들은 얼마나 힘들게 갔는데, 이거는 뭐 아무것도

아니다'였어요. 이런 생각을 하며 힘을 냈죠. (김혜선 엄마 성시경)

교대로 카메라 렌즈를 들여다보며 보초를 선 탓에 잠이 부족했지만 날이 밝으면 엄마들은 초소를 올라오는 산길부터 해서 아이들의 이름이 적힌 노란 리본을 여기저기 매달아 섬을 노랗게 물들였다. 팽목항에서 동거차도로 가는 뱃길도, 동거차도 산을 오르내리는 것도, 감시초소 천막에서 잠자리에 드는 것도 죄다 낯설고 두렵고 무서운 일이었지만 마음을 단단히 먹고 서로를 의지하며 손을 꼭 맞잡고 한걸음씩 내디뎠다.

기억

2016년 12월 31일. 그 전해까지 진도 팽목항에서 가졌던 새해맞이 행사를 이번에는 동거차도에서 하기로 했다. 아직까지도 찾지 못한 미수습자가 온전히 돌아오고 바다 밑 세월호가 무사히 인양되기를 간절히 바라는 마음에서였다.

이른 아침 팽목항에서 동거차로로 향하는 배에는 세월호에서 학생들의 탈출을 돕다가 살아 나온 생존자 김성묵 씨도 타고 있었다. 그 뱃길은 지난해 바로 같은 날, 세월호 미수습자 수습에 참여한 뒤 '뒷일을 부탁한다'는 말을 남기고 이제는 고인이

된 김관홍 잠수사가 갔던 길이기도 하다. 4·16연대[01] 미디어위원회 소속으로 목포신항에서 세월호 선체 인양과 거치 과정을 촬영하던 도중 갑작스럽게 세상을 떠난 박종필 감독이 카메라를 들고 뛰어다니던 길이기도 하다.

　사고 해역에 가까워질수록 일반인 생존자 김성묵 씨 이마에서 식은땀이 흘렀다. 참사 이후 처음으로 찾은 현장이었다. 동행한 기자에게 그는 떨리는 목소리로 무섭고 가슴이 답답하다고 했다. 그럼에도 반드시 한 번은 이곳을 찾아오리라 생각했다고 말했다.[02] 그렇게 어떤 이는 미안함을, 어떤 이는 사명감을, 또 다른 이는 용기를 품고 찾은 섬. 엄마아빠들은 몸이 고달프고 힘든 만큼 마음에 평안이 찾아왔다는 곳. 할 수 있는 게 이것밖에 없어 미안했지만 이것이라도 할 수 있기에 다행이라며 동거차도를 기억하는 사람들이 이제는 많지 않다.

동거차도에 들어갔을 때 김관홍 잠수사랑 박종필 감독이랑 일주일을 같이 있었어요. 그분들에게 우리 아들 얘기를 했더니 김관홍 잠수사가 울면서 미안하다고, 이 말을 해주고 싶었는데 차마 말을 못 했다고. 그래서 내가 고맙다고 그랬어요. 기억해줘서 고맙다고. 그날 밤 술을 너무 많이 마셔갖고 박종필 감독이 밤새도록 김관홍 잠수사 수발을 들었지요. (…) 좋은 사람들이 세월이 지나면서 하나둘 세상을 떠나요. 아마 우리보다 더 우리 아이들을 먼저 만나겠지요. (수인 엄마 김명임)

2018년 9월 3일, 가족협의회는 세월호 선체 인양 작업이 마무리되자 3년간의 감시 활동을 종료하며 초소를 철거하고 그 자리에 리본 모양으로 돌을 쌓아놓았다.

전국에서 100만 명에 가까운 추모객이 방문하여 애도를 표했던 안산 화랑유원지 정부합동분향소도 참사 4주기 기억추모식 이후 철거되어 흔적도 없이 사라졌다. 2018년 초에는 단원고에 있던 기억교실이 안산시교육지원청 별관에 임시이전되기도 했다.

시간이 흐르며 그렇게 하나둘 자리를 옮기고 사라지고 희미해져갔다. 그러나 여전히 기억하는 사람들, 새로운 기억을 만들어가는 이들의 이야기는 또 어떤 모양일까?

한 어머니가 2014년 4월, 아이를 9개월째 배에 이렇게 담고 있었대요. 5월 14일에 그 아기를 낳았대요. 그래서 자기가 세월호참사를, 온전히 그 마음에 담고 아이를 낳았는데 그 아이가 커서 지금 초등학교 3학년. 아이가 할아버지를 되게 좋아했는데 얼마 전에 할아버지가 돌아가셨대요. 할아버지가 아끼던 수석이 있었는데 그 아이의 엄마가 아이한테 그 돌이랑 이야기하면 할아버지한테 마음이 전달된다고 얘기해준 적이 있대요. 그 엄마가 오늘 세월호 부모들을 만난다는 얘기를 듣고 아이가 이렇게 편지를 써줬대요. "어머니들, 안녕하세요. 우리 집에는 죽은 사람과 이야기할 수 있는 검은 돌이 있어요. 그래서 오늘 엄마가 어머니들을 만난다는 얘기를 듣고 언니 오빠들이 어떻게 지내는지 돌에게 물어봤어요. 지금부터 돌이 전해준 이야기를 해줄게요. 언니 오빠들은 매일 아침 6시면 일어난대요. 그러고 나서 봄이라서 꽃을 보려고 산책을 하루에 3시간씩 한대요. 그리고 매일 맛있는 것을 먹고 그다음에는 엄마 아빠 생각을 한대요. 참 다행인 것 같아요."03 (이소현)

/ 강곤

인양

수백 명의 사람들이 누군가의 이름을 부르며 울부짖는다. 바다가 보이는 곳이라면 어디에든 주저앉아 울면서. 항구 주차장에 수십 개의 천막이 들어섰다. 그리고 그 앞으로 배를 댈 수 있도록 임시 부선이 닻을 내렸다. 시신을 실은 배가 수시로 들어왔다. 부모들은 바다를 향해 울다가 배가 들어오면 비틀대며 다가갔다. 진도 팽목항 어디에서나 아이 이름을 부르는 소리와 울음소리가 들렸다.

서망항에 사는 저는 팽목 하면 울음소리가 가장 먼저 떠올라요.
어디나 울고 있는 사람들뿐이었어요. 자식을 떠나보낸
부모의 통곡소리는 달라요. 처음에는 그 통곡소리가
너무 듣기 힘들었거든. 나중에는 그 소리가 반가워져요.
한 사람을 찾았다는 의미니까요. (박태일)

팽목항 매표소 앞에 상황판이 있었다. 바다에서 누군가 수습될 때마다 상황판에 옷차림과 신체 특징이 적힌 종이가 붙었다. 새 종이가 붙을 때마다 수백 명의 부모가 상황판 앞으로 몰려들었다.

팽목항에 부스를 차려놓고 공무원들이 나와 있었지만 그들의 일처리는 그저 어수선하기만 했다. 황당한 일들이 많았다. 시신을 수습하면 가족관계증명서를 떼 와야 시신을 싣고 올라갈 수 있었다. 서류를 떼려면 진도 읍내의 군청까지 가야 했는데 팽목항에서 읍내까지 가려면 자동차로 한 시간을 이동해야 했다. 거센 항의 끝에 절차가 간소화되었다.

사고 해역을 가보고 싶은 단원고 부모가 공무원을 붙들고 물었다. "바지선에 올라가려면 어떻게 해야 합니까?" 공무원들은 앵무새처럼 "저희는 팽목항 상황만 압니다. 바지선은 해경에 알아봐야 해요"라고 답했다. 부모가 다시 "해경에 문의하려면 어떻게 해야 합니까?" 물으면 공무원들은 모르겠다고 답했다. 이런 일들이 반복되었다. 기자들은 시도 때도 없이 경쟁적으로 카메라를 들이밀었고 의도를 알 수 없는 질문을 퍼부었다. 실종자 가족이라고 속이고 생존자에게 다가가 인터뷰를 청하는 기자도 있었다.

그때 팽목항에서는 누가 실종자 가족인지도 모르고 복잡했어요. 기자도 많고, 정부 정보관도 많았어요. 처음에는 우리끼리 실종자 가족 표찰을 만들어서 목에 걸고 있다가 나중에는 파랑색 조끼를 나눠 입었어요. 아이를 찾으면 조끼를 넘겨주고 안산에 가서 장례 치르는 거죠. 그러다가 아직 새끼를 못 찾은

엄마들이 눈이 밝혀서 팽목으로 다시 내려오고. 상황이
엉망이었어요. 많은 법조인들이 와서 도와준다고 했는데
누굴 믿어야 하나 알 수가 없었어요. (재욱 엄마 홍영미)

부모들은 당시의 팽목을 지옥 같았다고 했다. 지옥 한가운
데, 절망의 끝자락에 서 있는 부모들 곁에 함께 있기 위해 자신
의 일을 팽개치고 달려온 시민들이 많았다. 팽목항에서 한 시간
거리에 있는 해남 우수영에서 약국을 운영하는 이승용 씨는 참
사 소식을 듣자마자 바로 팽목항을 찾았다. 부부 약사인 그는
약국 운영을 아내에게 맡기고 매일 아침부터 다음 날 새벽까지
팽목항을 지켰다.

4월 말에야 팽목항에 안치소가 마련됐어요. 무료약국 부스는
안치소 옆에 있었는데 우리는 실종자 가족을 위해 할 수 있는
일이 없잖아요. 약국 부스를 지키면서 약을 챙겨드리는 것밖에.
수습이 많이 될 때는 새벽에도 수습했거든요. 그러면 집에
새벽에 갈 때가 많았는데 진도는 안개가 많이 껴요. 팽목항도,
진도대교도요. 새벽에 그 길을 지나가면 앞에 하나도 안 보여서
무서울 때가 많았어요. 그 길을 6개월이 넘게 다녔어요. (이승용)

대한약사회는 약사를 파견해 팽목항과 진도체육관에서 무
료약국 부스를 24시간 운영했다. 두 무료약국에 약을 지급하는
일을 이승용 씨가 맡았다. 약을 다양하게 구비했지만 주로 나가

는 약은 청심환, 소화제 등이었다.

> 무료약국 운영할 때 초반에 누구에게 어떤 약을 지급했다고
> 기록했었어요. 그러다가 제가 하지 말자고 했어요. 성과 내려고
> 봉사하는 거 아니잖아요. 이름을 적는 순간 사람들이 약 받는 걸
> 꺼려할 수가 있으니까요. 그래서 증상만 듣고 편하게 약을
> 퍼드리자. 있는 대로 다 드리라고 했어요. (이승용)

가족을 잃은 이들은 팽목항에 머무는 내내 눈물이 마르지 않았다. 화장지로 눈물을 닦다 보니 부모님들 눈가가 다 헐어버렸다. 화장지가 아니라 가제수건이 필요했다. 이승용 씨가 대한약사회에 가제수건을 요청했는데 수급이 잘되지 않았다. 사실 약국에서는 가제수건을 팔지 않는다. 이승용 씨는 SNS에 글을 올렸다. "팽목에서 자원봉사하는 약사입니다. 부모님 눈물 닦을 가제수건이 필요하니 팽목항으로 보내주세요." 전국 각지에서 엄청난 양의 가제수건이 배송됐다. 이승용 씨는 배를 기다리는 곳, 아이들을 수습하던 안치소 앞, 가족들이 주로 계시는 곳 어디에나 가제수건을 수북이 갖다 두었다.

> 다음 날 아침에 수건이 많이 없으면 슬프기도 하고 좋기도 했어요.
> 누군가가 수습되었다는 의미니까요. 약상자 키트를 만들어서
> 나눠드리는 일도 했는데요. 키트를 만들려면 박스가 필요했거든요.
> 주민분이 진도 전복이라고 쓰여 있는 작은 박스를 많이

가져다 주셨어요. 박스에다가 청심환, 소화제, 가제수건
등을 넣어서 포장해서 약국 부스에 쌓아두었어요. 시신이
수습되면 장의사차에 운구하고 부모님도 함께 타서 안산으로
이동하시거든요. 이동하는 차에도 항상 넣어드렸어요. (이승용)

팽목항에서 가장 많이 필요한 건 솜이었다. 시신 소독하는
솜. 당장 구하려니까 필요한 양만큼을 구하기 쉽지 않았다. 무
료약국에 파견 나와 있던 최기영 약사는 아는 약사에게 부탁해
서 진도 시내에 있는 솜을 모두 구해달라고 청하고, 파견 나오
는 다른 지역 약사에게 각자의 지역에서 솜을 최대한 구해서 내
려와달라고 했다. 가장 필요한 물품이었지만 정부는 조달조차
하지 못했다. 초반에는 시신 수습도 정부에서 파견한 사람이 아
니라 장례지도사 자격을 갖고 있던 자원봉사자들이 맡았다. 정
부가 해야 할 일들을 시민들이 나누어 감당하고 있었다.

민간 잠수사 이야기

2014년 4월 17일 김석균 해양경찰청장이 진도체육관에 있는
가족들에게 잠수사 500명을 투입하고 있다고 말했어요.
하지만 이날 오전 청와대 보고서에는 잠수인력 8명이라고
쓰여 있었죠. 모든 게 다 거짓말이었어요. (수진 아빠 김종기)

전광근 잠수사는 4월 16일 현장에서 일하던 중에 여객선이
침몰했다는 뉴스를 봤다. 뉴스 화면에서는 배가 수면 위로 보이
지 않을 정도로 가라앉아 있었다. 언론에서는 골든타임이 72시
간이라고 했는데 다음 날 뉴스에서 생존자가 구조되었다는 소
식이 없었다. 2010년 천안함사건 당시에도 수중 수색에 참여했
던 전광근 잠수사는, 4월 17일 아침 생업을 접고 자신의 차에 개
인장비를 실었다. 팽목으로 향하면서 그동안 함께 일했던 산업
잠수사 동료, 선후배에게 전화를 걸었다. 4월 17일 전광근, 김
수열, 김순종, 백인탁, 이상진, 한재명 등 총 여덟 명이 도착했
다. 팽목에서 참사 현장까지 배를 타고 가는 데에만 한 시간이
넘게 걸렸다. 도착하니 세월호는 거의 물에 잠기고 함수 밑부분
만 조금 보였다. 잠수사들은 구조를 하기 위해 왔으나 수습을
해야 했다.

> 저는 살아 있는 사람을 구하러 간 거였어요. 그래서 구조를 위한
> 장비를 챙겨 갔었어요. 아이들을 살리러 간 거였는데… (침묵)
> 결국은 아무도 살리지 못했어요. (전광근)

진도 앞바다의 흐름은 기존의 조석표와 맞지 않았다. 잠수
사들은 경험에 비춰 물의 흐름을 관찰했다. 정조 시간 30분 전
후로 1시간가량만 작업이 가능했다. 잠수사들은 참사 현장에
도착하자마자 물때를 기다려 곧장 입수했다.

우리가 잠수할 수 있는 시간은 25분이에요. 해면 출발 지점에서부터 잠수 시간을 재기 시작해요. 내려가는 데에 1, 2분을 소모하죠. 위치 찾고, 창문을 깨고, 창문 하나 깨서 들어가도 그 안에 집기가 많아요. 바닷속에 들어가면 깜깜해요. 아무것도 안 보여요. 눈 감고 있는 거랑 똑같아요. 모두 손으로 더듬어서 알아내야 하죠. 줄 쳐갖고 길(가이드라인)을 만들어놓았어요. 3층 4층 5층에 줄을 쳐서 잡고 내려갈 수 있게 작업하는 거죠. 유리창이 다 깨져 있고 가구도 넘어져 있어서 정말 위험하거든요. 다인실은 너무 넓으니까 한 번에 찾기 어려워요. 거기도 줄을 매서 구역을 나눠놨어요. 줄도 너무 많아서 내려갈 때 엉킬 수 있어서 조심해야 해요. 허공에서 벽을 더듬어 이동하고 이미 수색한 곳은 매듭으로 표시를 해둬요. 왔다 갔다 양쪽을 다 조사하고 안쪽에 화장실까지 다 조사하죠. (전광근)

참사 직후 잠수사들은 바지선 없이 해경의 작은 배에서 개인장비를 풀고 잠수를 시작했다. 다이빙 후 쉴 수 있는 공간도 없는 좁은 배에 여덟 명이 함께 머물렀다. 비가 오면 비를 피할 수 있는 공간이 없어 그대로 맞아야 했다. 잠수사들은 갑판 위에서 모포를 둘러매고 앉아서 쉴 수밖에 없었다. 잠수사들은 해경에 긴급하게 바지선을 요구했다. 4월 20일 '2003금호' 바지선이 맹골수도에 도착했다. 그제야 잠수사들은 잠수 전후에 쉴 수 있었다.

참사 초기 바지선은 시설이 다 갖춰지지 않은 배였어요.

잠수사분들이 바다에 들어갔다 오면 씻어야 하는데 샤워
시설도 제대로 갖춰지지 못했었죠. 수중 수색 작업을 하시는
분들에게 고작 컵라면이나 빵, 도시락을 제공했어요. 실종자
가족들이 중대본(중앙재난안전대책수습본부) 회의에 들어가서
계속 개선해달라고 해야 했어요. (중근 아빠 안영진)

　　공우영 잠수사는 후배 전광근으로부터 전화를 받았다. "형
님이 들어오셔야겠어요. 여기 개판이에요. 질서도 없고 엉망이
고, 현장 통제도 안 되고요." 40년 경력의 베테랑 산업 잠수사
인 공우영 씨는 그 길로 팽목으로 달려갔다. 그는 후배 황병주
잠수사와 함께 4월 20일 팽목에 도착했다.
　　하루 중 수색할 수 있는 시간은 밀물과 썰물이 바뀌면서 조
류가 느려지는 정조 때인데 이는 하루 네 번, 한 시간씩에 불과
하다. 정조 시간에 따라 소조기(물살이 약한 시기), 중조기, 대조
기로 나뉘는데, 수색에 최적기인 소조기는 한 달에 8일에 불과
하다. 소조기 때에야 하루 네 번의 수색이 가능하고 중조기 대
조기 때는 한두 번도 할까 말까다.

4월 20일 현장에 도착하자마자 네 번의 물때에 다 들어갔어요.
거의 잠을 못 잤죠. 그때는 잘 곳도 없었고 잠 잘 분위기도
아니었어요. 정말 질서가 없었어요. 아비규환, 전쟁터였어요.
누구 하나 나서서 정리하는 사람도 없고, 주위에는 배가 한 100척은
떠 있었어요. 밤 되니까 조명탄은 계속 쏘지. 진짜로 전쟁터인 거예요.

그런데 현장을 통솔하는 사람은 하나도 없더라고요. (황병주)

참사 현장에 가자마자 세월호 도면을 달라고 했어요. 도면이 있어야 배 구조를 알 거 아니에요. 해경에서 우리 보고 두 팀으로 하라고 그러더라고요. 해경에 보조 다이빙을 해달라고 요청했지. 그런데 해경에 잠수가 가능한 사람이 몇 명이 안 되는 거야. 안 하려고 하더라고. 위험하니까 안 들어가려고 그런 거겠지. 나중에 3교대로 해서 같이 했어요. 해경들은 세월호 안에 들어갈 때 공기 호스 잡아주는 것밖에 안 했으니까 크게 위험한 건 없었지요. (공우영)

4월 23일 언딘의 리베로호로 바지선이 바뀌었다. 리베로호는 감압챔버와 고압산소를 공급하는 유압장비 등을 갖추고 있었다. 잠수사들에게 감압챔버는 꼭 필요하다. 상당수 잠수사들은 작업 시 반복되는 기압 차로 인해 몸 안에 질소가 축적돼 만성 두통과 관절통, 난청 등 잠수병에 시달린다. 심할 경우 심장마비, 호흡곤란을 일으킬 수 있다. 감압챔버는 최소 두 시간 고압산소를 공급하면서 체내에 쌓인 질소를 호흡을 통해 배출할 수 있도록 돕는다. 바지선이 리베로호로 교체되면서 잠수사도 충원되었다. 당시 24여 명의 잠수사가 교대로 다이빙을 했다. 대부분 수중 공사 현장에서 잠수하는 산업 잠수사들로, 숙련된 민간 잠수사들이었다. 해경과 민간 잠수사가 2인 1조가 되어 수중 수색에 들어갔는데 해경 잠수사들은 경험이 부족해 바닷속 선체 밖에서 공기 호스를 잡고 있고 민간 잠수사들이 선체 내부로 들어가 수색을 벌였다.

> 적지 않은 잠수사들이 현장에 왔다가 되돌아갔어요. 잠수복 입고
> 사진 찍고 다음 날 말도 없이 가버리고, 홍보 사진 찍으려고
> 온 것 같은 사람들도 있고… 그러다가 바지선이 바뀌고 잠수사들이
> 충원되면서 체계가 잡히기 시작했어요. 감압할 수 있는 챔버
> 2대가 준비되고 콤프레셔와 보조탱크도 마련하고, 수중랜턴 같은
> 장비들이 갖춰졌어요. 하지만 현장에서 지휘하는 사람이 없었어요.
> 경험이 많은 공우영 선배가 수색 작업을 통솔하셨죠. (전광근)

4월 24일 해경이 실종자 가족들 앞에서 설명회를 열었다. 해경은 현장에 대해 설명해달라며, 수습 작업을 하고 있던 전광근, 이상진 잠수사를 뭍으로 불렀다. 팽목항 선착장에 유가족, 해수부장관, 해경청장 등이 와 있었고 방송국 기자들도 많이 자리했다. 기자들이 잠수사들에게 물었다. "구조를 못 한 이유가 무엇입니까?" 잠수사들은 말을 하지 못했다. 실종자 가족은 정부가 답해야 할 질문을 잠수사들에게 묻는 행태에 기가 막혔다. 보다 못한 실종자 가족들이 "열심히 구조해주시는 분들을 왜 여기까지 오시게 했느냐?"며 막아섰다.

참사 현장은 전문가라 불리는 사람들로 혼잡했다. 당시 정부에서는 주도적으로 방법을 내놓지 못했다. 해외 잠수 전문가라는 사람들이 장시간 잠수할 수 있는 방법이라며 여러 안을 제시했으나 모두 검증되지 않은 것들이었다. 정부에서 파견된

'전문가'라는 사람들은 실종자 가족이 이야기하지 않는 한 먼저 나서서 일하려 하지 않았다. 그저 가족들이 하자는 대로 했다. 이렇게 하자고 하면 "그렇게 해보면 되겠네요", 이런 식이었다. 피해자들이 방법을 찾고 구조 방법을 내놔야만 움직이는 상황이 실종자 가족들은 너무나 황당하고 불안했다.

별의별 사람들이 다 있었어요. 어떤 사람은 자기가 무슨 박사라며 바지선에까지 왔는데 세월호가 옆으로 넘어져 있으니 파이프 네 개를 길게 용접해서 고정하는 방법을 제안했어요. 그걸 잡고 내려가서 잠수를 하라는 거였어요. 언뜻 일리가 있는 말처럼 들리지만 현장에는 적용할 수 없는 방법이었어요. 그래서 박사님한테 우리는 갈 테니까 본인 사람들 데리고 해보시라고 그랬죠. 그러니까 아무 말 안 하고 가더라고요. 물속에서 음파로 탐지하는 걸 제안한 사람도 있었는데 세월호는 전부 철이라 그거 갖다 집어넣으면 다 삑삑거리거든. 집어넣었다가 바로 쓰지도 못하고 도로 꺼냈을 거야. '전자 코'라는 걸 가져온 사람도 있었어요. 물을 떠 오면 시신이 있는지 아닌지 알 수 있다는 거야. 여기 물 저기 물 다 떠다 달라고 난리를 부리더라고. 이 물이고 저 물이고 다 통해 있는데, 물이 똑같지. 잠수사 인원이 많지도 않고 해야 할 일도 많은데 왜 이런 걸 시키느냐고. 그럴 시간에 한 사람이라도 더 찾아야지. 해경이 그런 사람들을 통제하지 못했어요. 그러니까 현장에까지 그런 사람들이 들어오는 거죠. 다이빙벨이라는 게 있다고 방송에서 떠들어댔잖아요. 회의하는 데에 나를 부르더라고. 다이빙벨 배를 우리 배에 붙여서 작업한다고 해요. 다이빙벨을 줄에 묶어갖고 내리고 올려야 하는데 파도가 치면 흔들리고 조류가 세면 흔들려. 이리 끌려가고 저리 끌려가고 산소통이 우당탕 그런다고. 완전히 개판이야. 그거 되지도 않아요. 한번은 정부에서 시신을 한꺼번에 담아서 끄집어 올리라고 앵글로 얼기설기 짠 닭장 같은 걸 주더라고요. 미친 짓이지. 그래서 못 하겠다고 했어요. 위험하기도 하고 돌아가신 분들에게 예의가 아니니까요. (공우영)

맹골수도가 물살이 세요. 바지선에서 물건을 떨어뜨리면 1초도 안 돼서 100미터 멀리까지 흘러가버렸어요. 바다 바닥이 다 펄밭이라고 했어요. 물살이 그렇게 세니까 온통 흙탕물인 거지. 잠수사들이 잠수하고 올라오면 막 숨을 헐떡거리거든요. 잠수사분들이 고생 많이 했어. 봉사정신 아니면 못 해요. 아무리 잠수비를 받고 했다지만, 워낙 바다가 깊고 배가 크다 보니까 어디 하나 걸려서 공기 호스가 끊어질 수도 있는 판이었지. 잠수사들은 물때가 되면 새벽 1시라도 무조건 들어갔어요. 목숨 걸고 우리를 위해서 일해준 거죠. (지현 아빠 황인열)

세월호는 수심 50미터 아래에 가라앉았다. 온통 펄(뻘)물이라 시야가 전혀 확보되지 않았다. 잠수사들은 눈이 아니라 손에 의존해 수색했다. 잠수사들은 송수신이 되는 '풀페이스마스크'를 쓰고 바다에 들어간다. 공우영 씨가 바지선 위에서 폰박스를 통해 바닷속에서 수색하고 있는 잠수사들과 소통했다.

바다에서 호흡하는 소리를 들으면 누가 어디에 있는지

뭘 하는지 대충 알아요. 여기 한 명이 있고 저쪽에도 한 명이
있고 폰이 있으니까 가운데서 양쪽 소리를 들어요. 만약에
무언가 찾았으면 호흡소리가 딱 달라지거든. 호흡소리가
달라지면 바로, "찾았어?"라고 물어봐요. (공우영)

바닷물은 정말 차요. 목욕탕 냉탕이 18도 정도잖아요. 당시 수온이
11도 정도였어요. 서로 껴안고 있는 아이들이 많았어요. 올라가는
통로가 좁아서 한 사람씩 올려야 했어요. 저희는 시신이 상할까 봐
잡아당기지 못해요. 굽어 있는 팔을 주무르면서 "엄마한테 가자"라고
달래요. 그 말을 하면 신기하게도 엉켜 있던 데서 시신이 빠졌어요.
그건 어떻게 해서 그렇게 된 건지 모르겠어… 정말 신기했어요. (김상우)

잠수사들이 머무는 바지선에는 긴급구호를 할 수 있는 의
사가 상주하지 않았다. 해군 함정에는 수술실도 있고 군의관이
상주하고 있었으나 바지선에서 생활하며 수색 작업을 했던 잠
수사들은 위급 상황이 발생하거나 피로 누적으로 인해 건강이
악화되더라도 제대로 된 의료지원을 받을 수 없었다.

진짜 문제가 많았어요. 잠수를 하다가 다치는 일이 정말
많아요. 바지선에 응급 상황이 생기면 대처할 수 있게
잠수 전문 의사가 있어야 해요. 5월 6일에 잠수사 중에
사망자가 생겼는데 의사는 그 이후에 왔어요. (김상우)

관홍이가 다이빙하다가 챔버에 들어갔는데 몸이 안 좋았어요.
그때 통영에 가서 치료받고 있었는데 퇴원하자마자 현장으로
들어왔더라고. 나한테 "형님 저 텐더라도 할게요"라면서
줄 잡아주고 잠수사들 보조해주는 거라도 하겠다는 거야.
몸이 안 좋으니까 들어가지 말라고 했더니 희생자들을 두고
도저히 못 가겠다고 하면서 다시 들어왔어요. (공우영)

김관홍 잠수사는 참사 후 7일째에 수중 수색 작업에 합류했
다. 수색 활동 중 챔버에 들어갔다가 산소중독 증상으로 쓰러져
병원으로 후송되었다. 김관홍 잠수사는 치료 후 바로 현장으로
복귀해 활동을 이어갔다.[01]

바다 아래에서 고된 잠수 활동을 하는 잠수사들은 곧잘 잠
수병에 시달린다. 해군에서는 잠수사들이 하루 최대 여덟 시간
이상 잠수 활동을 하지 못하도록 안전 지침을 두고 있다. 하지
만 해경의 별도 지휘 체계 없이 구조 활동을 펼쳤던 잠수사들은
빠른 물살 속에서 무리한 활동을 이어가야 했다.

박근혜 대통령이 방문한 적이 있어요. 잠수사가 적다고 더 충당하라고
했대요. 잠수 일은 합을 맞추는 게 정말 중요해서 새로운 사람을 충당할
필요가 없다고 했어요. 필요 없다고 했으면 우리 말을 들어줘야지.
그렇게 말했는데도 새로운 잠수사 두 명을 더 들였어. 위험한 현장에
섣불리 투입하면 위험하니까 아직 합을 맞춰보지 않은 두 사람에게는
어려운 거 안 시키고 물속에서 줄 풀어서 매는 일을 하라고 했어요.

알았다고 했는데 그 길로 사고가 난 거지. 이 사망 사고 말고도 한 분 더 사망하셨잖아요. 실종자 수색을 위해 창문 절단 작업을 해야 했는데, 산소용접으로 하는 작업이라 폭발 위험이 있어요. 수중 절단 작업을 하면 선체에 가스가 차는데 거기에 불을 대면 폭탄이 되거든요. 그 작업 중에 한 분 돌아가셨지. 그때 실종자 몇 명 남겨놓고 수습을 다 못 하고 7월 10일에 문자로 해지를 통보받았어요. (잠수사 공우영)

5월 6일 긴급 투입되었던 민간 잠수사가 사망하고 5월 30일 세월호 선체 절단 작업을 위해 투입된 민간 잠수사가 또 사망했다. 7월 10일 해경은 민간 잠수사들에게 일방적으로 퇴거를 통보했다. 해경은 민간 잠수사들을 새로 꾸려 수색을 이어갔다. 구조 현장을 떠난 민간 잠수사들은 그 뒤로 잠수병, 트라우마 등 여러 후유증을 겪었다.[02]

곁을 지키는 사람들

세월호는 전라남도 진도군 병풍도 북쪽 20킬로미터 인근에서 침몰했다. 세월호가 침몰한 곳은 맹골도와 거차도 사이에 있는 물길, 맹골수도 인근이다. 인근에는 하조도, 상조도, 관사도, 관매도, 서거차도, 동거차도 등 유인도와 142개 무인도가 펼쳐져 있다. 세월호가 침몰하자 침몰 지역 인근 섬에서 배를 가진 주민들이 모두 배를 끌고 급히 침몰 현장으로 모여들었다.

수십 척의 어선이 세월호를 에워쌌다.[03]

당시에 배를 갖고 있는 사람들은 다 끌고 나왔어요. 세월호를
둘러싸고 새카맣게 배들이 모여 있었어. 지금에사 후회가 되는
게 있어. 우리가 배에 1명씩밖에 안 타고 있던 거… 우리는 바다에
사람들이 둥둥 떠 있을 줄 알았거든. 그 사람들을 최대한 빨리
건지려고 참사 현장 주변 섬에 있는 선장들이 다 배를 다 끌고 나갔어.
배를 다 끌고 나가느라 한 사람씩만 배에 타고 있었던 거여. 세월호
유리창 안으로 구명조끼를 입고 있는 사람들이 보였어. 망치로 그
유리창을 다 깨부수고 싶었어. 해경이 막더라고. 세월호에 가까이
못 가게 저지하더라고. 그래도 두 사람씩 조를 짜갖고 갔으면 한
사람은 배를 대고 다른 사람은 유리창을 깼을 거여. 그러면 더 살렸을
건데. (침묵) 지금도 그때를 생각하면 정말 화가 치밀어. (이옥영)

팽목항에도 전국에서 슬픔을 나누려는 시민들이 몰려들었
다. 지역도 제각각이었고 하는 일도 제각각인 사람들이 끊임없
이 빈자리를 채웠다.

지역사회가 함께 헌신해주었어요. 진도 주민분들도 많이
도와주셨어요. 진도의 부녀회가 거의 다 와주셨어요. 진도체육관
밖에 부스를 차려놓고 라면을 끓여다 주시기도 하고 밥을
해다 주시기도 하고. 부스에 주방시설을 해놓고 식사를
책임져주셨어요. 먹거리 걱정은 하나도 없었어요. 오히려 너무

많았지. 고려시대 삼별초가 이 지역에서 일어섰잖아요. 함께
전쟁을 치렀던 것 같기도 해요. 당시에는 어떻게든지 뭐 하나라도
더 도와주려고 여기 사람들이 최선을 다했어요. (노란)

끝까지 실종자 가족들을 챙겨준 사람은 진도 군민이었어요.
밥 해주고 우리 필요한 거 있으면 도와주고. 진도체육관에서
실종자 가족을 위한 식당 부스를 운영하면서 체육관 청소도
해주시고요. 안산자원봉사센터와 진도 군민들이
제일로 끝까지 남아주셨죠. (지현 아빠 황인열)

팽목항에서는 항상 긴장을 했어요. 대한약사회에서 파견된
약사들에게도 항상 조심하라고 당부했어요. 사진 하나 잘못 찍으면
사진 찍으러 왔느냐고 생각하실 수도 있잖아요. 조용하게 있는 듯
있는 듯 없는 머물면서 필요한 걸 챙겨드리려고 했어요. 제가
신경 썼던 거는 전국에서 오시는 약사분들을 챙기는 거였어요.
이분들이 실종자 가족을 잊지 말길 바랐죠. 이 사람이 팽목을
충분히 느끼고 가게끔 새로 파견 온 약사분들과 함께 팽목항도
둘러보고 팽목 등대도 가고 "어머님들 이번 주는 이분이 봉사하게
됐습니다"라고 인사도 시키고요. 그다음에 수습하는 곳, 마지막
인사하는 곳에 약사님 손을 꼭 붙잡고 함께 가요. 여기가 제일 슬픈
곳이니까 그냥 곁에 있기만 해달라고 전했어요. 제가 하는 역할
중 가장 중요한 일이라고 생각했어요. 팽목을 잊지 말아달라고
전하는 일, 아픔을 전달하는 역할이요. 파견 약사들이 자기가 사는

지역에 세월호에 대해 왜곡된 정보가 나올 때 반박해주어야 하는
사람들이라고 생각했어요. 팽목항에서 실종자 가족들의 아픔을
보고 듣고 간 그들이 세월호의 우군이 되어주길 바랐죠. (이승용)

팽목항에서는 안산 지역 택시들을 쉽게 목격할 수 있었다.
그들 택시 뒷유리에는 '세월호 유가족 수송차량'이라고 쓰인
종이가 붙어 있었다. 팽목항 자원봉사자들은 대부분 안산 택시
를 기억한다. "택시 기사님들도 봉사를 많이 하셨어요. 진도에
서 안산까지 왕복하셨는데, 항상 두 대가 24시간 대기했던 걸
로 기억해요." 사고 소식을 듣자마자 경황없이 내려온 가족들
이 안산으로 올라갈 때 마땅한 차편이 없다는 사실을 듣고 안산
택시기사들이 힘을 모은 것이다. 팽목항에서 안산까지의 거리
는 410킬로미터이고 네 시간이 넘게 걸린다. 장례차가 시신을
모시고 올라가면 유가족들이 택시에 타고 그 뒤를 따랐다. 안산
개인택시조합 기사들은 참사 다음 날부터 한 달간 유족들의 발
을 자처했다. 택시기사들은 희생자 영정을 올림픽공원 분향소
에서 화랑유원지 분향소로 옮길 때에도 유족들과 함께했다.

7, 8월에 태풍이 두 번 왔었던 것 같아요. 천막 날아갈까 봐 천막 붙잡고
있었어요. 위험하니까 철수하라고 했는데 철수 안 했어. 진짜로 비
맞고 버텼어요. 비가 많이 왔고 바람도 많이 불었는데 젊은 대학생
자원봉사자들이랑 손 잡고 천막의 기둥을 붙잡고 버텼어요. (이승용)

경찰 중에 김 경감이라는 분이 계셨어요. 진도체육관 스탠드에서 내려다보면 체육관 전체가 다 보이거든요. 김 경감님은 항상 실종자 가족을 지켜보고 있다가 외부인이나 기자가 실종자 가족에게 다가오면 다 쫓아보냈어요. 자기 업무라 우리를 지켜본 거겠지만 거리를 두고 감시하던 다른 경찰과 다르게 실종자 가족들을 보면 가슴 아파하고 더 챙겨주려고 하던 사람이었어요. 아침 일찍 나와서 실종자 가족들이 다 잠자리에 들면 그제서야 퇴근을 했어요. 단원고 아이들이 수습되어서 헬기를 타고 후송되면 숨죽여 많이 울었어요. 가까워지고 보니 그분도 아이를 잃은 아빠였어요. 중근이 찾고 몇 주 후에 돌아가셨다는 소식을 들었어요. 진도대교에서 투신하셨다고… 돌아가시기 전에 실종자 가족들이 안쓰러워서 못 보겠다고 울며 통화했다고 하더라고요. 너무 안타까웠어요.[04] (중근 아빠 안영진)

남겨진 사람들

팽목은 사람들이 떠나가는 곳이기도 하다. 참사 초기 배가 팽목항으로 들어오면 가족들이 몰려가고 시신이 확인되면 몇몇 사람들이 차량이나 헬리콥터로 안산으로 올라갔다. 아이를 찾은 가족은 빠르게 팽목을 떠났다. 진도체육관에 남은 사람이 한 명 한 명 줄어들었다. 2014년 4월 16일 이후 몰려온 많은 사람들이 5월 중순이 되자 물밀듯이 빠져나갔다. 세희 아빠는 세희 장례식을 치르고 다시 팽목에 내려왔다. 유가족이 된 그는 실종자 가족과 함께 5개월 가까이 진도체육관에서 지냈다.

> 실종자 가족들이 정말 힘들어했어요. 초창기에는 '무엇을
> 해야 한다' 식으로 명확하게 정해져 있지 않았어요.
> 저는 무엇보다 수습되지 못한 사람들을 수습하는 게 최우선이라고
> 생각했어요. 진상규명 활동은, 가족협의회 가족들과 시민사회
> 활동가분들이 정신없이 전국을 돌아다니면서 진행하고
> 있었어요. 팽목에 있는 실종자 가족들은 지치고 힘드니까 옆에서
> 챙겨주어야 할 사람이 있어야 했어요. (세희 아빠 임종호)

6월 중순 이후 수색은 장기화되었다. 두 달이 넘게 추가 실종자 수습 소식이 들려오지 않았다. 여름이 지나고 찬바람이 불기 시작하면서 실종자 가족의 가슴이 더욱 까맣게 타들어갔다.

> 6월부터는 봉사해주시는 분도 줄었어요. 끼니도 겨우 때우는
> 식이 되었어요. 아는 사람이 내려오면 그렇게 반갑고 좋을 수가
> 없어요. 형이 3일 정도 머물고 갔거든요. 형을 따라 올라갔으면
> 좋겠다, 이 생각만 하고 있었어요. 6월부터는 사람들이 다 떠나고
> 부스도 비어버리고 휑해져버렸어요. 진도체육관에 천막이
> 가득 세워져 있다가 어느 순간에 두 컨테이너만 남았어요.
> 자식 찾은 사람들, 자원봉사자들 다 떠나고 실종자 가족만 남았을 때,
> 그때 힘들었던 건 이루 말할 수가 없어요. (지현 아빠 황인열)

6월에 진도체육관에 가보니 아이를 찾지 못한 가족들만이 외로이 진도체육관이 남아 있었어요. 텅 빈 체육관에 몇 안 되는 가족들이 넋 나간 얼굴로 이불을 덮고 앉아 있었는데 그 장면을 잊을 수가 없어요. 당시 실종자 가족들은, 새누리당이고 민주당이고 내 아이 찾아줄 사람이면 여야를 가리지 않고 매달렸어요. 그러면서 얼마나 많은 상처를 받았겠어요. 첫 인사를 드리는데 가족들이 나를 쳐다보지도 않고 인사도 안 받아주었죠. 실종자 가족들은 외부 사람들을 쉽게 믿을 수 없고 마음을 주지 않았어요. 1년 동안 데면데면하게 지내다가 조금씩 가까워졌어요. (양한웅)

정부에서는 실종자 가족에게 팽목항에서 머무를 수 있도록 가족별 컨테이너를 제공했다. 하지만 실종자 가족들은 그 컨테이너를 찾지 않았다. 실종자 가족들끼리 함께 있을 수 있는 진도체육관을 떠나지 않았다. 남아 있는 서로만이 위로가 되었다.

실종자를 잊지 말아 주세요

2014년 7월 중순, 팽목항을 지키던 이승용 씨는 참사의 슬픔에 함께하려는 사람들을 모아 팽목항에서 안산 단원고까지 걸었다. 그는 실종자 가족들이 원하는 것은 잊히지 않는 것이라고 생각했다. 국민들에게 아직도 가족들 곁으로 돌아오지 못한 희생자들이 있다는 것을 알리고 싶었다. 실종자들이 잊히지 않아야 선체 인양까지 할 수 있을 거라고 생각했다. 어느 날은 20명이 걷기도 하고 10명이 걷기도 하고 많으면 하루 100명 가까이 걷기도 했다. 그렇게 스무 날을 걸어 단원고에 도착했다.

> 실종자 가족이 잊히지 않으려면 어떻게 해야 할까? 어떻게 해야
> 시민들이 실종자 가족에게 관심을 가질까? 걷자. 걸으면서
> 알려야겠다. 아직 찾지 못한 실종자들이 있다는 걸 알리면서
> 팽목에서 안산까지 걸어보자고 생각했어요. 도보순례
> 마지막 장소가 단원고였어요. 실종자들의 혼이라도 제발
> 안산에 함께 올라가자는 마음이었어요. (이승용)

실종자 가족들에게 연대의 마음을 전하기 위한 발걸음은 서울에서도 이어졌다. 깊어지는 고립감 속에 사는 실종자 가족에게 '마지막 한 사람이 돌아올 때까지 함께 기다리겠다'는 마음을 전하며 서울에서는 매주 '기다림의 버스'가 팽목항으로 출발했다. 기다림의 버스에 탑승한 시민들은 일곱 시간이 걸려 진도에 도착했다. 진도체육관에서 실종자 가족을 만나고 팽목항 방파제에서 기다림의 촛불을 밝히며 실종자 열 명의 이름을 소리 높여 불렀다. "남현철, 박영인, 조은화, 허다윤, 황지현, 고창석, 양승진, 권재근, 권혁규, 이영숙."

참사 후 한 달이 지나가면서 아이의 시신을 먼저 찾은 부모들이

남은 부모들한테 미안하다는 말을 하고, 남은 부모들은 찾은
부모들한테 축하한다는 이야기를 하는, 슬픈 시간이 길어졌어요.
팽목항에 머무는 실종자 가족들의 수가 점점 줄어들고 서울에서
특별법 제정을 촉구하는 활동들이 많아지면서 사람들의 관심이
팽목항과 진도로는 많이 향하지 못하는 것 같았어요. 참사 직후
노란 리본을 달고 기적을 바랐던 사람들의 마음을 어떻게 다시
모을 수 있을까 고민하면서 인권활동가들이 함께 기다림의 버스를
기획했어요. 아무도 안 타더라도 우리라도 꾸준히 버스를 타자.
우리 몫의 기다림도 알아보자고 생각하고 시작했는데 다행히
많은 분들과 함께하게 되었어요. 다양한 분들이 기다림의 버스에
함께하면서, 이 참사가 낳은, 우리가 알아차릴 수 없었던 고통과
상실의 시간을 조금이나마 이해할 수 있지 않았을까 생각해요. (미류)

기다림의 버스는 매주 토요일 오후 1시 서울 대한문 앞에서
출발했다. 1인당 1만 원의 참가비를 받았고 그 돈을 모아 45인
승 버스를 빌리고 저녁식사 비용까지 지불했다. 저녁식사는 저
렴한 5천 원짜리 백반이었다. 서울에서 진도까지 편도로 일곱
시간 정도 걸리는데, 그 뒤에 진도체육관을 거쳐서 팽목항에 가
면 자정 무렵이 된다. 기다림의 버스 참가자들은 팽목항 등대
앞에서 저마다의 손에 촛불을 나누어 들고 바다를 바라보았다.
자정이 되고 참가자들은 하얀 풍등에 실종자의 이름과 그들에
게 보내는 편지를 적었다. 불을 붙이자 풍등이 까만 하늘을 밝
히며 높이 날아갔다.

풍등을 밤 12시까지 손에 들고 기다려요. 풍등에 불을 붙이면
열기가 올라오면서 부풀어 오르고 손을 떼면 하늘로 날아가요.
참사 현장을 향해서 풍등을 날리고 아직 돌아오지 않는 실종자의
이름을 부르면서 풍등을 날렸어요. "은화야 돌아와!" "혁규야
돌아와!" 그렇게 풍등을 날리고 새벽 1시가 지나서 다시 버스를
타고 서울까지 올라오는 거죠. 돌아올 때도 일곱 시간 걸리니까
서울 도착하면 아침이었어요. 기다림의 버스를 6개월가량 운행했어요.
시간이 지나면서 참가하는 시민들이 줄어들어 45인승을 채우지
못하면서 미니버스로 가기 시작해요. 10월 말에는 실종자가
아홉 명이 남았어요. 그때는 실종자 가족을 만나도 말 한마디 제대로
못 건넸어요. 한쪽 구석에서 말을 못 꺼내서 겨우 '안녕하세요'라고
인사만 했어요. 그분들의 처량하고 넋나간 표정을 보면 말이 안 나와요.
그분들을 위해 우리가 할 수 있는 일이 없잖아요. 기도도 하고 풍등도
날리지만 그게 실종자 가족에게 어떤 위로가 되겠어요. (양한웅)

10월 29일이 지현이 생일이거든요. 생일 전날에 3반 지숙 엄마랑
팽목항에 갔어요. 지현이 생일 축하해준다고 케이크랑 떡이랑
사 들고요. 그랬는데 그날 지현이가 나온 거예요. 지현이를 데리고
헬기를 타고 올라가야 했는데 지현 엄마가 몸이 안 좋아서
지현 아빠랑 저랑 지숙 엄마랑 지현이를 데리고 헬기를 탔어요.
헬기가 하늘에 떠오르고 아래를 내려다보는데 실종자 가족들이
헬기를 향해서 손을 흔들고 계셨어요. 손을 흔들고 있던 그 모습이
가슴속에 계속 남아 있었어요. 너무 마음이 아팠어요. (시연 엄마 윤경희)

자식을 찾았는데 죄인이 된 느낌이었어요. 헬기로 가면서 팽목에 남겨놓고 간 사람들한테 정말 미안했어요. 그전에 나도 아이들 나올 때마다 우리 애였으면 하고 얼마나 바랐나 몰라. 여자라고만 하면 다 우리 애인 줄 알고 가슴이 뭉클하고 얼마나 그랬는데. 나중에 몇 달 지나니까 끝까지 우리 애만 못 찾으면 어떡하나 정말 많이 걱정됐어요. 중근이 찾아서 올라갔을 때 우리 지현이만 남을까 봐 그때 정말 힘들었거든. 거기서 6개월 산 게 진짜 몇십 년 산 것 같았어. 우리가 지현이 찾고 올라갔을 때 남아 있는 사람이 얼마나 힘들었겠어. 그 사람들 마음이 어떻겠어요. (지현 아빠 황인열)

2014년 10월 29일 수습된 황지현을 마지막으로 실종자는 아홉 명이 되었다. '남현철, 박영인, 조은화, 허다윤, 고창석, 양승진, 권재근, 권혁규, 이영숙.' 그 후 2년 7개월 동안 추가로 수습된 실종자는 없었다.

**정부의 수색 포기,
실종자에서 미수습자로**

수색이 장기화되면서 시신을 수습하고 유가족이 된 이들과 실종자 가족들 사이에 갈등이 생겼다. 유가족들은 세월호참사의 진상규명을 위해 광화문으로, 청운동으로, 국회로 나아가 거리에서 투쟁 중이었고 실종자 가족들은 가족이 돌아오길 기

다리며 팽목항에 머무르고 있어, 서로의 우선순위가 다르다 보
니 둘 사이에 균열이 발생했다.

사람들 챙기려고 안산에서 팽목으로 사람들이 내려가기도 했지만
서로 처지와 입장이 달라 갈등이 생기고 서로 상처를 주는 상황들이
생겼죠. 정홍원 총리가 내려갔을 때 실종자 가족들이 총리가 와줘서
고마워하는 장면을 연출했거든요. 실종자 가족들 입장에서는
그게 실종자 가족들한테 도움이 된다고 판단했던 건데 위(안산의
가족협의회)에서는 당시 진상규명이 하나도 되는 게 없는 상황인데
정부에 고마워한 셈이라 매우 당황해했죠. 당시 안산에 있던
저도 팽목에 있던 변호사와 생각이 달라 언성을 높이며 통화했던
기억이 있어요. 돌이켜보면 안타깝고 슬픈 일이죠. (황필규)

모든 것은 때가 있잖아요. 특별법을 만들고 투쟁하는 것도 때가 있었던
거죠. 가족협의회는 이때가 아니면 안 되는 일들이 눈에 보이니까
그거에 맞춰 일 처리를 해야 했어요. 가족들을 이끄는 입장에서는
해야 할 일이었으니까요. 하지만 입장을 바꿔 생각해보면 다 이해가
가요. 내 새끼가 아직 저 바닷속에 있는데 어떤 것도 안 들리죠.
'나였으면 어땠을까? 내 아이가 아직도 저 바닷속에 있었다면
어땠을까?' 솔직히 팽목항에 있을 때 3, 4일 지나고 나서부터는 그게
제일 두려웠거든요. '내 아이가 마지막이면 어떡하지? 영원히
못 찾으면 어떡하지?' 그런 두려움이 제일 컸어요. (시연 엄마 윤경희)

가족협의회에서 더 적극적으로 했으면 좋았을 것 같아요.
가족협의회와 실종자 가족 사이에 골이 생겼죠. 가족협의회는 안산에
있고 실종자 가족들은 진도에 있다 보니까 그분들 마음을 100퍼센트
이해를 못 하잖아요. 위원장들이 수시로 가서 그분들 고충을
들어주고 이야기를 나눴어야 했는데 부족했어요. (동수 아빠 정성욱)

추석이 지나고 정부가 수색을 포기한다는 이야기가 조금씩
흘러나왔다. 2014년 10월 22일 잠수감독관의 말을 인용한 기사
가 나왔다. 기사에서는 당시 수중 수색을 주도하고 있던 민간
잠수업체가 추석부터 '더 이상의 수색은 의미가 없다'며 철수
해야 한다는 입장을 내부적으로 밝혔다고 했다. 잠수감독관은
'선미에 실종자 시신이 없는 것 같아 수색의 의미가 없다고 판
단한다'며 해경에 민간 잠수업체의 장비, 인력 철수를 공식적
으로 통보하겠다고 전했다. 몇몇 실종자 가족들은 그 소식을 듣
고 몸을 가눌 수 없을 정도로 충격을 받았다.

수색 종료 이야기는 지현이가 나오기 전부터 나왔어요. 사실 11월에는
어떻게든 결론을 내야 할 판이었어요. 진도는 5월, 6월에도 바지선에
올라갈 때 겨울 옷을 입고 갔어요. 바다 위는 엄청 추워요. 11월
1일이면 거의 겨울이잖아요. 너무 추워져서 바다에 들어가기 어렵다는
말은 그전부터 나왔어요. 정부도 거들었겠죠. (지현 아빠 황인열)

11월 11일 정부는 실종자 가족 전원이 동의했다며 수색 종

료를 선언했다. 일부 실종자 가족들은 진도체육관에서 이주영 해수부 장관의 발표 후 기자회견을 열고, 선체 붕괴 현상 심화로 잠수사 안전이 우려되는 상황에서 수차례 논의를 거쳐 결단했다며 불가피한 선택이라고 했다. 이에 동의하지 않은 실종자 가족들이 있었지만 받아들여지지 않았다. 정부의 수색 중단에 동의하지 않았던 실종자 가족들은 자신들의 호칭을 실종자 가족이 아니라 '미수습자 가족'이라고 다시 명명했다.

가족협의회 유가족들은 '온전한 선체 인양과 실종자 수습 및 진상규명 촉구'를 요구하며 안산에서 팽목항까지 450킬로미터를 걷기로 했다. "지난해 11월 수색 종결 후 온전한 선체 인양을 믿었는데, 이제 와 시간을 끌고 인양 반대 움직임을 보이는 정부여당과 국가기관의 태도에 가만히 있을 수 없었다"고 밝혔다. 이어 "자식 앞에 떳떳한 부모가 될 수 있도록 도와달라"고 호소했다.

2015년 1월 26일 안산에서 300명으로 출발한 도보행진단은 전국 각지의 시민들이 합류하면서 1천여 명을 훌쩍 넘겼다. 유가족과 시민으로 이루어진 도보행진단은 20일 만에 팽목항에 도착했다. 아이들 영정이 있는 분향소로 들어서면서부터 모두 눈물을 흘렸다.

"세월호를 인양하라! 실종자를 가족 품에! 진상을 규명하라! 책임자를 처벌하라!"

세월호의 온전한 인양과 실종자 완전 수습은 안전한 대한민국을

향한 첫걸음이자 최종 목적입니다. 여전히 받아들이기 어려운 세월호참사가 일어난 지 300일입니다. 우리 가족들은 국민들과 함께 지난 14일 동안 오직 하나만 바라며 걸어왔습니다.

(2015년 2월 9일 세월호참사 300일 기자회견문 중)

3년 만에 모습을 드러낸 세월호

2014년 11월 11일 수색 작업이 종료되면서 미수습자 아홉 명이 남았다. 수색 종료 직후부터 미수습자 가족들과 가족협의회 유가족들은 세월호 선체를 하루 빨리 인양하라고 요구했다.

세월호가 침몰된 바다 위에 바지선을 양쪽에다 대놓고 수습 작업을 했어요. 조류가 바뀔 때마다 바지선 사이에 물의 굴곡이 보였어요. 조류가 세월호를 올라타고 넘어가는 형태로요. 세월호 위 바다는 조류가 조금 다르게 흘렀어요. 바닷속에 세월호가 있겠구나 알겠더라고요. '이 바다 50미터 밑에는 세월호가 있구나. 세월호가 저 아래에 정말 있구나.' 그런 악조건 속에서도 잠수사분들이 한 명의 사람이라도 더 가족의 품으로 돌려보내겠다고 수습 활동을 벌였어요. 그런데 이제 수습이 중단됐다면 좀 더 빠르게 인양할 필요가 있었던 거죠. (세희 아빠 임종호)

수색 중단 이후 인양을 촉구하는 요구가 줄기차게 계속되자 부담을 느낀 정부는 수색 종료를 발표한 후 11월 24일 선체 처리와 관련한 기술을 검토하는 '세월호 선체처리TF팀'을 구성했다. 이 TF팀은 사고 해역의 수심, 조류 속도 등 물리적 특성을 조사하고 국내외 사례, 현장 조사 결과를 바탕으로 인양과 실종자 수습 가능성, 유실 방지 대책 등을 검토했다.

세월호 선체처리TF팀은 세월호가 침몰한 지 1년이 지난 2015년 4월 22일에서야 세월호 선체 인양을 공식 발표하고, 그해 8월 4일 중국 상하이샐비지컨소시엄(이하 상하이샐비지)을 인양업체로 선정했다. 선정 과정은 비공개로 진행했다. 상하이샐비지는 평가 총점 2, 3위 업체와 기술 평가에서 비슷한 점수를 받았으나 인양 가격이 가장 낮았다. 하지만 인양 과정에서 정부가 유실방지망 비용 60억 원, 작업중단 보전 비용 5억 원을 추가로 지급하게 되면서 상하이샐비지의 가격 경쟁력은 얼마 안 가 무색해졌다. 851억 원이었던 계약금은 916억 원으로 불어났다. 우여곡절 끝에 상하이샐비지가 선정 보름 만에 첫 수중 조사를 시작했다. 정부는 인양 작업 참관을 원하는 가족협의회와 4·16 세월호참사 특별조사위원회(특조위) 조사 활동에 비협조적이었다. 이에 가족협의회 부모들이 2015년 8월 29일 침몰 인근 섬 동거차도를 찾았던 것이다. 부모들은 섬에서 가장 높은 언덕 꼭대기를 향해 길도 없는 곳을 지게를 지고 올랐다. 그리고 초소를 세우고 인양 작업을 감시하기 시작했다.

가족들이 얼마나 고생했는가 몰라. 뭐라고 표현을 못 하지.

자식 죽어갖고, 수습을 잘하나 감시하러 오는 사람들에게

뭔 말을 할 수 있겠어. 그해 겨울에 눈이 엄청 왔거든.

엄마들이 감시하러 왔는데 그 추운 겨울에 바닷바람이

그렇게 부는 데서 텐트를 치고 잤잖아요. 물이 없으니까

지게에 물통을 짊어지고 마을까지 내려왔어요. (이옥영)

2015년 9월 30일 추석 전날, 상하이샐비지 바지선이 물을 공급받고자 목포신항에 들렀다. 미수습자 가족들은 중국인 잠수사들을 찾아가 월병 300점, 중국사탕 500알, 계란 230알, 노란 리본 등을 선물하며, 인양 작업 시에 작업자의 안전과 유실 방지망 설치 등을 당부했다.

상하이샐비지는 2015년 11월 초까지 유실방지망과 잔존유 제거 작업을 진행했으나 11월 중순부터는 수온이 급격히 내려가 다음 해 봄까지 수중 작업을 하지 못했다. 인양 방식도 중간에 바뀌었다. 애초에 세월호 선체를 와이어로 감은 뒤 해상 크레인을 이용해 끌어올리려고 했으나, 크레인이 높아 바람의 영향을 받는 면적이 넓어 위험하다는 지적이 나오면서 바지선 두 척과 반잠수식 선박을 이용하는 것으로 변경했다.

당초 정부는 2016년 7월까지 인양을 마치겠다는 입장을 밝혔으나 인양 작업은 기술, 비용 문제 등으로 계속 지연됐다. 그 밖에도 인양 과정에서 문제가 계속 불거졌다. 2016년 5월 부력 확보를 위해 설치한 고무 폰툰에 공기를 주입하는 과정에서 폰툰이 불규칙적으로 팽창하면서 연결장치에서 떨어져 나갔다.

선수를 들어 올리는 과정에서는 일부 와이어에 하중이 몰려 갑판부 두 곳이 찢어지고 선체 옆면도 손상을 입었다. 부력재를 선내에 넣기 위해 뚫은 구멍도 140여 개가 넘었다. 크기가 제각각인 구멍들로 인해 선체 파손 위험은 물론 미수습자와 유품도 유실될 가능성이 발생했다. 해수부는 선체 인양에 방해가 된다며 균형장치, 닻, 불워크(파도를 막아주는 울타리) 등을 절단해 육상으로 옮겼다. 특히 불워크 부분은 특조위가 침몰 원인 조사에서 주요 증거라며 절단 작업을 중단할 것을 요청했지만 묵살되었다.[05]

유가족들은 진상규명을 위한 온전한 인양을 주장했고 미수습자 가족들은 시신 수습이 우선이었으므로 선체 일부 손상을 수용했다. 인양 방식에 대한 의견 차이로 가족협의회 가족들과 미수습자 가족들 간에 갈등이 깊어졌다.

해수부는 2017년 3월 22일 기자들에게 별도로, 선체를 인양한다는 공문을 보냈다. 하지만 가족협의회 부모들에게는 본인양이 아니라 '시험 인양'이라고 전했다. 왜 이렇게 따로 고지했을까를 생각해보면, 인양 실패를 염두에 둔 예방조치라고밖에 생각할 도리가 없다. 또한 이날은 박근혜 전 대통령의 탄핵이 결정되고 열이틀이 지난 뒤였다. 3년을 끌어온 인양이 박근혜 전 대통령 탄핵 직후에 이루어진 것이다.

박근혜 대통령 탄핵으로 정권이 바뀔 거니까 해수부 입장에서는
본인들이 책임을 피할 수 있는 길이 세월호 선체 인양밖에는

없지 않았나 싶어요. 저는 시험 인양이라고 들어서 마음의 준비도
못 했어요. 그날 오전에 동거차도에 들어갔어요. 오후에 기자들하고
얘기하다 보니까 실제로 인양이 될 수 있다는 생각이 들더라고요.
기자들이 정말 많이 왔거든요. 테스트 인양이라면 기자들이 그렇게
많이 오지 않았을 거예요. 기자들한테 물어보니까 테스트가 아니라
실제로 인양을 한다고 했대요. 그때 심경은 말로 표현할 수가 없어요.
설렘, 두려움, 모든 게 공존하는 상황이었으니까요. (동수 아빠 정성욱)

상하이샐비지는 바다 아래 세월호를 가운데 두고 수면 위
양옆에 거대한 바지선 두 대를 댔다. 왼쪽으로 누운 세월호 아
래에 철제 리프팅빔 33개를 깔고 양쪽 바지선에서 33개의 와이
어 줄을 세월호 밑에 깔아둔 리프팅빔의 양쪽과 연결했다. 바지
선에는 와이어를 끌어올리는 유압장비가 설치되어 있었다. 양
쪽 바지선에서 와이어를 끌어올리면 리프팅빔에 실린 세월호
가 조금씩 올라오게 되는 것이다.

2017년 3월 22일 오전 10시, 세월호 선체를 수면 위로 끌어
올리기 시작했다. 바지선이 유압장치를 통해 와이어를 끌어당
겼다. 한 번에 30센티미터씩 잡아당겨 한 시간에 약 2미터가량
올라왔다. 다음 날 새벽 3시가 되자 세월호 선체가 수면 위로
처음 모습을 드러냈다. 침몰한 지 3년 만이었다.

처참한 모습이 꼭 우리 아이들 같았어요. 워낙 오랫동안 바닷속에
있다 보니까 배가 많이 상해 있었거든요. 절단도 많이 해갖고

잘라져 있고, 여기저기 찢겨진 게 우리 부모의 마음을 보는 것

같았어요. 세월호는 아이들이 마지막을 보냈던 곳이잖아요.

아이들이 행복하게 웃으면서 올라갔던 곳이고, 놀았던 곳이고,

하룻밤을 지샌 곳이고, 마지막에는 무척 힘들게 보낸 곳이니까,

여러 가지로 복잡했었죠. 참 허망하기도 하고요. (차웅 엄마 김연실)

미수습자 가족들은 배를 타고 바다로 나가 수습 작업을 지켜보며 선체 바닥의 유실방지망을 점검해줄 것을 거듭 요청했다. "세월호 선체가 반잠수정에 실리는 과정에서 선체 밑바닥과 객실 쪽에 유실방지망이 잘 설치되어 있는지, 특히 배 밑 부분을 철저히 수색해주세요." 미수습자 가족들은 인양 과정에서 혹시라도 시신이 유실될까 봐 자리에 앉지도 못하고 내내 서서 인양 과정을 지켜보았다. 3월 24일 세월호 선체가 수면 위 13미터까지 끌어올려졌고 반잠수식 선박으로 이동되었다. 미수습자 가족들은 인양을 하는 내내 뜬눈으로 밤과 낮을 지새웠다.

"광화문에서, 단원고에서, 팽목항에서, 맹골수도에서 눈물 흘리며 아홉 명을 찾기 위해 몸부림치던 가족들의 간절한 기도를 돌보소서. 그들이 여기 있으니 안아주소서." 3월 28일 12시 맹골수도 인양 해역에서 미수습자 가족을 위로하고 온전한 수습을 기원하는 4대 종교 의식이 진행됐다. 미수습자 가족 여섯 명, 신부, 목사, 스님, 교무 등 10여 명이 참석했다. 이들을 태운 배는 조류가 약한 정조 시간에 맞춰 반잠수식 운반선 200미터

앞으로 다가섰다. 미수습자 가족들은 세월호를 눈에 담았다. 귀환을 바라는 각 종교의 기도문들이 바다와 하늘로 울려 퍼졌다.

> 바다에 묻혀버릴 수도 있었던 배를 그때라도 끌어올릴 수
> 있었던 건 전적으로 미수습자 가족들이 떠나지 않고
> 그곳을 지켰기 때문이라고 생각해요. 그분들이 없었다면
> 세월호 인양은 정말 쉽지 않았을 거예요. (양한웅)

2017년 4월 9일 참사 1,081일 만에 세월호가 목포신항에 거치되었다.

뭍으로 돌아온 세월호

진도에는 씻김굿의 전통이 남아 있다. 고기잡이를 하다 세상을 떠난 이들, 특히 그들의 시신을 찾지 못할 경우에 그 혼을 건져 올린다는 명목으로 굿을 했다. 어부들의 넋을 달래기 위해 행해진 무속신앙이다. 진도씻김굿의 '씻김'이란 말에는 이승에 살 때 맺힌 원한을 지우고 씻어준다는 의미가 있다. 진도 사람들은 장사를 제대로 치르지 않으면 세상을 떠난 이가 극락에 닿지 못한다는 두려움을 갖고 있다. 시신이 없는 경우에는 나무를 깎아서라도 시신의 형태를 만들어서 장사를 지냈다고 한다.

팽복 이장 임남곤 씨는 굿의 의미에 대해 "불교의 천도제처럼 은하수를 건너갈 수 있도록 돕는다"라고 말한다.

저희 할아버지도 바다에서 돌아가셨는데 시신을 못 건졌어요. 나무로 시신을 만들어서 씻김굿을 하고 매장을 했어요. 그렇게라도 해서 저 세상을 보내드려야 하는 거죠. 세월호 때 진도 사람들도 그런 마음이었어요. 세월호 부모들은 어떻게라도 뼛조각 하나라도 수습하려고 했겠죠. 부모 마음을 당연히 이해해요. 그래서 내가 바닷가 사람으로서는 세월호 인양은 분명히 해야 한다고 생각했어요. (임남곤)

세월호가 올라온 날 아침에 목포에 가려고 했는데 정말 집 밖을 못 나가겠더라고요. 선체를 본다는 자체가 너무 무서워서. 손꼽아 기다렸는데 막상 배가 올라왔다는 이야길 들으니까 몸이 부들부들 떨리면서 못 보겠더라고요. 김관홍 잠수사가 배 안에 애들이 벽을 마구 친 흔적도 있고 아이들이 사투하던 흔적들이 있다고 한 말이 가장 먼저 떠올랐어요. 그래서 못 갔던 거 같아요. (순범 엄마 최지영)

세월호는 2017년 4월 9일 오후 1시 반잠수식 선박에서 내리기 시작해 오후 5시 30분 육상으로 옮겨졌고 11일 마침내 목포신항에 안착했다. 조계종 사회노동위원회 양한웅 활동가는 당시 목포신항에서 수습 과정을 지켜본 사람 중 한 명이다. 그는 세월호에서 쏟아져 나오던 펄이 기억에 생생하다. 배 어디에

든 칸칸이 모두 펄이었다고 한다. 그 펄 안에 미수습자의 유해가 있을 가능성이 있었다. 가족들의 동의하에 배에 구멍을 뚫고 펄을 퍼냈다. 펄이 쏟아져 나오자 이를 마대와 상자에 퍼담았다. 정부에서 고용한 이들이 줄을 서서 펄이 담긴 마대, 상자를 날랐다. 그리고 컨베이어벨트 위에 펄을 펼쳐놓고 천천히 그 펄을 뒤적였다. 양한웅 씨는 말했다. "펄에서 유해를 발굴하는 기술이 따로 있을 거라고 생각했는데 일일이 손으로 하는 수밖에 없다고 해요. 그 과정에서 혹시나 유해가 분실될까 봐 미수습자 가족들이 마음이 타들어가서 다들 안절부절못했어요."

세월호를 인양하면서 갑판에서 뼛조각이 발견되었어요. 모두가 한마음으로 미수습자를 기다리고 있었잖아요. 검식을 해보니 짐승 뼈였어요. 세월호 안에서 동물 뼈가 수천 점이 나왔어요. 상하이샐비지 잠수사들이 먹고 버린 동물 뼈들이었어요. 세상에, 유해를 수습하는 업체에서 동물 뼈를 바다에 버리다니요? 해수부는 미수습자 수색을 하고 선체를 인양하는 동안 인양업체 관리감독을 안 한 거라고밖에 볼 수 없어요. (은정 엄마 박정화)

세월호 선내에 일반인은 못 들어갔어요. 가족 중에도 저 혼자 들어갔어요. 선내로 들어가는 것 자체도 쉽지 않아서, 거기에 들어가기까지 3일인가 걸렸어요. 세월호가 세워지기 전이라 배가 좌측으로 누워 있어서 선내에 한 칸 한 칸마다 족장(발판)을 설치했어요. 선내를 기어다녀야 했어요. 한번 들어가서 층마다 모두 도는 데에만 하루가 꼬박 걸려요. 하루 동안 기어서만 다닌 거죠. 워낙 위험했어요. 그래도 증거를 찾기 위해 들어갔던 거죠. 수습 작업하는 과정 중에서 혹시 모를 훼손이 있을 수 있으니까요. 들어가기 전부터 배 주변을 돌면서 열심히 촬영을 했어요. 제일 중요한 게 조타실이니까 그곳부터 들어갔어요. (동수 아빠 정성욱)

　　세월호 거치 후 목포신항에는 수많은 시민들이 찾아왔고 미수습자를 기다리는 마음으로 1,000개의 노란 깃발을 달았다. 2017년 4월 18일 세월호 선체의 수색이 본격적으로 시작되었다. 그리고 5월 13일 세월호 선내 4층에서 단원고 조은화 학생이, 18일에는 허다윤 학생이, 22일에는 이영숙 씨가 수습되었다. (그전인 5월 5일에는 세월호 침몰 해역 수중 수색에서 고창석 단원고 교사의 유해가 수습되었다.)

　　그로부터 1년이 지난 2018년 5월 10일 세월호가 바로 세워졌다. 세월호 직립 과정은 유가족과 선조위 관계자 등 200여 명이 지켜봤다. 맹골수도에서 침몰한 지 3년, 좌현으로 눕혀진 상태에서 육지로 옮겨진 지 1년 만의 일이다. 세월호가 바로 세워지면서 그동안 진입하지 못했던 기관 구역과 남학생 객실이었던 4층 좌현 구역을 수색할 수 있었다. 하지만 성과는 없었다.

유류품에서 유품으로

세월호가 인양되기 전 수색 과정부터 많은 유류품이 수집되었다. 유류품은 '사고 원인 규명을 위한 증거 물품, 주인 확인 가능 물품, 소유주 확인 불명확 물품, 폐기물품'으로 구분했다. 휴대전화나 디지털카메라 등 전자제품은 침몰 원인을 규명할 수 있는 단서가 나올 수 있어 선체조사위원회로 보내고, 주인 확인이 가능한 가방, 의류 등은 초벌 세척을 마친 후 가족에게 연락해 전달했다. 주인을 확인하기 힘든 물품은 탈염 처리 후 세척, 헹굼, 건조 과정을 거쳐 목록을 작성해 보관했다.

일반적으로 유류품이 생기면 지자체가 보관했다가 1년 후에 인터넷으로 판매공고를 낸 후 폐기 처분한다. 세월호에서 나온 유류품은 진도군이나 세월호 선체가 있는 목포시에서 관리했다. 하지만 진도군이나 목포시는 세월호 선체에서 나온 유류품을 주방용 세제로 세척하는 등 관리에 소홀했고 사실상 방치했다. 건조가 덜 된 유품이 포장 비닐에 싸여 물방울이 맺힌 상태로 보관되거나 종이류 역시 수개월 방치돼 곰팡이가 번식하는 등 훼손된 상태였다. 유가족들은 세월호가 인양된 후 목포신항으로 내려가 직접 유류품을 수습하고 관리했다.

유류품 주인 이름이 확인되면 가족에게 연락해요. 필통에라도 이름이 쓰여 있어야 해요. 찾아가지 않은 유류품도 탈염 작업을 했어요. 한 번 씻어갖고는 펄 냄새가 사라지지 않아요. 3년 가까이 바닷속에

있었잖아요. 진흙을 씻어내고 증류수에 하루에서 이틀 동안 담가놓고
서너 번을 헹궈낸 뒤에 건조시켜요. 옷들도 성한 게 하나도 없었어요.
나일론이 섞인 옷은 그나마 괜찮았는데 면은 다 녹고 찢어졌어요.
탈염 과정을 거친 후에는 습기를 제거해주는 종이를 박스에 깔아서
보관해요. 그 밖에도 찾아가지 못한 유류품들이 많잖아요. 여행가방을
열었는데 속옷이며 차곡차곡 개어져 있어요. 보면 눈물이 나요. 가족이
찾아간 유류품은 3분의 1도 안 되죠. 이름도 없는 상태인 것들이
많았어요. 그런 걸 보면서 마음이 무척 아팠어요. (이태민 엄마 문연옥)

세월호 인양됐을 때 배 안에서 나온 유품을 기억저장소
엄마들이 목포에 머물면서 한 달을 넘게 사진 찍고 기록하는
일을 했었어요. 어떤 유품이 올라왔고, 누구 것인지 이름이
표시된 건 가족들한테 찾아가라고 연락하고요. 진도에서 올라온
유류품은 분향소 식당에서 유품 탈염 작업을 직접 했어요. 그때
기억저장소 엄마들이 정말 많이 고생했어요. (재강 엄마 양옥자)

기억저장소에서 보존 처리한 게 수천 점이 넘어요. 종이류는
습기 먹고 곰팡이 슬고 대기에 노출되는 순간 더 이상은
복원이 어려워요. 객실 열쇠 꾸러미 같은 금속류도 방치되어
있었죠. 유류품을 제대로 보존하려면 시기를 놓치면 안 돼요.
선체조사위원회의 위원들은 한시적인 법적 기구라 해도 권한을
가진 자들이니까 국가 상대로 어떻게든 기한을 내고 추경을
받든 대응했어야 하는데, 내부에서 자기들끼리도 제대로

결속하지 못하고 다 놓치고 있었죠. (찬호 아빠 전명선)

진도군은 팽목항에서 수습된 유류품 중 찾아가지 않은 유류품을 처분한다고 가족협의회에 통보했다. 1년이 지나도 찾아가지 않은 유류품은 그것을 발견한 지자체 소유가 된다는 것을 그때 알게 되었다. 가족협의회는 단원고 희생자 유류품은 안산으로 갖고 올라가기로 진도군과 협의했다. 2016년 1월 가족협의회와 기억저장소는 진도군청 뒤편 컨테이너 임시건물에 보관 중이던 세월호 유품과 유류품 천백여 점을 담은 상자 200여 개를 화물차량에 실어 경기도 안산으로 이송했다. 세월호참사의 유류품을 유품으로 보존할 수 있게 된 것이다.[06]

기억저장소는 세월호참사 기록물을 모으고 보존 관리하는 비영리 민간단체예요. 국가기록원에 등록되어 있는 독립된 기록관이죠. 유류품은 잘 모아만 두어선 안 돼요. 목록화해서 누가 자료를 요청해도 바로 보내줄 수 있도록 정리를 잘해두어야 하죠. 기억저장소는 현장에서 수습된 유류품과 시민들로부터 받은 방대한 양의 자료를 목록화해왔어요. 세월호참사의 유류품은 희생자의 유품이면서 우리가 함께 기억해야 하는 소중한 기록물이기 때문입니다. (도언 엄마 이지성)

잊지 말아야 할 이름,
남현철 박영인 양승진 권재근 권혁규

진도 사고 현장에서 심리치료 활동을 했던 한 정신과 의사는 자녀를 잃는 것이 "평생 겪을 수 있는 고통 가운데 가장 큰 고통"이라고 말했다. 원인을 알 수 없는 참사로 자식을 잃은 것도 원통한데 자식의 시신을 찾지 못한 것은 어떤 것에도 비유할 수 없을 것이다.

아이를 찾으면 좋은데, 죄인이 돼요. 내가 지현이 찾아서
헬기 타고 올라가면서 팽목에 남은 사람들에게 너무 미안했어요.
내가 그곳에 남겨져봤잖아요. 6월 8일에 중근이가 수습되고
그전까지 함께 바지선에 오르던 중근이 아빠가 팽목을 떠났어요.
그때가 가장 힘들었어요. 다시 남겨져버렸으니까요. 그러니
내가 지현이 찾아서 올라갔을 때 남아 있는 사람들은
얼마나 힘들었겠어요. (지현 아빠 황인열)

여기 앞바다에서 배를 운전할 때 문득문득 참사 당시가
생각이 나요. 마지막까지 시신을 수습하지 못한 사람들이
있었잖아요. 그 부모들은 어찌 할까 싶어요. 시신을 수습하지
못하면 부모는 자식이 아직도 바다에 있다고 생각할 거예요.
부모들은 뼛조각이라도 자기 눈으로 봐야 해. 그렇지 않으면
살 수가 없는 사람들인 거예요. 부모니까요. (박태일)

그 표정을 보면 바로 알 수 있는데 아이를 찾기 전과 찾고 나서의 표정을 보면 하늘과 땅 차이예요. 완전히 달라. 사람이 완전히 달라져요. 얼굴이 새카맣다가 하얘져요, 진짜로. 마치 살아 있는 애를 찾은 것 같은 얼굴이에요. 처음에는 진짜 이해하지 못했어. 완전히 얼굴이 피는데 그걸 어떻게 설명하나? 완전히 다른 사람이 돼요. 얼굴이 빠짝 마르고 시커메지고 표정도 하나도 없던 사람이, 뼛조각이라도 아이를 찾는 순간 살아 있는 자식을 만난 것 같은 얼굴이 돼요. 그러다가 갑자기 슬픈 얼굴이 돼요. 자기 곁에 아직도 못 찾은 사람들이 있으니까요. 기쁜데 미안한 거죠. (이승용)

2018년 10월 19일 마지막 수색이 종료되었다. 세월호는 육지로 돌아왔지만 남현철, 박영인, 양승진, 권재근, 권혁규 다섯 명은 끝내 돌아오지 못하고 미수습자로 남았다. 미수습자 다섯 명의 가족들은 찾지 못한 유해 대신 유품을 태워 참사 1,312일 만인 2018년 11월 18일 장례를 치렀다.

/ 홍세미

조직

4월 16일 오전 9시께 사고가 나고 놀란 가슴을 진정시키고 뉴스를 통해 진행 상황을 지켜보다가 낮 12시쯤 모두 구조됐다는 이야기를 듣고 아이들을 보러 도착했지만 실상은 어처구니가 없었다. (…) 우리가 알고 싶은 것은 현재 진행되는 상황인데 누구 하나 책임지고 말하는 사람이 없고 지시를 내려주는 사람이 없었다. 이 상황에서 아이들은 살려달라고 차가운 물속에서 소리치고 있었을 것이다 (…) 17일 현장을 방문했는데 인원은 200명도 안 됐다. 헬기는 단 2대, 배는 군함 2척, 해양경비정 2척, 특수부대 보트 6대, 민간 구조대원 8명이 구조 작업 중이었다. 그러나 오전 9시 정부는 인원 555명, 헬기 121대, 배 69척으로 아이들을 구출하고 있다고 거짓말을 했다.

(2014년 4월 18일 단원고 학부모들의 대국민호소문)

2014년 4월 참사 초기 언론은 연일, 사상 최대의 구조 작전이 펼쳐지고 있다고 보도했다. '육해공 총동원, 하늘과 바다서 입체적 구조 작업'(KBS) '함정 23척, 병력 1천여 명 동원' '해군, 가용 전력 모두 투입'(MBC) '장비·인원 총동원, 필사의 수색'(SBS)… 하지만 팽목항과 진도체육관에 도착한 단원고 가족들은 사실상의 무정부 상태를 경험하고 있었다. 불확실한 생존자 정보는 물론이고 구조와 수색조차 제대로 이뤄지지 않는 믿기지 않는 광경이 눈앞에 펼쳐졌다.

> 상황이 어떠냐고 묻는데 아무도 모른대요. 구조는 하고 있느냐고 물었더니 안 한다고. 낮부터 지키고 있는데 안 한다고. 애들은 살아 있다고 하는데, 구조를 안 하고 있다니 믿을 수가 없으면서도 설마 싶고. 그때 심경은 정말 어떻게 표현할 수조차 없어요. '내 눈으로 가서 봐야겠다, 사고 해역으로 가자.' 수소문해서 민간어선을 타고 사고 해역으로 갔는데, 정말 아무것도 안 하는 거예요. 아무도 세월호에 들어가질 않는 거예요. 조명탄만 터트리고. (다영 아빠 김현동)

> 현장을 보고 나온 수십 명의 엄마 아빠들이 딱 일치된 의견이 하나 있었어요. '이상하다. 아무것도 안 하고 있다. 뭔가 대책을 세워야 한다.' 그래서 4월 17일 우리가 판단한 게 여기서 누군가가 대표성을 갖고 해경과 이야기할 사람이 필요하다는 거였어요. (예은 아빠 유경근)

신속한 구조를 위해 정부와의 공식적인 소통이 필요하다고 여긴 단원고 학부모들이 하나둘 모이기 시작했다. 팽목항에 모여 있던 부모들은 자원하거나 추천된 사람들을 중심으로 4월 17일 '세월호 실종자 학부모 대책본부'(이하 대책본부)를 만들었다. '13인의 대표'로도 불렸던 이 대책본부는 결성 직후 해양수산부와 해양경찰청 관계자 등과 만났다. 그 자리에서 구조 인력 부풀리기를 중단하고 신속하고 책임 있게 수중 수색과 구조에 나설 것을 촉구했다. 한편 진도체육관에 모인 부모들 역시 반별로 모여 반 대표, 반 부대표를 뽑았다. 그리고 18일에는 대국민 호소문을 발표해 현장 상황을 알리며 아이들을 살려달라고 외쳤다.

우리 가족은 진도체육관에 있었어요. 그때 체육관에 별별 사람들이 다 들어왔을 때니까 가족들이 모여서 이야길 하려고만 하면 학부모 아닌 사람이 끼어 있는 거야. 그래서 우리는 애들 반이 있으니까 각 반별로 모이자. 체육관 위쪽 계단 쪽으로 1반부터 10반 숫자를 써서 반별로 모이게 한 거예요. 그렇게 해서 모인 사람들끼리 종이에 이름을 써서 명찰을 만들어 목에 걸고 있으니까 조금 전까지만 해도 설레발치던 사람들이 사라지더라고. 반별로 모여서 정부랑 얘기할 수 있는 소통 창구를 만들자고 해서 반별 대표를 뽑았는데 내가 3반 부대표가 됐어요. 우리가 체육관 강당 앞 오른쪽 편을 가족들 회의방으로 썼는데, 별 두 개 단 해군 담당자가 세월호 모형을 만들어와서 설명을 하더라고. 거기서 에어포켓이라는 말도 처음 들었는데, 그렇다고 구체적인 계획이나 안을 가져오는 게 아니야. 정보만 흘리고 가족들에게 어떻게 하면 좋겠냐고 물어. 가족들이 의견을 내놓으면 '아 그렇게 할까요?' 이런 식이었어요.

(승희 아빠 신현호)

정부 대응에는 변화가 없었다. 19일 저녁, 실종자 가족들은 에어포켓이 애초부터 존재하지 않았으며 해경이 이를 알면서도 선체에 공기를 주입하는 '쇼'를 했음을 알게 된다. 분노한 삼사백 명의 가족들이 "정부는 살인마! 우리 애를 살려내라"고 절규하며 진도대교로 행진하기 시작했다. 가족들의 첫 집단행동이었다. 청와대로 대통령을 만나러 가겠다고 거리로 나온 이들을 경찰은 불법시위대로 규정했다. 12개 중대 1,800여 명이 이들의 행렬을 막아섰다.

모든 게 암흑이었어요. 부모들이 서로 전혀 알지 못할 때였는데 방법이 없으니까 이렇게 있으면 안 되겠다, 대통령한테 가서 우리 애들을 살려달라고 하자, 항의를 하자며 무작정 뛰어나갔는데 경찰한테 막힌 거죠. 경찰이 가족들을 에워싸서 움직이지 못하게 막았는데, 미치는 줄 알았어요. 자식새끼 잃은 부모 중에 누가 제정신이었겠느냐고. (지민 엄마 유점림)

행진은 경찰 병력에 가로막히면 밀고 당기고, 샛길로 돌아가고를 반복하면서 동틀 무렵까지 계속되었다. 동향을 살피러 온 국무총리 차량을 발견한 가족들은 면담을 요구했다. 하지만 세 시간 동안 정홍원 국무총리는 차창조차 내리지 않았고 경찰은 불법시위를 중단하라며 경고 방송을 내보냈다. 가족들은 앞을 막아선 경찰들에게 휴대폰 속 가족의 사진을 보여주며 분노와 오열을 쏟아냈다. 가족과 경찰의 대치는 20일 오전 국무총리 면담이 수용되면서 종료됐다. 그리고 몇 시간 후부터 실종자들의 시신이 본격적으로 수습되기 시작하면서 팽목항과 진도체육관에 꾸려진 학부모 대책모임들의 활동도 차츰 소강 상태에 접어든다. 자녀를 찾은 부모들이 하나둘 장례를 위해 안산으로 떠났기 때문이다.[01]

가족대책위의 출범

아이 빈소를 차렸는데 우리 아이하고 친한 사람도 아니고 모르는 사람들이 조문을 오는 거예요. 그걸 보면서 이게 보통 사건이 아니다, 이렇게 장례를 치르면 안 될 거 같다는 생각이 들어서 교육청 관계자들에게 아버지들을 좀 모아달라고 했어요. 그래서 19일부터인가 모여서 회의를 하게 됐을 거예요. 먼저 가족들이 모일 회의실을 만들어달라고 하고, 합동분향소가 필요하다고 요청했어요. 올림픽기념관에 한다고 해서 거긴 감당이 안 될 거라고 이야기해서 이후에 화랑유원지로 됐다. 그리고 (가족들이) 나보고 대표를 맡으라고 하더라고요. 다들 아이들 시신이 수습되면 안산으로 올라올 테니까 일단 그때까지만 맡겠다고 했는데, 저희 아이 시신이 바뀐 걸 알게 되면서 다시 팽목으로 내려갔어요. (준형 아빠 장훈)

4월 19일과 20일 양일에 걸쳐 추진된 가족들의 회합은 구심점을 잃고 어그러졌다. 하지만 그로부터 사흘 뒤인 24일, 수진 아빠 김종기 씨는 수진이의 빈소를 차리고 조문을 받던 중에 문자를 받았다. 25일 임시분향소가 설치돼 있는 안산 올림픽기념관 2층에서 학부모 회의가 열리니 참석해달라는 내용이었다. 25일 수진이의 발인을 마치고 집에 돌아왔을 때도 다시 문자가 왔다. 26일 동일 장소에서 학부모 회의가 열린다는 내용이었다. 그 시각 수인 엄마 김명임 씨도 동일한 내용의 문자를 받았다.

26일 올림픽기념관 2층에는 30여 명의 가족들이 모였다. 회의를 소집한 이들은 전날에 열린 회의에서 '안산 단원고등학교 유가족대책위원회'(이하 유가족대책위)를 결성하고 위원장과 총무를 선발했음을 밝혔다. 그리고 임원들의 선임을 추인해달라고 요청했다.

> 팽목항에서는 아무것도 할 수가 없었어요. 자식이 죽어가는데 발만 동동 구르고 있었거든요. 물론 우리가 모인다고 되는 것도 아니고 모든 일이 쉽게 이루어질 수도 없겠지만 뭐가 되든 안 되든 해볼 수는 있는 거잖아요. 우리는 정부를 믿을 수가 없었어요. 골든타임 72시간 동안 우리 아이를 구해달라고 그렇게 절규했는데 실상은 구조 활동을 안 했잖아요. 그래서 뭐라도 해야 한다고 생각했어요. 가족들이 모여 유가족대책위를 만들었지만 처음에 임원이라곤 위원장하고 총무 이렇게 두 명밖에 없었어요. 그러다가 5월 초에 가족들이 모여 총회를 했어요. 그때까지도 가족들 곁으로 못 돌아온 아이들이 20여 명이나 있었는데, 총회에 200여 명이 모였으니

장례를 치른 가족들은 거의 다 모인 셈이었죠. 그 총회를 거쳐
분과를 만들고 각 반 대표를 선출했어요. (수진 아빠 김종기)

뭔가를 해야 하는데 뭐를 해야 할지를 모르니까 일단 눈만 뜨면
분향소에 나왔어요. 온 식구가 어린 딸아이까지 데리고 다 그냥
나왔어요. 같은 반 부모들이 와서 보면 늘 내가 있잖아요. 그래서
엄마아빠들이 반 대표를 누가 했으면 좋겠는지를 의논할 때 제가
했으면 좋겠다는 말이 나왔어요. 그래서 제가 잘은 못 하지만 일단
부지런히 한번 해보겠다고, 뭐가 됐든지 간에 우리 아이들을 위한
거라면 뭘 못 하겠냐고 했어요. 그런데 막상 반 대표가 되니까, 살림만
하던 사람이 갑자기 사람들 앞에 서서 회의도 해야 하고 전달도
해야 하고, 반 부모들이 어떻게 생각하는지 의견을 물어서 다른 반
대표, 분과장 맡은 부모들이랑 회의도 해야 하고. 내 능력 밖의
일을 하려니까 심장이 터져버릴 것만 같은데, 그때는 눈에 뵈는 게
없으니까, 자식을 위한 일이니까 한 손에 어린 딸아이 손
꽉 잡고 다니면서 미쳐서 그냥 했던 거 같아요. (수인 엄마 김명임)

유가족대책위를 출범시킨 단원고 학부모들은 가족 전체회
의를 열고 유가족대책위를 '세월호 사고 희생자/실종자/생존
자 가족대책위'(이하 가족대책위)로 전환했다. 그리고 대국민, 대
정부 호소문을 발표하고 사고 원인과 구조 작업 지연에 관한 투
명하고 철저한 진상조사와 실종자 수습을 촉구했다. 하루가 멀
다 하고 가족 전체회의가 열렸고 그때마다 조금씩 체계가 정비

됐다. 하지만 외부에 보이는 모습과 달리 내부는 "우왕좌왕, 좌
충우돌, 아니 혼돈 그 자체"[02]였다.

> 처음 모임은 완전 난장판이었어요. 가족들끼리 고성이 오가고,
>
> 쌍욕을 하고, 감정들이 격해서 주먹다짐하고 멱살 잡고
>
> 싸우는데… 암담하더라고요. (예은 엄마 박은희)

> 평범하게 직장 다니고 아이들 키우던 부모들이 하루아침에
>
> 아이들을 잃고 대책위를 꾸린 거잖아요. 당시 상황도
>
> 어수선했고, 논의 안건도 명확하지 않고, 체계도 안 잡혀 있었죠.
>
> 피해자라고 모였지만 상황들이 다 다르잖아요. 누구는 조직을
>
> 구성해서 추후 활동을 고민하고 있었다면, 어제 장례 치르고
>
> 오신 분도 있고, 팽목항에서 아이를 기다리고 있는 분들도
>
> 있고. 또 자기 경험이나 배경, 정치적인 의식이 다르다 보니까
>
> 논의하고 결정하는 과정이 정말 전쟁터 같았어요. (위성태)

혼란은 너무나 당연했다. 생면부지의 부모들이 아이를 잃으
면서 만든 단체가 처음부터 뜻을 하나로 모으고 순탄하게 운
영되리란 기대는 비현실적이다. 진상규명, 책임자 처벌, 추모
공원 등 이 모든 것이 살면서 단 한 번도 생각해보지 못한 것들
이었다. 이 의제들에 대한 정답도 없었다. 한쪽이 틀리고 한쪽
이 맞는 것도 아니다 보니 서로를 설득하고 의견을 조율하기가
쉽지 않았다. 선출된 임원들 역시 동등한 위치의 부모였기에 서

로를 강제할 권한도 애초부터 없었다. 그러나 가족들은 점차 새로운 길을 만들어내기 시작했다.

회의를 한 번, 두 번 겪으면서 정말 많이 바뀌었어요. 거의 일주일에 한 번씩 가족 전체회의를 열고 급할 때는 번개 모임을 했는데, 그때마다 발언에 대한 규칙을 정하고, 토론하고, 대표를 세우고, 나중에는 투표를 하고, 투표 방법에 이의를 제기하고, 그다음 회의 때 그걸 조정하고… 회의할 때는 항상 말미에 자유발언 시간을 줬어요. 투표권을 처음에는 1인당 하나씩 주다가 가정마다 인원이 다르니 가정별로 하나씩 주는 걸로 정리됐어요. 그런 과정들이 불과 한 달 사이에 이루어졌어요. 초창기 때는 회의 때마다 투표가 많았어요. 회의 공지와 안건이 가족 밴드에 올라오면 그걸 본 가족들이 정말 강당을 꽉 채웠어요. 수백 명이 왔어요. 투표하기에 앞서 사람들 의견을 두루 진지하게 청취하고 그러고 나서도 정말 다양하게 의견을 나누었어요. 가족들은 바로 자기 몸에서 우러나오는 이야기를 했어요. 그 이야기가 참으로 간결하고 정확했어요, 소름 끼치도록. '민주주의라는 게 이런 식으로 태동되지 않았을까'라는 느낌이 들기도 했어요. 우리 스스로도 정말 놀라운 경험이었어요. 가족들이 굉장히 자랑스러웠어요. 그래서 나도 부모인데 무한 팬심을 갖게 되었어요, 부모들을 향해서. (예은 엄마 박은희)

몇몇의 독단이 있기도 했지만 그래도 민주적인 절차를 최대한 갖춰서 논의하고 결정하는 체계를 갖추고 지키려고 가족들이 많은 애를 썼어요. 예를 들면 추모공원 관련한 논의를 해야 해, 그러면 이제 반별 의견부터 수렴해요. 왜냐하면 250개 가정의 의견이 다 다를 수 있잖아요. 그래서 위에서부터 결정해서 아래로 내려가는 게 아니라 밑에서부터 의견을 수렴하자, 이렇게 되는 거죠. 그럼 반별로 각 가정의 의견을 수렴하고, 이에 기초해서 각 반별 의견을 정리하고, 그다음에 이제 10개 반을 또 절반으로 나눠. 여기에서도 한 번 더 의견을 수렴하고. 그리고 집행위원회, 운영위원회, 집행부와 운영위원들이 참여하는 확대운영위원회, 그리고 매달 마지막 주 일요일에 가족 전체회의를 하는 방식으로 의사결정을 하는 거예요. 그러니까 이게 내 결정인 거야, 남이 '이렇게 해'라고 한 결정이나 사업이 아니라. 또 모든 회의는 영상으로 촬영해서 기록으로 남겨놓고. (한석호)

애도의 공동체를 만들다

가족대책위가 빠르게 체계를 잡고 활동을 시작하는 데서 반별 모임이 가장 중요한 역할을 했다. 304명의 희생자 중 82퍼센트가 단원고 2학년 학생이었다. 가장 적은 반에서 18명, 가장 많은 반에서 32명, 2학년 학급 10개 반 모두에서 희생자가 나왔다. 이런 특성 때문에 팽목항과 진도체육관에서부터 반 중심으로 가족들이 모였다. 가족들에겐 우리 아이만 사라진 것이 아니라 이 많은 아이들이 함께 다 사라졌다는 것이 끔찍한 고통이면서 동시에 위로였다. 나도, 아이도 혼자가 아니라는 참담

한 위안. 자연스레 반 부모들 사이에 친밀감과 유대감도 깊어졌고 정보도 반 중심으로 모였다. 가족대책위가 출범하면서, 반 모임은 가족들이 다양한 의견과 주장을 나누고 논의하고 결정하는 기초 단위로서 공식화되었다. 그리고 2014년 6월 특별법 제정 천만인 서명운동 국면에 들어서자 진상규명을 위한 실천 단위로 맹활약하게 된다.

우리 반은 진도에서부터 모였어요. 진도체육관에 있다 보면 서로 정보를 모으게 되는데 '몇 반이에요?' '어, 나도 같은 반인데' 이렇게 해서 인사를 나눴어요. 그러면서 우리끼리 '4반 모이자'라고 해서 밴드를 만들었어요. 알게 된 부모들이 족족 밴드에 가입하고, 아는 대로 초대를 하고, 우리 반 회의 좀 하자 그러면 모이고… 아이들 찾아서 올라온 뒤에는 분향소에 가족대기실이 만들어졌잖아요. 거기서도 계속 반 모임을 열었어요. 분향소에서 마스크 끼고 했던 피켓 시위와 서명운동도 우리 반에서 먼저 의견이 나왔어요. 우리 반이 단합도 잘되고 굉장히 열심히 활동했어요. 28명의 아이들이 희생됐는데 반 모임할 때마다 20여 개 가정이 참여했어요. 부모 한 명만 나오는 게 아니라 엄마 아빠, 그리고 어떤 집은 형제자매까지 다 나왔어요. 전국 순회 서명 때도 가장 많이 참여했고요. 그래서 다 그랬어요, '무적의 4반'이라고. (휘범 엄마 신점자)

초기부터 반별로 뭉쳐서 다니다 보니 반에 대한 마음이 더 애틋해요. 다 호성이 친구잖아요. 같은 공간에서 같이 공부하고

놀고 그랬으니까. 그래서 좀 심한 말을 해도, 너는 호성이 친구니까
이해해. 또 어떤 부모 흉보다가도 다시 마음을 다잡고, 우리 반이
안 챙겨주면 '왜 너, 내 편 안 들어줬느냐' 투정하고 그랬어요.
우리 아이들이 우리가 싸우는 거 좋아하겠어? 이렇게 되는 거죠.
가족 워크숍에 가면 다 같이 친하게 지내야 하잖아요. 다른 반
가족들이랑 같이 어울리다가도 취침 시간이 되면 '우리 반 모여'
해요. (웃음) 드러누우면 팩을 해주고 '이렇게 예쁘게 다녀야 해'
그러면서 마사지를 해주는 거예요. 우리 반 영만 엄마가 연기를
잘하면 '어머 어머' 소리가 나죠. 순범 엄마가 연기를 능청스럽게
하면 되게 뿌듯해하면서 더 박수를 쳐준다든가 소리를 지른다든가
꽃다발을 우리 반만 만들어서 준다든가. (폭소) 임원이 나와서
가족협의회에 직책을 달고 활동하면 더 자랑스럽게 생각하고, 임원은
그런 느낌에 더 뿌듯해하고요. 우리 6반이 이렇게 자기를 믿어주고
응원해주는 게 활동하는 부모들의 자랑인 거예요. (호성 엄마 정부자)

우리 3반은 반 가족들끼리도 친했지만 특별법 서명 받으러 대구를
다녀온 게 인연이 돼서 대구분들이랑 자매결연을 맺었어요. 그 이후로
우리 반이 분향소 당번일 때면 대구분들이 와서 같이 밤도 세워주고,
연말이면 송년회도 같이했어요. 지금도 한 번씩 모여서 1박 2일을
같이 보내요. 3반이라고 하지만 사실 대구 시민들까지
우리 3반인 셈이죠. (은지 아빠 한홍덕)

가족들이 함께 모일 수 있는 공간이 있다는 것 역시 가족대

책위 운영과 가족들의 활동에 매우 중요한 토대였다. 초기 임시 분향소는 안산 올림픽기념관에 마련되었다. 이후 범정부사고 대책본부와 가족들 간의 협의를 통해 화랑유원지에 공식 분향 소인 정부합동분향소가 설치, 운영되었다.[03] 합동분향소 앞쪽 (화랑유원지 주차장 공간)에는 컨테이너 박스 형태로 가족대기실 이 마련되었는데, 가족대기실의 불은 24시간 꺼질 줄 몰랐다.

> 그때 우리가 갈 곳이 없었죠. 참사가 나고 나서 다 잃어버린 거잖아요?
> 가족도, 생활도 잃어버렸고 주위에 친구나 이웃이나 다 만날 수가
> 없던 상황이었고요. 저도 집에 있으니까 미치겠더라고요. 한없이
> 처지고 정신과 약 먹으면 잠만 자고, 안 되겠더라고요. 그래서,
> 나가야 해, 내 새끼 어떻게 됐는지 이유들을 알아야 하니까
> 나가야 해. 부모들이 하나둘 가족대기실로 모이기 시작한 거예요.
> 대기실에 오면 상황이 어떻게 돌아가고 어딜 가야 하는지를
> 알 수 있어요. 또 반별로 늘 사람들이 모여 있어요. 대기실 지키는
> 당번도 있고. 그럼 거기서 엄마들끼리 뭐 하자, 어디를 가자…
> 또 무슨 일 있으면 다른 기관에서도 대기실로 와. 모든 정보가
> 거기에 모이니까 또 나오게 되는 거죠. 아무리 반 밴드가 활성화돼도
> 대기실에 나와야 잘 알 수 있는 거예요. (은정 엄마 박정화)

> 우리가 아이들을 못 지켜서 이런 일을 겪고 있기 때문에 분향소를
> 지켜야 한다, 거기가 우리 구심이다, 그런 느낌이었어요. 분향소가
> 있음으로 해서 우리 아이들이 모이고, 가족들이 모이고, 국민들이

힘을 모아줌으로써 우리의 힘이 모인 거죠. 또 가족회의가 됐든 뭐가 됐든 자꾸 모여서 이야기를 나누고 과정들에 같이 참여하는 게 무척 중요한데 그게 가능하려면 일상적으로 모일 공간이 있어야 하잖아요? 가족대기실이 그런 공간이었어요. 언제든 가족들이 나와 있어요, 밤이고 낮이고. 그때는 반별로 돌아가면서 당직을 섰으니까. 가족들이 모여서 애들 얘기하면서 울다가 웃다가, 회의도 하고, 리본도 만들고. 진짜 모든 것들을 가족대기실에서 다 했어요. (상준 엄마 강지은)

대리기사 폭행 사건

가족들이 가족대책위로 똘똘 뭉쳐 진상규명을 위한 특별법 제정을 요구하자 청와대와 정부여당, 보수언론 등은 심각한 위기를 느꼈다. 참사 초기부터 청와대와 정부는 세월호참사의 원인을 한결같이 과거의 잘못된 적폐와 유병언 등 청해진해운의 탐욕적인 이윤 추구에서 찾으며 컨트롤타워로서의 청와대의 책임을 부인했다. 또한 세월호를 대형 해상 교통사고로 치부하고, 가족들의 진상규명 요구를 보상금을 더 받아내기 위한 행위로 매도했다. 일반인 유가족과 단원고 유가족을 구분하고, 이를 또 다시 순수 유가족과 불순 유가족으로 갈라치기한 것 역시 시민들과 유가족 사이의 틈을 벌리기 위한 시도였다. 세월호참사를 사고로 매듭짓고자 하는 다각적인 공략에 의해 때론 여론이 술렁거리기도 했지만 전 국민적인 애도의 큰 흐름은 바뀌지 않았다. 하지만 가족들의 위기는 밖이 아닌 내부에서 터져 나왔다.

2014년 9월 17일 새벽 찬호 아빠 전명선 씨는 전화 한 통을 받았다. 발신자는 김현 새정치민주연합 국회의원의 보좌관이었다. 당시 찬호 아빠는 가족대책위 부위원장을 맡고 있었는데, 통화의 내용인즉 이러했다. 김현 의원과 가족대책위 집행부들이 국회 앞에서 식사 겸 술자리를 가졌는데 대리기사와 시비가 붙어 경찰이 출동했다는 것이다. 보좌관의 설명처럼 영등포경찰서에 폭행 신고가 접수됐다. 가족들은 대리기사가 운행을 거부하면서 시비가 붙었고 이 과정에서 폭행을 당했다고 주장했다. 반면 대리기사와 행인들은 유가족들로부터 일방적으로 맞았다고 호소했다. 서로의 진술이 첨예하게 엇갈렸다.

처음 소식을 들었을 때만 해도 찬호 아빠는 놀라긴 했지만 경찰 조사만 잘 받으면 순리에 맞게 사건이 마무리될 거라 여겼다. 아침에서야 소식을 접한 수진 아빠 역시 처음에는 단순하게 '대리기사하고 뭔 다툼이 있었나?'라고 생각했다. 하지만 상황은 전혀 예상치 못한 방향으로 흘러갔다. 언론이 이 사건을 메인 뉴스로 보도했고, CCTV에 찍힌 당시 영상은 '세월호 유가족 갑질' '국회의원 갑질'이라는 프레임이 씌워진 채 대대적으로 전파되기 시작됐다.

자식을 잃은 유가족들은 밖에 나가서 웃어도 안 되고, 밥 사 먹는 것도 죄예요. 우리가 느끼기에 외부 사람들에 맞추자면 거의 성직자처럼

살아야 해. 그런 상황에서 대리기사 폭행 사건이 났어요. 그게 일반적인
상황이었으면 그렇게까지 이야기가 됐겠느냐, 그런 생각이 들죠.
물론 임원들이 더 조심했어야 하는데 그렇지 못한 건 잘못이지만,
사실 유가족들도 화가 나면 화를 내고, 웃음이 나면 웃기도 하는
똑같은 사람인데, 그렇게 안 보니까 굉장히 힘든 거죠. 쟤네가 유족인데
아이들 잃고 술 먹고 다닌다, 유족인데 대리기사 폭행하고 다닌다,
그렇게 고정관념을 만들고 덧씌우니까 더 힘든 거예요.

(수진 아빠 김종기)

하지만 또 한편에서는 불안불안해하던 일이 드디어 터졌다
고 느꼈다. 집행부의 처신을 강하게 질책했고, 그간 가족들의
노력이 물거품이 될지 모른다는 두려움을 느꼈다.

우리가 한창 농성을 하던 때라 우리는 민간인이 아니다, 사실상
공인이다, 어디를 나가도 우리를 다 주시하고 있으니 빌미를 주면
안 된다는 말을 늘 하곤 했어요. 그래서 아빠들, 특히 임원진들한테
엄마들이 '술 먹고 다니지 말아라, 어울려 다니지 말라'고 경고도
몇 번 했었는데 그 일이 터진 거예요. (지혜 엄마 이정숙)

청와대를 비롯해 정부여당과 보수세력이 맹공을 퍼부었다.
여론이 급속도로 악화되자 특별법 제정 국면에 악영향을 미칠
것이라는 전망과 함께 가족대책위가 동력을 상실하거나 해체
될 수 있다는 우려의 목소리가 터져 나왔다. 가족들은 크게 동

요했고 임원회의가 긴급하게 소집됐다. 이날 회의에서는 한동
안 고성이 오갔다.

> 당사자들은 억울하다, 엮인 거다, 가족들이 비난하기보다는 함께
> 싸워줘야 하는 거 아니냐? 그런 얘기를 했지. 근데 그게 납득되냐고요.
> 처음부터 집행부가 빨리 사퇴하자, 이런 건 아니었어요. 아무리
> 엮인 거라도 폭행이 있었다면 당연히 잘못에 대한 사과가 먼저라고
> 생각했던 거고요. 그러고 나서 어떻게 대응할 거냐를 논의했어요.
> 근데 상황이 굉장히 급박하다 보니까 결국에는 사퇴로 간 거죠.
> 결론이 그렇게 나니까 집행부 중에는 '가족들이 우리를
> 안 막아줬다, 버렸다'면서 원망하는 분들도 있었어요. (애진 아빠 장동원)

사태 해결을 위한 특단의 조치로 1기 집행부 전원 사퇴 결
정이 내려졌다. 하지만 상황을 수습하기엔 역부족이었다. 가족
대책위는 도덕성과 진정성에 치명상을 입었다. 특별법에 대한
우호적인 여론도 급반전했다. 수사권, 기소권이 부여된 진상조
사위원회 찬성 여론이 58퍼센트, 여-야-유가족 3자 협의체 찬
성 여론이 60퍼센트대였던 것[04]이 이 사건 이후 눈에 띄게 줄었
다.[05]

> 대형마트 앞에서 특별법 서명을 받으려고 하면 정치적이라서
> 안 된다고 다 쫓아냈는데, 안산 이마트는 점장님이고 파트장님들이
> 몇백 명씩 서명을 받아서 가져다줄 정도로 굉장히 우호적이었어요.

그런데 대리기사 사건 터지고, 언론이 유가족 갑질, 이런 식으로 일을 키워서 자극적인 보도를 쏟아내니까 분위기가 한순간에 바뀐 거예요. 가족들, 그리고 가족들과 시민들 사이를 이간질하려고 일부러 그렇게 일을 만들고 언론을 통해 키운 게 아닌가 싶을 정도로요. 저희를 나쁘게 바라보는 분들이 점차 늘어나면서 우호적이었던 분들도 무슨 일이 있었던 거냐고 의미심장하게 묻기도 하고. 사람들마다 생각들이 다르고 각자 갖고 있는 정보나 이해도 다르다 보니까 너무 어렵고, 시끄러웠어요. 내외부적으로. (지민 엄마 유점림)

그렇지 않아도 보수진영의 거센 저항에 발목이 잡혀 있던 특별법 국면에 대리기사 폭행 사건까지 악재로 작용했다. 그해 11월 수사권과 기소권이 제외된 특별법이 국회를 통과했다. 재난에 대한 진상규명 법률 제정이라는 점에서 초유의 성과였다. 하지만 가족들의 기대에는 한참 못 미치는 법이었다.

2기 집행부의 출범과 사단법인화

대리기사 폭행 사건은 명백한 악재였지만 조직적 차원에서는 평가가 엇갈린다. 나와 동료들이 이 책, 10주기 공식 기록집을 쓰기 위해 가족협의회 임원들과 함께 워크숍을 몇 차례 진행할 때 가장 평가가 엇갈린 것이 바로 대리기사 폭행 사건이었다. 모두가 이 일을 조직의 최대 위기 사건으로 뽑는 데 주저하지 않았다. 그럼에도 불구하고 적잖은 임원들, 그리고 외부의 관계자들은 이 사건이 조직 혁신과 체계 변화의 계기가 되었다고 설명했다.

> 대리기사 폭행 사건이 물론 어려움을 가져다줬지만 가족들이
> 좀 더 단단해지기도 했어요. 다시는 이런 일을 되풀이해서는
> 안 된다, 우리 가족들은 남한테 틈을 보이거나 약해 보이면 안 되고,
> 또 도덕성에 대해 경각심을 가져야 한다는 것을 깨우쳤어요.
> 가족들이 여러모로 성숙해진 계기가 됐어요. (준영 아빠 오홍진)

새로 선임된 운영위원장과 2기 집행부에게 요구된 역할이 외부로는 특별법 제정이었다면, 내부로는 장기적인 전망을 갖고 조직을 체계화·안정화하는 것이었다. 바쁘다는 이유로 점검하지 못했던 사안들을 하나씩 확인하고 점검하면서 운영이 틀을 갖추기 시작했다. 이와 더불어 조직의 효과적인 운영과 장기적인 전망을 위해 가족대책위를 비영리 사단법인화하는 방안이 제시됐다.

> 운영위원장 되고 나서 가족대책위를 비영리 사단법인화하자고
> 제안했어요. 가족대책위가 엄마 아빠 모임을 넘어 제2의 세월호를
> 만들지 않기 위한 역할을 해야 하니까, 그러려면 법적 권한이라는 게
> 필요하다고 생각했던 거죠. 법적 권한이라는 게 간단해요. 공문서를
> 요청할 때뿐만이 아니라 피해 당사자로서 어떤 질의를 해도 그에

대한 답변을 받을 수 있는 근거가 없어요. 중앙정부, 하다못해
우리를 지원해주겠다고 이야기한 지자체로부터도 정확한 내용을
문서로 받는 데 한계가 있었죠. 그걸 가장 처절하게 느끼게 한 곳이
광주검찰이었어요. 재판 관련 자료를 받아 대응해보려고 해도 그게
안 되는 거예요. 또 하나는 함께 연대해주고 지원해주는 분들이
보기에 좀 체계를 갖춰야겠다는 거였어요. 세월호운동이 시민들은
물론 해외에서까지 정말 다양한 분들이 함께해줘서 가능했던
운동이니까 가족들이 조직의 운영에 대해 완전히 책임을 지겠다,
가족들의 권한만 이야기하는 게 아니라 또 다른 참사를 막기 위해
활동하는 조직으로서 투명하고 정확하게 운영하는 모습을
보여야겠다고 생각한 거죠. (찬호 아빠 전명선)

'법적인 규제를 받지만 또 우리가 그만큼의 목소리를 낼 수
있는 게 법인'이라는 주장이 공감을 얻으면서 사단법인화 추진
이 힘을 얻었다. 법인 명의의 통장 개설과 후원금 모금이 가능
하다는 점도, 향후 추진될 추모사업에서 생겨날 여러 문제들을
고려할 때에도 사단법인이 더 효과적으로 보인 이유다. 운영위
원장과 집행부, 반 대표들로 구성된 임원들이 반별 모임에 참여
하고 간담회를 열어 가족들에게 사단법인화의 필요성과 의미
를 설명했다. 하지만 모두 호의적인 것은 아니었다.

가족대책위로도 충분한데 왜 굳이 사단법인을 만들려고 하느냐,
비영리 사단법인 만들어 당신이 대표하고, 나중에 재단 만들어지면

이사장 되려는 것 아니냐? 정말 온갖 얘기들을 다 들었어요.

설득하는 게 정말 만만치 않았어요. (찬호 아빠 전명선)

지난한 논의와 설득의 과정을 거쳐 가족들 다수의 동의를 얻는 데 성공했지만 또 하나의 과제가 남아 있었다. 대표성을 갖기 위해 다양한 피해자들을 가족대책위의 우산 아래 모으는 것이었다. 그동안 단원고 희생자 학부모들 중심으로 운영해오다 보니 단원고 생존학생은 물론 단원고 희생교사와 일반인 희생자의 가족, 생존 화물기사 등이 함께 활동하고 이들의 의견을 반영하는 구조는 아니었다. 각 피해자 집단을 찾아다니며 '함께하자'고 제안했다. 당시 가장 큰 고민은 다양한 피해자 집단을 설득하는 것만큼이나 각 피해자별로 어느 정도의 권한을 주는가였다.

생존 화물기사가 5명밖에 없고, 생존학생들은 20명밖에 없고,

희생학생들이 250명이야. 그러면 정확한 인원 비율로 해서 대표를

뽑아야 하는 거 아닌가? 그래야 형평성에 맞지 않나? 혹여나

서로 입장이 달라서 각 집단별 요구사항이 갈릴 때 이게 같은 한 표로

적용되면 문제가 심각해질 수도 있겠다 싶었는데, 그 고민을 깊게 할

필요가 없더라고요. 같은 피해자니까 그런 서로의 권리 주장보다는

대의적으로 같이 가는 게 맞다는 공감대가 형성돼서

쉽게 동의를 받았어요. (찬호 아빠 전명선)

의기투합 속에 사단법인화 추진 결정이 내려졌다.[06] 하지만 사단법인 등록까지는 꼬박 1년의 시간이 소요됐다. 가족 누구도 예상치 못한 세월이었다.

> 법인 설립을 허가받으려면 설립 목적과 사업에 따라 주무부처를 판단해서 행정관청에 신청을 해야 하거든요. 그런데 경기도도 안 받아준다지, 해양수산부도 안 된다는 거야. 왜 안 된다는 이유도 없어. 담당자가 왜 안 되는지 제대로 대답을 못 해. 그럼 어디로 가야 하느냐고 물어도 대답을 못 해. 해양수산부 공무원은 정부 어느 부처에서도 안 받아줄 거라고 하고. 사단법인 서류 낼 때 당시 가족들 70퍼센트가 서명하고, 인감도장 찍고, 인감증명서까지 첨부했는데, 인감도장과 인감증명서를 낸다는 것 자체가 주는 무게감이 있잖아요. 그런 서류들까지 냈는데 허가를 안 내주니까 '대체 사단법인, 이게 뭔데 이렇게 힘들어?' 가족들이 여러 차례 간담회를 했지만 수차례 거절을 경험하고서야 공적 효력이 있는 단체가 되는 것의 무게를 실감하게 된 거죠. (애진 아빠 장동원)

사단법인 등록이 거부된 이유를 가족들은 '세월호였기 때문'이라고 확신했다. 그도 그럴 것이, 당시는 모두에게 일상적인 일들이 세월호 가족들에게는 비일상적이었던 시기였다. 청와대 분수대는 외국인 관광객조차 자유롭게 드나들 수 있는 장소였지만 세월호 가족들에겐 입장이 허락되지 않았다. 누구나 드나드는 세종시 청사 화장실과 옥상정원 역시 세월호 가족이라는 이유로 막혔다. 모두 세월호가 문제였다. 결국 가족들은 최후의 수단을 쓰기로 결심했다. 법적 주소지를 서울에 두고 서울시에 법인 등록 신청을 한 것이다. 2016년 1월 22일 서울시는 사단법인 설립을 허가했다. '사단법인 4·16 세월호 참사 진상규명 및 안전사회 건설을 위한 피해자 가족협의회'가 세월호운동의 구심이자 미래가 되리라는 걸 의심하는 사람은 아무도 없었다.

시민사회단체와의 연대와 4·16연대의 출범

사단법인 출범 이래 가족협의회는 외부 조직들을 튼튼히 다져가면서 가족협의회 활동의 외연을 확장해왔다. 그 한 축에 시민사회와의 연대 속에서 결성한 4·16연대가 있다면, 다른 한 축에는 4·16재단이 있다.

세월호참사 직후 시민사회단체 활동가들은 슬픔과 혼란에 빠졌다. 슬픔이 수백 명의 참사 희생자를 목격한 데서 왔다면 혼란은 '세월호참사에 개입하는 게 맞는 것인가?'라는 고민에서 왔다. 시민사회단체가 재난에 개입한 전례가 거의 없었던 터라, 재난의 구조와 수습은 국가가 하는 일이라는 생각이 강했다.[07] 피해자들에 대한 시민사회단체의 애도와 지원이 당시 박근혜 정부가 주도한 색깔론 논쟁으로 오염돼 피해자들마저 애꿎은 이념적 낙인과 편 가르기에 휩쓸리는 것은 아닌지 걱정이 앞섰다. 하지만 실종자 가족들이 청와대로 가겠다고 진도대교를 향해 행진하고, 가족대책위를 출범해 진상규명을 요구하고 나서자 이대로만은 있을 수 없다는 판단이 내려졌다. 이때부터 시민사회단체 활동가들은 가족들을 지원하기 위해 애썼다. 하지만 교류는 쉽지 않았다. 당시 가족들은 외부에 대해 강하게 경계했다. 아무도 믿을 수 없던 시기였다. 자녀의 죽음과 자신들의 진상규명 요구가 정치적·사회적으로 이용되는 것에 대한 두려움이 컸다. 무엇보다 특정 세력과의 연대가 가족들 간의 분열을 야기할 수 있다는 걱정에 가족대책위 내부에 긴장이 최고조에 달했다.

가족들과 만나려고 학연, 지연, 인맥 등을 총동원했는데 쉽지 않았어요. 그러다 가족들을 처음 대면한 게 2014년 5월 8일 KBS에 항의방문을 왔을 때예요. 그때 필요한 물품들을 시민사회에서 몰래 지원하고 같이 밤을 새고 이야기도 나눴는데 나중에 보니 기억을 못 하더라고요. 그리고 바로 다음 날인 5월 10일 안산에서 시민단체 주도로 세월호 집회가 열렸는데 가족대책위는 참여하지 않기로 했다고 연락이 왔어요. 다만 한 분이 와서 편지를 읽었지요. 그러다 정식으로 만난 게 5월 17일이에요. 가족회의가 열린다고 해서 회의실 밖에서 한참을 기다렸어요. 임원 한 명이 회의 마치고 나와서 우리랑 안 만나기로 결정했다고 말했어요. 그 뒤에도 그런 식으로 몇 번을 만났는데 계속 거절당했어요. 사실 오랜 경험이 있으니, 이분들이 시민단체가 왔다고 고맙다며 반겨줄 거라고는 전혀 기대하지 않았어요. 우리를 만나본 경험이 없고, 판단도 어려울 때였으니까. (박래군)

처음에 안산에서 추모집회가 열렸을 때 동혁 엄마가 발언해서 잠깐 활동 정지를 먹었어요. 가족대책위에서 결정이 나지 않은 상태에서 발언을 했거든요. 저희가 250개 가정이니까 서로 정치관과 성향이 너무 달랐어요. 그리고 시민단체하고 뭔가를 하는 거에 대한 거부감이 엄청 컸어요. 시민단체? 좌파 빨갱이 아니야? 그런 인식이 있었기 때문에 그때는 같이해야 한다는 의견보다 반대 의견이 훨씬 더 많았어요. 우리가 지금 제일 중요한 건 하나로 모이는 거다. 어떻게 하든 쪼개지지 말고 끝까지 다 같이 가야 한다는 마음들이 무척 강했어요. 내 의견을 너무 앞세워서 가족들이 흩어지게 하면 안 된다는 생각에 서로 엄청 조심했어요. 그래서 처음에 저희가 시민사회와 거리를 둔 거죠. 안산에서도 그랬고 서울에서도 그랬어요. (예은 엄마 박은희)

시민사회단체와 가족들과의 연대는 특별법 제정을 위한 서명운동이 본격화되면서 물꼬가 트였다. 가족들은 2014년 5월 16일 진상규명의 첫걸음으로 특별법 제정을 선언하며 천만인 서명운동을 시작하겠다고 밝혔다. 그즈음 시민사회 활동가들도 610여 개 단체가 참여한 '세월호참사 국민대책회의'(이하 국민대책회의)를 출범시켰다. 서명운동이 본격화되자 가족들은 도움의 필요성을 느끼기 시작했고, 두 가지 조건을 제시하며 국민

대책회의와의 연대를 공식화했다. '세월호 문제만 다룬다, 가족의 의견을 최우선으로 존중한다.'

> 가족들이 활동을 하다 보니까 너무 모르는 거예요. 우리가 뭘 알아요.
> 서명운동을 해보길 했어, 기자회견이나 농성을 해보길 했어.
> 지극히 평범한 엄마아빠들인데 그런 전문적인 활동에 누가 자문을
> 할 수 있겠어요. 그러하다 보니까 '아, 그래도 연대할 만한 단체가
> 있어야겠구나'라는 생각을 하게 된 거죠. 그렇다고 해서
> 아무 단체하고나 연대할 순 없으니 오롯이 우리 세월호 문제만을
> 같이한다면 우리는 받겠다, 연대할 수 있다. 그전에는 무조건
> 차단이었는데 그런 어려움을 많이 느끼면서 바뀐 거예요.
> (수진 아빠 김종기)

6월부터 시작된 전국 순회 천만인 서명운동은 가족들이 시민사회에 대한 신뢰를 갖게 된 여정이었다. 가족들이 반별로 담당 지역을 정해 전국을 돌자 국민대책회의가 각 지역별 시민사회단체와 연계해 가족들과 함께 서명을 받았다. 또한 전국의 시민사회단체가 따로 서명을 받아 가족들에게 전달하기도 했다. 범국민촛불행동도 전국에서 계속됐다.

> 솔직히 처음에는 집회에 대한 거부감이 컸어요. 저도 집회나 시위를
> 안 해봤으니까 시민사회단체를 보면 불편하고 깃발을 보면서 '헉'
> 놀라기도 하고. 처음 세월호 집회 때 가족들이 고마우니까

그 자리에 앉아는 있는데 사람들이 구호 외치고 촛불 들고 깃발에
둘러싸여 있으니까 그게 너무 무서운 거예요. 촛불을 나눠주면
뒤로 슬금슬금 빠져서 다 버스로 들어가서 앉아 있고, 행진할 때
'저 깃발들은 왜 오는 거야?' 엄마들이 계속 그러고. 그때는 손 피켓
드는 것도 무서웠어요. 그러다가 전국으로 특별법 서명을 받으러
다니면서 시민들은 물론이고 지역의 종교단체, 시민사회단체를
만나게 되었는데 그게 어느 정도 이들에 대한 믿음과 확신을 주었어요.
우리 가족들이 처음부터 가장 힘들었던 것 중 하나가 외롭다는
거였는데 그렇지 않다는 걸 체감하게 된 거죠. (예은 엄마 박은희)

나중에 3반 윤민 아빠가 그런 이야기를 하시더라고요. '나는
처음에는 너희(활동가)들이 왜 이렇게 붙어서 운동을 함께하고
그러는지 몰랐다. 당사자도 아니고 너희들 일도 아닌데. 너희에게
무슨 의도가 있는 줄 알고, 너희가 우리를 이용해서 정권에 대한
반대투쟁을 하는 줄 알고 경계를 했었다. 근데 자주 만나다 보니까
우리처럼 가슴 아파하고 공감해주는 거라는 걸, 우리를 욕하고
반대하는 사람들하고 다르다는 걸 알게 됐다. 그래서 이제는
또 하나의 가족이라고도 부를 수도 있게 됐다. 부르고 싶다.' (김선우)

특별법 제정운동 과정에서 난생 처음 시민사회단체분들을
만난 거잖아요. 그 뒤로 그분들을 정말 존경하게 됐어요.
우리를 도와줘서만이 아니라, 세월호를 통해 세상에 눈뜨게
되다 보니까 각계각층에서 오랫동안 목소리를 내왔던

분들이 있어서 그나마 사회가 이 정도로 바뀐 거였구나,

민주주의라는 게 이렇게 힘들게 오는구나를 알게 되었거든요.

그동안 사회에 대해 무관심하고 내 가족만 보며 살아왔는데,

이분들은 안 그랬구나. 그런데 그런 분들이 우리 곁에 있는 거야…

그걸 깨닫게 되니까 너무 든든한 거야. (윤희 엄마 김순길)

2014년 11월 특별법이 제정되면서 국민대책회의 설립을 주도했던 시민사회단체 활동가들은 국민대책회의를 새로운 조직으로 전환할 것을 고민했다. 특별법 제정으로 세월호운동이 한고비를 넘으면서, 세월호참사에 모든 것을 쏟아왔던 시민사회단체의 역량이 다양한 사회 의제로 분산될 수밖에 없었기 때문이다. 또한 긴 호흡으로 특별법 이후 진상규명 활동을 감시하고 견인할 수 있는 조직이 필요해 보였다. 무엇보다 큰 고민은 자발적으로 세월호운동에 참여해왔던, 조직화되지 않은 수많은 시민들이었다. 이들의 자발성과 다양성을 두루 포괄할 수 있는 조직의 형태는 무엇인가? 쉽지 않은 과제가 이들 앞에 놓여 있었다.

처음 새로운 단체를 만들겠다는 제안을 들었을 때 나는 반대했어요.

단체가 얼마나 많은데 또 단체를 만든다고? 그게 무슨 의미가 있지?

그러다 생각이 바뀐 게, 세월호참사 진상규명을 위해서 뭐라도

해야겠다고 나선 시민들이 정말 많았는데 전국에서 연락이 오는

거예요. 해외에서도 오고. 이분들이 항상 물어보는 게, '제가 뭘 하면

될까요?' '뭘 어떻게 해야 힘이 될까요?'예요. 그때 우리가 할 수 있는
대답은 '리본 달아주세요' '서명해주세요' 그런 거밖에 없는 거예요.
근데 쭉 보니까 그 사람들은 각자 연락한 거지만, 연락받은
우리 입장에서 보니 같은 지역, 동네에 있는 분들이 많은 거야.
또 우리가 전국을 다니면서 만나보면 같은 지역인데도 서로의
존재를 모르고 따로 움직이는 분들도 있고. 이분들이 서로
연결만 된다면 정말 어마어마한 네트워크가 되겠구나.
그래서 새로운 단체는 기존 단체처럼 뭘 기획하고, 사람을 동원해
운동을 하는 방식이 아니라 지역의 사람들을 연결하고 이분들이
서로 정보를 주고받고 뭔가 함께할 수 있도록 소통할 수 있는 구조를
만들어주는 곳이어야 한다고 생각했어요. '원활한 소통, 자생적인
활동을 위한 네트워킹을 목적으로 하는 단체를 만들자.' 그러면서
중요한 원칙으로 삼은 게 '가족들과 시민, 시민사회단체 셋이
동등한 주체로 참여할 수 있어야 한다'는 거였어요. 그래야 시민들의
자발적인 참여, 활기가 이어질 수 있다고 본 거죠. (예은 아빠 유경근)

가족들과 시민사회단체 활동가들이 머리를 맞대고 내린 결
론은 세월호 가족들과 시민, 그리고 시민사회단체가 수평적으
로 결합하는 조직을 세우자는 것이었다. 국민대책회의가 시민
사회단체로 구성된 조직이었다면, 새로운 조직은 시민사회단
체는 물론이고 세월호 가족들과 풀뿌리단체, 비조직화된 개별
시민들이 함께 참여하고 소통할 수 있는 상설단체여야 한다는
것. 2015년 6월 28일, 세월호운동 2기를 주도할 '4월16일의약

속국민연대'(이하 4·16연대)가 출범했다. 4·16연대의 출범으로
가족협의회는 세월호운동의 든든한 지원군을 얻게 되었다.

4·16재단의 설립

"세월호 특별법에 보상이나 지원에 대한 내용은 단 한 글
자도 넣지 않는 것으로 최종 결정합니다." 치열한 논쟁 끝에 세
월호 특별법은 진상규명에 한정하는 것으로 가족총회의 최종
결론이 내려졌다. 가족들을 지원해왔던 박주민, 황필규 변호사
는 못내 아쉬웠지만 가족들의 결정을 존중할 수밖에 없었다.

> '피해지원을 받는 것이 당연한 권리다. 세월호참사뿐 아니라
> 향후에 이런 재난이 발생했을 때 재난 피해자들이 지원을 받는 것
> 자체를 죄스럽게 생각해야 하고, 그 비난 때문에 무조건 무릎을
> 꿇어야 하는 건 아니지 않느냐.' 계속 설득을 했어요. 가족분들도
> 상당히 동의하셨지만 진상규명을 위한 특별법 제정에 큰 방해가 될
> 것으로 느끼셨어요. 실제로도 공격을 많이 받았으니까. (박주민)

그동안 미뤄둔 피해회복 논의는 특별법 제정에 여야가 합
의한 후에야 시작될 수 있었다. 그러나 피해지원은 진상규명
에 비해 상대적으로 비정치적인 것으로 여겨지면서 여야 합의
가 그 나름 순조로웠다. 보상과 추모 등의 지원이 이뤄질 때 가

족들의 정치적 투쟁이 누그러질 수 있다고 정치권이 인식한 것도 적잖은 영향을 미쳤다. 이에 따라 2015년 1월 '4·16세월호참사 피해구제 및 지원 등을 위한 특별법'(이하 세월호피해지원법)이 국회를 통과했다. 이 법은 재난 피해자를 위한 한국 최초의 피해지원 특별법으로 역사에 기록되었다. 법이 제정되고, 세월호특조위도 활동을 시작하면서 후순위로 미뤄놓았던 피해지원 및 추모에 관한 논의가 급물살을 탔다. 이를 위해서는 재단 설립에 가족협의회가 주도적으로 나서야 한다는 목소리가 하나둘 터져 나왔다.

> 세월호피해지원법에 추모 재단 선정이 명시돼 있어요.
> 일반적으로는 국고 보조 및 출연 사업의 경우 국가 주도로
> 특수법인을 만들어 추진하는데, 본법에서는 재단을 선정하도록
> 한 거죠. 세월호의 취지를 잘 이해하는 공익재단들이 선정 신청을
> 하면 문제가 없겠지만 이와는 동떨어진 다른 재단이 지정을 받거나
> 설립될 수도 있다는 이야기가 나오면서, 피해회복 사업을 제대로
> 추진하기 위해서는 세월호 피해자들이 주도적으로 재단을 만들어야
> 한다는 얘기가 2016년 초부터 나오기 시작했어요. (박래군)

그러나 가족협의회 임원들은 재단 설립에 난색을 표했다. 돈 이야기가 가족들 사이에 분란을 일으킬 수 있다는 우려가 높았다. 재단은 공식적으로 적잖은 돈이 들어와 운영되는 체제이고, 기부금 및 후원금 등을 모아 사용할 수 있다는 점에서 재단

이 자칫 '이권' 쟁탈의 장으로 여겨질 수 있다는 걱정이었다. 이때 먼저 설득에 나선 건 반 대표들이었다.

재단 설립 전에도 좋은 일에 쓰기 위해 돈을 걷자는 이야기가 나왔을 때 기꺼이 낸다는 가족들도 있었지만, 너무 많다, 부담스럽다고 한 분들이 많았어요. 재단 설립은 좋은데 가족들이 출연금으로 가정당 500만 원씩 내는 건 너무 많은 것 같다, 좀 줄여보자 그랬죠. 그런데 계산을 해보니 가정당 100만 원으로는 어림도 없는 거야. 그래서 일단 반 대표들이 주도적으로 간담회를 쭉 해보자 그러고는 반별 간담회를 두세 번씩 하면서 설득하는데 별별 소리가 다 나오는 거예요. 재단 만들면 '네가 한자리 해먹으려고 그러냐', '우리 죽고 나면 그만이지 이걸 왜 만드냐', '지금 재단이 왜 필요하냐? 진상규명 해야지'. 그래 내가 그랬죠. '나는 진상규명 운동하면서도 이 재단을 만들고 있는 거다. 지금도 사람들에게 잊히는데 20년, 30년 되면 기억이나 할까? 이 고통으로 평생을 사는 참사가 반복되지 않도록, 4월 16일을 기억하도록 하려면 재단이 필요하다.' 내심 가협이 언제까지 갈 수 있는지 모르는 상황에서 재단이 있으면 나중에라도 가족들이 재단 중심으로 모이지 않을까? 거기에 버티고 있으면 언젠가는 조금이라도 진실이 더 밝혀지지 않을까? 그런 생각도 있었던 거죠. (영석 아빠 오병환)

생존학생 가정도 열 가정 넘게 재단 발기인으로 참여했어요. 우리 아이들은 살아 나왔지만 친구들이 희생됐으니 함께해야 한다는 마음, 생존자들이 희생자들과 함께 끝까지 갈 수 있어야 한다는 생각을 한 거죠. 부모들이 다 그러겠지만 내 자식을 위해 하는 것도 있는 거죠. 우리 가족들이 뭉쳐 있어야만 우리 애가 살아갈 수 있는 디딤돌이 될 수 있거든요. 또 제가 4·16가족극단 노란극단 멤버로 있으면서 전국으로 공연을 다녔잖아요. 공연 끝나면 관객들과 간담회를 하는데 그때마다 극단 엄마들이 잊지 않고 '재단을 만들려고 하니 발기인, 후원회원이 되어달라'고 이야기를 했었어요. 그럼 관객분들이 약정서에 서명해주셨고요. 그렇게 발기인을 모았죠. (애진 엄마 김순덕)

최종적으로 120여 가정이 각 500만 원의 재단 출연금을 약정하며 4·16재단 발기인으로 참여했다. 또한 4·16 관련 활동단체에 재단 설립을 제안하고, 시민 발기인을 모으기 위해 가족들이 전국 곳곳을 다니며 발품을 판 덕분에 1만 7천여 명이 참여해 9억 원에 이르는 시민 출연금을 모을 수 있었다. 2016년 9월 가족협의회 내에 4·16재단 설립추진위원회가 구성돼 활동을 시작한 지 1년 7개월 만인 2018년 5월 4·16재단이 창립했다.

하지만 재단의 출범은 끝이 아닌 새로운 논쟁의 시작점이었다. 재단 운영을 둘러싸고 치열한 논의가 벌어졌다. 사실 피해자 지원 및 추모사업을 목적으로 하는 재단은 4·16재단이 처음이 아니었다. 삼유장학재단(삼풍백화점 붕괴 참사), 2·18안전문화재단(대구지하철 화재 참사)이 재난참사를 계기로 만들어졌다면, 제주4·3평화재단(제주4·3사건), 5·18기념재단(5·18광주민주항쟁), 4·9통일평화재단(인혁당 사건)은 국가폭력 사건에 대한 성찰과 정의의 회복 관점에서 창립됐다.

이 모든 재단들은 설립 당시부터 피해자의 참여를 놓고 오랜 진통을 겪어왔다. 일례로 삼유장학재단은 삼풍백화점 붕괴 참사 당시 삼풍백화점 부지를 사들인 기업이 삼풍 유가족들에게 일종의 기금 형식으로 재원을 기부하면서 삼풍유족회 주도로 설립됐다. 그러나 설립 이후 삼풍유족회의 의견과 다르게 운영되면서 사유화되었다는 비판을 받아왔다. 2·18안전문화재단은 참사 당시 모금된 국민성금을 재원으로 설립이 준비되었는데, 부상자 가족의 이견과 대구시의 방해로 창립이 13년이나 지연되다 2016년에야 비로소 출범했다. 출범 이후에도 유가족들의 이사회 참여가 제한되고, 대구시가 보조금 지원 약속을 이행하지 않아 파행을 겪고 있다. 한편, 천안함 희생 장병을 기리기 위해 146억여 원의 국민성금으로 설립된 천안함재단 역시 임원들의 심각한 예산 전용 등이 잇따르면서 유족들이 공개적으로 해체를 요구하기도 했다.

이런 사례들은 가족들에게도 큰 고민거리였다. '대체 어느 정도 가족들이 참여해야 하지?' 외부 위원들의 참여는 전문성과 투명성을 높일 수 있지만 가족들의 뜻과 다르게 재단이 운영될 수 있는 위험을 감수해야 하는 일이기도 했다. 최악의 경우 다른 재단들처럼 가족들이 들러리로 전락할 수 있었다. 깊은 고민 끝에 가족들이 결단을 내렸다.

초창기에 재단을 만들 때 가족들이 너무나 인상적이었어요.
가족들은 돈에 얽히는 걸 굉장히 부담스러워했기 때문에

자신들은 후원금도 안 받겠다고 한 상태였는데 재단을 만들겠다고 적잖은 돈을 내고, 시민들에게 함께해달라, 발기인과 후원회원이 되어달라고 곳곳을 다니면서 호소했어요. 그렇게 재단이 만들어졌을 때, 재단이 가족들의 재단이 되면 안 된다, 공공의 재단이 돼야 한다는 원칙을 갖고 최대한 재단 개입을 줄이자고 했어요. 그러면서 가협 운영위원장이 임기 동안 당연직 이사로 들어오고, 아빠 이사, 엄마 이사 한 명씩 총 세 명만 들어오는 걸로 협의했거든요. 이건 굉장히 큰 결단이었고요. 당시 가족 내부에서도 이사회에 너무 적게 참여한다고 반대하는 분들이 무척 많았어요. 가족들을 지원하는 전문가들도 가족들 몫이 적으면 안 된다고 우려했지만, 재단의 공익성과 투명성을 위해 그걸 설득하고 합의해낸 거예요. 그 과정을 봐왔기 때문에 실무자로서 가끔 가족들이 재단에 하는 행동들이 불편해도 다 이해가 돼요. (웃음) (임주현)

4·16재단은 2019년 세월호피해지원법에 따라 정부 지원을 받는 공식 재단으로 지정됐다. 이로써 가족들은 4·16연대에 이어 또 하나의 든든한 우군을 얻게 됐다. 더불어 재난참사 피해자 운동의 새로운 교두보가 또 하나 마련됐다. 우리 사회는 세월호 가족들의 헌신으로 말미암아 새로운 모델의 재단 운영을 경험하고, 생명안전을 위해 활동하는 공익재단을 얻게 된 셈이다.

4·16재단을 만든다고 저를 찾아왔더라고요. 그때 제가 '시민단체는

날개 없는 천사인 줄 알았는데 알고 봤더니 악마의 화신들이더라,
재단에 시민단체 사람들 안 들어갔으면 좋겠다'는 얘기를 정말 거품
물고 했어요. 지금도 그렇지만 2·18안전문화재단을 만들고 운영하는
과정에서 시민단체랑 문제가 많았거든요. 그런데 4·16재단은
달랐어요. (이사회에) 유족들을 소수로 하고 외부 전문가를 다수로
하면서도 그 다수의 외부 전문가들이 유족들의 뜻을 제대로 보살피고
실행해주는, 어찌 보면 권리 대행자로서의 역할을 시민단체가
충실히 하고 있거든요. 우리 재단이 경험해왔던 어려움이나
한계를 슬기롭고 지혜롭게 극복해낸 사례라고 봅니다. (윤석기)

언론 기사로만 접했다가 4·16재단이 지원 중인 재난참사피해자모임에
참여하면서 재단을 보니까, '아, 재단이 치유가 되고 위로가 되고
공감이 되는 일들을 할 수 있는 곳이구나'를 많이 느끼고 배웠어요.
유가족 활동도 지원하고, 유가족들도 재단에 참여하면서 함께
사회를 바꿔나가기 위해 노력하고 있다는 게 바람직스럽게 보이고요.
직원들이나 임원들도 세월호참사뿐 아니라 다른 재난참사를
지원하거나 예방하는 사업들을 계속 발굴하고 이어가는 걸 보면서
다른 재단과는 차원이 다르다는 걸 알았어요. 그러면서 4·16재단은
세월호참사 유가족들의 자산이라기보다는 우리 사회의 변혁을
위한 재단으로 자리매김하고 그런 역할을 하고 있는 것 아닌가라는
생각이 들어서 부럽더라고요. 기대하는 바도 크고요. (김문수)

/ 유해정

갈등

멀고도 가까운, 0416단원고

2018년 겨울, 상준 엄마는 0416단원고가족협의회(이하 0416단원고)가 만들어졌다는 소식을 들었다.[01] 가족협의회 활동에 참여하지 않던 가족들이 '우리도 뭔가 단체를 만들어야겠다'라고 한 이야기를 이미 오며 가며 들은 터였다. 그때는 '아, 그것도 가능하겠구나' 정도로만 생각했다. 하지만 그들은 국가와 세월호 선사를 상대로 낸 손해배상 청구소송(이하 국가배상소송)에 참여하지 않았던 이들 아닌가. 막상 그런 가족들이 모여 단체를 만들어서 배·보상 재심의를 요구하고 있다는 소식을 들으니 마음이 복잡했다. 1반 반 대표를 맡고 있던 민지 아빠에게도 이 소식이 전해졌다. 민지 아빠는 서운하고 분한 감정을 주체할 수가 없었다.

우리 반에서 희생자가 18명이 나왔는데 지금 가협 회원이 13명이에요. 나머지 분들은 0416단원고로 가신 것 같은데, 처음에 0416단원고가 만들어지고 배·보상 재심의를 요구한다는 소리를 듣고는 너무 화가 나는 거예요. 배·보상은 받을 수 있어요. 다들 사정이 다르니까. 그런데 나도 정말 어려운 상황이었고, 가협 가족들은 쉬웠겠느냐고요. 그래도 결단해서 소송으로 온 거잖아. 애들이 왜 죽었는지 그걸 알아야겠다고. 그때 배·보상 신청한 사람만 준다고 한 국비 위로금 5천만 원도 포기하고, 몇 년이 걸릴지 모를 소송에 필요한 부담을 다 지고, 오로지 진상규명 관련해서 조금이라도 도움이 되겠다고 왔는데, 결과적으로 그때 배·보상 신청해서 받은 가족들보다 더 많이 받게 된 거거든. 그러니까 그동안 배·보상 받고 경제활동 하면서 집에 있던 사람들이 이제 와서 아이들 죽음을 차별하지 말라며 재심의를 요청한다니까 너무 성질이 나는 거예요. 그래서 제가 아예 얄짤없이 잘라내자, 서로 같이 있다가 활동 잘하는 사람들까지 괜히 휩쓸리면 골치 아프니까 하고 그때 딱 잘랐어요. 우리 1반 밴드랑 단톡방을 없애고, 가협 회비 내는 사람과 안 내는 사람 이렇게 갈라서 가협 회원들만 있는 1반 밴드를 따로 만들었어요. 0416단원고로 간 분들은 얼굴도 보고 싶지 않더라고요. (민지 아빠 김내근)

사실 갈등은 2015년부터 예정된 것이었다. 2015년 1월 제정된 세월호피해지원법에는 피해자가 법 시행 후 6개월 내에 배·보상금과 위로지원금을 신청하도록 명시되어 있다. 이 규정에 근거해 정부(세월호 배상 및 보상 지원단)는 심의위원회가 배·보상 기준을 심의·의결한 다음 날인 2015년 4월 1일 배·보상 기준과 함께 9월까지 배·보상 신청을 접수하겠다고 발표했다. 또한 당일 언론 브리핑을 통해 단원고 희생학생 1인당 약 8억 2천만 원을 받게 될 것이라고 설명했다. 여기에는 배·보상금과 무관한 여행자 보험, 국민 성금 등도 포함되어 있었다. 하지만 다수의 언론사들은 정부 브리핑에서 언급된 총 금액만을 부각해 보도했다.[02]

당시 가족들은 정부가 입법예고한 특별법 시행령 철회를 요구하며 농성 중이었다. 가족들은 시행령이 첫째로 특별조사위원의 조사 대상을 축소하고, 둘째로 위원장과 위원들의 역할을 한정한다는 점에서 철회되어야 한다고 보았다. 그러나 배·보상 금액이 발표되고 언론이 이를 대대적으로 보도하면서 특별법 시행령을 둘러싼 논점이 흐려졌다. '시체팔이'라며 가족들을 매도하는 목소리도 높아졌다. 가족들은 정부에 분노했다. 가족들은 더 똘똘 뭉쳤고, 머리를 밀고, 자녀들의 영정을 들고 도보행진을 하며 정부의 훼방에도 진상규명이 될 때까지 물러서지 않겠다는 단호한 의지를 표명했다. 하지만 1주기가 지나고 정부가 배·보상 현장 설명회를 개최하면서 가족들 내부에 일대 균열이 발생하기 시작했다.

가족들 사이에 벌어진 논란의 핵심은 속칭 '이의제기 금지 규정'에 따른 것이었다. 이는 심의위원회의 배·보상금과 위로지원금 지급 결정에 신청인이 동의한 때에는 국가와 신청인 사이에 민사소송법에 따른 재판상 화해가 성립된 것으로 본다고 규정된 조항이다.[03] 가족들은 양분됐다. 한쪽은 배·보상 신청을 거부하고 국가배상소송을 통해 재판에서 최대한 진상규명을 위해 증거를 모으고 진실을 밝혀야 한다고 주장했다. 다른 한쪽은 현실적인 상황을 고려해 먼저 배·보상을 받자고 말했다. 정부가 기한 내에 배·보상 신청을 한 사람에 한해 국비 위로금 5천만 원을 지급하겠다고 발표하자 의견 대립이 더욱 거세졌다.

그때 진짜 장난이 아니었어요. 가족들 내부에서도 논란이 무척 심했어요. 당시 제가 가족협의회 법률대리인을 맡고 있었는데, 한결같이 이렇게 말했어요. '소송과 배·보상 신청은 선택의 차이일 뿐이다. 배·보상 신청을 선택했다고 해서 나쁜 게 아니고, 그분들을 멀리해도 안 된다. 소송을 선택하신 분과 배·보상 신청을 선택하신 분들이 갈라서면 안 된다.' 제 그런 태도에 불만인 분들이 굉장히 많았죠. 배·보상 신청을 선택한 분들로부터는 '박주민은 소송으로 가라고 한다' 이렇게 공격을 받고, 소송을 선택한 분들로부터는 '쟤는 왜 자꾸 배·보상 신청 얘기를 하느냐'는 식으로, 양쪽 부모들로부터 엄청나게 공격을 받았어요. (박주민)

사참위(사회적참사특별조사위원회)[04] 보고서에서도 써 있지만 변호사들이 각 반에 이런저런 안내를 할 때, 국가 책임을 묻는 소송은 그 자체가 지니는 의미가 있는 것이지, 그 소송으로 배상을 더 받아내기는 어려울 거라고 설명할 수밖에 없었대요.

기존 판례나 사례를 봐도 쉽지 않은 일이었으니까요.
기간이 얼마나 걸릴지도 모르고, 소송에 들어가는 비용도
부담해야 하고요. 배·보상 신청을 담당했던 공무원들은
가족들에게 문의가 들어오면 '소송에 가면 오히려 더 적게
받을 거다. 기간도 오래 걸리고, 소송 비용도 들어간다'고
안내했어요. 또 '국비 위로금 5천만 원은 이번에 신청 안 하면
못 받는다'는 말도 덧붙였고요. 사실 국비 위로금은
특별 위로금 형태이기 때문에 배·보상금하고 분리해서 줄 수
있었어요. 그런데 정부는 그걸 분리하지 않았죠. 지급이
사전에 이미 결정되어 있었는데도 중간에 발표했고요.
발표 이후 신청자가 많이 늘었어요. 물론 뒤로 갈수록
신청자가 많아지는 게 자연스러운 현상이기도 하지만 저희가
보기에는 이 갈등 상황이 영향을 미쳤던 거죠. (김경민)

가족협의회의 공식 입장은 '어떤 걸 선택하든 존중한다'였
다. 각 가정마다 상황이 다르고, 개인마다 입장이 다를 수 있으
니 개인의 선택에 맡기되, 이에 개의치 말고 끝까지 진상규명과
책임자 처벌 관련해 부모들이 목소리를 같이 내자. 하지만 상황
은 간단하지 않았다.

소송해서 국가 상대로 이길 수 있어? 지면 네가 책임질 거야?
그 말에 제가 이렇게 대답했더라고요. "진짜 가족들 30명만 같이
하면 내가 죽을 때까지 간다" 그랬는데, 그렇게 많은 가족들이

소송으로 갈지는 정말 몰랐어요. 담당 변호사들도 놀랐어요.
당시에 가족들이 국가 상대로 소송해서 이긴다고는 그 누구도
장담을 못 한다고 했으니까. 다들 어려운 싸움이 될 거라고
했거든요. 배·보상을 선택하신 분들은 어쩔 수 없는 상황들이
있었을 거예요. 제가 가족협의회 운영위원장을 맡고 나서
가족들이 개인 신상 자료를 들고 오거나 면담을 요청하러 와요.
보면 경제 상황이 어려운 경우가 제법 있더라고요. '가족들이
많이 힘들구나, 어렵구나.' 또 어떤 가정은 한쪽 부모는 소송을
하고, 한쪽 부모는 배·보상을 신청한 가정도 있는 거예요.
당시 이 소송이 1년 안에 끝난다고 생각하는 사람은 아무도 없었을
거예요. 형제자매들, 특히 남아 있는 동생들은 중학교도 가고,
고등학교도 가고, 대학교도 다녀야 하는데 돈이 없잖아요.
또 미성년자라서 소송이 진행되고 있으면 아이들한테 문제가
될 수도 있고요. 그런 부분을 염두에 두고 각 가정에서
판단해야 했던 거고, 그때의 선택은 누구 아빠, 누구 엄마로서의
권한인 거였죠. (찬호 아빠 전명선)

우리 나이 정도 되면 국가를 상대로 이길 수 없다는 것을 알아요.
속된 말로 국가 돈은 먼저 찾아먹는 사람이 이기는 거다 싶은 거지.
나는 배·보상으로 가자고 했는데 주아 엄마가 그 알량한 돈이
내 자식 목숨보다 중요하냐고 화를 내더라고. 어디까지 진상규명이
될진 모르겠지만 끝까지 밀고 나가자고. 그렇지 않아도 배·보상
때문에 가족들이 갈라지게 생겼는데 우리 집마저 갈라지면

안 되잖아요? 그래서 제가 주아 엄마를 따라간 거죠. (주아 아빠 김칠성)

처음에 가족들이 생활을 유지할 수 있게끔 받을 수 있었던 건 여행자 보험밖에 없었어요. 그 여행자 보험으로 모든 가족이 버틸 수 있을 때까지 버텨라, 이렇게 할 수는 없었을 거예요. 꼭 내가 투쟁을 하겠다, 소송을 가겠다 안 가겠다 그걸 떠나서 형편 때문에 배·보상 신청을 하신 분들은 그 뒤로는 이제 가족협의회 모임 자체를 나가기가 무척 꺼려지는 상황이 발생한 거예요. 배·보상 문제가 끼어들면서 가족들이 같이 활동하기가 어려워진 거죠. (김경민)

박근혜 정부가 정책적으로 머리를 잘 쓴 거죠. 배·보상으로 가족들을 갈라놓을 수도 있고, 신청해서 배·보상을 받았던 사람들은 어떻게 보면 심리적으로 끝났다는 뉘앙스를 풍기고 사회적으로 그런 분위기를 조성할 수도 있잖아요. 그게 결과적으로 성공을 했죠. 왜냐하면 자식을 어떻게 돈으로 팔고 끝내버리느냐, 이런 분위기가 만들어졌고. 그때 배·보상 받았던 가족들은 활동에 나설 수 없는 상황이 돼버렸잖아요. 또 이도저도 싫다면서 세월호 문제는 안 쳐다보련다, 그런 사람들도 생겼고. (세희 아빠 임종호)

그로부터 3년이 지난 2018년 7월, 1심 판결이 내려졌다. 법원은 가족들(소송 참여자)이 국가와 세월호 선사인 청해진해운을 상대로 낸 손해배상 청구소송에서 가족들의 일부 승소를 선언했다. 그리고 희생자 1명당 위자료 2억 원, 부모들에겐 각각

4천만 원, 생존자에겐 8천만 원의 위자료를 지급하라고 판결했다. 2015년 9월 소송을 제기한 지 정확히 2년 10개월 만이었다. 끝까지 소송에 참여한 가족은 피해자 118명의 가족 355명이었다. 1심 판결로 위자료 금액은 2배가량 많아졌지만, 가족들 입장에선 내용적으로는 불만족스러운 결과였다. 국가 책임은 형사 처벌된 해경 123정장의 책임으로만 제한됐고 구조본부의 부적절한 상황 지휘, 국가재난컨트롤타워 미작동 등의 위법 행위는 받아들여지지 않았기 때문이다.[05]

애초 계획은 민사소송을 하면서 증인들을 불러다가 사실들을 법정에서 얘기하게끔 하겠다는 거였어요. 그런데 이게 민사소송이다 보니까 우리 생각처럼 원활하게 이루어지지가 않았어요. 그럼에도 불구하고 우리가 법원을 찾아다니면서 증언도 하고, 증인도 세우고… 그렇게 해서 국가 책임에 대한 사법부의 공식적인 판결을 받아낸 거죠. 소송해서 돈을 더 받겠다, 이런 건 애초에 염두에 없었어요. (수진 아빠 김종기)

1심 재판 결과가 배·보상을 더 주는 방향으로 결정이 나니까 미리 받으신 분들이 주축이 돼 0416단원고라는 단체를 사단법인 형태로 만들었어요. 이분들 입장에서는 아이들이 같이 희생된 건데 신청해서 받은 것과 소송해서 받은 것 사이에 차이가 크다 보니까 납득이 안 가는 거죠. 반대로 소송을 해오신 가협 부모님들은 그게 또 받아들이기가 어려운 거죠. 우리도 어려운 상황에서 다 포기하고

소송해서 얻은 결과인데 먼저 배·보상금 받은 사람들이 재판 결과를
보고는 다시 심의해달라고 한다? 받아들일 수 없는 거죠. (김경민)

최근에는 안산에 단원고 희생학생과 희생 교직원을 추모
하는 공간인 4·16민주시민교육원이 설립되면서 전 가족협의
회 운영위원장이 초대 원장을 맡게 되었는데, 이 결정을 두고
0416단원고 측에서 자신들은 소외된 상태에서 결정이 내려졌
다며 경기도교육청에 문제를 제기하는 일도 있었다.

사실 갈등은 특별하지 않다. 가족 안에도, 친구 사이에도
다툼이 있는데 다양한 사람들이 모이는 곳에 갈등이 없다는 게
오히려 더 이상한 일이다. 지금 이 가족들이 겪고 있는 갈등에
도 서로 다른 생각과 경험, 생활과 가치관의 차이가 적잖은 영
향을 미쳤을 것이다. "만약 이 참사가 아니었으면 저 부모하고
는 말도 안 섞었을 거야, 달라도 너무 달라." 지난 10여 년간 나
는 작가단으로 활동하며 이런 이야기를 종종 들어왔다.

다만 세월호 가족들이 겪어온 내부 갈등에는 '개인의 차이'
로만 이야기할 수 없는 사회적인 문제가 존재한다. 법과 제도의
한계일 수도 있지만, 수습과 지원의 주체인 정부가 갈등의 소지
를 제공하고 언론이나 사회가 이를 의도적이든 비의도적이든
조장해왔다는 점이다.

이와 더불어 조장된 갈등의 과정에서 가족들 또한 놓친 것
은 없는지 되묻는 것도 중요해 보인다.

각자의 입장에서는 사실 다 억울함이 있는 거죠. 가족협의회 같은

경우는 모든 게 본인들이 정말 많은 시간과 노력, 공을 들여서

애쓰고 처절히 싸워서 얻은 것들이잖아요. 그런데 그것에 동의하지

않거나 과정을 함께하지 않은 사람들이 뒤늦게 지원, 혹은 피해자의

권리라는 이름으로 혜택을 받겠다고 등장하는 것에 대한 서운함과

불편함, 분노가 있는 거죠. 또 진상규명 활동은 하지 않고, 자신들이

필요한 순간에만 연락을 하고, 자기 권한만 얘기하니까 마음이 더

엉키는 거고. 0416단원고 가족들은 배·보상에 서명한 것이 이렇게

현격한 보상금의 차이로 이어질 줄 몰랐던 거고, 관련한 재심의

과정에 가족협의회가 도움을 주지 않는 현실이 너무 서운하고…

사실 0416단원고는 대리기사 폭행 사건이 씨앗이 됐어요. 당시 사퇴한

집행부들이 주축이 돼서 만들었는데, 그분들 입장에서는 그 상황에

대한 미안한 마음도 있지만 한편으로는 힘들었을 본인들의

마음을 이해하려는 노력을 누군가 해주었더라면 좋았을 텐데

아무도 그러지 않은 것, 내쳐진 것에 대한 상처가 있는 거죠.

그러면서 최근에 0416단원고를 만들어 외부와 의사소통을 하다

보니까 중간에 끊긴 역사 속에서 이루어졌던 모든 일들에 대해

본인들이 잘 알 수 없는 상황이라, 본인들이 모르는 상태에서 결정된

사항에 대해 선뜻 동의하지 못하는 것도 있겠고요. 그렇다 보니 지금

두 단체가 만나서 이야기를 하거나 관련한 위원회에 참여해 논의할

때 서로 의사소통이 어려운 경우가 적지 않은 거예요. (박성현)

서로 다르게 쌓인 시간과 경험은 쉽게 해결될 수 없는 갈등

과 충돌을 만들어냈다. 하지만 기록될 것에 대한 염려였든, 세월호 거치, 트라우마센터 건립, 생명안전공원 건설 등 함께 해나가야 할 산적한 현안에 대한 고려였든, 서로에 대해 물을 때면 인터뷰에 참여한 가족협의회 가족들은 약속이나 한 듯, 말을 아꼈다. 아쉽고 서운한 마음이 적지 않았음에도, 아이 친구의 부모이자 같이 아이를 잃은 부모를 '남'에게 흉보이고 싶지 않아 하는 마음이 커 보였다. 끝내는 함께 가야 한다는 생각을 그 누구도 포기하지 않고 있었다. 인터뷰 내내 '세월호 가족'이라는 말이 머릿속에서 떠나지 않았다.

또 사람 마음이 그렇잖아? 같이 자식 잃고 아픈 마음이니까 시간이
지나니 누그러지기도 하고, 같이 잘해봐야 하는데 싫기도 하고.
그래서 매정하게 잘라놓고도 시간이 조금 흐른 다음에 전화를
돌렸었어요. 안부도 묻고, 반 모임을 하니 오셔도 된다고.
그랬더니 오고 싶다고 하시는 분들도 있더라고. 그런데 또 기존에
있던 가족들 중에는 여전히 마음이 불편한 분도 계신 거야.
서로 상한 마음들이 있다 보니까 이게 한 번에 어떻게 될 순 없고
조금 더 시간이 필요하겠더라고. (민지 아빠 김내근)

우리만 세월호 유가족이 아니고 0416단원고도 같은 단원고
유가족이고 모두 동등한 입장이잖아요. 고통도, 치유와 치료도
사람을 가리지 않아요. 그렇기 때문에 트라우마센터 건립 문제도
연락해서 같이 하자 그랬어요. 이 일의 사안에 대해서 모르고, 과정에

참여하지 않으면 같이 갈 수가 없잖아요. 모르면 엉뚱한 얘기가 나올
수밖에 없고 결과에 대해서도 다른 얘기를 할 수밖에 없어요. 또 혹시
다른 결론을 내렸다 하더라도 과정을 같이 했으면 자신들이 내린
결론에 대해서 자신들이 책임을 질 수 있잖아요. 어렵지만 그렇게
한 발씩 의견을 맞춰가는 거죠. (상준 엄마 강지은)

우리가 서로에게 내일이 될 테니까

주아 아빠는 올 초 형님, 아우 하고 지내던 한 아빠로부터
속 깊은 이야기를 들었다. 가족협의회에 다시 들어오고 싶은데
가능하겠느냐는 얘기였다. 너무 반가웠지만 자신도 활동 없이
회원으로만 지내온 처지라 이 얘기를 다른 가족들과 어떻게 나
눠야 할지 난감했다. 봉석 아빠도 또 다른 아빠로부터 지난 추
석에 비슷한 이야기를 듣고 고민에 빠졌다.

정말 간만에 연락이 왔더라고, 술 한잔하자고. 명절이면
우리 가족들이 더 힘들거든. 그래서 보자고 하나 보다 하고는
나갔어요. 그 아빠가 한참을 망설이더니 입을 열더라고. '술기운을
빌려서 용기 내 이야기하고 싶다. 내가 이렇게 혼자 있다 죽으면
아이를 볼 면목이 없다. 이제라도 가족협의회 회원으로 받아줄 수
있냐? 너무 들어오고 싶다.' 그래서 '와라, 사람들이 다 반가워할
거다' 그랬더니 자신이 몸도 아프고 벌이도 변변치 않다 보니

밀린 회비를 다 낼 수는 없을 것 같다고, 꼭 좀 구제를 해달라고

그러더라고. 사실 같은 유가족이라도 60살 먹은 남자가 그런

얘기를 하는 게 쉽지 않거든. 그래, 너무 안타까운데 다른

가족들은 어떤 마음일지 걱정이 되는 거예요. (봉석 아빠 조덕호)

사정상 배·보상을 먼저 받긴 했지만 '뭉쳐서 행동할 수 있는 데에 있어야 한다'며 고집스레 가족협의회에 남은 봉석 아빠였기에 그 심경이 너무나 이해됐다. 하지만 현재 회원인 가족들이 느낄 서운함과 섭섭함에도 마음이 쓰였다. 자신조차 때때로 여러 생각이 들기 때문이다.

회원 확대 및 회비 납부 문제는 가족협의회의 오랜 숙제였다. 떨어져 있던 세월호 가족들이 다시 가족협의회의 식구가 된다는 건 반가운 소식이었지만, 밀린 회비는 늘 논란거리였다. 가족협의회는 사단법인 설립 때부터 회원들로부터 정기회비를 받아 운영해왔는데, 신규 회원들에게도 설립 시점부터 소급해 회비를 받았다. 매달 몇만 원은 큰 금액이 아니었지만, 세월이 흐른 만큼 회비가 쌓이다 보니 몇백만 원으로 밀린 회비가 부담스러워 가입을 주저하는 이들이 생겨났다. 가입 문턱이 높다는 얘기에 가족들 안에서도 밀린 회비를 감면 혹은 면제해 이들을 회원으로 받아들이자는 의견과, 기존 회원들과의 형평성 차원에서 전액을 다 받아야 한다는 의견이 몇 년째 맞서왔다.

표면상으로는 회비 납부 문제였지만 심층에 자리한 건 지난 시간 가족들이 싸워온 과정과 노고에 대한 존중과 인정의 문

제였다. 서로 다르게 쌓인 생각과 경험 그리고 감정은 각기 다른 이해와 수용을 만들어냈다. 가족들 안에서도 입장의 진폭이 컸다. 마음 한편에선 오랜 기간 활동해오면서 쌓인 피로감과, 활동하는 가족의 수가 점차 줄어드는 상황에서 신규 회원이 새로운 활력이 될 거란 기대가 존재한다. 흩어진 가족들이 가족협의회의 울타리 안에 다시 모여 있는 모습은 생각만 해도 힘이 난다. 그러나 동시에 신규 회원들이 기대하는 것만큼의 책임감과 활동 의지를 보여줄 수 있을지에 대한 우려도 공존한다. 새로운 갈등과 분란의 씨앗이 되진 않을지 긴장하고 경계하는 목소리도 적지 않다. 외롭게 싸우며 힘겹게 운영해가고 있는 가족협의회가 혹시나 흔들릴까 하는 걱정이다.

워크숍에서 다른 가족과 이야기를 나눴는데 다들 마음들이
여러 가지예요. 경제활동을 오랫동안 해오신 상황을 감안해보면,
사실 마음과 의지만 있으면 그 정도 돈은 부차적인 게 아니냐며
마음이 좀 불편하다는 분들도 있고. 또 한편으론 몇백만 원을 한 번에
내는 건 좀 부담이 될 거다, 그래도 기본적인 성의 표시는 하고
들어오면 좋겠다는 분들도 있고. 우리가 그동안 회비뿐만 아니라
재단 만들 때도 출연하고, 이번에 청소년 기금 만든다고 기부도
했잖아요. 새로 들어오는 분들이 그걸 다 내고 올 수는 없겠지만
밀린 회비의 일정 금액은 기부 형태라도 내고 들어오는 게
서로 마찰도 안 생기고 그분들도 활동할 때 떳떳하고
정당하지 않겠느냐는 의견이 있어요. 무조건 권리 행사만

할 게 아니라 어느 정도는 자기 마음과 의지를 그런 식으로
표명하는 게 화합에 좋겠다 싶은 거죠. (수연 아빠 이재복)

가족들이랑 얘기를 나눠보면 초기부터 회비를 내온 분들 입장에선
회비를 탕감해주는 건 좀 억울하죠. 우리가 오랫동안 활동해온
것도 있는데… 하지만 회원이 늘어야 하는 것도 맞고, 무엇보다
가협 재정이 좋지 않은 것도 신경을 써야 하죠. 그래서 밀린 회비의
50퍼센트 정도는 받아야 좀 공평하다, 그리고 신규 회원들의 권한은
좀 유예해야 한다는 얘기들을 많이 하세요. 투표권은 주더라도
임원이 되는 건 적게는 1~2년, 보통은 5년, 입장이 좀 강하신 분은
우리가 10년 활동해왔으니 그 시간만큼은 겪어봐야 하지 않겠느냐며
10년 얘기하시는 분도 있어요. 가협의 역사도 알고 가치와 방향도
같이 겪어보고 또 일정 시간은 봉사를 한 뒤에 임원이 되는 게
적절하지 않겠느냐는 마음들인 거죠. 저도 비슷한 마음이고요.
(동영 엄마 이선자)

신규 회원 회비 납부를 둘러싼 논의는 지금 가족협의회 가
족들이 직면한 여러 고민과 어려움의 일부이자 축소판이다. 세
월호참사는 통상적인 참사의 수명을 넘어 오랫동안 시민의 애
도를 받아왔다. 이 애도의 중심에는 안간힘을 쓰며 단단히 버텨
온 가족들이 존재한다. 하지만 끝을 알 수 없는 지난한 싸움의
과정에서 가족들은 지치고 상처 입으며 피폐해져왔다.

사참위가 물론 성과도 있었지만 우리가 가장 중요하게 여겼던
진상규명을 이뤄냈느냐 했을 땐 아닌 거죠. 또 그렇게 어렵게 어렵게
싸워서 관련자들을 기소까지 시켰는데 계속 무죄가 나오니까
좌절감도 크고. 안산 생명안전공원은 삽도 못 뜬 상황에서
이태원참사까지 터져버리니까 우리 가족들의 좌절감이 무척
큰 거예요. 우리가 여태 뭘 한 거지? 세상을 바꾸긴 한 건가?
이렇게 한다고 세상이 달라지긴 하는 걸까? 앞으로의 시간은
더 막막할 텐데. (지혜 엄마 이정숙)

길을 잃은 건 유가족만이 아니었다. 25년차 활동가인 나 역
시 이런 막막함과 허무함은 처음이라 잘 삼켜지지 않았다. 한국
사에서 유례없는 재난참사 피해자 운동이 갈림길에 선 듯 보였
다. 힘을 내 다시 방향을 세우고 새로운 길을 내야 하는데, 활동
하는 가족들은 점차 줄어만 갔다. 참사 초반만 해도 특별법 제
정 활동에 참여하던 가족이 200개 가정을 넘었다면, 10년에 이
른 지금 일상적으로 다양한 가족협의회 활동에 참여하는 이들
은 눈에 띄게 줄었다. 2024년 2월 현재 가족협의회 회원은 150
여 가정.

이 가운데 올해(2024) 열린 총회에 90여 가정이 참여했고,
2023년 1월 국가배상소송 종료 후에도 이탈자가 전무하니 가
족협의회 구성원으로서의 소속감에는 이상이 없어 보였다. 하
지만 그렇다고 예전처럼 바로 손닿을 거리에 있는 것 같지도 않
았다. 모두 각자의 사정이 있을 거란 걸 모르지 않지만 가족협

의회에 출근부를 찍는 가족들은 매일 차곡차곡 쌓이는 일들이
힘에 부치면서 그들의 빈자리가 유독 크게 느껴졌다.

> 조직이 무척 애써서 활동을 열심히 해왔지만 구조적으로 봤을 때
> 한계가 많은 거죠. 애초부터 자체적으로 해결하는 구조가
> 아니라 시민과 피해자가 같이하는 조직으로 성장했으면 어떻게
> 됐을지 모르겠는데, 애초에 그럴 상황이 아니었기 때문에
> 피해자들끼리의 결집력은 좋지만 새로운 사람이 유입될 수 없는
> 구조죠. 그렇다면 그 안에서 순환되는 구조가 되어야 하는데
> 순환될 수 있는 상황도 아니고. 시간이 지나면서 활동하는
> 분들은 자연적으로 줄어들고. 반면에 또 일하시는 분들은 계속
> 소진돼요. 소진을 회복할 수 있는 방법도 없는 거고. (김경민)

모두가 힘들고 아프고 예민한 상황에서 애써온 만큼 성과
가 나오지 않다 보니 가족들 안에 잠재해 있던 분노와 불만이
서로를 향한 원망과 섭섭함으로 한껏 몸집을 불렸다. 오랜 활동
에 지치고 몸과 마음도 예전 같지 않으면서 불안과 서운함이 커
졌다. 활동 때문에, 남겨진 자식조차 제대로 돌보지 못하고 있
다는 자책과 억울함이 마음을 더욱 뾰족하게 만들었다. 활동하
지 않는 가족들은 제 나름 노력한다고 하는데도 기여를 인정받
지 못하는 점과 조직 운영 과정이 제대로 소통되지 않는 점이
불만으로 쌓였다.

활동하는 부모님들과 활동하지 않는 부모님들 간에 감정이
많이 상했어요. 무척 어려운 시기를 걸어왔잖아요. 처음에는 정부와
싸울 일도 많고 일정도 많고 하니까 이제 다 걷어붙이고 나간 거야.
다 동원하고. 그런데 문재인 정부 들어서고 나서는 큰 규모의
싸움이나 일이 줄어들면서 행사가 있을 땐 활동하는 분들이나
반 대표, 집행부가 주로 가게 되는 거죠. 그러면 집중 행사 때는
활동 잘 안 하는 분들이 좀 나와줘야 하는데 거기에도 참석을
안 하거나 간혹만 나오는 거지. 그러다 보니 활동하는 분들은,
왜 안 나오느냐, 매일 활동하는 것도 아니고 집중할 때 한두 번씩만
나오면 되는데, 우리 너무 힘들다… 활동 안 하는 분들은,
아니 그러라고 임원을 뽑은 게 아니냐, 우리도 그 나름 열심히 하고
있는 거다… 이분들이 이제 직업이나 짜여진 일상들이 있기 때문에
자유롭지가 않거든요. 또 몸도 아프고 이러니까 마음껏 활동 못 하는
것도 있는데 몰라주니까 서운한 거죠. (김선우)

회원 밴드로 소통을 잘하려고 해도 참여를 안 하면 한계가 있는
거예요. 그러다 보니까 활동에서 더 멀어지고 불만이 쌓이고
그러다 보면 엉뚱한 소리들도 나오는 건데, 그걸 담지 못했다는
건 그 사람들 입장에서는 가협이 우리를 품지 못했다는 거고.
활동하는 분들 입장에서는 이게 남의 일이냐, 네 자식 일이고,
자기 일이라고 생각하고 주인 의식을 갖고 해야지, 바라만 보고
있는 건 아닌 것 같다, 너 누구 위해서 일하냐, 나를 위해서
일하는 거 아니다, 네 자식 위해서 일하는 거다, 근데 왜 뒤에서

불만만 토로하느냐며 서운한 마음이 큰 거죠. 모두 이해되는

마음들인데, 밖에서 상처 입는 것보다 가족들 안에서

상처 입는 마음이 훨씬 크다 보니 엉킨 마음들을 푸는 게

쉽지가 않아요. (윤희 엄마 김순길)

　불만과 갈등은 활동하는 가족들 안에서도 쌓이고 폭발하는 중이다. 활동은 가족들이 선택한 것이 아니었다. 피해자가 되면서 운동의 길을 걸을 수밖에 없는 상황에 내몰렸고, 시급하게 요구되는 과제들에 자신을 욱여넣었다. 난생처음 조직을 만들어 운영하고, 아무 준비도 없이 임원이 됐는데, 어느 날부터인가 가족들이 자신의 입만 바라보고 질책을 보내기 시작했다. 또한 매일 터지는 현안 대응조차 벅차 안간힘을 쓰며 하루하루 이끌어왔던 조직은, 사람을 양성하고 역량을 강화하며 서로의 과업이 유기적으로 순환되는 구조를 만들지 못했다는 비판과 마주해야 했다. 결과적으로 특정 분야에 '붙박이' 가족이 생기면서 전담과 의존이 과도해지는 경향이 만들어졌다. 이런 상황이 장기화되다 보니 분야가 다른 경우 서로의 활동을 온전히 이해하지도, 대체하지도 못하면서 인정과 응원보다는 서로를 향한 불만과 섭섭함이 쌓였다. 분야별로 어떤 조력과 지원이 필요한지에 대한 조직적 점검과 조정이 시도되기도 했지만 이것마저 원활하게 작동하지 않았다. 서로의 차이는 더욱 이해할 수 없는 것, 때로는 이해하고 싶지 않은 것이 되어버렸다.

가족협의회도 큰 조직이 된 거예요. 조직을 운영하는 데는
큰 동력이 들어가는데 그 동력에 쓰는 시간과 돈과 여력이 늘
부족한 거죠. 그런데 해가 갈수록 신체적인 어려움은 계속 더 많이
생기는데, 진상규명을 어떻게 해나가야 할지에 대해서는 방향을
못 잡으면서 이에 대한 불안과 분노가 쌓이고 자꾸 예민해지는
상황들이 발생하는 거예요. 얼마 전에도 국가배상소송에서
승소하면서 받은 배·보상 금액의 일부를 사회적으로 기부하자는
논의가 있었어요. 기부금을 내니 못 내느니로, 기부처를 어디로
하느냐를 둘러싸고 논란이 계속되다가 겨우 사회적 환원으로 의견이
모아졌는데, 한 엄마가 아빠 몫까지 기부를 하니까 그 아빠가
가족협의회 사무처에 와서 집기를 집어던지면서 기부금을 돌려달라고
한 일이 있었어요. 이게 밖에서는 기부금에 대한 이견처럼 보이지만,
안에서 들여다보면 한쪽은 왜 진상규명에 보다 더 집중하지
않느냐는 불만을 그런 식으로 표현한 거고, 다른 한쪽에서는 과연
진상규명과 관련해 내부적으로 '우리가 더 어떻게 함께해야 하지?
왜 이렇게 폭력적인 방식으로 불만을 표시하고 문제를 해결하려고
하지?'라는 섭섭함과 억울함이 마음에 상처로 남은 거죠. (박성현)

전에도 무슨 사안이 있으면 많이 싸우고 회의 석상에서
큰소리도 나고 뒤집어엎기도 했거든. 그런데 활동하는
가족들이 줄어들면서부터는 문제 행동에 대해 제대로 지적하고
해결하기보다는, 활동하는 게 어디냐며 얼버무려 대처하게 된다는 게
정말 심각한 문제예요. 회의 때 성질을 내고 나가도 아무 말도

못 하고 달래고 끌어안고 이렇게 가게 되는 거야. 그러니 또 그게
불만이고 상처인 사람들이 계속 생기는 거고. (윤희 엄마 김순길)

우리가 너무 앞만 보고 왔고, 지금 너무 힘든 것도 알아요.
우리가 한 발짝 뒤로 물러나서 이제 좀 서로도 보고 조직도 봐야
하는 것도 알고. 그런데 그런 여유가 없는 거지. 밖에서 보면
뭐하고 있지 싶을 정도로 너무 한가한 조직 같잖아요. 하지만
안에 있으면 일이 막 휘몰아쳐요. 모두 일에 치여 살잖아.
대체 인력도 없어요. 지금 임원들도 이거는 마무리 지어놔야 하지
않느냐며 겨우 붙잡아 앉혀놓은 사람들인데, 다음에는 누가
할지 깜깜한 거죠. 그런데도 조직적으로 여유가 없으니까 그런
부분까지 챙기면서 가지를 못하는 거예요. (상준 엄마 강지은)

활동하는 가족들의 고충이 커지면서, 활동 독려와 조직의
재생산을 위해서라도 최소한의 활동비를 지급해야 한다는 목
소리가 힘을 얻었다. 이에 따라 2017년 활동비 지급이 결정됐
다. 반 대표 기준 교통비를 포함해 처음에는 한 달 30만 원으로
책정된 활동비는 2021년에 100만 원까지 인상됐지만 최근 가
족협의회 재정에 빨간불이 켜지면서 활동비 40퍼센트 삭감 결
정이 내려졌다. 반 대표들의 활동비가 60만 원으로 줄었다.

이제 10년이잖아요. 그러면 가협이 없어져야 하나? 결국은
피해자들이 이 일을 맡아야 하는 게 맞는 거고, 그런 차원에서

보면 활동을 유지하기 위해서는 활동하는 분들에게 어느 정도의
금전적인 보장을 하는 게 맞아요. 제가 지금 하고 있어서가 아니라
다음에 누가 하더라도 그런 부분이 뒷받침되지 않으면 활동하기가
어렵지요. 그래서 활동비 지급이 결정됐는데 재정이 안 좋아지면서
지금은 많이 깎였어요. 그러다 보니까 저 같은 경우는 내적 갈등이
좀 심해요. 지금 당장도 그렇지만 미래에 대한 걱정이 큰 거죠.
그 누구든 가장이라면 비슷한 생각을 하지 않겠어요?
나이는 자꾸 먹어 늙어가는데 나중에 어떻게 살지? 암울하죠.
요즘 들어서 제일 부러운 게 초기에 우리가 싸울 때도 꾸준히
직장생활을 하신 분들이에요. 그분들이 초반에는 약간
안 좋은 소리도 들으셨지만 지금 보면 그분들이 승리하신 거다,
부럽다… 이 나이 돼서 뭔가를 하려니까 용기도 안 나고, 갈 수 있는
곳이 있나 싶어요. 10년 동안 활동하면서 수입은 0원에 배·보상금만
계속 쓰고 있다 보니 마음이 복잡한 거죠. (민지 아빠 김내근)

가협이 가난해요. 우리가 회비를 한 달에 6만 원씩 내는데
모아봤자 얼마 안 돼. 초창기엔 외부에서 도와주는 분들도 있고
더 많은 가족들이 회비를 냈는데 지금은 10년째다 보니 본래 있던
후원도 다 끊기고, 점점 회비를 안 내는 사람들도 늘었지. 매달 회비
내는 게 부담스러울 수 있어. 내가 활동도 안 하는데 왜 회비를 내?
이렇게 얘기하는 사람도 있어. 그러다 보니까 수입은 줄어드는데
가협은 또 굴러가야 한단 말이야. 굴러간다는 게 다 돈이거든.
기자회견도 가야 하고, 농성도 해야 하고, 연대하러도 가야 하고.

그러면 밥값도 들고 버스라도 대절을 해야 하는데 가협은 돈이 없어. 그래서 재정사업팀을 만들어서 김도 팔고, 양말도 팔고, 공방에서 나온 물건들도 파는데 이것도 큰돈이 안 돼. 상품도 몇 개 없고, 사주는 사람이 세월호를 아는 사람들밖에 더 있어? 그러다 보니까 가협이 점점 더 힘들어지는 거지. (윤민 엄마 박혜영)

사람은 줄고 갈등은 깊어지고 재정은 바닥을 드러내고… 조직의 핵심인 양대 기둥, 인적 토대와 물적 토대 모두가 흔들리고 있다. 하지만 지금이 위기라고 단정 짓기에는 지난 10년 더 위태롭고 아슬아슬한 순간들도 많았다고 가족들은 회고한다. 단 한순간도 쉽지 않았다는 것이다. 그래서인지 위기로 여겨질 수 있는 이 순간조차도 새로운 시도들을 해내고 있다. 일례로 2023년 1월 기무사 불법사찰 국가배상소송 승소로 받은 배상금을 모아 3억 원에 이르는 돈을 소외된 청소년들을 위해 써달라며 '청소년 기금'으로 4·16재단에 기탁했다. 남은 재정으로 1년을 버티기도 힘든데 가족협의회를 위한 모금이 아니라 사회적으로 되돌려주기를 택한 것이다. 이 가족들의 세계는 10년을 보아왔는데도 들춰보면 신기하고 놀라운 것 투성이다.

나는 처음에 그 이야기를 듣고서는 아니 이걸 누가 하려나 그랬어요. 다들 먹고살기 바쁜데. 배상금을 받았다고 한들 이게 가족들 입장에서는 어쨌든 자기 몫으로 나오는 거, 자기 돈이거든. 쓰는 건 다 개인들 마음인 거야. 근데 지금 와서 이 사람들이 25만 원도 아니고

개인당 250만 원, 한 가정당 500만 원씩 내라면 과연 낼까? 막상

뚜껑을 열어보니까 의외로 많은 분들이 낸 거야. 그걸 보고 나는, 야,

우리 가족들이 정말 대단하다, 참 좋은 사람들이다 생각했어요. 개인당

250만 원이 사실 작은 돈이 아니에요. 그런데도 이걸 흔쾌히 내는 걸

보니까 내가 이런 사람들과 함께하고 있다는 게 정말 자랑스러운 거지.

(윤민 엄마 박혜영)

2023년 10월에는 외부 강사를 초청해 조직 점검 워크숍을 개최했다. 조직의 문제는 조직의 치부이자 구성원들의 상처일 수 있기에 이를 타자에게 드러낸다는 건 용기가 필요한 일이다. 하지만 문제를 숨기기 위해 빗장을 걸어 문을 잠그기보단 변화를 위해 문을 열었다. 많은 이견과 분란에도 불구하고 조직이 전반적으로 민주적이고 건강하기에 가능한 일이다. 그렇다 보니 불만과 갈등은 있을지언정 이탈은 없다. 많은 한계에도 불구하고 대체 불가능한 소중한 조직이자, 싸우고 상처 입고 토라져도 결국 우리는 가족이라는 믿음 역시 가족들은 포기하지 않고 있다. 여기엔 활동과 비활동의 경계가 없다.

하루에도 열두 번씩 때려치워야지 생각해요. 그런데 내가 10반

대표거든요. 우리 반도 이제 활동하는 사람이 공방하는 민정 아빠랑

나랑 이렇게 두 명 남았어요. 활동하는 사람도 줄고, 초심을

잃은 것도 같고, 어디 가서 매번 '10반 한 명'이라고 말하는 것도

부끄러워서 때려치자 싶을 때가 정말 많은데, 나마저 활동을

안 하면 10반이 없어지는 거니까 부모 없는 아이를 만들고 싶지는
않은 거예요. 다른 한편 생각하면, 사람들 떠난 자리를 남아 지키고
있는 사람들도 걱정이고. 그래서 내가 마음이 상하다가도 '활동은
못 해도 꼬박꼬박 회비 내주는 게 어디냐, 누군가 뿌리만 잡고
있으면 언젠가는 모인다' 그래요. '똑똑한 한 엄마보다 부족한
세 엄마가 힘을 합치면 된다' 그러면서 버티는 거죠. (지혜 엄마 이정숙)

100퍼센트 만족이라는 거는 사실 힘든 것 같아요. 끌고 가는
입장에서는 한 사람 한 사람 의견을 다 듣고 반영할 수는 없는
거니까요. 어떤 건 너무 오랜 시간이 걸려서 결정이 되고, 어떤 건
소통이 좀 부족한 것 같고. 불만이 없는 건 아닌데 임원들이 다
고생하는 건 아니까 이해하는 거죠. 미안하기도 하고요. 또 조금은
마음에 안 들어도, 일단은 내가 이 자리에 있어야 이 가족들이
안 흩어지고 같이 갈 수 있다는 생각을 처음부터 지금까지
계속해왔어요. 서로 의지하는 마음도 크고 이젠 동기간보다 더
가깝고, 무엇보다 우리 아이들의 억울한 죽음을 밝히려면 우리가
절대 흩어지면 안 되니까 다 같이 뭉쳐 있는 거죠. (동영 엄마 이선자)

2014년 특별법 제정 서명 받으러 다니다가 열사병에 걸렸어요.
몇 년 전에는 심장병 진단을 받고, 그다음에는 자궁을 들어내는
수술을 받았어요. 그러다 보니까 몸을 많이 움직일 수가 없는
거예요. 열심히 하는 가족들도 많이 아픈데 나만 아픈 티 내는 건가
싶어 너무 미안하고… 그러면서 결심한 게 가협 회비라도 안 밀리고

내자, 필요할 때는 꼭 같이 가자는 거였어요. 내가 활동 안 하고

우리 아들 볼 낯이 없잖아요? 죽어서 우리 아들한테 갔을 때

'이래저래 해서 이렇게 됐단다'라는 말은 꼭 해줘야 하는데

내가 활동을 안 하고는 그걸 말해줄 수가 없잖아요. 끝까지

가고 싶어요. 끝까지 가려면 하나보다는 둘이 힘이 있고,

둘보다는 셋이 힘이 있으니까. 내가 앞장설 수는 없고, 앞에서

어깨동무를 같이할 수는 없지만, 한 발 뒤에 물러나 있어도

내가 힘이 되고 싶어요. 미약한 힘이지만 열심히 하는 사람

옆에서 내가 손잡아주고는 싶은 거예요. (휘범 엄마 신점자)

/ 유해정

국가

존경하는 국민 여러분, 세월호 침몰 사고가 발생한 지 오늘로 34일째가 되었습니다. (…) 이번 세월호 사고에서 해경은 본연의 임무를 다하지 못했습니다. (…) 그래서 고심 끝에 해경을 해체하기로 결론을 내렸습니다. (…) 여야와 민간이 참여하는 진상조사위원회를 포함한 특별법을 만들 것도 제안합니다. 거기서 세월호 관련 모든 문제들을 여야가 함께 논의해주기 바랍니다. (…) 다시 한번 이번 사고로 희생된 분들의 명복을 빌며, 유가족 여러분께 깊은 위로의 말씀을 드립니다.

박근혜 대통령의 세월호 대국민담화가 발표된 2014년 5월 19일로부터 나흘 전인 15일 저녁, 당시 가족대책위 위원장은 예은 아빠 유경근(당시 대변인)에게 긴히 할 말이 있다며 안산 정부합동분향소 주변 으슥한 곳으로 데려갔다. 위원장은 청와대에서 연락이 왔는데 대통령 면담이 잡혔다, 언론이나 외부에 절대로 알리지 말고 조용히 와주길 바란다는 말을 전했다.

진실을 향한 염원, 650만 명의 서명

'가족들에게 알리지도 말라고? 왜 그렇게 극비리에 만나야 하지?' 예은 아빠는 의아한 생각이 들었다. 하지만 대통령 면담은 가족대책위가 그동안 수차례 요구했던 것이었다. 결국 청와대에서 보내주는 버스를 타고 서울로 올라가는 길에 버스 안에서 가족들에게 대통령을 만나러 간다는 사실을 알리는 것으로 결론이 났다. 대한변호사협회(대한변협) 인권위원으로, 참사 이후 가족대책위 법률 자문을 하고 있던 황필규 변호사도 예은 아빠와 비슷한 때에 소식을 들었다.

15일 밤에 위원장이 갑자기 내일 대통령을 만나기로 했다는
거예요. '아니, 미리 말씀을 하셨어야죠?' 그랬더니 절대 비밀로
해달라고 했다고. 하여튼 만나기로 했으니 가장 중요한 건
가족대책위 입장을 정리하고 요구안을 만드는 일이었죠. 그때
박종운, 배의철 변호사는 사무실에 남아 있었고, 박주민 변호사는
이미 집에 갔는데 왠지 박주민이 꼭 있어야 할 것 같았어요.
그때 민변 사무처장으로 있었거든요. 시민사회 쪽 입장이
반드시 들어가야 할 것 같아서, 전화해서 돌아오라고, 택시비
줄 테니까 빨리 오라고. 거의 새벽이 다 되어서 박주민 변호사가
도착해 서둘러 요구안과 입장을 정리했죠. (황필규)

가족들은 청와대에 들어가서 둥그렇게 놓인 자리 배치를

보고 적지 않게 놀라고 기대를 품게 되었다고 한다. 의례적인 자리가 아니라 진정으로 이야기를 듣기 위한 것으로 보였고 대통령이 신경을 쓴다고 느껴졌기 때문이었다. 또한 그 자리에서 대통령이 무슨 방법을 써서라도 책임을 묻겠다고 단호하게 약속까지 했으니 안산으로 돌아오는 길에는 조그만 희망을 갖게 되었다.

하지만 희망이 배신감을 넘어 분노로 바뀌기까지는 채 며칠이 걸리지 않았다. 5월 19일 박근혜 대통령의 대국민담화 헤드라인은 누가 뭐라고 해도 '해경 해체'였다. 대통령을 만난 자리에서 그렇게 마지막 실종자까지 온전하게 찾아달라고 간청했는데 해경이 해체되면 당장 진도에서 실종자 수색은 어떻게 되는 거야? 달랑 특별법을 제안한다는 그 한 줄은 또 뭐야? 무엇보다 담화 말미에 희생자들의 이름을 부르며 애써 눈물을 짜내는 박근혜의 모습은 누가 봐도 작위적인 연출로 보여 도저히 그 진정성을 믿을 수 없었다.

이제 가족대책위가 본격적으로 세월호참사 진상규명을 위해, 특별법 제정을 위해 나설 수밖에 없다는 것이 분명해졌다. 참사 초기 국회 국정조사가 무엇인지, 수사와 조사가 무엇이 다르고 기소권은 또 무엇인지 알지 못했던 가족들은 날마다 낯선 단어들을 새로 접해야 했고 또 배우고 익혀야 했다. 그렇게 가족대책위는 몇 차례 내부 논의를 거쳐 특별법에 대한 입장을 마련하는 중이었다.

5월 5일 가족대책위 몇몇 분들과 첫 만남을 갖고 언제든 필요하면
연락하시라고 말씀드리고 다른 변호사들과 근처에서 식사를
하고 있는데, 가족대책위 임원 중 한 분이 제게 먼저 전화를
했어요. 어떤 가족분이 합동분향소 앞에서 특검인가를 요구하는
피켓 시위를 했는데 이게 가족들의 공식 입장이냐, 아니면
특별법이 공식 입장이냐? 결국 이 문제로 유가족들 내에서
실랑이가 붙었는데 우리는 특검과 특별법이 뭔지도 잘 모르고,
뭐가 더 나은지도 잘 모르니 변호사인 당신이 빨리 와서
두 가지가 어떻게 다른지, 무엇이 더 좋은지 설명해달라고…
그렇게 세월호 가족들 앞에서 첫 인사를 드리게 되었죠. (황필규)

　　세월호참사 직후 가족대책위를 법률적으로 지원하던 단체
는 박종운, 황필규, 배의철 변호사 등을 중심으로 꾸려진 대한
변협 세월호특별위원회와 권영국, 박주민 변호사 등을 중심으
로 꾸려진 민주사회를위한변호사모임(민변) 세월호TF였다.
　　두 단체 모두 법률단체지만 민변이 대다수의 시민단체들과
마찬가지로 뜻이 맞는 회원들이 모여서 만든 임의의 조직이라
면, 대한변협은 변호사법에 의해 설립된 법인으로 변호사 자격
을 가진 사람이 의무적으로 가입해야 하며 변호사의 징계나 등
록 취소 등을 할 수 있는 법적이고 공적인 직능대표기구다. 그
러므로 황필규, 박주민 변호사 모두 대한변협과 민변 회원이었
지만 가족대책위가 어떤 곳과 공식적으로 관계를 맺는가는 다
른 차원의 문제였다.

당시 가족들 중에서는 대한변협은 정부의 입김에 휘둘릴 수밖에 없는 관변단체이기에 믿을 수 없다는 이도 있었고, 민변은 정부를 비판하고 야당과 가까운 반정부 단체로 알려져 있으니 절대 같이하면 안 된다는 이도 있었다. 가족대책위는 논의 결과 좀 더 공식적인 조직이 낫다는 판단을 하고 박주민 변호사도 대한변협에서 함께 활동한다는 조건 아래 5월 15일 대한변협과 공식 협약식을 체결하고 기자회견도 같이 열었다. 가족대책위와 대한변협은 이 자리에서 특검법에 의한 특별검사와 국회 국정조사는 그 한계가 명확하기에 특별법 제정을 요구한다는 공식 입장을 발표했다.

안산 가족대책위에 배의철 변호사가 혼자 상근을 하게 되었는데 상근을 시작한 첫날 배 변호사로부터 전화가 왔어요. 가족대책위 성명서엔가 입장문 초안에 '불법 집회를 하는 반정부 단체들과 함께하지 않겠습니다'라는 문구가 들어갔는데 어떻게 하면 좋겠느냐는 거였죠. 정부와 일부 언론에서 하도 불순세력 운운하니까 유가족분들이 움츠러드는 마음이 드셨던 것 같아요. 만약 이대로 나가면 이후 도움을 주고 함께하려는 시민단체들과 소통하거나 손을 잡는 게 아예 불가능하거나 너무 늦어지잖아요. 배 변호사에게 '오늘 미션은 이 문구를 슬그머니 빼는 거다'…(웃음) 그것 말고도, 대통령 면담 이후 가족대책위 공식 입장을 발표하는데 거기에 국민들에게 '서명을 받아서 모아주세요'라고 호소하는 구절이 들어가요. 어쩌면 이것이 시민사회와의 접촉면이 되고

이후 함께 갈 수 있게 된 계기가 아니었을까… (황필규)

대통령의 대국민담화 직후 가족대책위는 본격적으로 특별법 제정을 위한 범국민 서명운동에 들어갔다. 5월 22일 전국 600여 개 단체가 참여하여 결성한 국민대책회의도 곧바로 세월호참사 진상규명과 안전사회 건설을 위한 특별법 제정 1천만 명 서명운동을 시작했다. 5월 28일부터는 가족대책위와 국민대책회의가 공동으로 서울에서 시작해서 전국 20여 곳의 거점에서 서명운동을 전개했다.

어쨌든 우리나라 역사상 처음으로 어떤 참사에 대해 특별법을 제정해서 독립된 조사기구를 만들어달라는 것이기 때문에, 또 가족들이 그것을 요구하는 전례가 없었는데 세월호참사에서는 유가족들이 강하게 요구하고 있었기 때문에 두 달 만에 350만 명이 넘게 서명을 할 정도로 국민들의 관심이 집중되었죠. (이태호)

가족대책위는 반별로 버스를 타고 각 지역으로 흩어져 전국을 순회하며 서명을 해주십사 호소했고, 이에 지역단체와 모임, 종교단체 등이 조직적으로 동참하여 11월 14일 서명운동 공식 종료까지 총 650만 명이 넘는 서명을 모은다. 단 6개월 만에 이만큼의 서명을 모은 것은 유례없는 일이었다. 누구도 거스를 수 없는 진상규명의 염원이 모여 특별법 제정을 위한 초석을 놓은 것이다.

한없이 무능하다가도 놀랄 만큼 유능한

원래 대한변협에서 만든 법안에는, 국회 공청회를 할 때까지만
해도, 피해자를 지원하는 내용도 다 같이 있었어요. 그런데
공청회 당일에 제가 '지원' '보상' 이런 거 다 빼자고 했어요.
우리가 원하는 것은 진상규명이다. 유가족이 원하는 건
진상규명을 위한 특별법이고, 국회의원들이 피해자 지원 특별법이
필요하다고 생각하면 따로 만들라고 했죠. (찬호 아빠 전명선)

당시 가족대책위 부위원장으로 특별법에 가장 깊이 관여하
고 있던 전명선 씨의 우려와 염려는 비단 가족들만의 것이 아니
었다.

진상규명, 적절한 피해지원, 배상과 보상, 추모와 기억, 이게 다
피해자의 정당한 권리이고… 그렇게 다 설명하고 합의가 된 거죠.
그런데 이것을 세월호 특별법에서 빼면 나중에 다른 재난참사가
나면 또 빼야 하느냐? 그건 가족대책위가 미리 그 사람들의 권리를
제한하는 거 아니냐? 설득은 그렇게 했는데 실제로 이런 내용이
들어가면 진짜 반대편에서 공격이 심해지니까, 저조차도 이 내용이
들어가면 여론상으로 더 힘들 거 같다, 빼고 가는 게 낫지 않을까 하는
생각이 나중에는 들더라고요. 그리고 수사권과 기소권, 이건 이번 국회
입법을 통한 검찰의 수사권 축소 권한쟁의 심판에 대한 헌법재판소
결정[01]에서도 다시 확인되었잖아요. 수사권과 기소권은 국회의 입법

사항이다. 국회에서 충분히 할 수 있는 것이고 절대 무리한 주장이

아니에요. 저는 법리적으로 충분히 가능하다고 생각했어요. (박주민)

2014년 7월 12일 특별법 제정을 촉구하며 국회 농성에 돌입한 뒤 가족대책위의 법률자문을 넘어 공식적 법률대리인이 된 박주민 변호사는 독립된 특별조사기구에 수사권과 기소권을 부여하는 것이 법리상으로는 전혀 문제가 되지 않지만 현실적으로는 굉장히 어렵다는 것을 모르지 않았다.

헌정사상 유례가 없는 일. 유가족들을 만나서, 그리고 대국민담화에서 독립적 조사기구를 만들고 무슨 방법을 써서라도 책임을 묻겠다던 박근혜 대통령은 언제 그랬느냐는 듯 돌변하여 특별조사위원회에 수사권과 기소권을 부여하는 것은 삼권분립과 사법체계 근간을 흔드는 일이라며 몰아붙였다. 당시 야당이었던 새정치민주연합과 국민의당 의석 수로는 쉽지 않은 일이었고, 야당 내에서조차 독립조사기구에 수사권과 기소권을 부여하는 것에 동의하지 않는 국회의원들이 적지 않았다.

여야 원내대표 간의 협상이 거듭될수록 대한변협과 가족대책위가 제안한 법안은 한 걸음, 두 걸음 후퇴했다. 9월 17일 이른바 대리기사 폭행 사건이 터지면서 한때 60퍼센트를 넘던 수사권·기소권 부여 찬성 여론이 급격히 빠지고 반대 의견이 높아지는 등 여론도 역전되기 시작했다. 엎친 데 덮친 격으로 세월호참사 일반인 희생자의 유가족들 다수가 여야 합의안을 수용하자 외톨이가 된 가족대책위도 더 이상 버티기 힘들어졌다.

마침내 11월 7일 가족대책위가 4차 여야 합의안을 수용하면서 참사 206일, 국회 농성 119일, 광화문 농성 117일 만에 특별법이 국회를 통과했다.

'세월호특조위에 여당과 야당이 위원을 추천하는데 여당인

새누리당이 진상규명을 방해하는 사람을 추천하면 어떻게 할 거냐?'

그게 가족들의 가장 큰 걱정이었는데 새누리당에 김재원 의원이

'아, 우리가 그렇게까지 하겠습니까? 여론이 있고, 보는 눈이 있는데

그렇게까지 하겠습니까? 걱정하지 마세요.' 그런데 '그렇게까지'

하더라고요. 정말 상상 이상이었어요. 진상규명을 방해하는 위원을

추천한 것은 물론이고 진짜 하나하나 다 방해했어요. 공무원 파견을

안 하거나, 아예 뽑지를 않거나. 예산도 덜 주거나 제때 안 주고,

자료도 부실하게 주고. 무엇 하나 특조위가 제대로

기능을 할 수가 없었어요. (박주민)

2015년 1월 세월호특조위설립준비단이 꾸려질 때부터 청와대와 해양수산부를 비롯한 정부의 체계적이고 조직적인 비협조와 방해가 시작되었다. '우리가 그렇게까지 하겠느냐?'고 반문했던 새누리당 김재원 원내수석대변인이 앞장서서 세월호특조위가 무리한 요구를 한다며 '세금도둑'이라고 포문을 열었다.

대통령은 특조위원의 임명을 차일피일 미루었고, 보수언론은 조사관 채용 시 국가보안법 위반 전력을 문제 삼았다. 전국

경제인연합회(전경련, 현 한국경제인협회)의 뒷돈으로 동원된 엄마부대, 어버이연합, 자유총연맹 같은 어용·관변 단체들이 특조위원과 조사관에 대한 비방과 음해를 일삼으며 반대 집회를 열었다.[02] 세월호 진상규명을 막기 위한 총공세가 시작된 듯 보였다. 이 모든 것은 이후 세월호참사 보름 만에 기무사에서 계엄령 선포를 검토한 문건에서 드러났듯이, 초기부터 유가족을 감시하고 사찰하며 매주 대통령에게 그 활동을 보고한 불법 행위의 연장선에서 국가정보기관들이 벌인 공작 차원의 일이었다.[03] 결국 세월호특조위에서 가장 중요한 역할을 해야 할 특조위 내 진상규명국장은 특조위가 해산될 때까지 끝내 임명되지 못했다.

2015년 3월 27일 마침내 해양수산부는 특조위설립준비단이 제출한 시행령에서 예산과 인원 등을 대폭 축소하는 시행령을 입법예고하기에 이른다. 며칠 뒤에 해양수산부는 직접 나서서 기자회견을 열고 세월호 희생자 유가족들이 마치 어마어마한 돈을 받을 것처럼 보상 금액을 한껏 부풀리고 조작한 가짜 뉴스로 여론 몰이에 나섰다.[04]

해가 바뀌고 나서 가족대책위에서 가족협의회로 조직을 개편한 유가족들과 국민대책회의는 시행령에 반대하며 정부시행령 폐기 416시간 농성, 안산에서 광화문까지의 영정도보행진과 집단 삭발 등 모든 수단을 동원하여 맞섰고, 세월호특조위 이석태 위원장 또한 위원회 준비 활동을 잠정 중단한 채 농성에 들어갔다. 하지만 모든 게 역부족이었다. 어쩔 수 없이 법 제정 과정에서 수차례 후퇴를 거듭하며 양보 아닌 양보를 했음에도 우여곡절 끝에 세월호특조위는 반쪽짜리 기구가 되어 2015년 9월이 되어서야 조사를 개시할 수 있었다.

1기 특조위 때 제가 가족협의회 진상규명 부서장이어서 그때까지 우리가 갖고 있던 자료를 다 특조위에 제공했어요. 구원파 자료까지 싹 다. 글쎄, 특조위가 해양수산부 자료를 보지를 못하는 거예요. 아무런 협조를 안 하니까. 그러니까 우리가 갖고 있는 해양수산부 자료도 줄 수밖에 없는 거죠. 그때 가족협의회가 준 자료가 아마 20테라바이트도 넘을 거예요. (준형 아빠 장훈)

세월호특조위는 진상규명뿐만 아니라 안전사회 대책, 피해자 지원까지 할 의무를 지고 출범했습니다. 그리고 위원회는 독립적인 조사기구라는 위상을 갖고 만들어졌는데, 현실은 전혀 그렇지 못했어요. 정치권으로부터 전혀 독립적이지 못한 기관이었지요. 결국 정치적 타협의 결과로 탄생한 위원회에서 위원들이 정치적 이해관계를 대변하는 사람들로 구성되다 보니 문제가 있었죠. 또, 민관합동기구여서 민간 조사관들이 들어갔는데 이것도 장단점이 있을 수밖에 없죠. 민간 조사관들의 의지는 높았지만 민간인 출신이다 보니 전문성이나 조사 역량상의 아쉬움이 있었고요. 공무원들은 도리어 조사를 방해하기까지 했으니까요. (박래군)

그럼에도 박근혜 정권 아래에서 피해자인 유가족의 추천과 야당 추천 위원이 다수를 차지할 수 있는 독립적 위원회를 구성할 수 있었다는 점, 특별검사를 요구할 수 있는 권한이 주어졌다는 점은 세계적으로도 유래를 찾아보기 힘든 성과가 아닐 수 없다.

　한편 과거에 의문사진상규명위원회 조사관으로 활동한 적이 있으며 이후 많은 특별법 제정과 조사기구 설립에 관여했던 박래군 4·16재단 상임이사가 지적한 문제들은, 비단 세월호특조위에만 국한된 문제가 아니라 그다음에 만들어지는 특별법에 의한 조사기구에서 거듭 제기되는 문제이자 난관, 그리고 현실적인 한계다. 세월호특조위가 재난참사에 대한 최초의 독립적 조사기구였지만 그 이전에도 의문사진상규명위원회, 한국전쟁 민간인학살 진상조사위원회, 진실과 화해를 위한 과거사정리위원회 등 국가폭력으로 인한 중대한 인권침해에 대한 조사기구가 있었다. 이들 또한 비슷한 어려움을 가질 수밖에 없었다. 하지만 이러한 과거사 관련 사건들은 이미 정권이 몇 차례나 바뀐 뒤 시작한 조사였기에 그 책임자들이 현직에서 물러난 상황이었지만 세월호참사는 현직에 있는 책임 있는 고위 공직자, 과거가 아닌 현재의 권력을 대상으로 한 조사였다.

　세월호특조위의 결정적인 파국은 2015년 11월 여당(새누리당)에서 추천한 위원들이 집단 퇴장을 하면서였다. 이들은 특조위가 참사 당시 청와대의 대응이 적절했는지를 조사하기로 의결한 직후 이에 항의하며 회의장에서 퇴장했다. 이와 같은 행동은 이후 드러난 '해양수산부 지침 문서'나 청와대 수석의 업무

수첩에서 확인할 수 있는 것처럼 철저히 사전에 계획된 행동이었다. 그야말로 정권은 "한없이 무능하다가도 놀랄 만큼 유능했다"[05]는 표현밖에 달리 찾을 말이 없었다.

강제 해산된 세월호특조위

저는 그 대통령의 일곱 시간, 그것을 특조위가 조사하는 것은 맞는데 시기를 잘 봐야 한다고 주장했어요. 최소한 2016년 특조위 예산을 확보한 다음 조사를 시작하는 게 맞는데 그 전에 위원회에 안건으로 상정되면서 결국 그다음부터 아무것도 못 하게 된 거죠. (준형 아빠 장훈)

활동 기간이 조사 기간 1년 6개월, 보고서 작성 3개월, 이렇게 1년 9개월이었는데 조사 개시 1년 만에, 기간이 남았음에도 불구하고 문을 닫아버린 초유의 사태가 만들어진 거죠. 그때 청와대와 대통령의 업무 적정성 조사 개시가 빌미가 된 셈인데, 이건 평가해볼 부분이에요. 충분히 예상할 수 있었던 일이니까 섣불렀다고도 볼 수 있는데, 한편으로는 그것을 안 했다면 조사에 조금이나마 협조를 한다든가 활동 기간을 보장해줬을까라고 했을 때, 또 그렇지도 않았을 거란 말이죠. (박주민)

'박근혜 대통령의 일곱 시간' 의혹은 세월호참사 당일 오전

8시경 최초 보고를 받은 이후 오후 3시가 되어서야 중대본에 나타나 "구명조끼를 학생들은 입었다고 하는데 그렇게 발견하기가 힘듭니까?"라는 도저히 이해하기 어려운 발언을 할 때까지 일곱 시간 동안 과연 박근혜가 어디서 무엇을 했는가에 대한 의혹이다. 일본『산케이신문』서울지국장이 이 문제를 최초로 보도하자 청와대는 이례적으로 즉각 법적 대응을 했으며, 이후 4·16연대 사무실을 압수수색하고 공동대표를 구속했다. 그만큼 청와대와 정부여당은 이 사안을 매우 민감하게 받아들이고 있었다.[06]

그 일곱 시간을 조사해야 한다는 것에 대해 가족들 내에서 이견은 없었는데, 어느 정도 조사가 되려면 너무 늦으면 안 된다, 아직 이르다 등등 안건 상정 시기를 두고 좀 다른 입장들이 있었죠. 결국 최종적으로는 조사를 시작하는 게 맞다고 해서 안건이 상정된 거죠. 그것 말고 개인적으로 제가 1기 특조위에서 요구했던 것은 적어도 평생 싸우고 갈 빌미를 만들어줘야 한다는 것이었어요. 그래서 활동이 중간에 종료되더라도 최소한 중간보고서라도 내달라고 했는데 그마저도 안 된 것이었죠. (찬호 아빠 전명선)

특조위가 만들어졌는데, 보니까 인양과 관련된 부서가 없는 거예요. 2014년 11월까지 미수습자를 찾는 수중 수색이 계속 될 때는 인양의 '인'자도 꺼낼 수 없었으니까 특별법에도 내용을 넣을 수 없었지만, 특조위에서는 인양을 준비해야 하잖아요. 제가 이석태 위원장님을

만나 부탁을 했죠. 그래서 위원장 비서관이랑 해서 팀을 하나

구성하게 되었어요. 그게 그나마 특조위에서 의미 있는 부분이라고

생각해요. (동수 아빠 정성욱, 당시 선체 인양분과장)

2016년 9월 30일 세월호특조위는 정부에 의해 강제로 해산되었다. 그럼에도 민간인 출신 조사관들이 반발하며 계속 출근해 조사를 이어나갔다. 곧이어 정부는 집기를 빼고 사무실 출입문을 아예 폐쇄했다. 애초에 수사권과 기소권을 포기하면서 대체했던 특별검사 임명 요청도 정부와 여당의 반대로 무산되었고, '기억이 안 난다' '내 책임이 아니다'라는 최소한의 염치도 없는 발언만 반복된 세 차례 청문회만을 가진 뒤 문을 닫게 된 것이다.

가족협의회와 4·16연대는 세월호특조위 강제 종료를 앞두고 조사 기간을 보다 명확히 하고 사법 경찰권 등 최소한의 수사권을 부여하며 업무 범위에 세월호 인양 이후 정밀조사까지 포함시키는 특별법 개정안을 마련하고, 20대 총선을 앞두고 세월호참사에서 막말을 했거나 진상규명을 방해한 정치인의 낙선운동과 정당과 후보자를 대상으로 한 기억·심판·약속 운동을 벌였다.

이와 더불어 특조위에서 강제로 쫓겨난 조사관 일부와 민간 연구기관 연구자 등을 모아 2017년 1월 4·16세월호참사 국민조사위원회를 구성해 2기 특조위를 위한 본격적인 준비에 들어갔다.[07]

탄핵당하는 박근혜, 떠오르는 세월호

"재판관 전원의 일치된 의견으로 주문을 선고합니다. 주문, 피청구인 대통령 박근혜를 탄핵한다."

세월호특조위가 강제 종료된 뒤 채 한 달도 지나지 않았을 무렵 JTBC에서 대통령 연설문이 최순실에 의해 미리 검토되었다는 의혹이 보도되면서 박근혜 정권의 비선실세에 의한 국정농단이 서서히 드러났고 그에 따라 박근혜 탄핵 촛불집회가 전국에서 들불처럼 일어났다. 전 국민적인 분노에 떠밀려 국회에서는 여당 국회의원 일부까지 동참하면서 2016년 12월 6일 탄핵안이 가결되었다.

태블릿 PC에서 최순실 문건이 많이 발견됐잖아요. 저 중에 세월호 관련된 문건이 없을까? 나중에 관련 문건이 있다고 밝혀졌죠. 또 참사 당일 박근혜가 중대본에 오기 전에 최순실을 만났잖아요. 그게 대통령의 일곱 시간, 세월호참사의 컨트롤타워 역할을 하지 않은 시간이었고. (건우 아빠 김광배)

(JTBC 뉴스를 접하고) 참, 이래서 우리 아이들이 구해지지 못했나? 참사가 나고 여러 가지 기괴하고 망측한 이야기가 돌았는데 진짜로 그런 걸까? 최순실이 세월호참사에서도 박근혜에게 어떤 영향을 미쳤나? 나중에는 만약 박근혜가 탄핵되고 정권이 바뀌면 세월호 진상규명을 좀 수월하게 할 수 있지 않을까? 이런 생각들을

했죠. (수진 아빠 김종기)

국회가 박근혜 대통령 탄핵안을 가결할 때 가족협의회와 4·16연대는 세월호참사의 책임을 탄핵 사유 중 하나로 집어넣었다. 세월호참사가 촛불광장의 중요한 키워드였고 참사의 기억이 시민들이 촛불을 들게 만든 주요 동력이었으니 너무나 당연한 일이었다. 마침내 압도적 찬성으로 박근혜 대통령 탄핵소추안이 국회에서 가결되었고, 그 소추안에는 세월호참사와 관련한 국민보호 의무의 위반이 명시되었다.

그리고 2017년 3월 10일 헌법재판소에서 박근혜 대통령을 탄핵하기에 이른다. 헌법재판관 8명의 만장일치로 박근혜는 탄핵됐지만 탄핵 사유에서 세월호참사의 책임은 빠졌다. 반면 김이수·이진성 재판관은 A4 20장 분량의 보충 의견으로 "세월호참사와 관련하여 피청구인은 생명권 보호 의무를 위반하지는 않았지만 헌법상 성실한 직책 수행 의무 및 국가공무원법상 성실 의무를 위반"했다고 지적했다. 참사 당시 대통령이 하지 않은 일을 지적했을 뿐만 아니라 반드시 했어야만 하는 일까지 상세히 언급하며 재난참사에서 국정 최고책임자인 대통령의 행동이 실질적으로, 그리고 상징적으로 어떠한 의미를 갖는지 거듭해서 강조했다. 성큼 한 발짝 앞으로 내딛지는 못했지만 촛불시민들과 함께한 눈물겨운 반 발짝의 전진. 그리고 이제 다시 한번 더 진실을 향한 발걸음을 내딛는다.

정권이 바뀌기 전에 20대 총선 결과 야당이 다수당이 되어서 뭔가
다시 해볼 가능성이 생긴 거죠. 그 첫 번째가 세월호 인양. 박근혜
정부는 계속 미루다가 마지못해서 결국 인양 요구를 받은 것이고.
인양을 한 뒤에는 미수습자 수습을 하고 선체를 조사해야 하니까
선체를 조사할 위원회를 만들어야 한다. 그리고 두 번째가 2기
특조위를 만드는 것. 그것도 국회의원 과반수가 이미 동의하는 서명을
했거든요. 그래서 패스트트랙으로 갈 수 있었던 거죠. (이태호)

패스트트랙은 국회에서 발의된 안건의 신속처리를 위한 제
도로 신속처리 대상 안건으로 지정되면 해당 상임위원회에서
180일, 법제사법위원회에서 90일 이내에 심의를 마쳐야 하며
이후 국회 본회의에 60일 안에 상정하여 표결에 부쳐야 한다.
결국 이름은 신속처리라고 하지만 여야 합의가 되지 않으면 실
제로 입법까지는 최장 11개월이 걸리는 셈이다. 그 당시만 해도
이러한 제도가 있다는 사실을 국회의원들조차 몰랐다. 다만 가
족협의회는 '세월호 변호사'로 유명해진 뒤 20대 총선에서 당
선되어 국회에 들어간 박주민 의원에게 어떻게 해서든 2기 특
조위를 만들 수 있는 방안을 강구해달라고 했다.

총선 결과 야당이 과반을 넘었다고 하지만 우리 당(더불어민주당)이랑
국민의당까지 합쳐서 그런 것이지 우리 당만 갖고 무엇을 할 수
있었던 것은 아니거든요. 그런데 가족협의회에서는 광화문에서
다시 단식을 시작한 거예요. 계속 날짜가 가고 가족분들이

진짜 쓰러지실 거 같은데, 하루라도 빨리 단식을 그만두게 해야 하는데, 그래서 의석 수가 부족해도 어떻게 해볼 방법이 없나 막 찾아봤죠. 패스트트랙이라는 제도가 국회법에 2012년인가 도입이 되었는데, 한 번도 사용된 적이 없다고 하더라고요. (박주민)

우선 박주민 의원은 추미애 당시 민주당 대표에게 갔다. '방법을 찾았다. 패스트트랙이라는 제도를 이용하면 된다. 우선 해당 상임위에서 신속처리 안건으로 지정해야 하는데 특별법의 소관 상임위는 농해수위원회다. 거기서는 우리 당이 과반수를 차지하지 못하니 아예 상정 가능성이 없다.'

때마침 가습기살균제 참사 피해자들이 전국적인 네트워크를 만들어 서명운동을 벌이는 한편 참사의 진상규명과 피해지원 대책을 위한 특별법을 만들어달라고 국회에 호소하고 나섰다. '세월호참사와 가습기살균제 참사를 묶어 특별법으로 갈 경우 명분이 생길 뿐만 아니라 가습기살균제 참사는 환경노동위원회 소관이니 거기에서 상정할 수 있다. 환노위로 가면 위원장이나 위원 구성이 유리하니 충분히 가능하다.'

추미애 대표와 박주민 의원은 곧바로 가족협의회 농성장을 찾아가 추미애 당대표가 책임지고 법안을 본회의까지 올리겠다고 약속을 했고, 그렇게 사회적참사특별조사위원회(사참위)의 구체적인 그림이 그려지기 시작했다.

한편 박근혜 대통령이 탄핵된 이후 지지부진하던 세월호 선체 인양 작업이 급속도로 진행된다.[08] 당시 가족협의회 선체 인양분과장이었던 동수 아빠는 "박근혜 탄핵 이후 그전까지 인양 작업을 미적거리던 해수부가 책임을 피할 수 있는 길은 하루 빨리 세월호 선체를 인양하는 것밖에 없었을 것"이라고 짐작한다. 박근혜 정부와 해양수산부가 세월호 선체 인양에 큰 의지도 없었고 의도적으로 작업 진행을 미뤄왔을 뿐만 아니라 어용·관변 단체를 내세워 인양에 대한 반대 여론을 조성했다는 사실은 이후 사참위 조사 결과 밝혀진다.

　길이 146미터, 높이 24미터, 폭 22미터, 무게 6천 톤이 넘는 거대한 침몰 선박을 인양한 것은 세계적으로 유례가 없는 일이기도 했다. 우선 세월호 선체가 인양될 경우 미수습자 수색과 선체 조사를 해양수산부에 맡겨놓을 수는 없었기에 다시 한번 독립적 조사기구가 필요했다. 가족협의회의 요구에 따라 2017년 3월 21일 국회는 세월호 선체조사위원회 설치 및 운영에 관한 특별법을 제정하고 이에 따라 세월호 선체조사위원회(선조위)가 만들어진다.

"가족들이 원하는 침몰 원인은 무엇인가요?"

탄핵의 가장 큰 수혜를 입은 게 문재인 대통령이었고,

탄핵 촛불집회의 원동력, 그게 일어나게 된 계기 중 하나가

세월호참사였으니까, 문재인 대통령 공약이 세월호참사

진상규명이었으니까 취임하고 몇 달 뒤에 대통령과 간담회도 하게

됐어요. 가족들만이 아니라 많은 국민들이 다 기대를 품었죠.
책임자가 제대로 처벌되고 진상규명이 될 것이다. 많은 시민들이
상당히 오랜 기간 그렇게 되고 있는 줄 알고 있었다고 하더라고요.
그런데 생각처럼 그렇게 잘되지 않았거든요. (수진 아빠 김종기)

박근혜가 탄핵되고 대통령이 바뀌고 나서 선조위 전원회의,
목포까지 내려가서 그 회의를 지켜보면서 많이 우울했어요.
스트레스를 많이 받았죠. 사람들이, 대통령 바뀌면 다 해줄 건데,
정권이 바뀌고 다 해주려고 하는데 좀 기다려라, 이런 분위기여서
목소리를 낼 수 없는 상황이 된 거잖아요. 그런데 실제로는 그렇지
않으니까 답답하기도 하고 불안하기도 하고. (순범 엄마 최지영)

지역에 간담회를 다니면 지역에서 활동하는 분들조차도 문재인
대통령이 해줄 테니 믿고 맡기자, 기다리자는 거예요. 근데 달라지는 게
없어. 부모들이 뭐 좀 하겠다고 움직이니까, 해줄 건데 왜 움직이느냐.
그런 말을 계속 듣다 보니까 어떨 때는 화가 나기도 하는데, 위축되고,
사람들을 만날 때면 말을 조심하게 되더라고. (은정 엄마 박정화)

그 무렵 가족협의회 진상규명분과장이었던 준형 아빠는 목
포신항에 세월호가 거치되는 것을 취재하던 한 언론사 기자로
부터 '유가족들이 원하는 침몰 원인이 있느냐?'라는 황당한 질
문을 받기도 했다. 정권이 바뀔 게 확실시되는 시점에서, 정권
이 바뀐 뒤에 문재인 정부가 세월호 유가족들이 원하는 것이면

무엇이든 다 들어줄 것이란 분위기가 팽배했던 것이다.

그러나 그야말로 청와대 주인만 빼고 사법부와 입법부, 공권력을 가진 권력기관이나 정부관료, 공무원은 전혀 바뀌지 않았다. 이제 박근혜 탄핵 촛불집회 과정에서 받았던 열렬한 지지와 응원을 뒤로 하고 가족협의회는 다시 외로운 싸움을 이어가야 했다.

일단 중앙해양안전심판원(해심원)의 1차 조사가 있었다. 일반적으로 해양 선박사고가 나면 해심원에서 사고 원인을 조사하는데 세월호참사 이후 2014년 말 해심원은 배를 불법으로 증개축한 문제, 적재 기준을 초과하여 화물을 실은 문제 등을 짚은 「여객선 세월호 전복사고 특별조사 보고서」를 발표했다. 선조위는 조사위원 8명, 민간에서 들어간 별정직 조사관 35명, 파견 공무원 15명으로 구성된, 선례를 찾아보기 힘든 전문가 중심의 독립적 조사기구였다. 문제는 가장 중요한 증거임에도 3년 동안 바다 속에 가라앉아 있었으며 인양 과정에서 여러 군데 심각한 훼손까지 입은 세월호 선체를 둘러싸고, 해심원에서 1차적으로 조사했던 전문가들이 본인들의 조사를 뒤집을 수도 있는 조사를 해야 했다. 이뿐 아니라 선박 운항에 관한 해운업계 측 전문가들, 배를 만드는 조선업계 측 전문가들이 하나의 기구에서 서로의 의견을 조율하며 조사해야 한다는 문제도 있었다.

세월호 선체와 화물의 무게만도 6천 톤이 훌쩍 넘었지만 가라앉아 있는 동안 들어찬 펄의 무게가 더해져서 인양 당시 무게가 1만 4천 톤가량이었다. 세월호를 바로 세우기 위해서는,

그리고 무엇보다 미수습자의 수습을 위해서도 그 펄을 조심스레 빼는 작업이 선행되어야 했다. 세월호 직립이 성공한 것은 2018년 5월 10일. 선조위 활동을 3개월도 채 남겨두지 못한 시점이었다. 문제는 그뿐만이 아니었다.

선조위에서 조사관들이 채용되기 시작한 게 2017년 7월부터인데 그 과정을 쭉 지켜봤죠. 위원회가 구성되고 조사관들이 뽑히고… 그러면서 '아, 기대하기가 힘들겠구나' 하는 생각을 했던 게 김창준 선조위원장이 한 인터뷰에서 세월호의 외력 충돌 가능성은 없다고 발언한 것이 보도된 거예요. 이게 일종의 가이드라인을 갖고 조사를 시작한다는 거잖아요. 그리고 조사관들, 위원들끼리 불신과 불화가 심각했어요. 목포해양대 출신이랑 한국해양대 출신이랑 알력도 심하고. 두 대학 출신들이 우리나라 해피아(해양수산 업계의 마피아)의 양대 산맥이라고 하더라고요. 또 선원 출신인 선장과 기관실 출신인 기관장도 서로 생각이 달라요. 네가 배는 만들어봤어? 네가 배를 몰아는 봤어? 이러며 서로 다투는 거죠. (동수 아빠 정성욱)

두 가지 결론의 종합보고서

아, 이게 해피아구나. 조사관들이 다 선후배 사이들이고. 그런데 또 '내가 전문가인데 누가 내 말에 토를 달아' 이런 분위기도 강하고. 저는 선조위는 공과 과가 뚜렷하다고 생각해요.

공은, 다 찾지는 못했지만 미수습자를 수습하고, 세월호를
바로 세워놓았고, 어쨌든 내인설, 열린 안, 두 개로 나뉘었지만
종합보고서를 냈다는 거예요. 과는, 전문가들끼리 싸우다가
결론을 두 개로 냈다는 것이죠. (준형 아빠 장훈)

세월호의 침몰 원인 중에서 선체의 불법 개조와 증축, 화물
의 과적과 고정 상태 불량 등으로 선박의 복원성이 나빴기 때문
이라는 가설이 이른바 '내인설'이다. '열린 안'은 이러한 이유
만으로 세월호의 급한 변침과 복원력 상실을 온전히 설명할 수
없다는 전제 아래 외력에 의한 충돌 가능성이 있다는 가설이다.
선조위 종합보고서 집필 과정에서 이 두 가지 가설에 대해 끝내
합의하지 못한 채 결국 이 두 개의 가설에 근거한 두 가지 종합
보고서가 함께 제출되었다.

사실 두 개의 보고서라고는 하지만 세월호의 침몰 원인을
제외하면 차이점은 거의 찾을 수 없다. 하지만 전례 없이 전문
가 집단으로 구성된 공신력 있는 국가조사기구가 결론을 내리
지 못한 채 두 가지 결론의 종합보고서를 냄으로써 세월호참사
의 진상규명 자체가 '침몰 원인이 무엇인가'에 갇히는 모양새
가 되고 말았다.

선조위 전원회의에 참관해보면 답답한 게 자기들끼리, 전문가들이라고
하는데 자기들끼리 싸우고 있어요. 서너 시간씩 토론을 하는데
무슨 말인지 알아듣기도 힘든 말들을 하고, 본인들끼리, 위원들끼리

편을 나눠서 싸우고 있으니까. 참, 아이 잃은 엄마로서…
그 자리는 그저 전문가들, 자기들을 위해 차려진 밥상이었어요.
그런데 한편으로는 국민들이 보기에는 국민 세금으로 유가족이
원하는 특조위, 선조위 다 만들어주지 않았느냐, 그런 시선을
받아야 하고. 그럼에도 밝혀진 것은 없었죠. (호성 엄마 정부자)

두 가지의 종합보고서가 채택되기 불과 석 달 전인 2018년 4월 16일, 처음으로 정부와 함께 공식적인 4·16세월호참사 기억 및 추모식을 진행한 뒤 화랑유원지 정부합동분향소는 철거되었다. 그 자리에 가칭 4·16생명안전공원을 만들겠다는 약속을 안산시장으로부터 받기는 했지만 그간 100만 명에 가까운 추모객이 방문했던, 세월호참사의 애도와 추모의 상징이었던 합동분향소가 사라지자 유가족들에게는 가슴 한편이 휑하니 비는 듯했다. 어쩌면 이렇게 세월호에 관한 모든 것이 흔적도 없이 사라져버리는 건 아닐까 하는 불안감이 밀려들었다.

세월호 특별수사단 국민청원과 특별수사단의 수사

2017년 5월 10일 문재인 정부가 출범했다. 그해 12월 패스트트랙으로 지정된 '사회적 참사 특별법'이 국회에서 통과되었고, 이듬해인 2018년 위원 선출, 사무처 구성, 조사관 채용 등을 거쳐 12월 11일 사참위가 본격적인 조사 활동을 개시했다.

　문재인 정부의 국정과제 1호는 적폐청산이었다. 보건복지부, 고용노동부 등 정부 각 부처에 적폐청산TF 같은 과거청산 기구를 설치하고 자체 문제점을 파악하고 개선안을 내도록 했다. 검찰과 국정원, 경찰, 국세청 등 권력기관도 마찬가지였다. 이명박, 박근혜 정부 등 전 정권에서 벌어진 방송 장악, 문화예술계 블랙리스트, 어버이연합 게이트, 양승태 대법원장 사법농단 의혹 등 개별 사건에 대한 적폐청산도 진행되었다. 언론에서는 연일 비상식적이고 추악한 적폐들이 보도되고 책임자에 대한 수사와 기소가 잇달았다.

　하지만 세월호참사와 관련되어 법적 책임을 지고 처벌을 받은 공직자는 여전히 123정 김경일 정장 단 한 명뿐이었다.[09] 경찰, 국정원, 검찰의 적폐청산 기구들은 '세월호참사는 사참위에서 다룰 사안'이라며 아예 다루지 않았다.

　그러나 세월호특조위와 마찬가지로 사참위 또한 수사권과 기소권을 갖지 못했다. 수사의뢰권과 특별검사 임명 요청권이 부여되었지만 이 또한 조사를 통해 유의미한 증거나 혐의가 나와야만 가능했기에 그저 답답한 노릇이었다. 사참위 조사와는 별개로 다른 분야 적폐청산과 마찬가지로 세월호참사에 대한 전면적인 재수사가 필요하다는 요구들이 모아졌다. 세월호 5주기인 2019년 4월 16일 세월호 특별수사단 구성을 위한 청와대 국민청원이 20만 명을 돌파했지만 청와대의 답변은 역시나 사참위 조사 결과를 지켜보자는 것이었다.

2019년 제가 가족협의회 운영위원장을 맡게 된 뒤에 4·16연대와 간담회를 하고 무엇을 할지 논의하는 자리가 있었어요. 제가 진상규명부서장을 하면서부터 세월호참사 책임자들 명단을 만들고 발표하자고 주장했거든요. 그전까지는 어쨌든 조사가 진행되고 있으니 결과가 나오면 하자고 미루고 있었는데 이제 더 이상 미룰 수 없다, 명단을 발표하고 국민들과 함께 고소, 고발을 하자. 그렇게 몇만 명이 고소, 고발을 하면 검찰 한 지검에서 다 할 수 없으니까 자체 수사단을 꾸릴 수밖에 없을 거라고, 그 행정 구조의 틈새를 공략한 거죠. (준형 아빠 장훈)

마침 사참위가 참사 당일 해경이 발견한 임경빈 군을 빨리 헬기에 태워 병원으로 옮기라는 의사의 권고를 무시하고 함정을 이용해 4시간 40분이나 걸려 병원으로 늑장 이송을 했다는, 해경 지휘부의 구조 방기 의혹에 대해 중간조사 결과를 발표하여 여론의 큰 주목을 받았다.[10] 이를 계기로 2019년 11월 검찰은 특별수사단을 구성하겠다고 발표했으며, 가족협의회와 4·16연대는 본격적으로 국민고소고발운동에 들어갔다.

국민고소고발운동은 가족협의회의 요청에 따라 민변을 중심으로 국민고소고발대리인단을 구성해 1차로 박근혜·황교안·김기춘 등 정부 책임자 5명, 현장 구조 및 지휘자 16명 등 40명, 2차로 기무사 사찰 및 감사원의 조작 의혹 등의 관련자 47명, 3차로 국가정보원장과 국정원 직원 다수 등을 고소, 고발했으며 여기에는 5만 명이 넘는 국민들이 고발인으로 참여했다.

하지만 검찰 특별수사단은 해경 지휘부 일부를 제외하고 대부분의 고소와 고발 건에 대해 무혐의 또는 불기소 처분을 내렸다. 소송 대리인단은 항고와 재항고 절차를 밟았으나 모두 각하되었다. 다시 한번 검찰과 법원은 책임자 처벌의 의지가 없음을 재확인한 것이다.

사참위 활동

2022년 9월 10일, 3년 6개월간의 조사 결과를 담은 종합보고서를 발간한 뒤 사참위 활동은 종료되었다. 사참위는 세월호 참사와 가습기살균제 참사, 두 개의 사회적 참사에 대해 독립적인 조사위원회에서 포괄적으로 조사하고 마무리한 최초의 사례였다. 하지만 그 시작부터 많은 한계와 난관이 존재했다.

일단 애초에 정한 조사 기간이 1년에, 필요시 1년을 추가하는 것이었다가 2020년 법 개정으로 다시 1년 6개월을 더 연장해 3년 6개월이 된 것이다. 이로 인해 처음부터 장기적이고 안정적인 조사 계획을 세우고 로드맵을 만든 뒤 출발하기 어려웠다.[11] 특별법 제정을 위한 고육지책이었지만 한정된 조사 인력과 예산으로 두 개의 참사를 다뤄야 했기에 손이 부족할 수밖에 없었다. 엎친 데 덮친 격으로 2020년부터 코로나19가 확산되면서 대면조사 등 활동이 크게 제한되었다.

또한 세월호참사 진상규명에 소극적인 태도를 넘어 공공연하게 방해를 일삼았던 국민의힘 추천 상임위원이 존재하는 상황에서 조사 과정 자체에 대한 보안이 필요했기에 사참위 안팎에서 공개적이고 자유로운 의사소통에 제약이 있을 수밖에 없었다. 사참위 활동 초기 정부부처에서 파견된 조사관에 의해 내부 자료가 유출되었다는 의혹이 제기되자 진상규명을 담당하는 부서는 더욱 칸막이를 높였다.

무엇보다 세월호참사 발생 후 4년 뒤에 시작된 조사였다. 수많은 증거가 이미 사라졌거나 은폐되거나 훼손된 상황이었다. 그사이 책임자들은 경찰과, 검찰, 감사원 등의 조사와 수사를 통해 수차례 입을 맞추고 방어할 충분한 시간을 벌었다.

참사 당시 컨트롤타워였던 청와대의 기록들은 대통령기록물로 묶였기에 접근 자체가 불가능했다. 가족협의회가 수차례 법 개정을 통해 대통령기록물 공개를 요구했지만 국회는 끝내 움직이지 않았다. 박근혜 탄핵 후 들어선 문재인 정부였지만 군과 경찰의 자료들도 제대로 제공되지 않았다. 가족들과 시민들의 끈질긴 싸움 끝에 마지못해 국정원에서 공개한 자료 또한 극히 일부에 불과했다.

국정원 그 자체가 어떻게 보면 정말 힘이 센 기관이기 때문에 국정원의 협조하려는 태도가 정권이 얼마나 의지를 갖는지의 척도라고 볼 수 있어요. 문재인 정권 초기에 국정원 개혁위에서 사실상 국정원에 세월호참사 관련 면죄부를 주면서 그 진상규명을 조기에 포기한 것이 아닌가 하는 의심이 들었죠. 이후 사참위 조사 과정에서 청와대는

국정원에 자료를 주라고 했다는데, 국정원은 안 줘요. 가족협의회랑

사참위가 청와대 비서실장이랑 박지원 국정원장도 만나서

세월호를 키워드로 한 문건을 보안 점검 뒤에 주겠다는 약속을

받아냈는데 또 안 줘요. 도저히 안 되겠다고 판단을 해서 제가 사참위

조사관들이랑 국정원에 들어갔어요. 보여줄 때까지 나가지 말자.

제가 그 전날 국정원장 휴대전화 번호를 확보했거든요. 들어가서

문자를 보냈죠. '협의가 안 되면 나갈 수 없다.' 여러 차례 줄다리기

회의를 하고 저녁 때가 다 돼서 감사실장이 와서 뭐라고 하더라고요.

원장님에게 그런 문자를 보내면 어떻게 하느냐고. 그렇게 싸워서

그다음부터 조사관들이 국정원에 출근을 하면서 겨우

일부 자료를 확보할 수 있었죠. 그 자료는 국정원이 내부에서

자체적으로 아무 문제가 없다고 판단한 극히 일부였는데 거기에서도

가족들에 대한 사찰, 공작, 이런 게 다 나왔잖아요. (황필규)

사참위가 만들어지는 과정에서 가습기살균제 참사 피해자
를 지원하고 있던 황필규 변호사는 자연스럽게 사참위 비상임
위원으로 들어가게 되었다. 사참위에 참여했던 위원 중 처음부
터 끝까지 자리를 지킨 사람은 세월호진상규명 소위원장이었
다가 기간이 연장되면서 전임 위원장이 사퇴한 뒤에 사참위 위
원장이 된 문호승 위원과 황필규 위원, 단 두 명뿐이었다는 사
실 또한 사참위가 얼마나 불안정하게 운영될 수밖에 없었는지
를 잘 보여준다.

대통령이 무엇을 할 수 있느냐? 독립된 조사기구에 개입하면
독립성을 침해하는 거 아니냐고 하는데 청와대의 의지가 있는가,
없는가가 정부부처에 엄청난 영향을 미치거든요. 대통령이 사참위
위원장에게 직접 진행 상황 등을 보고받는다든가, 의지가 있다는
신호를 보냈어야 했는데 단 한 번 보고조차 받지 않았어요. 그건 별
관심이 없다는 부정적인 신호를 정부부처에 보낸 거죠. (박주민)

사참위는 활동 종료 1년 6개월을 남긴 2021년 12월부터 각
조사 과제들의 중간조사 결과를 발표하기 시작한다. 이번에도
역시 언론과 여론의 관심은 세월호 침몰 원인에 모아졌다. 앞서
선조위에서 결론을 내리지 못한 채 사참위로 넘어왔기에 당연
한 일이기도 했지만, 사참위 내에서 진상규명국 조사관들과 위
원들 사이에 이견이 팽팽했기 때문이다.

외력의 가능성을 열어놓고 확인한 결과, 세월호 선체 외부
변형, 손상의 원인은 수중체 접촉에 의한 외부 충격일 가능성을
배제할 수 없다. (…) 이를 종합할 때 외력 충돌 외의 다른
가능성을 배제할 정도에는 이르지 못하였으며, 외력이 침몰의
원인인지 확인되지 않았다. (진상규명소위원회 보고서)[12]

침몰 원인에 대한 이러한 결론이 일종의 타협의 결과물일 수도
있지만 저는 이게 그 시점에서는 그럴 수밖에 없었다고 생각해요.
조사가 부족했고, 조사하지 못한 부분이 분명히 존재하는

상황에서 그 어떤 명확한 결론을 내리지 못하는 게 냉정하게
세월호참사 진상규명의 현주소라고 할 수 있죠. 다만 조사의
내용, 그 의미와 한계를 일목요연하게 충분히 정리하지 못했다고
생각하고 그 부분에 대해서는 책임을 통감합니다. (황필규)

의혹으로 둘러싸인 사건에 대해 명쾌하고 간결한 단 하나
의 진실을 바라는 사람들이 적지 않다. 그렇게 보면 세월호참사
진상규명의 현주소는 못마땅할 수밖에 없다. 진상규명의 간절
함이 크면 클수록 더욱 그럴지도 모르겠다. 하지만 진실은 때로
는 울퉁불퉁하고 합리적으로 설명되지 않거나 여러 가지 모양
을 갖는다. 왜 세월호가 그렇게 빨리 침몰했는지, 왜 세월호에
갇힌 이들을 국가는 구하려 하지 않았는지, 그 진실의 얼굴은
아직 장막에 가려진 채 남아 있다. 한편 진실을 찾는다는 것이
무너진 정의를 바로 세우기 위해서라면 사법적 정의 외에도 사
회적, 역사적, 그리고 회복적 정의의 실현도 함께 가야 한다.

결정적인 증거를 못 찾고 책임자를 제대로 처벌하지 못했으니
사법적으로 진상규명에 실패한 것이라고 할 수 있지만 사회적인
의미는 또 다른 거죠. 5·18에서 발포 명령을 내린 책임자를 찾기 위해
조사위원회가 다시 만들어졌고 예전에 전두환을 재판정에 세우기도
했지만 그것 말고도 북한 개입설 같은 역사를 부정하는 행위에 맞서
싸우는 일, 5·18 광주정신이 무엇인지를 되새기고 그 정신을 현재
우리나라 민주주의 제도에 구현하는 일, 그동안 미처 주목하지

못했거나 제대로 평가하지 못한 사람이나 운동을 재평가하는 일 모두 사회적·역사적인 진상규명의 연장선상이라 할 수 있죠. (박래군)

사참위와 세월호참사 진상규명에 대해 정확한 평가가 필요해요. 진상규명이 됐다, 안 됐다, 이렇게 이분법으로 나누는 것은 별로 의미가 없어요. '무엇이 밝혀졌고 무엇이 아직 밝혀지지 않았다. 그래서 남은 과제는 이런 것들이다.' 이게 필요하죠. 사실 재난참사에서 독립된 조사기구에 의한 진상규명은 전례가 없던 일이고 그 과정에서 정부의 방해, 권력기관의 사찰, 조직적인 피해자들에 대한 혐오와 공격 등등, 밝혀진 것도 많고 굉장히 의미 있는 권고도 나왔거든요. (박주민)

국민을 보호할 책임을 방기한 정권이 집요하게 진실을 감추고 책임을 회피하기 위해 국가권력을 총동원해 피해자를 감시하고 핍박했음은 이미 밝혀졌다. 사참위가 국가 책임을 인정하고 공식 사과를 권고한 것은 늦었지만 너무나도 정당한 일이다.

재난참사 이후 원인을 규명하고 재발을 방지하기 위한 제도를 설계하기 위해 어떤 접근이 필요한지, 잘못된 조치를 한 것이 아니라 아무런 조치를 취하지 않은 책임자들에게 어떻게 사법적·사회적 책임을 물을 것인지는 여전히 남은 과제다.

세월호참사 이후 재난참사 피해자들에 대한 지원은 거의 모든 것이 최초다. 트라우마 심리지원이 제도화되고 있으며 희생자에 대한 추모와 기억의 제도화가 자리를 잡아가고 있다. 피해자만이 아니라 피해 지역 공동체의 회복이라는 개념이 도입된 것도 세월호참사로 인한 중요한 변화다.

피해자 권리를 중심으로 피해지원과 재난안전 관련 제도를 전면 개편하는 것, 재난참사가 발생하면 곧바로 독립적이고 전문적인 조사에 들어가는 동시에 피해자 지원이 가능하도록 하며, 이를 위한 재난 조사와 피해지원 인력을 양성하기 위해 상설적인 재난안전조사기구를 두어야 한다는 사참위 권고 또한 너무나 중요하고 절박한 사안임을, 안타깝게도 10·29 이태원참사로 다시 확인하고 말았다.

세월호참사 진상규명이 낸 길

2022년 10월 29일 이태원참사가 발생한 뒤 참사의 피해자들이 윤석열 정부의 비협조와 온갖 방해를 뚫고 유가족협의회를 구성하자 곧바로 여당인 국민의힘으로부터 '세월호의 길을 따라가지 말라'는 협박이 터져 나왔다. 그때부터 이태원참사 유가족들은 '세월호의 길'이 어떠했는지 찾아보게 되었다. 2023년 2월 어느 날, 이태원참사 유가족들은 세월호참사 유가족들을 만나러 안산으로 내려왔다. 만나러 온 사람들도, 맞이한 사람들도 어렵고 힘든 자리였다.

그날 너무 걱정이 되어서 우황청심환을 아주 많이 준비했어요.

그런데 그걸 세월호참사 유가족들이 거의 다 드신 거예요. 재난참사 유가족들을 만나면 마음이 어떨지 너무 잘 아시는 거죠. 한편으로는 그렇게 힘든 자리임에도 꼭 만나서 해주고 싶은 이야기가 있었던 것이죠. (박성현)

재난참사, 특히 사회적 재난은 운이 없어서가 아니라 이 사회 구조, 시스템이 잘못되어서 발생한 거예요. 세월호참사 이후 우리 사회는 피해자의 권리에 대해 인식하게 됐어요. 피해자들이 끝까지 나서서 진상규명이나 재발방지 대책을 요구함으로써 우리 사회가 잘못된 시스템을 고치고 사회정의를 회복할 수 있다는 것을 알게 되었죠. 그리고 생명과 안전을 사회의 중요한 가치로 여기게 되었습니다. 세월호참사가 중대재해처벌법, 생명안전기본법 등 생명안전을 지키는 운동이 본격적으로 벌어지는 계기가 된 것이죠. (김혜진)

4·16연대 운영위원으로 활동했던 김혜진 생명안전시민넷 공동대표는 세월호참사 이후 한국사회에서 가장 변화된 점은 피해자들이 달라졌다는 것이라고 말한다. 이미 가족협의회는 대구지하철 화재 참사, 삼풍백화점 붕괴 참사 등 재난참사 유가족들과 만나 서로의 아픔을 보듬고 안전한 사회를 만들어가기 위해 모임을 꾸려가고 있었다. 재난참사만이 아니라 산업재해 피해자들도 네트워크를 만들며 권리를 주장하고 제도를 바꾸기 위해 함께 싸우기 시작했다.

진실을 알 권리, 모이고 행동할 권리, 추모할 권리 등이
피해자의 권리인데 현재 피해자가 된 사람만의 권리가 아니라
앞으로 피해를 당할 수 있는 누구나의 권리라는 의미이기도
하거든요. 그러니까 연대감으로 함께 행동하는 것은 내가
이 사람을 지원하고 도와주는 게 아니라 우리의 과제를 갖고
함께 나아간다는 것, 이게 굉장히 큰 변화죠. (김혜진)

세월호참사, 스텔라데이지호,[13] 이태원참사, 다 다르지만 어쨌든
세월호참사가 중요한 기준점이자 선례가 되는 것 같아요.
이태원참사가 일어나고 나서 세월호 이후 바뀐 게 없다는 말을
많이 하는데 실제로 잘 들여다보면 정말 많이 바뀌었거든요.
제대로 실행을 안 해서 문제인 것이지. 그런데 이태원참사 유가협을
만들고 특별법을 만들고 등등 개인적으로 봤을 때 굉장히 짧은
시간에 착착 진행되는 거예요. 왜 그럴까 생각해보면 한편 좀
슬픈 일이기도 하지만 세월호의 사례를 유가족들이 참고할 수
있고, 우리 시민사회도 다 경험한 바가 있으니까. (서채완)[14]

세월호참사 이후 세월호운동은 굉장히 중요한 성과를 얻었어요.
이것을 소중하게 간직하고 풍화되거나 망가지지 않게 하는 게 정말
중요하죠. 잊지 말자, 기억하자고 했는데 이 성과들이 망가지면 잘못
기억될 수도 있잖아요. 이 운동으로 모인 사람들의 관계나 운동의
성과를 망가뜨리지 않고 보존하고 이어가는 게 중요해요. (이태호)

세월호참사가 발생한 지 10년, 가족협의회가 시민들과 함께 밟아갔던 진상규명을 위한 한 걸음 한 걸음이 모두 소중한 경험이자, 비통하고 가슴 아픈 교훈이며, 여전히 풀지 않으면 안 될 숙제로 남았다. 그리고 이제, 진실을 찾기 위한 새로운 여정에 접어들고 있다.

/ 강곤

기억

죽음은 한 세계가 무너져내리는 일이다. 한 세계가 무너지면 그 옆의 수많은 세계가 잇달아 무너진다. 추모(追慕)는 늘 그러한 상실 이후 일어난다. 떠난 이를 간절히 그리며 생각하는 일. 다시 말해 떠난 이와 연결을 유지하려는 힘이다. 그러므로 추모는 고요한 순간에조차 뜨겁다.

애통히 떠난 이를 그리는 사람들이 긴 행렬을 이룰 때, 그 행렬은 새로운 길이 되었다. 그 길이 열게 될 세상이 두려운 이들은 추모를 외롭고 쓸쓸한 것으로 만들고자 했다. 추모는 사건이 일어난 현장으로부터 빠르게 분리되었다. 죽은 자와 산 자의 연결이 끊어지자 기억은 조용히 그 빛을 잃었다. 인적 드문 곳에 홀로 낡아버린 재난참사의 위령탑들은 망각의 역사를 기념하는 조형물로 남았다.

가족협의회는 이 오래 굳어 단단해진 세계를 세차게 뒤흔들었다. 우리는 기우뚱한 세계의 틈 사이로 뿜겨져 나온 뜨거운 공기에 둥실 떠올라, 잊어선 안 될 이름들을 가슴 깊이 끌어안았다. 그 이름들에 심장이 뛰고 더운 피가 돌자 우리의 영혼에도 새 숨이 불어넣어졌다. 우리는 부끄러움을 아는 사람들로 다시 태어났다. 그렇게 망각의 역사를 기억의 역사로 바꿔 쓴 지난 10년. 가족협의회의 투쟁은 어떤 길을 밟아왔을까.

첫 번째 이야기. 안산 정부합동분향소
꺼지지 않을 향을 피우다

아이들이 처음 수습될 때 날이 어두웠거든요. 비가 내리고 있었어요. 현장은 완전히 엉망이었죠. 시신이 올라오는데 검안소도 제대로 설치 안 돼 있었어요. 실종자 가족들은 누가 올라오면 혹시 자기 자식일까 싶어서 찾겠다고 아우성치고, 언론은 그걸 어떻게든 카메라에 담으려고 달려들고. 그러니 폴리스라인 쳐놓은 것도 의미가 없더라고. 검안소에는 최소한의 예우조차 없었어요. 희생자들을 세안도 안 시킨 상태로 가족들이 확인하게 했어요. 시신이 수습되면 검안 승인을 해줘야 할 담당검사는 퇴근시간 됐다고 가버리고. 병원 안치실이 한계가 됐으니까 검안 승인이 안 된 시신들이 안치시설에 들어가지도 못하고 복도나 바깥에 그냥 방치된 채로 있잖아요. 부모들은 그걸 그냥 쳐다만 보고 있어야 하고… 침착하려고 많이 애썼는데 그 모습을 보고는 분노를 참을 수 없었죠. 제대로 된 검안소를 설치하라고 가족들이 강력히 요청했어요. (찬호 아빠 전명선)

팽목항에서 긴급히 결성된 13인의 가족대표는 엉망진창인

현장 상황에 대처하기 위해 구조, 구난, 장례지원 등 필요한 업무를 나누어 맡아 하나씩 상황을 정리해나갔다. 어렵게 아이를 찾아 올라온 부모들이 하나둘씩 안산에 모이면서 합동분향소 설치에 관한 논의가 시작됐다.

> 팽목항에서 부모들끼리 있을 때, 아이들 다 올라오면 같이
> 한꺼번에 제를 지내자는 얘기가 있었어요. 그런데 정작
> 내 아이를 찾고 나면 그게 그렇게 되지가 않아요. 아이를 차가운
> 냉동고에 오래 두고 싶지 않은 거죠. (상준 엄마 강지은)

참사 초기에는 합동분향소 설치와 운영에 관련된 규정이 없었다. 2014년 4월 20일, 정부가 안산을 특별재난지역으로 선포하면서 합동분향소 설치와 운영에 관한 지원이 가능해졌다.[01] '세월호 침몰 사고 범정부 사고대책본부'(범대본)는 가족들의 건의에 따라 합동분향소 설치에 관해 논의하기 시작했다. 4월 22일, 범대본과 희생학생 가족대표단이 맺은 합의안이 발표됐다. 이에 따라 우선 안산 올림픽기념관에 임시분향소를 운영하고, 4월 29일부터 안산시 화랑유원지 제2주차장에 2,520제곱미터 규모의 합동분향소를 열기로 했다.[02]

> 처음에 정부 차원에서 안산 올림픽기념관에 분향소 설치가
> 검토되고 있었어요. 전 국민이 지켜보는 가운데 그 많은 인원이
> 수장됐는데, 희생자들의 마지막 길을 제대로 잘 모시고 싶었어요.

안산에서는 그런 분향소를 설치할 만한 곳이 화랑유원지예요.
그래서 올림픽기념관은 임시분향소로 이름하고 화랑유원지에
국가 차원의 정식 분향소를 설치해달라고 가족들이 요구한 거죠.
분향소 명칭에 청해진해운을 넣겠다는 이야기도 정부에서 오갔다고
해요. 정부가 구조하지 않은 책임이 있는데, 선사에만 책임을 묻겠다는
거잖아요. 그건 절대 있을 수 없다, 그래서 '세월호 사고 희생자
정부합동분향소'가 된 거예요. 제가 운영위원장 되자마자 이름을
바꿔 달았어요. '세월호참사 희생자 정부합동분향소'로. 딱 한군데,
영상을 틀던 대형 스크린 옆에 붙어 있던 이름만 안 바꿨어요.
일부러 그랬죠. 이 참사를 '사고'로 부르고 싶어 했던 정부의 행태를
기록으로 남길 필요가 있다고 생각했어요. (찬호 아빠 전명선)

  안산 화랑유원지에 설치된 정부합동분향소는 문을 열자마
자 세월호참사 추모의 가장 뜨거운 한복판이 되었다. 가슴에 노
란 리본을 단 추모객의 행렬이 매일 장사진을 이뤘다. 향을 피
우며 애도하는 공간인 분향소는 시신을 안치하는 빈소와는 달
리 여러 곳에 둘 수 있다. 관례상 영결식까지만 운영된다.[03] 화
랑유원지에 설치된 정부합동분향소는 세월호가 인양되고 미수
습자 수색이 완료되어 합동 영결·추도식이 거행된 2018년 4월
16일까지 4년간 그 자리를 지켰다. 수습과 인양이 미뤄졌기 때
문만은 아니다. 참사의 진상규명과 진실한 애도를, 우리 사회
가 주목해야 하는 문제로 밀어 올린 가족들의 간절한 투쟁 때문
이다.

안산 정부합동분향소는 천막으로 된 임시건물이에요.
태풍 불 때마다 찢어지거나 날아갈까 봐 걱정을 많이 했어요.
몇 개월 정도면 철거할 거라고 생각했으니 그렇게 지은 거죠.
이 문제가 이렇게 오래가게 될 거라고는 박근혜 정부도
예상을 못 했고 우리도 예상 못 했어요. (수진 아빠 김종기)

아무도 가보지 않은 길을 낸 힘이 바로 이곳에서 길러졌다고 할 만큼 안산 정부합동분향소는 가족협의회의 역사에서 "가장 깊은 흔적"(수진 아빠)이다. 이곳에서 가족협의회의 모든 것이 시작됐다고 해도 과언이 아니다. 장례를 치른 후 흩어질 수도 있었던 가족들은 분향소라는 구심이 생기면서 단단히 결속하기 시작했다.

저는 팽목에 있어서 진도체육관에 있던 부모들은 아예 몰랐어요.
아이 장례 마치고 합동분향소에 위패를 안치했는데 분향소에
가족대기실이 있더라고요. 거기 가니 반별로 모여 있는
거예요. 먼저 와 있던 분들이 새로운 분들 얼굴 봐뒀다가
자기 반으로 데리고 가 소개시켜주고… 반 아이들이 올라오면
다 같이 장례식을 챙겨 다녔어요. 그럼 그 부모도 아이 장례
마치고 가족대기실로 찾아오는 거예요. (주현 엄마 김정해)

그러면서 회의도 자연스럽게 반별로 하게 됐어요. 전체적으로
의견을 모아내는 일이 그래서 가능했어요. 분향소가 가족들에게

굉장히 중요한 소통의 장이 된 거예요. 그렇게 뭉칠 수 있어서
우리가 오랜 기간 같이 싸울 수 있었다고 봐요. (상준 엄마 강지은)

분향소를 지탱한 힘

가족들의 구심이 된 안산 정부합동분향소는 자연스레 투쟁
의 핵심 거점이 되었다. 2014년 5월 3일 정부의 초기 대응이 미
흡했음을 지적하는 침묵시위를 시작으로 투쟁의 중요 국면마
다 분향소가 주 무대로 등장했다. 분향소 철거 전까지 매년 '기
억식'이 이곳에서 열렸다(1주기 추모 행사는 정부가 세월호 특별법을
무력화하려는 시행령을 발표하고 가족들이 이에 거세게 항의하면서 취소
됐다). 분향소는 광화문과 팽목항으로 향했던 도보행진의 시작
점이기도 했다. 이곳에서 가족들은 숨김없이 울고 뜨겁게 위로
받으며 싸울 힘을 채웠다.

분향소 안에 들어가면 누구라도 무너질 수밖에 없는 광경이
펼쳐지잖아요. 저부터 거기 들어가는 게 너무 힘들었어요.
들어가면 틀림없이 울 텐데, 사람들이 저를 쳐다볼 게 무서웠어요.
그래서 밤에 사람 없을 때 들어갔어요. 저처럼 꼭 새벽에만
오셔서 통곡하는 어머니가 한 분 계셨어요. 주변에서 다 놀랄
정도로 아프게 울음을 터뜨리셨어요. (웅기 엄마 윤옥희)

남자의 눈물을 보는 사회의 시선이 두려운 아빠들도 새벽에 텅 빈 분향소를 찾아와 마음껏 울었다. 앞에 나와 싸울 수도, 남들 앞에서 울 수도 없는 한 엄마는 날마다 분향소를 쓸고 닦는 일로 마음을 달랬다. 중요한 일을 하러 갈 때나 마치고 왔을 때도 엄마아빠들은 아이들을 찾아 가장 속 깊은 이야기를 터놓았다. 평소에 마음이 아파 잘 들어가지 못하는 엄마아빠들도 무너진 마음을 다잡을 때는 꼭 분향소로 향했다.

투쟁하러 갔다가 분향소 들러서 아이들 얼굴을 보는 게 하나의
일과였어요. 한밤중이고 새벽이고, 돌아오면 꼭 아이들에게
인사하러 가요. 주현아, 엄마 잘 다녀왔어. (주현 엄마 김정해)

추모사업분과장을 맡고 큰 회의에 들어갈 일이 많아졌어요.
학원에서 아이들 가르치는 일만 했던 사람이 국가 상대로 뭘
해봤겠어요. 어떤 날은 회의 전에 마음이 막 안 좋을 때가 있어요.
그럴 때마다 꽃을 잔뜩 들고 분향소로 들어가요. 영정 앞에 하나씩
내려놓으면서 중얼거리는 거예요. '내가 오늘 또 회의에 들어가는데
실수하지 않게 좀 도와주세요. 어떻게 하면 더 잘할 수 있는지
나한테 좋은 생각을 심어주세요.' 그렇게 늘 250명의 아이들과
함께해나가는 일이라는 걸 잊지 않으려고 했어요. (성빈 엄마 김미현)

분향소에는 가족들의 마음만 모인 게 아니다. 이곳이 지닌 의미를 아는 시민들은 저마다의 방식으로 힘을 보탰다. 4년간

안산 정부합동분향소를 찾은 추모객은 91만 8천여 명, 이들이
쓴 방명록만 2천여 권에 달한다.[04] 종교인들을 비롯해 다양한
시민들이 분향소 곁에 지원 부스를 차리고 물심양면으로 연대
했다.

안산시에 있는 한 음식점에서 매일 점심을 만들어 분향소로
보내주셨어요. 가족들 먹으라고. 참사 초기에 분향소에 둘째인
딸아이를 같이 데리고 다녔는데, 그때 먹은 밥이 자기가 먹어본
음식 중에 제일 맛있대요. 요즘도 자기 생일 때면 꼭 그 집에 가서
밥을 먹고 와요. 참사 나고 내가 밥할 정신이 없었잖아요. 집에서도
밖에서도 애를 제대로 먹인 적이 없었어요. 삼각김밥이라도 사줄까
싶어서 물어보면 딸이 늘 '배가 안 고프다'고, '괜찮다'고만 했어요.
저를 생각해서 그랬겠지요. 그때 딸아이가 제대로 찾아 먹은 끼니가
분향소에서 먹은 그 점심밥뿐이었던 거예요. (수인 엄마 김명임)

분향소 안에 전광판이 있었어요. 시민들이 휴대폰으로 메시지를
보내면 실시간으로 뜨거든요. 그 메시지 보고 힘을 많이 얻었어요.
우리가 처한 상황에 맞게 힘을 주는 메시지를 계속 달리해서
보내주셨었거든요. 안산 정부합동분향소는 가족뿐만 아니라
연대하는 사람의 마음을 모으는 구심점이 되어왔어요.
아이들은 여덟 곳의 추모공원으로 흩어져 있었지만, 국민들
마음속엔 이곳이 추모의 공간이었어요. (상준 엄마 강지은)

안산 정부합동분향소는 재난참사의 피해자들이 함께 모일 공간이 권리로서 주어져야만 하는 이유를 우리 사회가 깨닫게 해주었다. 기나긴 '참사공화국'의 역사 속에서 추모의 의미와 힘에 관해 배울 시공간이 세월호참사 이후에야 처음 열리기 시작한 것이다. 그러나 운영이 장기화되면서 지역경제 침체를 우려하는 말이 슬며시 고개를 들었다. 2015년 10월에는 화랑유원지 내 매점과 식당 등에서 경기도와 안산시를 상대로 손해배상청구소송을 내기도 했으며, 2016년 12월에는 추모 현수막이 훼손되는 일도 있었다. 당시 안산시를 비롯해 행정안전부, 국민안전처, 해양수산부, 국무조정실 등 어떤 중앙부처도 책임 있는 조처를 하지 않았다. 박근혜 정부가 합동분향소 설치와 운영에 관한 사항을 논의하면서 운영비에 대한 사항은 빼놓아, 이에 따라 안정적 운영이 어려워진 측면도 있다. 이에 안산 정부합동분향소의 사례를 교훈 삼아 현재는 정부합동분향소의 운영에 관한 법적 근거 및 운영비 부담 기준이 마련되었다.[05]

2018년 2월 20일, 당시 제종길 안산시장은 세월호참사 추모공원 터를 화랑유원지로 확정 발표하면서 합동분향소 철거를 공식화했다. 세월호참사 이후 4년간 화랑유원지를 지켜온 정부합동분향소는 2018년 4월 16일 '합동 영결·추도식'을 마치고 철거에 들어갔다. 아픔과 투쟁의 역사가 고스란히 새겨진 곳을 떠나는 가족들의 심경은 복잡했다.

우리는 진상규명이 될 때까지 분향소를 유지하겠다는 입장이었어요.

촛불로 2017년 5월에 문재인 정부가 들어서면서 진상규명을 해줄
거란 기대를 시민들이나 가족들 모두 품게 됐어요. 시대 상황을 봤을
때 분향소는 이만 철거해도 되겠다고 가족들이 회의에서 논의해서
중지를 모은 거예요. 다만 4주기에 치른 '합동영결식'은 '합동
영결·추도식'으로 이름 붙이기로 했어요. 합동영결식은 말 그대로
모든 걸 다 끝내는 거거든요. 추도식은 계속 이어간다는 뜻이니까,
우리의 싸움이 끝이 아니라는 의미를 담은 거죠. (수진 아빠 김종기)

처음에는 분향소 들어갈 때마다 굉장히 무서웠어요. 희생자들의
사진을 보는 게 무서운 게 아니라, 국가가 무서웠던 거예요.
국가가 도대체 이걸 어떻게 감당할 건가. 언제인지 모르겠지만
분명히 역사의 심판을 받을 텐데. 합동 영결·추도식 때는 분노가
치밀더라고. 부모들이 일렬로 서서 애들 영정을 내리는데⋯
너무 화가 나는 거야. 그 슬픔이 여전히 가라앉지를 않는데
이렇게 모든 걸 부모들이 하고 있다는 게⋯ (애진 아빠 장동원)

두 번째 이야기. 단원고 4·16기억교실
시간이 멈춘 교실

  세월호참사 이후 안산에서 가장 먼저 촛불이 켜진 곳은 단
원고였다. 참사가 일어난 4월 16일 밤 서른 명 남짓의 주민들이
교정에 모여 실종자 무사 귀환을 염원했다. 촛불을 든 마을 사

람들은 단 하루 만에 수백 명으로 늘어났다. 무사 귀환을 바라기보다 왜 구하지 못했는지 싸워야 할 때임이 분명해지면서 촛불은 광장으로 옮겨갔다. 그러나 사람들은 여전히 학교를 찾았다. 단원고 2학년 1반부터 10반까지, 시간이 멈춘 10개의 교실이 거기 있었으므로.

보는 순간 바로 알 수 있어요. 우리가 이 참사로 무엇을 잃어버렸는지. 학교에 딱 들어서는 순간 그려지잖아요. 웃음이 끊이지 않았을 운동장. 아이들이 조잘거리며 걸었을 계단, 장난치며 뛰어다녔을 복도, 그리고 그 수많은 책상들. 그 텅 빈 교실을 바라보면서 느끼지 못했을 사람은 아무도 없을 거예요. (윤희 엄마 김순길)

태어나 단 한 번도 본 적 없는 풍경이었다. 영원한 여행을 떠난 학생들의 흔적이 고스란히 남은 교실에, 그들을 그리는 이들의 흔적이 포개어졌다. 그리움과 미안함과 사랑과 약속의 말이 그곳에 하나둘씩 새겨졌다. 이 기억의 지층을 사람들은 훗날 '기억교실'이라고 부르게 되었다.

처음에 진상규명을 위해 다니느라 교실에 대해 신경 쓸 여유가 없었어요. 교실을 남겨달라는 말이 부모 욕심으로 비칠까 걱정도 됐고. 그런데 시민들이 먼저 말씀하시더라고요. 참사의 교훈을 상기시켜줄 교실을 그대로 남겨야 한다고.[06] 우린 누굴 위해 진상규명을 하는 걸까, 그때부터 다시 생각하기 시작했어요. (호성 엄마 정부자)

2014년 6월 4일 경기도교육감 선거에서 당선된 이재정 교육감은 8, 9월경 유가족 대표와 만난 자리에서 '희생학생들이 명예졸업할 때까지 교실을 그대로 두겠다'고 협의했다. 명예졸업은 희생된 2학년 학생들이 살아 있었다면 졸업식을 치렀을 2016년 1월 12일을 의미한다. 그런데 당시 단원고 학교운영위원회와 재학생 학부모에게는 이 협의 내용이 전달되지 않았다. 학교운영위원회는 이 사실을 모른 채 2014년 10월 재학생 학부모와 유가족 등이 참여하는 '단원고 세월호 대책협의회'를 구성해 교실 문제를 처음 논의하기 시작한다.[07] 재학생 학부모는 처음부터 크게 반발하며 '교실 이전'의 뜻을 분명히 하고 나섰다. 도언 엄마 이지성 씨는 이 논의 과정에 참여한 사람 중 하나다.

> 제가 지역에서 활동을 많이 했어요. 도언이 1학년 때도 학교
> 운영위원을 했고. 협의 테이블에 나온 재학생 부모들 다 저를 아는
> 사람들이거든요. 그런 사람들이 막말을 하는 거예요. '귀신이 나올
> 것 같다' '혐오스럽다' '애들이 무섭다 한다' '교실 빼야 한다'… 그때
> 우리 가족협의회 부모들이 전국에 서명운동 다니고 농성할 때잖아요.
> 갑자기 교실 존치에 반대하는 목소리가 크게 나오니까 일단
> 협상 테이블 한번 만들어보자 해서 들어간 거였거든요. 그 사람들에게
> 말했어요. 이 테이블에 나오기까지 내가 무슨 정신이 있었겠느냐?
> 당신도 한 아이의 부모 아니냐? 지금 나는 희생자 부모고 당신은
> 재학생 부모가 됐지만 당신 나 알지 않느냐. 우리 같이 웃으며 밥도

먹던 사이 아니냐. 어떻게 그런 얘기를 할 수 있느냐. (도언 엄마 이지성)

학습권이라는 아픈 말

대책협의회는 5차(2014년 11월 24일)를 끝으로 소강 상태에 들어갔고, 경기도교육청 차원에서 구성한 단원고대책특별위원회에서 주로 논의가 이루어졌다. 교실 부족이 문제로 거론되자, 가족들은 승효상 건축가 등에게 부탁해 구체적 대안을 구상해 제시했다.

단원고에 지금 체육관이 들어선 공간이 그때는 비어 있었어요. 거기 교실을 새로 지어서 수업하고 지금 교실은 그대로 보존하자고 제안했어요. 재학생 공부하는 곳하고 출입구가 연결되지 않게 분리해서, 원하지 않는 학생이 마주치는 일은 없게 하겠다. 그래도 재학생 부모들은 안 된다고 했어요. 그거 짓는 동안 시끄러워서 재학생들이 공부 못 한다고. 교실 빼고 나서 1년도 채 안 돼서 우리가 새 교실을 짓자고 제안한 바로 그 장소에 체육관이 세워졌어요. 가족들이 제시했던 대안이 충분히 실행 가능한 일이었다는 거죠.
(창현 엄마 최순화)

재학생들이 이 옆에서 어떻게 공부를 할 수 있겠느냐. 학교나 재학생 부모들은 그 마음이 제일 컸던 거죠.

한국사회는 죽음을 옆에 두려고 하지 않잖아요. (오혜란)

참사 후 단원고를 보는 시선에는 미안함과 안타까움만 있지 않았다. 한쪽에선 괴담이 떠돌고 신입생 수가 줄어들 것을 우려하는 시선도 컸다. 그러나 오히려 2015년 신입생 모집에 정원보다 많은 지원자가 몰렸다. 경기도교육청은, 세월호참사 피해회복 지원을 위해 단원고가 혁신학교로 지정되면서 학급당 학생수가 줄고 경험 많은 교원들이 배치되는 등 교육환경이 좋아진 점이 영향을 미친 것으로 보았다.[08] 참사 후 단원고에는 시민들의 기부 행렬이 이어졌고, 공립학교라는 특성상 단원고는 이를 학교발전기금으로 받았다. 총액은 29억 원에 달한다.

> 단원고 앞에 저희가 세월호를 기억하는 꽃집을 열었거든요.
> 단원고 아이들이 무척 즐거워하면서 함께했어요. 예쁜 꽃을
> 만지작거리고 좋은 향기를 맡으면서, 희생된 언니오빠들과
> 선생님들에 대해 이야기를 하는 거예요. '나 이거 만들어서
> (2학년 교실) 몇 반에 누구 줄 거야, 우리 동아리에 누구 오빠 있었어,
> 그 오빠 갖다줄 거야. 누구 선생님, 나 옛날에 엄청 친했었어.'
> 그 모습을 보면서 저런 게 추모구나 생각했었어요. 무서운 존재가
> 아니라 함께하는 존재로 보면 크게 다를 게 없구나. (임남희)

참사 당시 1, 3학년 재학생들에게, 수학여행을 갔다가 희생된 2학년 학생들은 낯선 타인이 아니었다. 그들은 모두 직간접

적으로 희생된 이들과 관계를 맺었고 추억을 공유한 사이다. 참
사 이듬해 새로 입학한 학생들이라고 해서 희생자와 무관하다
고만 볼 수 없다. 그들 중에 학원이나 동아리, 교회나 성당, 같
은 빌라에서 희생자들과 마주친 이들이 없었을까? 신입생 중
에는 희생학생들의 형제자매들도 있었다. 그들의 사정을 충분
히 아는 친구들 또한 있었다. 재학생들은 교실 존치를 둘러싼
논의에서 다양한 입장을 가질 위치였다.

> 희생된 아이들이 제적 처리되었다는 사실을 알게 되고
> 우리가 단원고 1층에서 노숙농성한 일이 있었잖아요.[09] 수인이
> 여동생이 단원고에 다니고 있었어요. 아침에 딸이 등교하면서
> 저를 향해 '엄마 파이팅!' 하고 가더라고요. 뒤에서 오던 딸
> 친구들도 '어머니 파이팅!' 하고 갔어요. (수인 엄마 김명임)

> 재학생 부모들에게 말했어요. '당신들 생각 말고 당신 자녀들
> 생각을 듣고 싶다.' 그런데 본인들의 생각이 자기 애들 생각이라는
> 거예요. 그래서 알았다고 하고 말았는데, 그 아이들 생각을
> 듣지 않고 교실을 뺀 게 가장 후회되는 일이에요. (준형 아빠 장훈)

생존학생들 또한 단원고 재학생이었다. 이들은 참사 이후
71일 만에 다시 등교를 시작해 1년 반을 단원고 재학생으로 함
께했다. '재학생'에서 생존학생은 지워져 있었다.

교육에 대한 문제라고 말하면서 실제로 교실을 어떻게 할지 논의하는 과정에 아이들은 없었던 거지. 생존학생이 됐든 재학생이 됐든 간에 단원고 학생들은 아예 안중에 없었던 거예요. 너희들은 가만히 있어. 우리가 시키는 대로 해. 그냥 그런 식이었던 거죠. (애진 아빠 장동원)

재학생 학부모 측은 '명예졸업 시기 이후 교실 반환'이라는 입장에서 한 치의 물러섬도 없었다. 2016년 1월 12일 생존학생들의 졸업식[10]이 끝나자 재학생 학부모 측은 신입생 오리엔테이션을 저지하는 등 실력행사에 나섰다.

표면적으로는 희생학생 부모와 재학생 부모의 대립처럼 비쳤지만, 경기도교육청과 단원고의 입장도 교실 반환에 무게가 쏠렸다. 반면에 가족협의회는 '추모'가 "아이들을 죽음으로 내몰지 않는 새로운 교육의 출발"이라고 보았다. 재학생 부모와 단원고, 경기도교육청이 말하는 '교육'의 의미는 가족들과 사뭇 달랐다. 이재정 교육감은 2016년 2월 17일 열린 기자간담회에서 "교실은 추모공간이 아니며, 학생들을 위한 공간"이라는 것이 교육청의 일관된 입장이라고 말했다.[11]

재학생 부모들이 막 삿대질을 하더라고요. 우리 애들이 대학교 못 들어가면 너희들이 책임질 거냐! 그 말을 계속했어요. 모든 잘못을 우리한테 전가하더라고요. 그 얘기 들었을 때 정말 서운했고, 거기에 있을 필요가 없다는 생각이 확 들더라고요. (은정 엄마 박정화)

'아름다운 합의'

경기도교육청은 2016년 2월 27일 한국종교인평화회의(KCRP)에 중재를 요청했다. 7대 종단의 대표자들이 참여해 지난한 협의 끝에 5월 9일 최종 합의안을 마련하고 '4·16안전교육시설 설립을 위한 협약'이 체결됐다.[12] 그리고 2016년 8월 20일, 아이들의 교실(책걸상 등 유품)은 부모들의 통곡 속에 학교를 떠났다.

아이들의 학습권을 침해한다는 말을 들으니 마음이
약해지더라고요. 자기 자식을 생각하는 재학생 부모들의
마음도 외면할 수 없잖아요. 교실을 빼는 데 전혀 동의가 안
되면서도 어쩔 수 없다는 마음이 들었어요. (창현 엄마 최순화)

저는 시민들과의 갈등 때문에 내려놓은 게 더 큰 것 같아요.
그 사람들이 있어야 우리가 계속 싸워나갈 수 있는데, 그 사람들이
우리를 버리면 어떡하지? 그런 불안함이 있었어요. (이태민 엄마 문연옥)

그간 가족들에게 연대해온 지역 시민들 사이에서도 단원고 교실 존치를 둘러싼 입장 차가 생겼다. 4·16안산시민연대 안에서조차 교실을 존치해야 한다는 쪽과 안 된다는 쪽의 목소리가 비등비등했다.

하나로 입장을 정리하기 어려운 상황이었죠. 지역사회가
큰 소용돌이에 빠지는 문제인데, 대안과 대비책이 필요하다고
생각했어요. 단원고를 새롭게 리모델링하면서 공간을 확보하는
방식에 대해서 그것이 나름의 안이라고 생각했어요. 관건은 재학생
부모들이 동의할 수 있느냐의 문제. 그게 계속 좁혀지지 않고
더 격화되는 방식으로 일이 진행됐다는 게 안타깝죠. (위성태)

경기도교육청이나 단원고가 적극적으로 중재하지 않은 채
이해 당사자였던 재학생 부모와 생존/희생학생 부모가 서로의 의견만
주장하는 형태로 논의가 진행됐어요. 보면서 이게 무슨 '협의'인가
싶었죠. 학교에서는 '교실이 부족한 건 사실이고' 같은 말을 자꾸
하고. 오죽하면 예은이 아빠(유경근 당시 가족협의회 집행위원장)가
'왜 우리한테만 양보하라는 거냐'고 울부짖었을까. (애진 아빠 장동원)

세월호참사 858일째에 진행된 교실 이송식에는 유가족 외
에도 500여 명의 시민들이 참여했다. 마음이 나락에 떨어진 순
간에도 피해자들이 존엄을 잃지 않도록, 연극인들이 특별한 힘
을 보탰다. 세월호참사에 연대해온 '예술인 행동'을 중심으로,
시민들이 흰옷을 갖춰 입고 소중한 기억이 담긴 상자를 품에 고
이 안아 옮겼다. 임시이전 장소인 안산교육지원청 별관까지 북
소리가 울리는 길을 따라 걸었다. 아무 글자도 적히지 않은 투
명한 비닐 만장들이 그 뒤를 따랐다. 누구도 애도의 말을 쓸 수
없는 날이었다. 아직 돌아오지 못한 남현철, 박영인, 조은화, 허

198

다윤 학생의 자리는 학교에 남겨졌다. 김도언, 허재강, 한고운 학생의 부모는 교실 이전에 반대하는 뜻을 담아 책걸상 빼기를 거부했다. 임경빈 학생의 부모는 역시 항의의 뜻을 담아 책걸상을 집으로 옮겼다.

교실 열 개와 교무실 한 개를 이전하는 비용이 고작 천만 원 책정되었더라고요. 그 안에 방대한 기록물들을 일반 이삿짐처럼 옮기겠다는 뜻이에요. 이전하고 나서는 어떻게 할지 향후 계획도 없었고요. 결국 경기도교육청과 단원고는 '학교 정상화'라는 이름으로 교실을 빼는 게 목적이었던 거예요. 사회적 합의를 이끌어낸다는 것은 결국 교실을 뺀다는 걸 전제한 거죠. 교실을 빼는데 어떻게 아름답게 끝내느냐. 그런데 그게 사회적 합의인 거예요. 전 그렇다고 봐요. (도언 엄마 이지성)

단원고에서는 아이들을 안전하게 잘 데리고 갔다 오겠다고 했어요. 수학여행 동의서에 엑스표 해서 간 아이들도 동그라미로 바꿔서 갔어요. 그러면 적어도 미수습된 아이들이 돌아올 때까지는 기다려줘야 하는 거 아닌가요? 쫓겨나다시피 교실을 떠나게 되니까 너무 화가 나더라고. 경빈이에게 차라리 엄마랑 같이 손잡고 세상을 배우러 다니자고 말하고 싶었어요. 그게 정말 제대로 배울 수 있는 교육인 것 같다. 그래서 집으로 데리고 간 거예요. (경빈 엄마 전인숙)

두 번의 임시이전을 거쳐 2021년 4월 12일 4·16민주시민교육원[13] 내에 '단원고 4·16기억교실'이 정식 개관했다. 열 개의 교실과 교무실 한 곳을 가족과 전문가가 함께 힘을 모아 섬세하게 복원했다. 단원고에서 교실을 뺄 당시 학교에 남았던 학생들의 자리도 채워졌으나, 다시 채울 수 없는 것도 있었다.

교실이 학교에 있을 땐 거기에 가면 그냥 아이들이… 느껴져요.
아, 여기서 우리 아들이 걸레를 이렇게 밀고 다녔겠지? 아이들이
이렇게 수업을 받았겠지? 그런 것들이 그려진단 말이에요. 아이들이
깔깔거렸던 모습이 막 느껴질 정도였어요. 이전하고 난 교실은 아무
감흥이 없어요. 공간이 주는 그… 느낌. 그게 아예 사라져버렸으니까.
그건 어떻게 주워 담으려야 담을 수 없잖아요. (시찬 아빠 박요섭)

물론 교실은 단원고에 있는 게 제일 좋아요. 그래도 복원한
교실도 지켜야 한다는 게 제 생각이에요. 우리 아이들의 마지막
공간이었으니까. 이 공간은 생존자들도 오거든요. 친구 자리에
앉아서 친구를 떠올리다 가요. 형제자매들에게도 위로의 공간이에요.
봉안시설은 그냥 바라만 보다 나오지만, 여기는 그 공간 안에 들어와
있다 갈 수 있어요. 청소년들은 세월호참사에 대해 새롭게 알게 되고,
텅 빈 교실을 보면서 '왜'라는 물음표를 갖게 돼요. 세월호를 기억하는
시민들은 그 기억을 붙잡고 다시 오는 거죠. (도언 엄마 이지성)

단원고 교실은 안산에 남은 부모들에게 "눈에 보이는 뼈아픈 실패의 기억"(창현 엄마 최순화)이다. 그 아픔을 끌어안고 부

모들은 또다시 해야 할 일을 찾아 걷기를 멈추지 않았다. '단원고 4·16기억교실'은 가족들과 시민들의 노력에 힘입어 2021년 12월 27일 국가지정기록물 제14호로 지정되었다. 이 교실에 남겨진 희생자들의 기억, 희생자를 그리워하는 이들의 기억, 그리고 그 모든 것을 치우려 했던 이들에 대한 기억까지, 이곳에 오래오래 남아 새로운 사람들을 만날 것이다.

세 번째 이야기. 4·16생명안전공원
다른 싸움을 열다

참사 7일째 범정부 사고대책본부가 발표한 장례준비안에는 추모공원과 관련한 내용도 포함되었다. 이 안에 따르면 희생 학생들은 주거지에서 떨어진 시립묘원(안산시 와동 꽃빛공원)에 안치되고, 그들이 자주 거닐던 드넓은 화랑유원지 어딘가에 추모비 하나가 세워지게 될 터였다. 그러나 이 안은 가족들 사이에서 받아들여지기 어려웠다. 자식을 찾아 헤매는 부모들의 피울음이 아직 팽목항에 메아리칠 때였다. 먼저 수습에 집중해야 한다는 목소리가 컸다.

참사의 책임을 묻는 말에 입을 닫은 정부는 추모사업에 관해서는 화려한 말을 쏟아냈다. 2014년 5월 19일 박근혜 대통령은 대국민 담화를 열고 추모비 건립과 함께 4월 16일을 '국민안전의 날'로 지정할 것을 제안했다. 참사 후 사의를 표명했다 유임된 정홍원 국무총리는 6월 29일 업무에 복귀하면서 희생자 추모비와 추모공원 조성, 국민안전기념관 건립 등을 추진하겠다고 밝혔다.

안산시는 이에 발맞춰 담당자를 배정해 추모시설 사례를 조사하고 가족대책위, 정부 장례지원단과 함께 부지 선정 등을 논의했다. 가족대책위는 6월 13일 안산시 담당자에게 추모공원 설치가 가능한 안산시의 국공유지 목록을 요청했고, 안산시 세월호사고수습지원단이 24곳을 선정해서 목록을 전달했다. 그러나 2015년 1월까지 아무런 결론을 내리지 못했다.[14] 가족들이 추모공원을 외딴곳에 세우는 것을 거부했기 때문이다. 정부는 추모공원이 장례지원의 끝, 다시 말해 사고 수습의 마무리가 되길 바랐다. 가족들의 생각은 달랐다. 추모는 또 다른 싸움의 시작이었다.

> 우리가 팽목항에서 국가폭력을 봤잖아요. 대통령이, 정부가 어떻게 하는지를 봤어요. 이 국가폭력에 대항해서 일개 엄마아빠들이 참사의 진상을 밝히려면 지난한 싸움이 되겠다는 생각이 들었어요. 우리 애들의 억울한 희생이 묻히지 않기 위해서는 그 긴 시간을 우리 가족들이 한마음으로 잘 이겨낼 방법이 필요하겠구나. 곰곰이 생각한 끝에 그 방법이 '추모'라고 결론 내렸어요. 이 엄청난 참사가 너무 쉽게 잊히는 것에서 시작되었기 때문에, 잊지 않는 것에서부터 이 싸움을 시작해야 한다. 우리 아이들이 억울하게 희생당했는데, 저 산꼭대기에 가족들 아니면 찾아갈 수 없는 곳에 놔두면

이런 희생이 또 생기지 않겠어요? 사람이 죽고 또 죽는 이 고리를 끊으려면, 다른 사례를 만들어야 한다. 사람들이 잘 찾아오는 곳에, 우리 부모들이 잘 찾아올 수 있는 장소에, 아무도 절대 잊어버리지 않을 장소에 추모공원이 있어야 한다. (성빈 엄마 김미현)

2015년 1월 12일 '세월호피해지원법'이 국회를 통과하면서 세월호참사의 추모사업을 시행할 법적 근거가 마련되었다. 이 법에 따라 국무총리 소속의 담당 기관인 '지원·추모위원회'가 꾸려졌다. 실무 단위로 '안산시 추모사업협의회'도 꾸려졌다.[15] 가족협의회도 추모사업을 본격화하기 위해 '장례지원분과'를 '추모사업분과'로 개편했다.

절반씩 양보하자는 환상

화랑유원지는 안산시 한복판에 있는 근린공원으로 안산 시민들의 많은 사랑을 받는 곳이다. 너른 호수를 품을 만큼 크고 아름다울 뿐만 아니라 미술관과 오토캠핑장, 다양한 체육시설 등이 설치되어 있다.

정부합동분향소가 화랑유원지에 설치된 것은 이곳이 안산의 중심지이기도 했지만, 세월호참사 피해 지역인 고잔동, 와동, 선부동에 인접해 있기 때문이기도 했다. 이는 희생학생들의 추억이 잔뜩 어린 곳이라는 말과 같다.

2015년에 추모분과에서 본격적으로 아이들 추모공원을 만들 구상을 하면서 가족들이 전국을 다녔어요. 여러 해외 추모공간들을 참고했는데, 그런 걸 접하다 보니 추모공원을 안산 시내에 지을 수도 있겠단 생각이 들더라고요. 아이들이 여기, 안산 도시 한복판에 잠든다면 매일 사람들이 오가며 보면서 세상이 달라져야 한다고 생각하지 않을까? 우선 나부터가 세상을 변화시켜야 한다고 생각하지 않을까? 아무 죄도 없는 아이들을 이렇게 떠나보낸 것에 대해서 기성세대로서 반성하고, 내 가족밖에 모르고 살았던 이 시대의 사람으로서 다른 삶을 살아야 한다고 깨닫게 되지 않을까? 그래서 추모공원 후보지가 어디냐 했을 때 첫 번째도 화랑유원지, 두 번째도 화랑유원지라고 생각하게 된 거예요. (호성 엄마 정부자)[16]

국무조정실 지원·추모위원회는 2016년 6월 추모사업 기본 계획을 수립하기 위한 연구용역[17]을 발주한다. 여기에 추모공 원 입지 선정이 포함되었다. 안산시 추모사업협의회는 주민 의 견 수렴에 나섰다. 이듬해 6월까지 주민경청회 5회, 시민토론 회 2회, 주민간담회 2회가 열렸다. 역시나 추모공원의 입지와 봉안시설 포함 여부가 쟁점이 되었다. 의견 수렴이 시작되고 불 과 석 달 만에 화랑유원지에 봉안시설이 들어오는 것을 반대하 는 주민들이 대책위원회를 결성했다. 특히 화랑유원지 인근 재 건축조합의 반발이 컸다.

어마어마했어요. 토론회장에 막 난입을 해갖고 행사 시작 시각을 한 시간 이상 지연시킬 만큼 마이크 잡고 내려놓질 않았죠.

당신들이 하고 싶은 말 다 하고 그다음에 우리가 무슨 얘기를

하는지 한번 들어줬으면 좋겠는데 안 듣고 그냥 후루룩 가버리고.

완전 깽판을 치는 식이라 굉장히 마음이 아팠어요. (김미숙)

2016년은 가족들에게 특별히 혹독한 시기였다. 5월 9일에는 단원고 교실 이전이 결정됐고, 6월 30일에는 정부가 세월호참사 특별조사위원회의 조사 종료를 일방 통보하면서 예산 집행을 중단했다. 8월 20일 아이들의 교실이 단원고를 떠날 때, 광화문에서는 가족들이 특별조사위원회를 지키기 위해 무기한 단식투쟁 중이었다.[18] 그러한 상황 속에서 안산시 추모사업협의회[19]를 통해 세월호참사 추모공원, 가칭 '4·16생명안전공원'의 입지를 선정하는 작업이 진행되었다.

협의 테이블에서는 봉안시설을 분리하는 게 합리적이라는 쪽이 우세했다. 추모공원이 도심에 들어서는 것에 대한 지역 주민의 반감을 고려해야 한다는 뜻이 깔려 있었다. 가족들은 화랑유원지에 봉안시설이 함께 있는 4·16생명안전공원을 세우기 위해 필사적으로 목소리를 냈다. 당시 자문위원으로 함께한 김민환 교수는 2016년 여름, 영석 아빠 오병환 씨가 협의 테이블을 향해 던진 일갈을 잊지 못한다.

아이 잃고 힘들어하는 부모의 요구와 그렇지 않은 사람들의

요구 한가운데에서 말하는 게 합리적인 거냐? 우리가 양보하는 건

전부를 양보하는 거다. 근데 당신들은 무얼 양보하는 거냐?
봉안시설 뺀 나머지? 도서관? 전시시설? 당신들, 그냥 도심
한복판에 시설 좋은 공원 하나 만들겠다는 거 아니냐?
이게 같은 무게냐? 이게 50 대 50이냐? (영석 아빠 오병환)

김민환 교수 또한 그 말에 가슴이 뜨끔했다. 도심 한복판에
봉안시설이 들어오기 쉽지 않다는 생각을 그 역시 내려놓지 못
하고 있었던 까닭이다.

그 생각에 담긴 폭력을 그때 깨달은 거죠. 국무조정실에서 파견된
직원들도 저와 같은 마음이었던 것 같아요. 그 사람들이 그 후에
'세월호피해지원법'을 갖고 법제처에 해석을 의뢰했어요. 추모공원,
봉안시설, 추모비를 분리할 수 있는 건지 물은 거죠. 법제처는
이 세 가지가 함께 있어야 추모공원이라고 해석했어요. (김민환)

2016년이 혹독해서 특별하기만 했던 건 아니다. 2016년 말
박근혜 대통령 퇴진을 촉구하는 민중총궐기가 시작되고, 12월
3일 헌정사상 가장 많은 인원이 광장에 결집했다. 12월 6일 국
회는 국민의 뜻에 따라 탄핵소추안을 가결했고, 이듬해 3월 10
일 헌법재판소는 박근혜 대통령을 파면한다. 안산시 추모사업
협의회가 부지 선정 논의를 마무리 짓기로 예정한 시기도 2017
년 3월 말이었다. 그러나 논의는 석 달이나 더 이어졌다.

참사의 의미나 접근성, 교육 가치성 등을 고려할 때 화랑유원지 내에
봉안시설을 갖춘 추모공원을 하는 것이 좋겠다고 의견을 모았으나
일부 반대하는 사람들이 있어서 결론을 내지 못했다는 의견서를
국무조정실에 전달하고 끝을 맺었어요. (성빈 엄마 김미현)

안산시가 보고문을 국무조정실에 제출한 것은 2017년 7월
18일. 이제 중앙정부의 결정을 기약 없이 기다려야 하는 상황이
었다.

산 넘어 또 산을 넘더라도

2017년 5월 10일 대통령에 당선된 문재인은 8월 16일 세월
호참사 피해 가족과 생존자들을 청와대 영빈관에 초청해 두 시
간가량 간담회를 진행했다. 그날 청와대로 가는 버스에 탄 부모
들 손에는 '화랑유원지에 추모공원을 하게 해달라'고 쓴 명함
크기의 종이가 들려 있었다.

대통령과 말할 수 있으면 한마디씩 꼭 하라고 당부했어요. 140명
넘게 갔으니 대통령이 아마도 족히 50번은 그 말을 들었을 거예요.
문 대통령이 너무 들으니 짜증을 내더라고, 안 될 거 같다고 울먹이는
엄마도 있었어요. 그만큼 우리는 간절했어요. (성빈 엄마 김미현)

홍남기 국무총리가 그 자리에서 12월 말까지 결과를 발표하기로 약속했지만, 기한이 가까워지도록 아무런 소식이 없었다. 가족들은 정부를 향해 의견을 전달하는 한편, 화랑유원지에 들어설 추모공원의 의미를 사회에 계속 알려나갔다. 피가 마르는 시간 끝에 마침내 2018년 2월 20일, 제종길 안산시장의 입을 통해 '봉안시설을 갖춘 추모공원을 화랑유원지에 조성하겠다'는 공식 발표가 이루어졌다.

반대 주민들의 반발은 더욱 거세졌다. 화랑유원지 내 추모공원 조성을 반대하는 시민단체 '화랑지킴이 시민행동'이 결성되어 안산시청 앞에서 매주 집회를 이어갔다. 이들은 화랑유원지에 세월호참사 추모공원을 세우는 것이 '안산의 미래를 슬픔과 죽음에 가두는 일'이라고 주장했다.

지역 갈등을 해소하기 위해 애써야 하는 정치인들은 오히려 이 갈등을 이용해 자신들의 정치적 입지를 다지고자 했다. 전국동시지방선거(2018년 6월 13일)가 다가오자 자유한국당과 바른미래당은 추모공원 문제를 악의적으로 쟁점화했다. 시장후보부터 시의원 후보까지 혐오 표현과 다를 바 없는 말을 선거운동의 전면에 내세웠다. '안산의 심장 화랑유원지에 세월호납골당이 들어올 수 없다'라는 말이 도시 곳곳에 쩌렁쩌렁 울려 퍼졌다.

동네에 현수막이 걸렸어요. 납골당 결사 반대! 우리 애가 그걸 보는 게 너무 무서운 거예요. 선거철에 홍보 트럭에서 노골적으로 비방 방송을 하는데 그걸 듣고 애가 방에서 뛰쳐나왔어요. "엄마 저 사람들 너무하는 거 아니에요?" 그래서 통장한테 전화를 했어요. 우리 단지에는 그때까지 비방 현수막이 안 붙었거든요. 우리 단지에도 그 현수막 붙일 거냐고 물어보니 답을 얼버무려요. 붙일 거면 주민 동의 구할 거냐고 물었더니 그러겠대요. 우리 라인부터 집집마다 방문해서 얘기를 해야 하나? '사실은 우리 아이가 세월호 생존자예요. 추모공원 짓는 거 반대하시더라도 현수막 붙이는 것만큼은 안 하시면 안 돼요? 내 아이 좀 살려주세요.' (시우 엄마 문석연)

가족협의회는 추모공원 부지 선정 과정에서 불거진 주민들의 혐오에는 반격하지 않았다. 의견 수렴을 위해 만들어진 대화의 장에 협의의 자세로 임했을 뿐이다. 안산 시민도 세월호참사의 피해자라는 점을 존중한 까닭이다. 그러나 정치인들이 혐오를 정치의 수단으로 이용하는 상황에는 별도의 대응이 필요하다고 보았다. 가족협의회는 선거를 일주일여 앞둔 2018년 6월 5일 4·16안산시민연대와 함께 안산시청 앞에서 혐오정치 중단을 촉구하는 기자회견을 열었다. 또한 1반부터 11반까지 가족들이 모두 참여해 안산 시내 주요 장소에서 4·16생명안전공원의 의미를 알리는 캠페인을 장기간 진행했다.

선거 결과, 공보물에 '납골당' 프레임을 내건 후보 18명 중 15명이 탈락했다. 수치로만 보면 혐오정치의 몰락이다. 그런데 세 명의 당선자 중에는 "오로지 납골당 백지화만이 내 공약"이라고 외치며 혐오정치의 중심에 섰던 시의원 후보가 포함되었다. 화랑유원지 인근 선부동 일대가 지역구에 포함된 그는 당선 후 추모공원 건립 저지 활동에 앞장섰다.

안산시장 선거에 출마한 더불어민주당의 윤화섭 후보는 '4·16생명안전공원을 세계적 명소로 만들겠다'고 공언했으나 추모공원 문제가 쟁점화되면서 '시민의 입장에 따르겠다'는 모호한 표현으로 선회했다. 당선 후 윤화섭 시장은 국무조정실 관계부처와의 실무협의회에 지역발전 사업을 건의했다. 추모공원 조성에 반대하는 지역사회를 설득한다는 명분이다. 이른바 '화랑유원지 명품화 사업', 1998년 조성돼 시설이 노후화한 화랑유원지를 대대적으로 리모델링하겠다는 계획이다.

또한 관계 중앙부처 공무원과 시의원, 지역 주민과 전문가 등 25명이 참여하는 '4·16생명안전공원 추진위원회'를 구성해 추모공원 조성 방안에 관한 의견 수렴을 다시 진행했다(2018년 11월 6일~2019년 1월 9일).

> 생명안전공원은 기억관 형태로 하고 아이들은 나중에 데려오거나
> 아예 다른 곳에 봉안시설을 만들어야 한다는 말이 계속 돌았어요.
> 너무 화가 나서 봉안시설을 빼버릴 거면 명품화 사업도 받지 마시라고
> 말해버렸어요. 추모공원에 희생자가 없다면 그건 가짜가 아니냐.
> 아이들한테 미안하지도 않냐. 그 사람들은 안산 지역이 세월호참사로
> 2차 피해를 받았으니까 화랑유원지 명품화 사업은 자기들이
> 당연히 받아야 하는 거라는 식이었어요. (호성 엄마 정부자)

다섯 차례에 걸친 회의 결과, 화랑유원지에 봉안시설이 포함된 추모공원을 설치해야 한다는 의견이 크게 우세했다. 안산시는 이 논의 결과를 바탕으로 2019년 1월 28일 4·16생명안전공원 기본구상안을 해양수산부에 제출했다. 해양수산부는 이를 바탕으로 안산시 추모시설 건립 계획안을 만들었고, 지원·추모위원회는 이 안을 심의해 2019년 9월 25일 의결했다.

'안산시 추모시설 건립계획'은 4·16생명안전공원을 봉안시설이 포함된 문화공원 형태로 조성할 것을 분명히 했다. 그러나 착공이 이루어지기 전까지 여론을 빌미로 번복될 가능성은 얼마든지 있다. 가족협의회는 추모공원을 세우는 것으로 모든 게 끝이 아니라는 점 또한 주목했다.

> 대구지하철화재 참사는 2008년에 추모공원이 만들어졌는데 지역에서 여전히 반대가 심해서 추모공원이라는 이름을 쓰지 못하고 있더라고요.[20] 4·16생명안전공원도 지역에서 시끄러우면 건립이 되고 나서도 문제가 되겠다는 생각이 들었어요. (호성 엄마 정부자)

이 극한대립의 구도를 흔들 근본적인 변화가 필요했다. 그들과 우리를 가른 이 벽을 허물기 위해 무엇이 필요할까. 가족협의회는 이미 2015년부터 그 실마리를 찾아 마을로 들어갔다.

이웃의 마음을 두드리다

　가족들은 참사 이후 특별법 제정 활동으로 전국을 다니느라 한동안 안산에 신경 쓸 겨를이 없었다. 1주기를 앞두고 마주한 동네 분위기는 어딘가 크게 달라져 있었다.

> 우리가 광장에 나가서 목소리를 낸다는 것에 거리감을 느낀 사람들이 많았어요. '아무것도 모르는 세월호 유가족들이 시민단체들한테 이용당해서 높은 사람들만 만나고 다닌다, 맨날 손 흔들고 떼쓰고 투쟁만 한다'고 생각하는 거예요. 우리 안산이, 내가 사는 고잔동이 왜 이런 이야기를 함부로 하는 거지? 우리가 사는 마을 사람들이 우리 이야기를 듣지 않으려고 아예 귀를 닫아버렸어요. (윤희 엄마 김순길)

　가족협의회는 추모분과를 중심으로 세월호참사에 무관심하거나 적대적인 마을 주민들을 만나기로 마음을 모았다. 그 일은 고잔동에서부터 시작되었다. 고잔동은 단원고를 품은 마을로, 4·16생명안전공원 부지와 가장 가까운 곳이다. 당시에는 단원고 교실 존치 문제를 둘러싼 갈등도 한창이었다.

　무엇을 해야 할지는 분명했지만, 어떻게 해야 할지는 막막하기만 했다. 그때 지역의 사정을 잘 아는 사회복지사들이 엄마들의 손을 잡았다. 상처받은 유가족이 상처받은 이웃을 만나는 법에 대해 함께 고민했다. 엄마들은 날 선 감정을 누그러뜨리며 말하는 법을 연습하고, 웃는 법을 새로 익혔다. 그 일은 생각처

212

럼 쉽지 않았다.

아픔을 버티느라 손에 익힌 바느질과 뜨개질이 관계를 엮는 도구가 되었다. 공방 엄마들은 사회복지기관이나 주민모임 등의 도움을 얻어 공예교실을 열었다. '유가족과 주민'에서, '강사와 수강생'으로. 칭하는 이름이 달라졌을 뿐인데, 서로를 가로막던 단단한 벽이 슬쩍 말랑해졌다. 양말목을 엮어 컵받침을 만들고 퀼트로 조그마한 파우치를 만드는 동안 팽팽한 긴장 감은 조금씩 누그러들었다. 말없이 고개를 숙이고 있던 주민들이 어느새 하나둘 입을 열었다. 주위에서 들은 세월호 유가족에 대한 나쁜 소문들에 관해 질문하기 시작했다.

별별 이야기가 다 나왔어요. 돈 관련한 이야기도 물어보시더라고요. 누가 보상금 받아 이사를 갔는데 가구를 다 바꿨다더라. 그런 말을 듣는 게 한동안은 너무너무 힘들었어요. 처음에는 막 눈물 나고 그랬어요. 그런 경험이 쌓이고 쌓이면서 우리도 대처하는 능력이 생기더라고요. 입장을 바꿔보니 만약에 제가 유가족이 아니었으면 저도 그런 생각을 할 수 있었을 것 같았어요. 그렇게 생각하니 서로 공감할 수 있는 여지가 생겼어요. 마을에서 여는 행사에 오시는 분들은 대부분 자식을 키우는 엄마들이에요. 지금 살아가는 청소년들이 위험에 방치되어 있다. 내 자식을 위해서 안전한 세상을 만들어야 하지 않겠느냐고 얘기하면 고개를 끄덕끄덕해요. (이태민 엄마 문연옥)

어떻게 답변하느냐에 따라 그분들 태도가 바뀌어요. 자식 잃은 사람이라고 기가 죽어서 다니는 게 아니라, 이건 우리 책임이 아니라고 당당하게 말하면 질문이 달라지는 걸 느꼈어요. 그래서 주민들을 만날 때는 정말 열심히 공부하고 갔어요. 4·16생명안전공원을 화랑유원지에 짓는다고 했을 때, 처음에는 인근 주민들에게 미안한 마음이 있었어요. 다들 추모공간은 외곽에 짓는 걸로 알고 있었거든요. 저 역시 그랬어요. 시내에 있는 공원에 그 부지를 받는 게 쉽지 않으니 우리가 특혜를 받는 느낌이 좀 들었어요. 그런데 추모공원을 우리 아이들만을 위한 곳이 아니라 우리 사회의 안전을 위한 곳으로, 모든 청소년들의 놀이터로 만들어갈 거잖아요. 추모공원이 안산 주민에게도 혜택이라고 생각하게 되면서 당당해진 거죠. (지혜 엄마 이정숙)

가족들은 주민들을 만날 다양한 방법을 모색했다. 주민자치위원들을 찾아가 간담회를 열고, 밥 한 끼를 같이 먹으며 이야기의 물꼬를 텄다. 4·16가족나눔봉사단이 결성된 후에는 봉사 활동을 통해서도 주민들과 만났다. 사회적으로 취약한 상황에 놓인 이웃, 그리고 고령의 이웃들로 접촉면이 확장되었다.

동네에서 오래 살아온 할머니 할아버지들은 '왜 우리 마당에다가 공동묘지를 만들려고 하냐'고 말씀하시는 분들이 많이 계세요. 공동묘지 있으면 무섭고, 귀신이 돌아다닌다는 거예요. 그런 게 아니라고 말씀드려도 나이 드신 분들은 잘 안 바뀌세요. 그래도 꾸준히 음식을 해서 노인정에 찾아가요. 수시로 얼굴을 들이밀고 그래요. 명절에는 떡이랑 음식이랑 해서 혼자 사시는 분들 댁에도

가져다 드리고. '어르신 많이 드시고 건강하세요' 하고 따뜻한
말로 인사하고 나오는 거죠. 초창기 때는 정말 힘들었어요.
막 무조건 세월호라면 '가! 가!' 이랬는데 지금은 그래도 '아이고,
알았어 알았어' 이렇게 말해주는 분이 많아요. (은정 엄마 박정화)

    4·16생명안전공원을 향한 혐오가 극심했던 2018, 2019년
에는 안산시에서 열린 거의 모든 행사에 찾아가다시피 했다. 행
사를 알리는 현수막을 보고 추모사업부서에서 일일이 전화를
걸었다. '세월호 유가족이 떡을 해 가겠다'는 말에 차가운 반응
이 돌아오기 일쑤였다. '유가족이 무슨 봉사냐'는 의문에 '참사
로 아이들을 떠나보내기 전에는 우리도 이렇게 살았다'고 답하
며 가져간 음식을 나눴다. 따가운 시선이 얼굴에 꽂혀도 인사를
멈추지 않았다. 그러다 행사장에 자리 한쪽을 얻을 수 있으면,
공방 엄마들이 체험 활동을 진행했다. 점차 이야기할 자리가 늘
어나기 시작했다. 그 과정은 결코 물 흐르듯 흘러가지 않았다.
종종 노골적인 적대감과 마주해야 했다. 그러나 더디지만 중요
한 변화가 감지되었다.

우리가 함께 살아간다면

    추모공원 문제가 불거지기 전에도 이미 피해자와 지역 주
민은 깊은 갈등 관계에 있었다. 이 갈등은 세월호참사로 인한

2차 피해의 성격을 지닌다.

> 주민들을 만나면 '안 아프고 싶다'는 말씀을 많이 하세요. '세월호 하면
> 무조건 아파.' 외면하려고 하는 마음이 있는 것 같아요. (이태민 엄마 문연옥)

> 2015년 5월에 희망마을사업추진단 단장을 맡고 가장 먼저 세월호참사
> 집중 피해 지역인 고잔동, 와동, 선부동 주민들을 만나 이야기를
> 들었어요. 참사가 일어나고 이곳 주민들, 특히 마을의 리더라고 할 수
> 있는 분들이 엄청나게 헌신하셨거든요. 남겨진 가족들을 돌보느라
> 집집이 방문해 도시락을 챙기고 집회 현장에도 찾아다니셨어요.
> 마음에서 우러나 했던 것도 있지만 시에서 요청해서 했던 활동도
> 있었던 것 같아요. 그런 활동을 몇 개월씩 한 거죠. 내가 이런 봉사를
> 하면 고맙다는 말도 듣고 싶고 인정도 받고 싶은 게 사람 마음인데,
> 그런 말도 못 듣고. 세월호참사가 장기간 미해결 상태로 남으면서
> 그분들이 비판하는 사람들로 변해버렸다는 걸 느꼈죠. (김도훈)

참사는 공동체에도 큰 상처를 입혔다. 상처 입은 공동체를
어떻게 회복할 것인가. 이 또한 우리 사회가 당면한 주요 과제
다. 안산시는 이 문제를 고민하고 대응할 지원조직을 새로 꾸렸
다. 2015년 4월 발족한 '희망마을사업추진단'이 그것이다. 희
망마을은 주민들이 스스로 마을 회복 활동을 펼치도록 지원했
다. 버려진 공간을 숲으로 가꾸고 공유 공간을 만드는 등 마을
의 물리적 환경을 재구성하면서 사람들 사이의 관계 회복을 도

모했다. 2017년부터는 세월호피해지원법에 따라 공동체 회복 프로그램을 추진하고 있다.

그러나 공적 영역에서 이러한 대응 체계가 작동하기까지 적잖은 시일이 소요되었다. 그 공백을 채운 건 시민들이었다. 2014년 9월 단원고 정문 가까이 들어선 '힐링센터 0416쉼과 힘'은 세월호참사로 피해 입은 공동체의 회복을 목적으로 민간이 주도해 설립한 사회복지기관이다.[21] 이곳은 유가족과 주민이 함께하는 오케스트라, 유가족과 주민이 공예품을 만들며 만나는 '만개이웃창작공방' 같은 다양한 연결의 장을 만들었다. 또한 주민들과 함께 고잔동을 '생명 안전의 성지'로 선포하고 다크투어[22] 프로그램을 개발했다. 그 과정에서 주민자치위원들은 목포신항에 거치된 세월호를 보러 갔다. 녹슬고 상처 입은 거대한 세월호 앞에서, 그간 가족들에게 곱지 않은 시선을 보내던 한 주민이 이런 말을 꺼냈다고 한다. '누가 저 세월호를 보고 이 사건을 참사라고 말하지 않을 것인가.'

고잔동 주민 김미숙 씨에게 세월호참사는 혈연보다 끈끈하게 지내던 수현이네 가족을 덮친 비극으로 다가왔다. 두 가족은 집에 밥이 떨어지면 가서 공깃밥 한 그릇을 얻어 올 정도로 친밀한 사이였다. 아침마다 계단을 경쾌하게 뛰어 내려가는 수현이의 발소리는 김 씨 가족의 하루를 여는 신호였다. 그 소리가 사라진 날부터 마을은 거대한 소용돌이에 휘말려 들어갔다. 유가족을 향해 비난과 모욕을 서슴지 않는 이웃들을 보며 김미숙씨는 큰 상처를 입었다. 그는 좌절하기보다 할 일을 찾아 움직였다.

사람들을 가만히 지켜보니까 스스로 생각하지 않고 그냥 어디서 들은 대로 말해버리는 일이 많은 것 같았어요. 생명안전공원을 반대하는 사람 중에는 안산에 살면서 화랑유원지에 단 한 번도 가보지 않은 사람도 있어요. 왜 반대하느냐고 물으면 '아니 뭐 집값도 떨어지고…'라는 식인 거예요. 정작 거기 자기 집도 없는 사람인데. 생각하는 힘을 기르는 모임이 있으면 좋겠다는 생각이 들어서 마을 동아리 '역사야 나랑 놀자'를 만들었어요. 아주 오래전의 역사만이 아니라 동시대 사람들이 처한 다양한 사회문제를 함께 공부하는 모임이에요. 세월호참사가 우리 마을에서 일어난 일이잖아요. 같은 동네 사람이 문제를 자세히 알아보고 주변에 진실을 알려주자는 취지로 활동했어요. 처음에 서너 명으로 시작해서 지금은 40여 명이에요. (김미숙)

세월호참사 피해 지역인 단원구에서 조금 거리가 있는 상록구 일동은 성호공원과 성태산에 둘러싸인 빌라 단지가 모여 있다. 이곳이 안산 시민들 사이에 '살기 좋은 마을'로 떠오른 건 세월호참사 이후다. 그 중심에는 사단법인 '울타리넘어'가 있다. '울타리넘어'는 자녀 돌봄을 고민하던 부모들이 2005년에 만든 모임에서 출발했다. 2006년부터는 지역아동센터를 운영해왔다.

긴 시간 아이들을 함께 키우면서 삶의 문제도 같이 해결해오던 사이였어요. 그런 공동체가 있었으니까 세월호참사라는 엄청나게 큰 사건이 났을 때 오히려 우리를 들여다볼 계기가 만들어졌겠지요. 안산 문화광장에서 열리는 촛불집회에 참석하다가 동네 촛불을 들기 시작했어요. 동네에서 서로를 보니까 통곡이 되더라고요. 안전하고 편안한 분위기에서 감정이 잘 드러나잖아요. 그게 너무 좋았던 거죠. '한 번 더 해보자, 한 번 더 해보자.' 그렇게 1년 반을 모였어요. 지역아동센터 아이들도 마을 촛불에 자주 왔어요. 그걸 반대하는 부모도 많았거든요. 왜 그런 힘든 일에 애들을 가게 놔두느냐, 아이들은 좋고 예쁜 것만 봐야 한다는 거죠. 정치적이니까 그만했으면 좋겠다는 부모들도 있었어요. '아무리 감춰도 애들은 다 안다. 어떤 일이 일어났을 때 어른들이 어떻게 하는지가 오히려 훨씬 중요하다. 다 같이 힘 합쳐서 잘 해결하는 모습이 아이들한테 더 필요하다'는 게 교사들 생각이었어요. 촛불 후 대화 모임을 통해서 우리가 그동안 아이들만 키운 게 아니라 우리의 관계도 키워왔다는 걸 깨달았어요. 이 공동체의 따뜻하고 강한 힘을 통해서 더 이상 세월호참사 같은 일이 우리 사회에 생기지 않게 하자는 이야기를 많이 나눴어요. 그렇게 모인 힘으로 동네 주민들이 누구나 다 모일 수 있는 거점 공간을 하나 만들자고 하면서 2015년도에 협동조합마을카페 '마실'이 만들어진 거죠. (김영은)

'마실'은 공동체의 회복과 성장의 터전으로 기능했다. '울타리넘어'가 세월호참사로 공동체의 가치를 재인식했다면, 반

월동에서는 참사 이후 새로운 공동체가 구성됐다. 도농복합도시 유일의 대단지 아파트 주민들을 중심으로 '아름드리'라는 모임이 탄생한 것이다. 아파트 안에서 소박하게 벼룩시장을 준비하던 여성들이 세월호참사 이후 '내 아이의 안전'을 넘어 '우리 아이들의 안전'으로 시선을 넓힌 결과다.

> 아파트가 단절의 상징이잖아요. '아름드리'는 아파트에서
> 공동체를 얘기해보자는 활동을 해요. 주민 전체를 아우를 수
> 있는 활동을 합니다. 주되게는 어린이를 위한 창의놀이터 같은
> 사업을 하는데, 아이들의 보호자도 그 대상이에요. 보호자는
> 엄마 아빠 할머니 할아버지 누구나 될 수 있어요. 보통 공동주택은
> 부녀회나 노인회 중심으로 운영되잖아요. 어린이들을 위해
> 활동하는 모임을 만든다고 하니, 입주자대표회의에서 적지 않은
> 비난에 시달렸어요. 돈 먹으려고 온 거 아니냐는 시선으로 저희를
> 대하더라고요. 아름드리 회원들이 아파트 전 세대의 연령대별 거주
> 비율을 조사하고 아파트 예산 집행의 문제점을 지적하면서 정말
> 어렵게 동아리 등록을 해냈어요. 거의 전쟁을 치렀죠. (이연우)

'아름드리'는 마을 활동이 있을 때마다 가족협의회에서 부스를 운영할 수 있게 자리를 만든다. 10년째 한결같다. 이처럼 가족들이 마을로 들어가는 일은 오로지 가족들의 힘과 노력으로만 가능하지 않았다. 그 곁에 세월호참사로 자기 삶을 바꾼 이웃들이 함께하며 힘을 보탰다.

서로 다른 주민들이 섞일 수 있도록 다리 역할을 하시는 분들이
곳곳에 많더라고요. 묵묵히 자기 자리에서 할 일을 하고 계신
분들. 그런 분들을 볼 때마다 희망이 생겼어요. (은정 엄마 박정화)

처음에 마을 주민들을 만날 때에는 아무런 기대가 없었어요.
오히려 안산을 떠날 핑곗거리를 만들고 싶었죠. 지금 떠나면 아이한테
너무 미안하니까. '그래, 안산 사람들아, 나한테 실컷 욕을 해라.
그러면 나는 호성이한테 당신들 핑계 대고 안산을 떠날 거다.'
그런 오기가 있었으니 그냥 막 부딪혔죠. 내 몸을 더 아프게 만들어야,
더 아픈 소리를 들어야 내가 지쳐서 떠날 수 있으니까. 그런데 지금은
생명안전공원이 완공된 후에도 마을분들하고 같이해야겠다는
생각이 들어요. 마을분들과 계속 소통하고 연결이 되니까 어느 날
살아야겠다는 생각이 들었어요. 살아야 한다면, 똑바로 살아야 하지
않을까. 저도 성찰이라는 걸 하고 성장도 하더라고요. 약을 먹는 게
치료가 아니라 이런 게 치유가 아닌가 싶어요. (호성 엄마 정부자)

빛과 꿈이 가득한 이곳에

가족들과 이웃들이 연결되기를 포기하지 않은 덕에 세월호
참사 추모공원, 가칭 4·16생명안전공원을 바라보는 지역 주민
의 인식이 많이 바뀌었다.

저희가 활동하지 않았을 때는 반대 목소리가 더 컸어요. 지금은

동의하는 분들이 더 많으세요. 트럭에 스피커를 싣고 다니며

반대한다고 외치는 분들이 있지만, 그야말로 일부인 거죠.

(이태민 엄마 문연옥)

혐오의 말보다 주목해야 할 건 그것에 저항하는 목소리다. 4·16생명안전공원을 지키는 목소리는 우리가 함께 산다는 것의 의미를 일깨우는 과정에서 두터워졌다. 가족협의회와 안산 시민들의 연대는 기억과 추모의 구체적 의미를 일깨운다. 추모는 죽은 자와 산 자가 함께 살고, 산 자와 산 자가 연결되는 일이다.

2021년 2월 마침내 4·16생명안전공원 국제설계공모가 시작됐다. 시민들의 일상에 밀착한 공간을 만들기 위해 생명안전 공원 국제설계공모에는 '시민 지침서'가 도입됐다. 시민 지침서는 4·16재단이 지원하고 4·16안산시민연대가 맡아 가족들과 시민들이 별도의 워크숍을 진행해 만들었다. 2019년 3월부터 7월까지 유가족(12회, 177명)과 시민(10회, 153명, 청소년 포함)이 밀도 높게 토의하며 다양한 담론을 형성했다.

진상규명이 답보 상태에 놓이면서 4·16생명안전공원이 추모부서의

활동으로 한정되었던 면이 있었어요. 그때까지만 해도 가족들이

4·16생명안전공원이 어떤 곳이면 좋겠다는 의견을 다 같이 나눠본

적이 없었거든요. 국제설계공모를 앞두고 가족들의 의견을

전체적으로 모을 필요가 있었고, 그런 면에서 반별 워크숍이
중요했죠. 디자인 워크숍을 하면서 실제 모형을 같이 만들어 갔는데,
막연하게 상상만 했던 공간을 구체화하면서 가족들 스스로
4·16생명안전공원에 대한 이해가 깊어졌죠. 시민들이
참여하기 좋은 공간, 지역사회와 긴밀히 연결되는 공간으로
만들고 싶은 가족들의 생각이 실제로 4·16생명안전공원
지침서에 반영되었다는 점은 큰 의미가 있습니다. (이재흥)

4·16생명안전공원은 2021년 7월부터 1년간 설계를 마무리한 뒤 2022년 7~8월에 공사 발주와 계약을 진행하고 9월 착공에 들어갈 예정이었다. 그러나 행정 절차가 지연되면서 물가가 상승했고, 예정한 규모로 진행할 경우 총 공사비가 500억 원을 넘어버리게 됐다. 특별법에 의해 예비 타당성 조사가 면제된 사업임에도 정부가 굳이 사업 적정성 검토를 추가 진행하면서, 현재 착공 일정을 가늠하기 어려운 상태다. 관계부처의 의지가 의심되는 상황에 가족들의 마음은 조급해진다. 그러나 지치고 힘들어도 손을 놓을 수는 없다.

참사로 우리 엄마아빠들 정말 고통스러워봤잖아요. 그래서
포기할 수가 없는 거예요. 우리 아이들이 별이 되고 안전의 날이
제정됐잖아요. 정말 미약하지만, 사회가 한 걸음 나아간 것이라고
생각해요. 우리 아이들 다음 세대부터는 정말 마음껏 꿈꾸는
세상에서 살았으면 좋겠어요. 사회 안전 시스템이 정말 잘

다듬어져 자리 잡고 정상적으로 구동하는 사회여야만, 아이들이
마음껏 꿈꾸면서 자랄 수 있지 않을까요?[23] (은정 엄마 박정화)

우리 아이들 꿈도 많고 참 예뻤거든요. 그 예쁜 모습으로
4·16생명안전공원을 아주 예쁜 공간으로 만들고 싶어요.
누구나 와서 우리 아이들에게 인사를 건넬 수 있는 곳으로.
그러면 너무나 무섭고 버림받았다고 생각했을 우리 아이들의
마음에 조금이라도 위로가 되지 않을까. (영석 엄마 권미화)

우리가 말하고 싶은 진실이 생명안전공원을 통해 보일 거라
생각해요. 많은 사람이 알았으면 좋겠어요. 이 나라가
생명의 중요함을 알아야 한다고 세월호 부모들이 외쳤다는 걸.
우리 아이들은 갔지만, 이 아이들의 희생이 토대가 돼서
더 이상 이런 일을 겪지 않는 세상을 만든다면, 부모로서 할 일을
열심히 했다고 말할 수 있지 않을까요. (지성 엄마 안명미)

네 번째 이야기. 0416 팽목기억관
팽목의 기억을 붙든 사람들

세월호참사로 인해 사람들의 뇌리에 깊이 각인된 이름에
팽목이 빠질 리 없다. 세월호가 침몰한 현장에서 가장 가까운
항만. 이곳에서 부모들은 국가의 무능과 비정을 온몸으로 겪었

다. 참사가 일어나고 하루, 이틀, 사흘… 시간이 타들어가면서 팽목항을 서성이는 부모들의 한숨도 검게 그을렸다. 참사 5일째 선내에서 첫 사망자가 수습됐다. 이 혼란한 현장에서 여전히 희망을 품어도 되는가. 부모들은 그 답을 듣기 위해 청와대로 행진을 시작했다.

빗방울이 흩날리는 차가운 어둠을 가르며 팽목항에서부터 13킬로미터를 걸어온 부모들은 오전 7시 반, 진도대교 검문소 앞에서 경찰에 가로막혔다. 몇 겹으로 늘어선 경찰들의 얼굴이 앳되어 보여 부모들은 몹시 슬펐다. 차마 그 벽에 주먹질은 하지 못하고 자기 가슴을 쳤다. 아빠 몇이 그 벽을 타고 넘었다. 그중 우재 아빠 고영환 씨가 있었다. 벽 너머에 발이 닿았을 때, 공교롭게 그의 휴대전화가 울렸다. 우재를 찾았으니 확인해달라는 소식이었다.

그날 제일 많이 올라왔어요. 스물두 명. 애들 얼굴 보니까 미쳐버리겠더만. 목포에 있는 한 병원으로 가서 우재가 냉동고 들어가는 거 보고 나왔어요. 다른 부모들도 몇 사람 더 왔더라고. 검안서 받을 때까지 한 시간이라고 했는데 점점 기다리는 시간이 늘어났어요. 밥이라도 먹고 기운 내자고 식당에 들어갔다가 한두 숟갈 뜨고 그냥 나왔어요. 나왔더니 애들 싣고 온 구급차가 길바닥에 그대로 다 서 있는 거야. 영석 엄마가 옆에서 막 울고 있어. 뭐지? 보니까 구급차 안에 애들이 그대로 있어. 냉동고가 모자란다는 거야. 4월이니까 낮에 뜨듯하잖아요. 에어컨도 안

> 나오는 데에 두고 애들을 썩히겠다는 거야 뭐야. 차라리 화장하자고,
> 휘발유 사러 가겠다고 소리를 막 질렀어요. (우재 아빠 고영환)

안산으로 돌아간 고영환 씨는 2014년 10월, 다시 팽목항으로 돌아갔다. '아이들 다 찾으면 같이 가자'는 약속이 마음에 걸렸다. 아직 돌아오지 못한 얼굴들이 떠올랐다. 그때 팽목항을 지키고 있던 건 미수습자 가족들이었다. 수색이 성과를 내지 못한 날이 길어지면서 팽목항을 찾는 이들의 발길이 뚝 끊긴 상황이었다.[24]

시간이 흘러 세월호가 인양되고 미수습자 가족들은 목포신항으로 자리를 옮겼다. 2018년 4월 16일, 합동 영결·추도식을 기점으로 분향소를 정리하기로 하면서 팽목항에 있던 임시 시설물도 함께 없어질 예정이었다. 우재 아빠는 가족대기실과 희생자 분향소로 쓰이던 낡은 컨테이너에 '팽목기억관'이라는 이름을 내걸었다.

> 누군가는 팽목에 있어야 한다는 생각에 남기로 했어요. 아이들을
> 위한 무언가를 팽목에 남겨놓아야 한다는 생각이 들었어요. 이곳이
> 그냥 평범한 여객터미널이 될 수는 없는 거잖아요. (우재 아빠 고영환)

2019년 4월 16일 김영록 전남도지사는 진도실내체육관에서 열린 세월호참사 추모식에서 추모사를 통해 '팽목4·16기록관' 조성을 약속했다. 하지만 그 약속은 지금까지 지켜지지 않

고 있다.

아픔을 준 기억과 아픔을 나눈 기억까지

팽목항은 이미 2013년에 진도항으로 이름을 바꾼 터였다. 진도군은 2020년 진도항 개발 사업에 나섰다. 2층 규모의 여객 터미널을 새로 건설하고 제주로 가는 대형 카페리호가 취항하면서 이용객과 차량이 많이 늘었다. 그 과정에서 진도군은 팽목 기억관 철거를 요구했다.

진도군은 '세월호피해지원법'에 따라 팽목항 인근에 '국민 해양안전관'이 건설되고 거기에 세월호 추모공간이 조성되니 팽목기억관은 필요 없다고 주장했다. 지역 이미지 유지와 경제 발전의 필요성을 강조하는 말도 따라붙었다. 2022년 5월에는 '군민이 원하지 않는다'며 원상복구를 요구하는 시정명령 공문을 세 차례나 가족협의회에 보냈다. 팽목항에 있는 임시 시설물 네 동을 철거하지 않으면 이행강제금을 부과한다는 방침을 밝힌 것이다.

2023년 10월 팽목항에서 1킬로미터 떨어진 서망항 인근에 진도 국민해양안전관이 진통 끝에 문을 열었다. 국민해양안전관은 안산 대부도에 건립된 경기 해양안전체험관과 함께 세월호피해지원법에 따라 만들어진 해상 안전사고 예방 시설이다. 하지만 운영비 문제로 정부와 진도군이 갈등을 빚으면서 건립

후 한참이 지나서야 문을 열게 되었다.

그나마 세월호참사와 관련성을 모두 지운 채 운영되고 있는 안산시 대부도의 해양안전체험관에 비하면, 진도 국민해양안전관은 한편에 세월호 메모리얼홀을 마련하고 9미터가 넘는 노란색 사람 모양의 조형물을 설치해놓았다. 하지만 세월호 메모리얼홀은 세월호 유가족들과의 협의 없이 지어졌다. 게다가 어린이 문학인들과 시민들이 팽목항에 설치한 '세월호 기억의 벽'을 무단으로 도용하고 참사 당시 타임라인도 잘못 기록했다는 것이 뒤늦게 언론 보도로 밝혀지면서 부랴부랴 다시 보수공사를 하기도 했다.

무엇보다 국민해양안전관은 추모객들이 쉽게 접근하기 어려운 자리에 있다. 다시 말해 진도군은 수년째 팽목항에 별도 추모관 건립을 요구하는 유가족들의 요구를 묵살한 채 엉뚱한 곳에 유가족과 협의되지 않은 추모공간을 마련한 것이다. 세월호참사의 기억을 지우고 관련성을 부정하며 만들어진 경기 해양안전체험관과 함께, 진도 국민해양안전관은 역설적으로 국가가 참사로부터 제대로 된 교훈을 조금도 얻지 못했음을 보여주는 시설이 되고 말았다.

2022년 우재 아빠가 교통사고를 당해 병원에 입원한 일을 계기로 가족협의회 부모들이 번갈아가며 매주 팽목항을 지키고 있다. 광주시민상주모임과 진도 시민들도 팽목기억관을 함께 지킨다.[25] 가족협의회는 10주기가 되기 전에 팽목항에 세월호를 기억할 수 있는 제대로 된 추모공간을 마련하고 싶은 마음이다.

팽목항은 엄마아빠들이 아이들을 마지막으로 만난 장소예요.
그 간절한 기다림과 아픈 마음을 어떻게 말로 다 할 수 있겠어요.
팽목항에서 우리는 국가의 거짓과 무능함을 마주했어요. 언론의
무책임함과 정치인들의 민낯도 보게 됐어요. 그동안 우리가
철석같이 믿었던 세상이 산산이 다 부서졌어요. 너무나 아픈 이곳에
찾아와 같이 아파하고 울어주신 분들이 정말 많이 계세요.
오랜 시간이 지난 지금도 찾아와주시는 시민들께 정말로
감사해요. 팽목에 세워질 기억관에는 이 모든 기억이 고스란히
담겨야 하는 게 아닐까요? 정부와 언론이 지금도 저지르고 있는
잘못을 생생히 보여주고, 그게 잘못이라고 말하는 사람들의
모습도 여기에서 볼 수 있으면 좋겠어요. 과거를 잊기보다는 깊이
생각하고 반성하는 사회로 나아가야죠. (웅기 엄마 윤옥희)

가족협의회는 희생된 아이들이 가고 싶어 한 제주에 기억
관을 운영하고, 광화문광장에서 서울시의회 앞으로 옮겨진 기
억공간을 지켜내기 위해서도 애쓰고 있다. 그 곁에 늘 노란 리
본을 단 시민들이 함께한다. 우리 사회에서 추모는 여전히 투쟁
의 다른 이름이지만, 더 이상 외롭고 쓸쓸하지만은 않다.

/ 박희정

각성

이 엄청난 일을 만들어낸 이들은 모두 평범한 사람들이었고, 자식을 잃은 고통의 한가운데 있는 사람들이었고, 참사 후 처음 만난 사람들이었다. '밥을 먹을 수도 없고 안 먹을 수도 없는, 너무 배가 고파서 자신도 모르게 밥통을 끌어안고 먹다가 배가 차면 엉엉 우는', 1분 1초가 편하지 않는 시간을 살아낸 이들이었다. 그런 이들이 서로에게 의지하면서 꾸준히 시민들을 만나고 전국을 돌며 서명운동과 간담회를 하면서 아래로부터 변화를 일궈냈다. 위대하고 경이로운 투쟁이었다. (미류)

유령들의 행진

2014년 5월 8일 어버이날 오후 분향소 앞에서 침묵시위를 하고 있던 수진 아빠 김종기 씨는 KBS 김시곤 보도국장과 맞닥뜨렸다.[01] 김종기 씨가 헐레벌떡 다른 유가족을 부르러 간 사이 그는 사라져버렸다. 아마도 그 장면은 세월호참사 10년을 거슬러 올라갈 때 빼놓을 수 없는, 투쟁의 도화선일 것이다. '교통사고 사망자를 생각하면 300명의 죽음은 그리 많은 것이 아니다'라는 김시곤의 말은 세월호 가족뿐 아니라 수많은 이들의 마음에 불을 질렀다. 'KBS에 항의하러 가자'라는 한밤의 공지에 150여 명의 가족들이 빠르게 몰려나왔다. 가족 중 누군가 아이들의 영정을 들고 가자며 제단 위로 올라가 영정을 내리자 엄마들이 울기 시작했다. 아이들을 그렇게 보낸 것도 미안한데 편히 쉬지도 못하게 하는 것 같아 가슴이 미어졌다. 하지만 아무도 거부하지 않았다. 아무것도 하지 않는다면 그들은 모두 "심장이든 머리든 터져 죽을지도 모를 상태"(수인 엄마 김명임)였다.

KBS 앞에서 네 시간여 대치를 이어가던 중 당시 가족협의회 간부가 "청와대로 가자"고 외치자 이번에도 부모들은 일사천리로 움직여 버스에 올라탔다. 새벽 2시, 버스는 한산한 서울 도심을 통과해 금세 광화문에 도착했지만 경찰에 가로막혀 더 이상 나아갈 수 없었다. 버스에서 내린 사람들은 영정을 안고 청와대를 향해 걷기 시작했다. SNS를 통해 소식을 들은 시민들과 활동가들이 청운동 주민센터 앞에 먼저 도착해 유가족들을 기다렸다. 통인동에서 카페를 운영하는 박철우 씨는 유가족들이 마실 따뜻한 물과 차를 준비해 나갔다. 저 멀리서 담요를 뒤집어쓰고 영정을 꺼안은 채 걸어오는 부모들의 모습은 마치 복수심에 가득 찬 유령들이 무리지어 오는 것처럼 보였다. 슬프고 무섭고 장엄한 풍경이었다. "세상에서 가장 귀한 사람들, 절대로 상처 받으면 안 되는 사람들이 걸어오고 있었다."02 하지만 지켜야 할 '가장 귀한 사람'이 따로 있는 경찰들은 청운동 주민센터 앞에서 유가족을 겹겹이 에워쌌다. 가족들은 대통령 면담을 요구하며 차가운 아스팔트 바닥에 앉아 밤을 지새웠다.

> 굉장히 추워서 온몸이 바들바들 떨렸어요. 그런데 우리가 이동하면
> 어느새 음료수와 핫팩이 와 있고 길바닥에 앉아 있으면 어느 순간
> 돗자리가 공수됐어요. 참사 후 큰 고립감을 느끼고 있었는데 우리와
> 함께해주는 사람이 있다는 걸 처음 알았죠. 등 돌리고 공격하는
> 사람들만 있는 게 아니라 우리를 돕는 사람들이 있다는 게
> 너무 고맙더라고요. (예은 엄마 박은희)

자신들이 '정치적'으로 보이는 걸 매우 경계했던 유가족들은 활동가들이 가져온 앰프를 사용하지 않은 채 침묵시위를 이어갔다. 다음 날 오전 그들이 뙤약볕 아래 천막도 양산도 마다하고 길바닥에서 면담 요청 결과만 기다리는 동안 박근혜 대통령은 민생대책회의에서 "이번 사고로 인해 서민 경기가 과도하게 위축되지 않도록 최선을 다해야 하며, 사회 불안이나 분열을 야기하는 일은 국민 경제에 악영향을 끼치게 된다"고 했다.[03] 그리고 오후 3시 길환영 KBS 사장이 청운동 주민센터로 직접 찾아와 '보도국장의 부적절한 발언으로 인해 깊은 상처를 드린 데 대해 진심으로 사과한다'며 머리를 숙이면서 상황이 일단락되었다.

정부는 2014년 4월 말 가족대책위에 추모공원 설립, 재난

안전의 날 지정 등을 제시했다. 하지만 가족대책위는 내부 논의를 거쳐 정부와의 논의를 전면 중단하고 진상규명 활동에 매진하기로 결정했다. KBS 항의방문이 국면 전환의 계기 중 하나였다는 평이 많다. 그때까지만 해도 유가족들의 생각은 엇갈렸다. 분노와 원통함으로 대정부 투쟁을 외치는 이들도 있었지만, 이것이 정부를 상대로 싸울 수 있는 문제인지 확신을 갖지 못하는 이들도 있었다. 그동안 무수한 재난참사가 일어났지만 세월호와 비슷한 사례도, 정부에 맞서 싸운 유가족의 전례도 찾기 어려웠다. 하지만 이 사건은 유가족들로 하여금 자신들이 불의에 맞서 '국가와 싸울 수 있는 존재'임을 일깨웠다.

　이 시기 유가족이 합동분향소에서 '조속한 실종자 수습과 진상규명을 위한 특별검사제 도입, 청문회 실시'를 촉구하며 진행한 서명운동은 조문객들의 뜨거운 호응으로 금세 10만 명을 넘어섰고, 참사 직후 시민들이 전국 각지에서 실종자들의 무사생환을 염원하며 들었던 촛불은 어느덧 진상규명과 책임자 처벌을 요구하는 촛불로 전환되고 있었다. 함께 슬퍼하고 분노하는 사람이 늘어난다는 사실 역시, 이 문제가 정부와 싸워야 할 일이라는 자각과 싸울 수 있는 용기를 주었다. 하루가 다르게 늘어나는 애도의 행렬이 유가족의 정치적 애도를 북돋운 것이다.[04]

버스를 타고 전국으로

'유가족입니다' 한마디만 해도 목이 메고 눈물부터 나와서
'서명해주세요'라는 말까지 가지도 못했어요. 젊었을 때 이런
활동을 해본 적이 있는데도 막상 내가 피해자의 자리에 서보니까
입이 안 떨어지더라고요. 조금 하다가 힘들어서 뒤에 가서 한참
서 있곤 했어요. 함께 울어주고 따뜻하게 손 잡아주는 시민들을 만날
때마다 큰 힘을 받아서 점점 어깨가 펴졌어요. 처음엔 '우리 애가
죽었습니다, 도와주십시오' 정도도 간신히 말했는데 나중엔 힘주어
'진상규명, 책임자 처벌'을 외칠 수 있었어요. (다영 아빠 김현동)

예전에 저는 어떻게 살았느냐면… 데모하는 사람들 보고 아이들이
"저 사람들 왜 나와서 저러고 있어?"하고 물으면 "안 되는데 해달라고
떼쓰는 거야" 그랬어요. 우리 가족만 잘 살면 돼, 우리한테만
피해 안 가면 돼, 이렇게 살았어요. 그랬던 제가 전국을 다니면서
'우리 아이들을 기억해주세요. 진실을 밝힐 수 있게 해주세요.
우리와 함께해주세요' 하고 말한다는 게 너무나 죄스러웠어요.
나는 그렇게 살지 못했는데 내가 이렇게 말해도 될까 하는 죄책감
때문에 말을 해야 하는데 말은 못 하고 눈물만 흘렸던 적도
많아요. 내가 조금만 더 세상에 빨리 눈 뜨고 관심 갖고 살았다면
내 딸을 이렇게 어이없게 잃지는 않았을 텐데, 하는 생각도 들었어요.
(시연 엄마 윤경희)

서명운동 지역은 반별로 제비를 뽑아 정했다. 보수 성향이 짙은 대구에 당첨된 3반 부모들은 "거기는 식당에 가면 박정희 사진이 걸려 있다던데, 우리 두들겨 맞는 게 아닐까?" 하는 우려와 걱정으로 울상이 되었다. 유가족들을 맞이하는 사람들이 노동조합 소속이라는 것도 불편했다. 하지만 그들은 이것저것 가릴 처지가 아니었다. 그 지역을 잘 아는 활동가들이 유동인구가 많은 장소에 판을 깔아주며 힘을 보탰다. 의료노조는 대형 병원 로비에, 자동차회사 노조는 수만 명의 노동자들이 오가는 출근 시간 공장 정문이나 점심시간 구내식당 앞에 서명대를 펼쳐주었고 시민들을 만날 이야기 자리도 마련해주었다. 갓난아이를 유아차에 태우고 나온 엄마들, 1천여 명의 서명을 받아 온 엄마들도 있었다. 가족들은 함께 울어주는 시민들에게서 큰 힘을 얻었다.

국민적 애도 물결 속에 눈물을 흘리며 진상을 규명하겠다던 대통령의 약속은 두 달도 채 가지 못했다. 6월 초 지방자치 선거에서 새누리당이 승리하자 유가족들을 '시체를 팔아 돈이나 더 받아내려는 떼쟁이'로 몰아갔다. 유가족들은 하루아침에 자식을 잃은 것도 모자라 생면부지의 사람들에게 돌팔매를 맞는 낯선 세계를 맞닥뜨렸다. 한 번도 상상한 적 없는 세상이었다.

억울한 우리 아이들을 위해서 서명해주세요, 하니까 어떤 할아버지가 자식 팔아서 지금 뭐 하는 거냐고 했어요. 피가 거꾸로 솟는 것 같아서

'나는 돈 필요 없고 우리 새끼가 왜 죽었는지 알고 싶은 거라고, 어른이면 어른답게 행동하라'고 소리 질렀어요. 주변 사람들이 젊은 사람이 노인한테 소리친다고 손가락질을 하더라고요. 억장이 무너졌지만 한 명이라도 더 받아야 했기 때문에 어떻게든 추스르고 계속 서명해달라고 외쳤어요. 잠시 후 어떤 여자가 서명하고 가기에 고맙다고 인사했는데 서명지에 보니 "미친년들아, 그만 좀 해!"라고 써놓았더라고요. 너무 억울해서 "미친년아, 우리가 왜 이러고 있는지 알아?" 하면서 쫓아갔는데 버스를 타고 떠나버렸어요. 그 자리에 주저앉아 통곡을 했어요. (은정 엄마 박정화)

혼자였다면 결코 견딜 수 없었을 것이다. 그러나 자식 잃은 사람은 혼자가 아니었다.

우리 반은 1명만 생존했고 32명이 희생됐어요. 희생자가 가장 많은 반이라 모이면 항상 인원이 많았어요. 어느 지역에선 한옥 한 채를 빌렸는데, 아빠들은 대청마루에서 자고 방은 엄마들이 썼어요. 엄마들 사이에 어린 딸도 재우고요. 아침이면 마당 수돗가에 빙 둘러 서서 양치질을 했어요. 처음 만나는 사람들이 한데 엉켜서 생활한다는 게 전혀 불평거리가 아니었어요. 그때는 진짜 목숨 걸고 싸웠어요. 할 게 그거밖에 없었으니까. 우리가 함께라는 사실, 우리 어깨 위에 모든 가족, 모든 아이가 업혀 있다는 책임감으로 한 번 물면 절대 놓지 않았죠. (수인 엄마 김명임)

버스를 타고 안산으로 돌아오는 길에는 반별로 서명 받은 인원수가 집계되어 밴드에 올라왔다. 연예인 인기투표 결과를 기다리듯 모두 초집중하며 핸드폰을 바라보았고 자기 반이 다른 반보다 많으면 "와!" 하는 환호성이 터져 나왔다. 자식을 보내고도 박수 치며 좋아하는 일이 이 운명공동체에서만큼은 가능했다. 아이들을 위해 치열하게 살아냈다는 뿌듯함에 잠시나마 깊은 잠에 빠질 수도 있었다. 안산에 도착하면 새벽 한두 시였다. 부모들은 전쟁터에서 돌아온 전사들처럼 아무 말 없이 줄지어 분향소로 들어가 희생자들의 얼굴을 한 명 한 명 바라보았다.[05]

광장으로 간 부모들

서명은 한 달 만에 엄청난 속도로 300만 명을 넘어섰다. 참사 초기만 하더라도 '정치적'인 것을 극도로 경계했던 가족들은 참사 후 단 3개월 만에 대한민국 정치 1번지인 국회와 광화문광장으로 거침없이 나아갔고 단식농성에 돌입했다. 한국 민주주의 역사에서 국가권력에 저항하는 시민들에게 한 번도 뚫린 적 없는 철옹성을 무너뜨릴 만큼 부모들의 분노와 슬픔은 폭발적이었다.

무엇보다 그들은 3일에 걸쳐 자식이 죽어가는 과정을 온전히 지켜본 사람들이었다. '지상 최대 구조 작전'이라는 보도와 달리 아무도 구조하지 않는 바다 한가운데서 자식이 탄 배가 완전히 침몰하는 과정을 눈뜨고 바라봐야 했던 부모들은 극도의 무력감과 자기환멸을 느꼈고 따라 죽지 못했다는 죄책감에서도 벗어날 수 없었다. 아무리 생각해봐도 충분히 살릴 수 있었던 목숨이었다. 희생자들은 "절대 움직이지 말고 대기하라" "특히 단원고 학생들은 가만히 있으라"는 선내 방송을 따랐고 구조를 기다리다 죽음을 맞았다. 일반인 승객은 69퍼센트(104명 가운데 71명)가 생존한 데 비해 단원고 학생의 생존율은 23퍼센트(325명 중 75명)에 불과했다. 전체 희생자의 85퍼센트가 단원고 학생들이었다. 해경이 구조에 임했더라면, 최소한 구명조끼를 입고 바다로 뛰어들라는 명령만 했더라면 살릴 수 있었던 목숨. 부모들은 피해자이면서 동시에 생생한 목격자였다. 그들이 본 것은 국가의 부재와 무능, 그리고 거짓말이었다.

당시 부모들의 나이는 평균 사오십 대였다. 이들은 대한민국 경제성장과 민주화의 시대를 살아왔으며 다수가 고등학교 이상의 고등교육을 받은 세대다. 정치 활동에 무관심하거나 미온적일지라도, 감금이나 고문 같은 국가폭력이 자행되던 시대의 공포에 시달렸던 세대와는 여러모로 달랐다. 정보통신기술과 네트워크 매체의 발달 역시 이들의 각성과 실천을 자극했다. 가족대책위라는 공동체로 모여 있었던 이들은 다양한 지식과 정보를 빠르게 공유했으며 수많은 시민과 광범위하게 연결되어 교류할 수 있었다. 이러한 배경은 새로운 특징을 지닌 유가족의 출현을 촉진했다. 한계 지어진 틀 안의 존재를 넘어 사유하고 증언하며 주장하고 실천하는 주체의 등장이었다.

유가족의 각성은 날이 갈수록 더욱 또렷해졌다. 그들은 2014년 7월 중순까지만 하더라도 정부와의 협의를 통해 진상이 어느 정도 규명될 것이라고 판단하고 정치적 발언이나 집회·시위 등을 최대한 자제했다. 하지만 국정조사는 아무런 성과 없이 정치공방의 장으로 변질됐고, 정부는 진실을 요구하는 유가족을 공권력을 동원해 감시하고 사찰했다. 이처럼 믿었던 국가로부터 버려지는 일들을 경험하면서 유가족들은 점차 정치에 대한 근본적인 고민과 단체행동에 대해 한 발 더 나아간 생각을 품게 되었다. 또한 내 가족, 내 아이만 바라보며 세속적 가치를 좇느라 정치와 국가에 무지하고 무관심했던 태도가 이 참사의 원인이라는 성찰과 자책도 더불어 품게 되었다.[06]

참사 전엔 우리나라가 정말 좋은 나라라고 생각했어요. 하지만 국민 앞에서 눈물을 보였던 대통령이 선거가 끝나자 태도를 바꾸는 것을 보며 깨달았어요. '아, 우리를 이용했구나. 이런 나라에서 내 자식이 잘되기만을 바라면서 살았구나.' 청와대로 가려고 할 때 경찰이 가슴을 밀치는 바람에 넘어져서 엉덩이뼈를 다쳤어요. 경찰이 자식 잃은 사람을, 세금 잘 내고 살았던 사람을 죄인 취급하는 것에 너무 큰 충격을 받아서 오랫동안 뇌리에서 사라지지 않았어요. 처음엔 아이 생각에 슬퍼서 울고 다녔는데 점점 내가 왜 이 나라를 좋은 나라라고 믿고 살아왔는지에 대한 후회와 반성, 이 나라에 대한 모멸감, 억압받고 멸시받는 데 대한 분노가 커져갔어요. (주현 엄마 김정해)

직접 언론이 되어 국민 속으로

평범하게 살던 사람이 많은 사람들 앞에서 마이크를 잡고 말을 한다는 건, 그것도 자식이 참혹하게 죽었다는 이야기를 반복하는 일은 여간 괴로운 일이 아니었다. 매번 용기를 내야 했다. 간담회는 국민들이 참사에 대해 배우는 자리였지만 동시에 가족들이 세상에 대해 새롭게 바라보는 과정이기도 했다.

어느 자리에 갔는데 파란 노조 조끼를 입은 사람들이 커다란 강당을 가득 메우고 있었고 저는 뒷문으로 들어가 정중앙을 가로질러서 무대로 올라가야 했어요. 그들의 뒷모습에 압도되어서 덜덜 떨면서 걸어갔어요. 처음 사회생활 시작할 때 노조 조끼 입은 사람들은 무서운 사람들이니까 근처에도 가지 말고 말도 섞지 말라는 소릴 들었는데, 그런 사람들과 처음 마주앉게 된 거죠. 몇 마디 하지도 않았는데 사람들이 울기 시작했어요. 아, 이 사람들도 나처럼 평범하게 아이 키우며 살아가는 사람들이라는 걸 알았죠. 처음엔 "우리는 법 없이도 살던 사람들이고 세금 꼬박꼬박 잘 내던 성실한 국민이었다"고 말했는데 나중엔 그 말이 너무 창피했어요. (경빈 엄마 전인숙)

세상이 욕하는 '빨갱이'가 되어보니, '빨갱이로 낙인찍힌' 사람들의 마음을 알 것 같았다. 언론과 정부가 유가족을 보상금 이나 더 챙기려는 사람으로 보게 했던 것처럼, 자신 역시 노동 조합을 잘못된 편견을 갖고 보아왔다는 걸 깨달았다. 이들도 자신처럼 가려진 진실을 드러내기 위해 싸웠다는 것, 이기적인 사람들이 아니라 탄압받는 사람들이었다는 것을 알았다. 예전엔 보이지 않던 세상의 고통이 보일 때마다 가족들은 자신이 알던 것이 진실이 아니었음을, 잘못 살아왔음을 깨달았다.

> 참사 다음 날 배 타고 부모들이 사고 해역에 나갔을 때, 지금 생각해도 그런 상황을 어떻게 부모한테 보여줄 수 있는지 이해가 안 가요. 구조하는 척도 안 해요. 그 모습을 보면서 부모들이 주저앉았어요. 같은 시간에 언론에선 엄청난 구조 작전이 펼쳐지고 있다고 나왔고요. 우리가 본 걸 말하면 시민들이 '정말로 그런 일이 있었다고요?' 하니까 직접 나서지 않을 수가 없었어요. 어떤 가족들은 하루에 서너 차례씩 간담회를 다녔어요. 만나는 분들이 함께 분노해주시고, 주위에 이상한 말을 하는 사람이 있으면 우리보다 더 열을 내면서 싸워주기도 하셨어요. 내가 약해지면 안 될 것 같아서 더 힘을 내서 얘기하게 됐어요. 그 막강한 힘이 우리를 버틸 수 있게 해줬어요. 세월호 엄마들이 밖에 나가서 웃으면 어떤 분들은 '저 엄마는 자식 잃고도 웃는다'며 싸늘한 눈초리로 바라봤지만 간담회에 온 시민들은 우리가 한 번이라도 더 웃기를 바랐어요. (주현 엄마 김정해)

진실을 알리기 위해 시작한 간담회는, 오히려 가족들이 주저앉고 싶을 때마다 그들을 일으켜 세우는 강력한 힘이 되었다.

> 참 힘든 시간이었다. 그러나 우리 곁엔 늘 함께 아파하는 시민들이

있었다. 어느 날 청와대 앞 농성장에 경북 문경에서 학교를 다닌다는 여고생이 찾아왔다. 수학여행비를 시민단체에 기부하고, 수학여행 기간인 2박 3일 동안 우리들과 노숙농성을 함께하고 싶다고 했다. 서울 마포구 성산동에 사는 사람들은 각자 집에서 음식을 해서 갖고 왔는데 반찬이 모두 24가지나 됐다. 어느 날 밤엔 취직 준비를 한다는 젊은이들 두 명이 박카스를 들고 찾아왔다. 직장이 없으니 주머니에 돈 한 푼 있을까 싶었다. 너무 고마웠다. 유민 아빠 김영오 씨가 광화문이 아니라 국회에서 단식을 했더라면 46일 동안이나 단식을 할 수 없었을 것이다. (창현 아빠 이남석)[07]

지성 엄마 안명미 씨는 자신이 남편 없이는 못 사는 사람임을 참사 후 깨달았다. 그전에는 시장을 갈 때조차 남편이 운전하는 차를 타고 다닐 만큼 그에게 의지하며 살았다. 하지만 참사 후 남편은 4·16TV 활동에 매진하느라 잠잘 때 외에는 집에 들어오지 않았다. 자식을 잃은 압도적 고통 속에서 의지할 남편조차 곁에 없어지자 그는 마치 자신이 죽어서 없어진 것처럼 외로워졌다. 안명미 씨는 남편을 보기 위해 분향소에 나갔다. 저녁에 일정이 끝나면 다른 부부들은 함께 자가용을 타고 귀가했지만 남편의 일은 그때까지 끝나지 않았다. 혼자 집으로 걸어가는 길, 안명미 씨는 끈 떨어진 연 같은 자신의 처지가 슬퍼서 눈물바람을 했다. 두려움이 많아서 10년 동안 운전면허증을 갖고만 있던 터였다. 어느 추운 겨울 그는 불현듯 이렇게는 살 수 없다고 생각했다. 다음 날 곧장 운전연습을 시작해 마침내 차를 끌고 도로로 나왔다. 그렇게 하지 않으면 영영 혼자 설 수 없을 것 같았다.

그는 카메라를 든 남편을 태우고 최루액과 물대포가 난무하는 집회 현장으로 갔다. 차를 몰아 군중 속으로 들어갈 땐 너무 무서워서 애간장이 다 녹아내릴 것 같았다. 청문회를 촬영하러 갔을 땐 증인들의 무책임한 발언에 마음껏 분노하고 울 수가 없어서 괴로웠다. 하지만 이 순간을 기록해 많은 사람들에게 보여줘야 한다는 생각으로 이를 악물었다. 해도 뜨지 않은 이른 새벽 집을 나서며 약봉지 한가득인 가방을 챙길 때마다, 부끄럽지 않은 부모로 살고 있다는 생각에 위안이 되었다. 하지만 사람들 앞에서 말하는 것은 여전히 몹시 힘겨웠다. 여자는 나서면 안 된다는 굴레가 자신을 무겁게 짓누르고 있다는 사실도 그때 알았다. 목구멍까지 가득 차 있던 말을 감히 입 밖으로 내놓지 못했던 세월, 남편에게도 하고 싶은 말을 제대로 하지 못했던 그를 참사가 강제로 끌어올려 일으켜 세웠다. 지성이가 그의 선생님이었다.

그 과정이 정말 버거웠어요. 그만두고 집으로 돌아가, 과거에 살았던 것처럼 지내면 편안할 수도 있었겠죠. 하지만 지성이가 '엄마, 그렇게만 살지 마, 엄마도 일어나서 사람답게 살아봐'라고 말하는 것 같았어요. '가만히 있으라'는 목소리처럼 옛날의 제도에 눌리고 부모의 가르침에 눌리고 주위 환경에 눌려서 그 바깥으로 나오지 못했죠. 근데 이제 그 억압을 떨치고 나왔다는 생각이 들어요. 나는 숨을 쉬어도

'살살' 쉬는 그런 사람이었는데 그런 나에게 갑자기 너무 큰 부담이 몰려왔어요. 카메라 잡고 있는 것도, 사람들 앞에서 말을 하는 것도. 그렇지만 도망치지 않았어요. 나는 달라져야 했어요. (지성 엄마 안명미)

준영 엄마 임영애를 가장 힘들게 했던 건 '유가족이 시체 장사 한다' '세월호 아이들은 보상금으로 효도하고 죽었다'는 말이었다. 활동하면 할수록 억울하게 죽은 아이를 더욱 욕먹이는 것 같았다. 다 때려치우고 싶었던 어느 날 간담회에 갈 사람이 없으니 한 번만 다녀와 달라는 간곡한 요청을 받았다. 송전 탑 건설을 막으려고 한전에 맞서 싸우는 밀양의 노인들이라고 했다. 힘 있는 사람한테 도움받아서 세월호를 알리고 싸우는 게 연대인 줄 알았는데, 유가족을 불러주는 곳마다 시골의 힘없는 노인들, 쌍용자동차 해고 노동자, 용산참사 피해자들처럼 소외된 사람들이었다.

처음엔 '힘 없는 할머니들한테 뭘 얻어? 내가 좀 낫지, 내가 더 슬프지' 했는데 잘못된 생각이었어요. 먼저 국가폭력을 겪었기 때문에 그분들이 아는 게 더 많았어요. 그 할머니들은 구덩이를 파고 옷을 벗고 알몸에 전깃줄을 감고 싸웠대요. 전기만 틀면 감전으로 죽는 상황이셨어요. 할머니가 나한테 "너는 자식을 잃었는데 뭐가 힘들다는 거냐. 네 새끼는 배 안에서 너를 부르면서 죽었는데. 나는 내 자식한테 물려줄 땅을 잃었어도 옷 홀딱 벗고 팬티만 입고 싸웠다"고 하셨어요. 학자나 교수처럼 좋은 말로 해주신 게 아니라 욕을 섞어서 하셨는데, 그날 회개하듯이 엄청 울었어요.

마음 약하게 먹고 그만두려고 했던 게 아이한테 미안했던

거예요. 연대의 힘이 얼마나 큰지 알았어요. (준영 엄마 임영애)

고행의 길, 결속의 길, 환대의 길

참사 발생 206일째 되던 2014년 11월 7일 마침내 세월호 특별법이 국회를 통과했다. 비록 수사권과 기소권은 빠졌지만 상시 특검을 하고 유가족이 명시적으로 반대하는 인사는 배제한다는 내용에 합의한 것이다. 한국사회에 유례없는 대중적 입법운동의 성공이었다. 이로써 재난참사에 대한 최초의 독립적 조사기구가 만들어졌다. 재난참사가 일어났을 때 진상규명이 필요하다는 건 이전에는 없던 완전히 새로운 인식이었다. 과거에는 참사가 일어나면 처음에만 반짝 사회적 관심이 일다가 경찰이나 검찰이 대충 꼬리 자르기를 했다. 진실은 밝혀지지 않은 채 미완으로 끝났고 유가족들만 억울해하며 속이 타들어갔다. 사회운동에서도 참사의 진상규명을 '운동'의 영역이라고 생각지 않았다. 세월호참사는 재난참사에 대한 완전히 새로운 담론을 만들어가는 과정이었다.

기존 사회운동의 문법과 달랐어요. 6월에 가족대책위와

국민대책회의가 함께 기자회견을 했어요. 새누리당이 국정조사를

방해하고 국회의원들이 막말하는 걸 규탄하는 내용이었어요. 그때 국민대책회의 활동가들이 새누리당을 규탄하는 내용으로 현수막을 제작했는데 가족들이 반대해서 못 쓰게 됐어요. 특정 정당을 비난하는 발언은 안 된다는 게 당시 가족들의 확고한 원칙이었어요. 처음에는 '유가족들이 정치적으로 순수해야 한다'는 환상이나 억압을 아직 못 깼거나 혹은 권력자들의 눈치를 본다고 생각했어요. 하지만 함께 활동하면서 그보다는, 저 반대편 사람들까지도 우리 편으로 만들겠다는 생각, "상식적으로 생각해봐. 너무 말도 안 되지 않아?" 하면서 모두에게 따져 묻고 싶은 마음, 대한민국을 A부터 Z까지 완전히 바꿔야 한다는 의지로 느껴져서 소름이 돋았어요. (미류)

2015년 1월 공식 출범한 가족협의회는 다시 한번 힘을 모으기 위해 한겨울 칼바람을 헤치며 도보행진에 나섰다. 1월 26일부터 2월 14일까지 '온전한 선체 인양과 실종자 수습 및 철저한 진상규명'을 촉구하며 안산 합동분향소에서 진도 팽목항까지 약 450킬로미터를 19박 20일 동안 걷기로 했다. 오전 6시에 일어나 하루 열 시간, 하루 평균 25킬로미터를 걷는 매우 고된 일정이었다. 가족들은 2014년 내내 제대로 먹지도 못한 채 한뎃잠을 자느라 몸이 성할 날이 없었다. 참사 이후 거의 집에 들어가본 적이 없는 순범 엄마 최지영 씨는 도보행진 직전 대장 게실염 진단을 받았으나 제대로 치료하지 않은 채 행진에 나섰다가 행진이 끝난 후 결국 대장의 일부를 잘라냈다. 경빈 엄마 전인숙 씨는 장이 꼬여서 데굴데굴 구를 정도의 통증에 시달렸고

행진 도중 어지럼증으로 쓰러졌다. 청운동 농성 중에 구안와사와 대상포진을 앓았던 웅기 엄마 윤옥희 씨는 리본을 만드느라 내내 쪼그리고 앉아 상한 무릎으로 도보행진을 완주했다. 차가운 바다에서 고통스럽게 죽어간 자식들을 생각하면 춥다는 말도, 아프단 호소도 입 밖으로 꺼낼 수 없었다.

하루는 너무 아프고 고통스러워하니까 병원에 가자는데
그건 차마 못 하겠더라고. 급한 대로 허리에 침을 맞고 걷다가
그만 주저앉아버렸어요. 구급차에 누워서 핫팩 열 개를 깔고
두 시간인가 누워서 지지고 나니까 몸이 일어나져. 그 후부터
차를 한 번도 안 탔어요. 19박 20일을 웅기, 동진이가 뒤에서
밀어주고 앞에서 당기면서 걸었어요. 완주하니까 너무 좋았어요.
그 아픔 속에서도 우리가 해냈구나! (순범 엄마 최지영)

전라북도 전주에 들어섰더니 시민들이 길게 서서 박수를 쳐줬어요.
자식 보낸 게 박수 받을 일인가 싶고 처음엔 위축되어서 고개를
못 들었어요. 남쪽으로 내려갈수록 박수 치는 시민들이 더 늘어났어요.
나중에야 그것이 응원이라는 걸 알고 고개 들고 함께 박수 쳤어요.
광주에 도착했을 땐 눈발이 날리고 있었는데 시민들이 따뜻한
주먹밥을 해줬어요. 논산 어느 교회에서 숙식을 할 땐 사모님이
필요한 게 뭐냐고 물었어요. 힘이 들어서 술을 딱 한잔만 했으면
좋겠는데 집행부에서 못 먹게 한다고 했더니 사모님이 몰래 담금주를
챙겨주셨어요. 많이는 먹지 말라 당부하면서요. (예진 엄마 박유신)

248

응원의 길이었고 환대의 길이었어요. 저녁이면 근육 풀어준다고
마사지해주시던 시민들, 지역 특산물이라면서 고구마를 한가득
싣고 왔던 농민회 회장님, 따뜻한 아침밥 해주면서 샤워할
수 있게 집을 내주셨던 교회 사모님, 자신의 모자를 선물하고
싶다면서 쓰고 있던 털모자를 벗어주던 여성분… 우리를 재워주고
먹여주었던 모든 사람들이 기억에 남아요. (웅기 엄마 윤옥희)

함께 걸었던 가족들 사이에선 끈끈한 동지애가 생겼다. 밤
마다 나란히 누워 같이 침을 맞고 서로 마사지해주면서, 아픈
사람들은 서로 의지하며 함께 가야 한다는 걸 배웠다. 완주 뒤
에는 무엇이든 할 수 있다는 자신감도 생겼다. 2014년의 가족
대책위가 투쟁기구였다면 2015년 출범한 가족협의회는 보다
안정적이고 민주적이며 포괄적인 조직으로 전환하려 시도했
다. 가족협의회는 구성원들을 모으고 결속력을 다지려는 노력
을 게을리하지 않았고, 도보행진은 가족들을 다시 한번 단단하
게 묶어주었다.

2015년의 싸움은 가족들이 판판이 졌다고 봐야 하고, 2016년
특조위는 결국 박근혜에 의해 해산됐어요. 그럼에도 가족들이
흩어지지 않고 같이 분노하고 행동하면서 박근혜 퇴진 촛불까지 갈 수
있었던 건 이때 다진 힘이 아니었을까 싶어요. 20일을 서로 걱정해주고
챙겨주면서 동고동락하는 과정은 매우 특별하니까요. 그 기반이
없었다면 그해 4월의 탄압을 어떻게 뚫을 수 있었을까요. (미류)

이런 나라에서 살았구나

해수부는 2015년 3월 27일 갑자기 특별법 시행령을 입법예고했다. 시행령은 특조위의 독립성을 심각하게 훼손하고 있다. 특조위의 조사 범위와 인력이 대폭 축소된 것은 물론, 정부 파견 공무원이 특조위의 조사 활동을 통제하도록 설계된 것이다. 가족협의회는 정부의 시행령 전면 폐기를 요구하면서 30일부터 광화문에서 416시간 집중 노숙농성을 시작했다. 그러자 정부는 4월 1일 배·보상 기준을 발표했다. 언론은 일제히 사망한 단원고 학생들이 1인당 8억 2천만 원의 보상금을 받는다는 보도를 쏟아내, 유가족을 참사를 통해 이득을 얻으려는 사람들로 보이게 만들었다. 분노한 가족들은 대규모 삭발식을 거행했다. 유례없이 많은 취재진이 몰려들어 광화문광장이 발 디딜 틈 없었다. 가족들이 농성을 시작한 사흘 전에 찾아온 언론이 한두 곳밖에 없던 것에 비하면 과열된 취재 열기였다. 호성 엄마 정부자 씨는 쓰러질 것 같은 몸을 간신히 세우고서 서슬 퍼런 분노를 토해내며 울부짖었다.

대한민국에 대통령 있습니까! 있으면 나와! 내 새끼 살려내!

우리 애들 살려내! 그러면 우리 그대로 돌아가서 다시 생활할 거야.

우리가 죄인입니까? 살아 있는 애들을 진도 앞바다에 그대로

수장시키는 모습을 그대로 부모들이 보게 하더니, 이젠 이 부모들까지

죽이려고 합니다. 대한민국에 대통령이 있습니까! 국민이 진실을

밝혀달라고 울부짖고 있는데, 돈 한 푼 던져주면서 "옛다, 처먹어라"
하는 정부! (…) 내 자식이 어떻게 갔나 진실을 밝혀달라는데 왜 이렇게
몰아붙여! 억울해서 이대로는 못 죽어. 이대로는 미쳐버릴 것 같아.
왜 죽었는지, 왜 그렇게밖에 할 수 없었는지! 나는 알고 싶어![08]

삭발 후 가족들은 '해수부 시행령 폐기, 온전한 선체 인양,
배·보상 절차 전면 중단'을 요구하며 상복을 입고 희생자 영정
을 안은 채 안산 합동분향소에서 광화문광장까지 1박 2일 도보
행진을 했다. 준영 아빠 오홍진 씨는 이즈음 회사에 사직서를
냈다. 자부심을 가졌던 직장이었다. 정규직이었고 자식의 대학
학자금도 지원되는 직장이었다. 하지만 더 이상 버틸 수가 없었
다. 저녁마다 소주잔을 부딪쳤던 오랜 동료가 '보상금 얼마 받
느냐'며 대놓고 물었다. "우리 애 죽은 보상금 얼마 주는지를
왜 물어보냐?" 하니까 "많이 준다면서. 그럼 공장에서 기계 안
고치고 살아도 되잖아. 왜 고생을 해?" 했다. 도무지 피해 가족
의 마음이라곤 안중에도 없는 세상에 치가 떨렸다. 언론이 떠들
어댈수록 그런 분위기가 더 노골적으로 변했다. 준영 아빠는 한
달 전 디스크 수술을 받은 허리에 복대를 두른 채 삭발하고 행
진에 동참했다.

1년 전 흐드러지는 벚꽃 속을 뛰며 친구들과 노래를 부르던
영상 속 딸의 영정을 안은 예은 아빠 유경근 씨는 희생자들의
영정을 품에 안은 까까머리의 부모들 앞에서 이렇게 말했다.

40킬로미터의 도보가 힘든 것이 아니라, 발이 부르트고 온몸이 부어서 힘든 게 아니라, 참사 1년이 지났음에도 진상이 밝혀지지 않은 현실을 감내하는 것이 힘이 듭니다. 희생자들을 앞세우고서라도 반드시 왜 그렇게 죽어가야만 했는지 밝혀내겠다는 그 약속 어길 수 없어서 이렇게 몸부림을 치고 있습니다.[09]

참사 1주기인 2015년 4월 16일 가족협의회는 정부 시행령에 대한 거부의 뜻으로 1주기 공식 추모행사를 취소하고 광화문 현판 아래에서 기습적으로 연좌농성을 시작했다. 경찰은 가족들을 고립시키기 위해 광화문 일대를 차벽으로 겹겹이 둘러쌌다. 엄마들은 화장실조차 갈 수 없었다. 간신히 박스를 들여와 가림막을 만들어 화장실로 쓰면서 3일을 버텼다. 18일 농성장 바깥에선 5만 명이 운집하는 범국민대회가 열렸다. 부슬비가 내리는 저녁, 고립된 채 농성 중인 세월호 가족을 만나기 위해 시민 6천여 명이 광화문을 가득 메웠다. 경찰은 시민과 유가족이 만나지 못하도록 겹겹이 경찰버스로 차벽을 세웠다. 그야말로 물 샐 틈 없었다. 그러나 막으면 어떻게든 넘어오려는 게 사람 마음. 만나려는 자들과 막으려는 자들 사이에 격렬한 싸움이 벌어졌다. 시민들은 버스에 밧줄을 걸어 힘껏 당겼고 기어이 버스를 움직였다. 일부 구간에 구멍이 뚫리면 시민들은 지체 없이 유가족을 향해 달려갔다. 경찰은 이 연대를 막기 위해 가차 없이 물대포와 캡사이신(최루액)을 발사했다.[10]

어떤 대학생이 유가족에게 오려고 경찰버스 밑으로 기어 들어오다가 경찰한테 붙들려서 끌려가고 있었어요. 아이 키우는 부모로서 그 학생이 다칠까 봐 걱정돼서 가만히 있을 수 없었어요. 학생들을 끌고 가지 말라고 경찰을 가로막으니까 경찰이 저를 확 밀쳐서 뒤로 나자빠졌어요. 배낭을 메고 있었기에 망정이지 잘못했으면 바닥에 부딪쳐 머리가 깨졌을 거예요. 넘어질 때 목이 뒤로 꺾이는 바람에 일주일간 아파서 고생을 했어요. (김혜선 엄마 성시경)

이날 하루 동안 경찰이 쓴 캡사이신 액은 모두 465리터로, 2010년 42리터, 2011년 219리터, 2012년 63리터 등 3년 동안 통틀어 사용한 양을 합친 것보다도 많았다. 경찰은 유가족과 시민들을 '적'으로 규정하고 헌법에 위배되는 차벽을 세워 충돌을 유도했다.[11] 유가족 21명을 포함해 모두 100여 명이 연행됐고, 밤늦도록 계속된 몸싸움으로 11명이 다쳐 병원으로 옮겨졌다.

물대포를 직접 맞아보니 너무나 힘들었어요. 그렇게 고통스러운 것인지 정말 몰랐어요. 물대포에 캡사이신을 얼마나 탔는지 까만 아스팔트에 밀가루를 푼 것처럼 하얀 물이 강물처럼 줄줄 흘렀는데, 그걸 맞으면 눈물 콧물은 말할 것도 없고 속에 있는 걸 다 게워내서 몸이 오징어처럼 오그라드는 느낌이었어요. 그런 상태로 하룻밤을 노숙하며 보냈어요. 정말 처절하고 긴 밤이었어요. (김혜선 엄마 성시경)

새벽에 시민들과 우리가 절대 흩어지면 안 된다면서 꼭 붙어

있었는데 잠깐 가족들끼리 의논하려고 따로 모인 그 짧은 시간 동안
경찰이 우리를 재빨리 분리시켰어요. 그 정도 능력으로 진상규명을
했으면 1년도 안 걸렸을 거예요. 결국 우리만 도로 중앙에 남으니까
출근하는 시민들이 차를 세우고 "왜 아직도 이러고 있냐"며
소리를 질렀어요. 아침이 되어 우리가 청와대 쪽으로 행진하려니까
경찰이 우리를 순식간에 에워싸더니 경찰 무전에서 '해산시키라'는
소리가 들렸어요. 죽었으면 죽었지 우린 해산당하지 않을 거라고
아빠들이 노끈으로 서로의 목을 묶었어요. (수진 아빠 김종기)

교통사고가 나서 입원 중이던 순범 엄마 최지영 씨는 그것
을 모두 영상으로 보았다. 천불이 나서 도저히 견딜 수 없었던
그는 한 달 전 삭발한 머리를 바리캉으로 또다시 밀었다. 새 머
리카락이 올라올 때마다 밀면서 다짐 또 다짐했다. "지치면 안
돼, 포기해선 절대 안 돼. 우리가 많은 걸 원하는 게 아니잖아.
돈을 달라는 것도 아니고 내 새끼가 왜 죽었는지 알고 싶다는
거잖아."

사방이 꽉 막혀 있고 하늘에선 물대포와 캡사이신이 폭포처럼
쏟아지던 그날을 잊을 수 없어요. 내가 살고 있는 이 시대가
기가 막혔어요. 아, 이런 나라에서 우리 아이들이 자랐구나…
(예은 엄마 박은희)

끝내 해수부 시행령이 5월 6일 통과되었다. 세상은 지옥이

었다.

그들이 뚫어야 했던 것

유가족들이 대통령을 만나기 위해 청와대로 가던 어느 날, 가족들은 광화문에서 전경에게 가로막혔다. 준영 엄마 임영애 씨는 자신도 모르게 전경의 멱살을 잡았다. 그러자 전경이 울 먹이면서 "다치니까 물러나세요"라고 말했다. 전경의 제복 가 슴엔 '김준영'이라는 명찰이 달려 있었다. 그 순간 준영 엄마의 몸이 굳어버렸다. 마치 자신의 아들이 엄마를 걱정하는 것 같았 고, 동시에 아들을 걱정하고 있을 그의 엄마가 떠올랐다. 준영 엄마는 한 발짝도 나아갈 수 없었다. 그 순간 그를 가로막은 것 은 폭력적인 경찰도, 악의에 찬 선전선동도 아니었다. 다름 아 닌 지난날의 자기 자신과 국가의 명령에 따를 수밖에 없는 청년 '준영이'들이었다. 자신이 남에게 폐를 끼치고 누군가를 다치 게 할 수도 있다는 사실은 '선량한' 시민으로 살아온 사람에겐 용납하기 어려운 일이었다.

준영 엄마는 끙끙 앓으면서도 계속 광장으로 나갔다. 진실 을 알기 전에는 아들을 떠나보낼 수 없어서 아직 사망신고도 하 지 않았다. 어느 날 피켓을 들고 서 있는 그에게 누군가 다가와 자신도 의료사고로 아이를 잃었지만 세상에 피해를 주고 싶지 않아서 참고 산다고 말했다. 다들 힘들어도 조용히 사는데 왜 세월호 피해자들만 유난스럽게 떠드느냐는 힐난이었다. 또 다른 사건의 피해자에게 들은 비난은 더욱 아프고 괴로웠다. 준영 엄마는 눈물을 참으려고 애를 쓰느라 턱이 아플 지경이었다. 견딜 수 없는 걸 견뎌야 할 때마다 그는 노란 리본을 만들며 자신이 '세월호 엄마'임을 되뇌었다. 그렇게 참고 버티며 살던 준영 엄마가 주저앉아 목 놓아 울어버린 날이 있었다. 한겨울에 도보행진을 하던 중 목도리를 하지 않은 유가족에게 한 여성이 유아차에 타고 있는 제 아기의 목도리를 풀어주는 걸 봤을 때였다. 지난날의 자신이라면 절대 하지 않았을 일이었다.

이 이야기는 한 피해자가 광장에 나가기까지 얼마나 많이 무너지고 일어서는지를 보여준다. 그런 과정 속에서 많은 피해자들이 '고통이 나를 되돌아보게 해주었다'고 말했다. 그 추운 겨울 도보행진을 하고 삭발을 하고 단식을 하고 노숙을 하면서 아무리 소리쳐도 들어주지 않는 자리에 서보니 지난 날 내가 서 있던 자리가 비로소 보이게 된 것이다. 어느 날 갑자기 참사를 겪으며 추방되듯 끌려 내려오기 전 수십 년 동안 살아왔던 자리, 내 아이 착하게 키우면서 남한테 피해 안 주고 죄 안 짓고 열심히 살면 된다고 생각했던 그 자리가 이젠 다르게 보이는 것이다.

세상을 시끄럽게 하지 않고 남에게 폐 끼치지 않고도 아무 문제없이 살아갈 수 있다는 건 엄청난 특권을 가졌다는 뜻이었다. 적당히 눈감고 외면해도 충분히 선량할 수 있는 그 자리가 얼마나 큰 권력인지 모르는 이들이 무심하게 뱉는 말들이 칼이 되어 피해자들을 찔렀다. 억울하고 비참해서 매일 도망치고 싶었지만 가족들은 그 자리에서 달아나지 않으려고 분투했다. 어떤 진실은 이렇게 소리 지르는 것으로밖에 말할 수 없다는 것을 받아들인 것이다. 준영 엄마가 노란 리본을 붙이며 '나는 세월호 엄마야'라고 주문을 외는 일은 예전의 내 자리로 돌아가지 않겠다는 의지이며, '우리는 4·16 이전으로 돌아가지 않겠다'고 외쳤던 바로 그 구호의 뼈아픈 실천이었다. 세월호 가족이 계속 싸울 수 있었던 힘은 바로 자신이 살아왔던 자리가 가해자(공범)의 자리였고 다시는 거기로 돌아가지 않으려는 노력이다. 사회를 아래로부터 뒤흔들었던 세월호운동은 그 운동의 주체들 안에서 매일매일 폭발적으로 일어나고 있었다.

마음의 고통을 몸의 고통으로

세월호운동은 한국 사회운동의 다양한 저항 방식을 총망라했다. 가족협의회는 집회나 시위에 참여하는 기본적인 방식은 물론이고, 좀 더 대중적인 1인시위와 피켓시위, 공연, 문화제 같은 데에도 열심이었다. 다만 그들이 가장 중요하다고 스스로 판단하는 시기에는 노숙농성, 단식, 도보행진, 삼보일배, 삭발 등 기존의 시민사회단체가 최후의 보루로 여기는 방식을 택했다. 이는 참여자 자신을 혹독하게 다루는 육체적 고행이기도 하고, 남을 공격하기보다 자기대결적인 절박한 투쟁 방식이다.

그렇다면 가족들은 왜 이런 방식을 택했을까. 가족 대부분은 안산의 평범한 노동자 출신이다. 대부분이 집회, 시위와는 멀찌감치 떨어져 살아왔다. 그러다 보니 본인들이 말 그대로 '빽도 없는 보통 사람'임을 자각하고 있었고, 그랬기에 더더욱 세월호참사 당시에 '내가 힘이 없어서 아이들을 구하지 못했구나'라고 자책했다. 그러면서 가족들은 자신의 애도 행위가 '정치적 행위'로 매도되는 걸 무척 꺼렸다. 어딘가에서 '전문시위꾼' 운운하면 그 말을 꺼낸 대상에게 극도의 경계심을 보였다. 이렇게 자기 책임을 중요하게 생각하는 이들이었기에, 단식이나 도보행진처럼 스스로를 다그치는 자기대결적 행위가 자신에게 더욱 적합하다고 보았을 것이다.

가족들의 투쟁 방식은 때로 극한의 한계를 넘어서기도 했다. 가족들은 자신의 몸을 거의 학대하는 수준으로까지 혹사시켰다. 그들은 배 안에서 참혹하게 죽어갔을 아이들의 고통을 생각하며, 참사 당시에 본인이 수행하지 못한 부모의 역할을 최대한으로 끌어올려 저항했다. 이 같은 저항은 그 자체로 국회와 언론을 향한 선포이기도 했지만, 스스로의 죄책감을 조금이라도 덜어내고자 하는 자기성찰적 고행이기도 했다. 그리고 이 같은 실천은 보통의 인간이 은연중에 품고 있던 저항의 의지를 불러냈다. 그리하여 세월호운동의 위기 국면에서마다 가족협의회의 운동이 시민들의 마음을 움직였고 국면을 전환해냈던 것이다.[12]

월요일마다 분향소에 가서 아이를 보는 걸로 한 주를 시작했어요.
아침 10시에 나가서 저녁 10시에 들어와도 몸이 고달픈 게 정신적으로
아픈 것보다 견딜 만해요. 팽목항에서부터 잠을 잘 못 잤어요.
시신이 수습되어 인상착의가 공고되었다는 소식을 들으면 선잠을
자다가도 몽유병 환자처럼 벌떡 일어나 뛰어갔던 게 몸의 기억에
남아 있어서 아직도 잠을 자기가 어려워요. 몸이 고달프면 잠이라도
잘 수 있어요. 안 아픈 데가 없어도 내 새끼가 왜 그렇게 갔는지 알아야
하니까 몸이 부서지도록 뛰어다닐 수밖에 없었어요. (주현 엄마 김정해)

박근혜 탄핵 촛불행진

2016년 10월 29일 서울 청계광장에서 첫 번째 촛불집회가
열렸다. 애초에 5천 명 정도가 참여할 것으로 보고 무대와 앰프
등을 준비했던 주최 측은 3만여 명의 시민들이 모이자 당황했
다. 세종로 사거리에서 경찰의 저지선이 일순간 무너졌다가 세
종대왕상 앞까지 밀렸다.

첫 집회에는 가족협의회 차원에서 참석하지 않았어요. 안 그래도
정부와 척을 지고 있는데 반정부집회에 참여했을 경우에 어떤
영향이 있을지 우려스러웠거든요. 하지만 가족들의 정서를 봤을 때
참여하지 않을 수도 없었어요. 첫 집회에 사람들이 많이 모인 걸
보고 우리는 어떤 명분과 요구를 갖고 참여할지 고민했어요. 누군가

"컨트롤타워의 최종 책임자인 대통령이 참사 당일 일곱 시간 동안 아무런 역할도 하지 않은 것은 반드시 법적 책임을 물어야 한다, 우리가 다른 시민들보다 더 강하게 요구하며 탄핵집회의 맨 앞에 서야 한다"고 말했고 모두들 호응했어요. 당시엔 '박근혜 하야' 요구가 주를 이루었는데 우리는 '박근혜 구속'을 전면에 내세우고 가족협의회 방송차를 앞세워 참여하기 시작했어요. 이런 강한 요구는 시민들의 열렬한 호응을 받았죠. (예은 아빠 유경근)

2차 촛불집회는 정부의 물대포에 맞아 사망한 백남기 농민의 장례식과 함께 치러지며 10만여 명의 시민이 모였다. 추도사를 읽기 위해 무대에 올라간 가족협의회 전명선 운영위원장은 "세월호에서 우리 아이들과 승객을 구하지 않은 정부가 백남기 농민을 폭력으로 희생시켰다. 아이들이 희생되고 1년 뒤 국화꽃을 올리겠다는 우리를 차벽으로 막고 물대포와 캡사이신으로 공격했던 정부가 생존권을 요구하는 국민들에게 똑같은 공격을 가해 희생시켰다"며 고 백남기 농민에게 "우리 아이들을 만나 따뜻하게 안아주시고 우리는 잘 있다고 전해주십시오"라고 발언했다. 연단 아래의 많은 이들이 눈가를 훔쳤다.

3차에서 5차까지 촛불집회가 횟수를 거듭하며 시위 인원은 100만을 넘어 150만 명을 향해 치닫고 있었다. 6차 촛불집회는 그 전날 청와대 앞 100미터까지 행진을 보장하라는 법원 결정이 내려져 누구나 전국 최대 규모 집회가 될 것임을 예상할 수 있었다. 저녁 7시 20분, 본집회가 끝나자 청와대를 향한 진짜 햇불이 타올랐다. 행진 맨 앞에는 416명의 햇불을 든 시위대가 앞장섰다. 다름 아닌 세월호참사를 상징하는 행진이었다.

집회에서 우리가 나서면 시민들이 길을 쫙 열어줬어요. 그렇게 맨 앞에서 행진해서 청와대 앞에 도착했어요. 거기까지 오는 데 2년 반이 넘게 걸렸어요. 시민들이 눈물을 흘렸어요. (준형 아빠 장훈)

그날은 우리가 먼저 가겠다고 한 게 아니라 시민들이 '세월호 유가족 덕분에 우리가 이렇게 모여서 여기까지 오게 된 것이니 가장 앞에는 세월호 유가족들이 서야 한다'고 이야기를 해준 거예요. 그래서 맨 앞으로 나아가는데 여기저기서 '세월호 엄마아빠들 가시니까 비켜서라'고 했어요. 기분이 막 이상해지더라고요. 뭔가 첫 발을 내딛는 느낌 같기도 하고… 억울하고 서럽기도 하고… 그동안 별짓을 다 당했는데 이제야 여기를 왔구나, 우리가 여기까지 왔구나. (예은 아빠 유경근)

세월호참사 가족들은 청와대로부터 200미터 지점인 청운효자동 주민센터를 지나 청와대에서 100미터 떨어진 효자치안센터 앞에 이르자 참았던 울음을 터트렸다. 전명선 운영위원장은 "2년 7개월 동안 단 한 차례도 오지 못한 이 자리에, 시민들과 함께 서 있는 것이 오랜 꿈"이었다며 "박근혜가 내려오고 세월호참사와 국민들을 기만한 온갖 추악한 죄악들을 낱낱이 밝혀내는 그날까지 세월호 가족들도 함께할 것을 약속한다"고

말했다.[13]

다시 떠오른 진실 한 조각

2019년 10월 31일 사참위는 참사 당일 해경이 임경빈 군을 발견하고도 구조가 지연되었음을 발표했다. 물속에서 구조된 임경빈 군에 대해 당시 원격으로 연결된 병원 의료진은 "심폐소생술(CPR)을 지속하며 병원으로 이송하라"고 지시했다. 하지만 왜인지 경빈 군을 태우려던 구조헬기는 해경 간부들만 태운 채 떠났다. 결국 작은 배로 옮겨진 경빈 군은 그 후 두 번 더 배를 옮겨 타며 5시간에 걸려 육지로 이송되었지만 이미 숨을 거둔 뒤였다. 20~30분이면 되는 거리를 4시간 41분이나 걸려 이송되었다는 사실이 5년이나 지나 밝혀진 것이다.[14] 참사 당일 구조된 사람들이 타야 할 헬기를 해경 책임자들이 타고 나와서는 부모들 앞에서 구조하고 있다고 거짓 기자회견을 했다. 경빈이가 배 위에서 심폐소생술을 받는 동안 엄마는 해경의 거짓말을 듣고 있었던 것이다. 도저히 믿을 수 없는 소식을 들은 경빈 엄마 전인숙 씨는 피가 거꾸로 솟는 것 같았다.

수면 아래로 영영 침몰할 것 같았던 세월호의 진실 가운데 일부가 다시 세상으로 길어 올려진 이때의 사참위 발표는 그해 11월 11일 '세월호참사 특별수사단'(특수단)이 출범하는 계기가 되었다. 언론을 통해 급작스런 특수단 출범 소식을 들은 경빈 엄마는 반가우면서도 미덥지 않았다. 그는 곧바로 피켓을 만들어 청와대 앞에서 1인 시위를 시작했다.

> 이런 상황을 겪고도 가만히 있는다는 건 말이 안 된다고 생각했어요.
> 우리는 참사 당일부터 계속 속아왔고 정부는 해주겠다고 약속한
> 걸 지킨 적이 없어요. '전면 재수사'한다고 해서 '감사합니다'
> '기다리겠습니다' 하며 가만히 있을 수 없었어요. 그럼에도 믿었어요.
> 이번에는 명명백백하게 밝혀주겠다고 하니까 거기에 대통령이
> 힘을 실어달라고 청와대로 올라간 거예요. (경빈 엄마 전인숙)

경빈 엄마는 매일 12시부터 2시까지 피켓을 들고 서 있었다. 사참위 발표 이후 아무것도 먹지 못했던 그의 장기에 구멍이 생겨 출혈이 일어나고 있었지만 병원에 갈 수 없었다. 겨울이 가고 봄이 오고 여름이 올 즈음 경빈 엄마는 두 발자국만 걸어도 힘이 들 만큼 쇠약해졌다. 나중엔 빈혈이 심해져 도저히 서 있을 수가 없어 피켓에 의지해 앉아 있어야 했다. 피켓을 함께 들기 위해 전국에서 시민들이 찾아와 눈물을 흘렸고 청와대 분수대 앞으로 과일, 핫팩 등을 보내는 사람들도 많았다. 하지만 청와대에선 여전히 아무런 답이 없었다. 매일 안산과 청와대 앞을 오가던 경빈 엄마는 1년째 되는 날 노숙농성에 돌입했다. 청와대 앞에서 두 번째 겨울이 시작되었다.[15]

투쟁의 재점화

세월호 문제 해결을 약속하고 대통령이 된 거니까 문재인 정부에서는
우리가 여기저기 쫓아다니지 않아도 해결되겠지 기대했던 마음이
컸어요. 그런데 2~3년이 흘러도 진전이 없는 거예요. 아무것도
해결된 게 없다고 말하면, 우리와 연대하는 시민들조차 문재인
대통령이 잘해줄 테니 기다려보라고 했어요. 그런 분위기가 팽배하다
보니 우리가 뭘 하는 게 부담스럽더라고요. (윤희 엄마 김순길)

지나고 보니 그 시절이 제일 안타깝고 후회스러워요. 기다릴 게 아니라
정부를 향해 더 싸웠어야 했는데… 정권에 대한 기대도 다 버리지
못했고, 무엇보다 사참위를 믿었죠. 권한이 있는 독립적 기구니까
진상규명에 가장 효과적이지 않겠나, 기다려보자는 마음이 컸죠.
그런데 결과적으로 사참위가 너무 무기력했어요. (수연 아빠 이재복)

문재인 정권이 들어선 후 전면 투쟁에 나서지 못했던 가족
들에게 2020년은 투쟁을 재점화하는 시기였다. 가만히 있다간
전혀 알아서 해줄 것 같지 않으니 스스로 알려야겠다고 나선 것
이다. 9월 유경근 가족협의회 집행위원장과 박승렬 4·16연대
공동대표가 '성역 없는 조사를 위한 대통령의 의지를 구체적
행동으로 보여줄 것'을 촉구하며 노숙농성에 들어갔다. 가족들
은 '진실버스'를 타고 전국을 돌며 시민들을 만났고 사참위법
개정, 박근혜-청와대 기록 공개를 위한 국민동의청원을 진행

했다.

12월 3일 가족협의회는 사참위 활동 기한 연장을 위한 사참위법 개정안 통과를 요구하며 국회 노숙농성에 들어갔다. 22일 개정안이 통과되자 24일 크리스마스 이브에는 청와대 앞 노숙농성에 돌입했다. 세월호에 연대하는 사람들 중 문재인 지지층이 많아 이 싸움을 해도 되는지 내부에서도 고민이 컸지만, 이 정권이 끝나기 전 사참위가 최대한 일할 수 있도록 해야 한다고 마음을 모았다. 서울의 아침 온도가 영하권에 든 날이었고, 경빈 엄마 전인숙 씨가 청와대 앞에서 피켓 시위를 시작한 지 400일, 노숙농성을 시작한 지 50일이 넘었을 때였다. 가족협의회는 "박근혜 정권과 2년 11개월을 싸웠던 우리는 문재인 정부를 믿고 자그마치 3년 8개월을 기다렸다"며 "성역 없는 진상규명, 책임자 처벌을 천명하고 국정원, 군을 비롯한 관련 기관들이 조사와 수사에 적극 협조하도록 지시해달라"고 요구했다.[16]

유난히 춥고 폭설도 자주 내린 겨울, 한낮 기온이 영하 10도 아래로 떨어지고 체감온도는 영하 20도까지 내려갔다. 청와대 앞은 아무리 찬바람이 거세게 불어도 한밤중에도 천막을 치지 못하게 했다. 근처엔 바람을 막아줄 건물 하나 없어 바람이 휘몰아쳤다. 바람을 막기 위해 허리 높이의 피켓을 세워 두르고 그 안에 앉아 비닐을 깔고 덮었다. 패딩 점퍼에 스키 바지를 입고 옷 속에 핫팩을 넣고 있어도 입이 돌아갈 만큼 추웠다.

밤에 잘 때만 천장처럼 비닐을 덮을 수 있었는데 다 덮으면

엄마들이 숨을 못 쉬었어요. 다들 울분이 있어서 막혀 있는 공간을
못 견뎠거든요. 한쪽을 열어두면 거기로 찬바람이 들어와 밤새 모든
게 얼어붙었어요. 물도, 물티슈도, 공중화장실도 다. (시우 엄마 문석연)

한파가 왔을 때 얼어 죽을 수도 있다고 했어요. 청와대 쪽에서
이 시기만 집에 가서 자고 오면 안 되느냐고 했는데, 나는 얼어
죽더라도 여기서 죽을 거니까 나를 집으로 돌려보내고 싶거든
대통령이 답하라고 했어요. 몸이 많이 아팠던 날엔 잠자기가 너무
힘들어서 공중화장실 안 벽에 걸린 작은 난로 아래 앉아
밤을 지새웠어요. (경빈 엄마 전인숙)

어느 날 눈보라가 치는데 바람이 펄럭하고 불더니, 바람 피하려고
세운 피켓과 비닐이 훌떡 벗겨졌어요. 다시 피켓을 세우고 집게로 집고
눕는 순간 또 바람이 불어 훌떡 날아갔어요. 한두 시간 그렇게 씨름을
했더니 나중엔 '모르겠다, 될 대로 돼라' 포기가 되더라고요. 경찰들이
버스를 한 대 보내주면서 여기 들어가서 오늘 밤만이라도 지내라고
했어요. 우리 몸 편하려고 노숙하는 거 아니라고, 너무 많은 일들을
겪어서 이 정도는 아무것도 아니라고 고사했죠. (웅기 엄마 윤옥희)

아침에 농성장에 갔더니 비닐 천장 위에 눈이 소복이 쌓인 모습이 꼭
무덤 같았어요. 바깥에서 보면 왕릉처럼 평화로워 보이는데 그 안엔
싸우느라 지쳐서 제대로 씻지도 못한 사람들이 꼬질꼬질한 모습으로
서로 체온을 나누면서 오글오글 자고 있었어요. 대놓고 우리를

탄압하는 정권이면 투지라도 발휘될 텐데… 앞이 안 보이는 막막함 속에서 자식 잃은 부모들이 삭발하고 노숙하고 쌓인 눈을 헤치면서 나오는데 그 모습이 너무 불쌍해서 미칠 것 같았어요. (수인 엄마 김명임)

2021년 1월 21일 발표된 특수단 수사 결과를 보며 유가족은 더욱 좌절했다. 임경빈 군의 구조 방기 건을 포함해 17개의 의혹 중 13개를 무혐의 처분한 것이다. 기소해서 법정에 세울 수 있었던 건 다행이었는데 결과를 보니 책임자들에게 면죄부를 주는 셈이었다. 1월 22일 특수단 수사 결과를 규탄하기 위해 다섯 명의 유가족과 한 명의 시민이 삭발했다. 진상규명이 될 때까지 머리를 노랗게 염색하겠다던 순범 엄마는 삭발을 앞두고 눈물이 터졌다. "남들이 볼 땐 별것 아닌 것 같지만 머리를 민다는 건 마지막 결사투쟁"이라는 시연 엄마는 문재인 대통령이 아니면 다른 대통령은 더 안 해줄 것 같다며 절실함을 표현했다. 삭발을 마친 호성 엄마는 이룬 게 하나도 없어 애들한테 미안해서 어떡하느냐고 가슴을 치며 통곡했다. 한겨울 머리를 민 엄마들이 아직도 길에서 싸우는 게 서러워 서로를 부둥켜안고 오열했다.[17]

끝내 청와대는 응답하지 않았다. 2월 1일 가족협의회는 농성을 정리하고 청운동 일대에서 피켓시위와 촛불을 이어갔다.

/ 홍은전 · 유해정

차이

'어린' 유가족

이 사회는 슬픔의 줄 세우기가 있어요. '유가족'이라고 하면
사람들은 부모를 떠올리지, 형제자매를 떠올리진 않거든요.
하지만 우리 형제자매는 국회, 청운동, 분향소, 광화문, 도보행진과
집회 어디에나 있었어요. 부모님 곁에 늘 있었는데 가려져서
잘 보이지 않았던 것뿐이죠. (최윤아)

이 사회는 '유가족은 부모'라는 인식을 갖고 있다. 유가족
으로서의 형제자매 자리는 찾기가 쉽지 않다. 하지만 형제자매
들은 부모와 다른 위치에서 슬픔과 아픔을 겪었다. 이들은 다른
사람들이 자신의 아픔을 얼마나 공감할지 알 수 없어서 가까운
친구에게도 말하지 못했다. 힘들어하는 부모에게는 더더욱 입
이 떨어지지 않았다. 그저 슬픔을 마음에만 담고 있었다. 주위
어른들이 건네는 '위로'의 말이 도리어 이들의 입을 닫게 만들
기도 했다. "엄마, 아빠 잘 챙겨드려라." "너도 이렇게 힘든데

부모님은 오죽하시겠니.” “네가 부모님에게 잘해야지.” 이에 형제자매들은 지난 10년간 진상규명 활동을 해오면서, ‘어른’들이 알지도 못하고 보려고도 하지 않은 ‘어린’ 유가족에 대한 사회적 시선과 태도에 대해 꾸준히 발언해왔다.

최윤아 씨는 시민들로부터 위로를 받을 때 간혹 불편함을 느낀다고 말한다. 집회에서 그가 눈물 흘릴 때면 옆에 있는 어른들이 안아준다. 위로의 표현으로 어깨를 두드려주거나 머리를 쓰다듬어주기도 한다. 그가 가엽고 안쓰러워 그런다는 걸 모르지 않는다. 하지만 그들은 그에게 낯선 사람이다. 갑작스러운 포옹에는 놀랄 수밖에 없다. 부모에게는 선뜻 다가가지 못하는 시민들이 ‘어린’ 유가족에게는 유독 무람없이 구는 이유는 무엇일까.

박예나 씨는 참사 초기엔 부모들을 따라온 형제자매들을 곳곳에서 마주쳤지만 선뜻 다가서지 못했다. 유가족이 된 사실을 받아들이지 못하는 상황에서 형제자매의 존재는 눈으로 참사를 확인하는 생생한 증거일 수밖에 없었다. 하지만 형제자매들은 점차 서로의 존재를 마주치고 부딪히면서 거리를 좁혀나가기 시작했다. 그들은 모임을 만들었고 거기서 조금 더 길고 깊은 대화를 나누었다. 만남이 잦아지면서 서로가 다르지 않다는 걸 확인할 수 있었다. 그들끼리 있는 자리에서는 ‘왜 그렇게만 생각해’라는 반문보다 ‘나도 그래’라는 공감을 받을 수 있었다. 최윤아 씨는 형제자매들에게 지지를 받는다고 느꼈다. “누나, 제가 도와줄게요.” “언니, 제가 이거라도 할게요.” 그는 자신을 이해해주는 사람들의 지지를 느끼며 '내가 잘하고 있구나' 안심할 수 있었다. 부모들에게선 느끼기 어려웠던, 그들끼리의 '편안하고 안온한 연대감'이었다.

혹시 형제자매?

2학년 3반 최윤민 언니 최윤아인데요. 혹시 형제자매세요?

어머니, 형제자매가 있으면 제 연락처 전해주실 수 있을까요?

네가 알고 있는 형제자매가 있으면 연결해줄 수 있을까?

세월호참사 1주기 때 그는 시민들에게 희생자의 형제자매 목소리를 전하는 스케치북 퍼포먼스를 하고 싶었다. 세월호참사의 형제자매 중엔 중고등학생이 많은 편이지만 초등학생도 있고 결혼해서 아이를 둔 사람도 있을 만큼 연령층이 다양했고 접점이 없었다. 그는 국회 농성장이나 집회 때 부모님을 따라다니는 어린 사람들을 보고 형제자매임을 짐작만 했을 뿐이다. 그럴 때마다 느꼈다. '아, 생각보다 형제자매가 많구나.' 어수선한 틈바구니에서 자신의 역할을 찾던 그는 형제자매를 만나는 일이 제 몫임을 이해했다. 광화문, 분향소, 집회 현장에서 형제자매를 찾아다녔다.

'자원봉사자예요? 형제자매예요?' 무작정 분향소에서 죽치고

기다리고 있다가 제 소개를 하면서 물어봤어요. 엄청 조심스럽게

굽실거리면서 말을 걸었어요. 다들 기자들에게 시달린 경험이

있잖아요. 제가 말을 거는 순간 '뭐야' 하고 경계하는 눈빛이에요.

3반 부모님들한테 부탁해서 형제자매를 소개시켜줄 수 있느냐고,

제 번호를 전해줄 수 있느냐고 물어보고 다녔어요. 이미 만난

형제자매들한테 아는 다른 형제자매가 있는지 건너 건너 연락처를

구하기도 했어요. 부모님 중에 우리 애는 이런 거 안 시킬 거니까

연락하지 말라고 하신 분도 있었어요. (최윤아)

형제자매들의 활동은 "선 준비, 후 허락"의 과정이 많았다. 부모들의 의견을 우선시할 수밖에 없는 조건에서, 설사 형제자매들의 의견이 모아졌다고 하더라도 부모들의 반대에 부딪히면 진행이 어려웠다. 부모와 자녀라는 가족 내 수직적 관계가 공적 활동에도 그대로 적용되는 식이었다. 형제자매들은 이런 제약 속에서 부모들을 설득할 논리를 만들기 위해 더 많이 고민해야 했다.

최윤아 씨는 스케치북 퍼포먼스를 기획할 때 더 많은 형제자매들이 참여할 수 있는 방법을 고심했다. 얼굴 노출은 부담이 되는 일이기에, 얼굴이 보이지 않게 스케치북에 글을 써서 들고 있는 모습만 사진으로 찍는 방법이 나아 보였다. 거절한 부모는 자녀가 미성년자여서 더 신경이 쓰였을 것이다. 여기저기 찾아다닌 결과 형제자매 52명이 스케치북에 메시지를 써주었다. 그는 이 정도면 형제자매의 목소리를 사람들에게 전할 수 있겠다

는 생각이 들었다. 광화문광장에서 '너에게 보내는 편지'라는 제목의 퍼포먼스를 진행했다. 형제자매뿐만 아니라 시민들도 하고 싶은 말을 스케치북에 적어 함께 공유하는 시간을 가졌다. 그 스케치북에는 어떤 말이 적혀 있었을까?

언니가 없는 밤이 너무 외로워. 세월호라는 사건이 일어나기 전에도 언니를 볼 수 있는 시간은 밤이라는 저녁 시간밖에 없었는데 그 시간도 빼앗긴 것 같아서 너무 화가 나. 사고가 일어난 후부터 매일은 아니지만 언니에게 카톡을 보냈는데 그 1이라는 숫자가 없어졌으면 좋겠다. 내가 사춘기 핑계 대면서 말도 잘 안 했는데 언니가 먼저 다가와줘서 너무 고마웠어. 너무 사랑해. (이단비 동생)01

가만히 있지 않겠다

"아, 우리가 왜 이렇게까지 해야 하는데…" 2015년 4월 2일 형제자매들은 방송을 보며 울고 있었다. 부모들이 삭발하는 모습이 실시간으로 방송되고 있었다. 부모가 걱정되고 무슨 일이 생길까 봐 불안했다. "가만히 있으면 안 되겠어. 형제자매도 목소리를 낼 수 있다는 걸 알려주자." 뭐라도 해보고 싶은 형제자매들이 움직이기 시작했다. 2015년 4월 5일 세월호 특별법 시행령 폐기를 촉구하는 형제자매 기자회견은 그렇게 시작되었다.

부모님들이 삭발하는 모습을 보면서 우리도 막 불타올랐던 것 같아요.

보나가 우리도 삭발하자 이랬으니까. 솔직히 저는 안 하고 싶었어요.

'하려면 네가 해라. 나는 머리 밀어주는 사람을 할게.' (남서현)

사실 몇몇 형제자매들은 진상규명 활동을 이미 벌이고 있었다. 이들은 부모를 따라 서명운동을 가고 어떤 때에는 부모 대신 가족대책위 회의에 참석하는 등 여러 일을 함께하고 있었다. 부모 곁에 있었지만 드러나지 않고 알려지지 않았을 뿐이었다. 형제자매 공간인 '우리함께'02도 만들어졌다. 그곳에서는 형제자매들이 남의 눈치를 보지 않고 편하게 자신을 드러낼 수 있었다. 모든 준비가 그곳에서 조용하지만 힘 있게, 급박한 상황에서도 조심스럽고 차분하게 진행되었다.

윤아 언니, 서현 언니, 예나 그리고 저 이렇게 네 명이 모였어요.

다른 형제자매들도 시간이 되면 회의에 왔어요. 우리가

뭘 하면 좋을지, 어디에 연락을 해서 도움을 받을지 많은

얘기를 나눴어요. 기자회견을 해보자. 시간은 없고 우리도

처음 해보는 거라 정신이 하나도 없었어요. (박보나)

인권활동가 미류 씨는 당시에 국민대책회의 공동상황실장이었다. 미류 씨가 형제자매 박보나 씨를 만난 것도 그즈음이었다. 그는 박보나 씨가 2014년부터 가족대책위에서 혐오 표현에 대한 대응 활동을 벌이는 것을 알고 있었다. 그들은 혐오 표현

에 대한 대응 방식을 논의하면서 인사를 나누었다. 그는 형제자매들의 기자회견문과 발언의 내용을 점검하는 정도로만 함께했다. 대부분의 준비와 실행은 형제자매들이 맡았다. 당시 국민대책회의 공동운영위원장이었던 박래군 씨도 형제 유가족으로서의 자기 경험이 있었으므로,[03] 세월호참사 형제자매들의 이런 활동이 중요하다는 것을 알고 지지했다.

> 박래군⋯ 씨? 처음에 어떻게 호칭을 써야 하는지 모르겠는 거예요.
> 인권활동가라고 하는데 저는 일면식도 없고 아예 사회생활을 해보지
> 않았으니까요. 생각해보면 진짜 어렸던 거 같아요. 저도 모르게 나온
> 호칭 때문에 언니들이 놀렸던 기억이 나요. (웃음) 박래군 선생님도
> 유가족이고 형제자매잖아요. 그래서 조언을 구하러 찾아갔어요.
> 지금 돌아가는 상황에 대한 설명을 들었어요. 기자회견을 한다고
> 하니 이런 저런 의견을 주시면서 다독여주셨어요. (박예나)

형제자매의 이름으로 기자회견을 열려면 먼저 이들의 동의가 필요했다. 당시에 형제자매들은 서로를 잘 몰랐고 '우리함께'에 오는 몇 명만 알고 지내는 정도였다. 문제는 연락처였다. 어디에도 형제자매의 연락망이 없던 때였다.

부모들은 경황이 없는 상태였고, 이미 한 명의 아이를 잃었기 때문에 남은 아이까지 여기에 뛰어들게 하고 싶어 하지 않았다. 형제자매들조차도 본인의 부모가 자신을 보고 '떠난 아이'를 떠올릴까 봐 가급적 사람들 눈에 띄지 않는 게 좋겠다고 생

각하고 있었다. 이런 상황에서 기자회견을 하려면 몇몇 주도적인 사람들이 발 벗고 다른 형제자매들을 찾아 나서는 수밖에 없었다. 그들은 밤에 모여 노트북 앞에 다 같이 둘러앉았다. 그러고는 오빠, 언니, 형, 동생으로 연결된 사람들의 페이스북을 열심히 검색했다.

> 다 동네에 사는 사람들이니까 알음알음 가까스로 찾아서
> 72명이 동의를 했어요. 서명을 받을 때 본인의 의사인지
> 부모님의 의사인지가 저희한테는 중요했어요. 자신의 이름이
> 기자회견문에 실릴 거고 희생자 누구의 형제자매라는 이름을
> 스스로 공표하는 자리였기 때문에 본인의 의사결정이 중요하다고
> 생각했어요. 급하게 진행됐는데 무척 짧은 기간에 모여서
> 깜짝 놀라고 감동을 받았어요. 다 비슷한 마음이었던 거죠.
> 사흘 밤을 새면서 기자회견문을 썼던 기억이 나요. (박보나)

4월 4일, 유가족들과 시민들은 안산시 세월호참사 합동 분향소를 출발해 서울 광화문광장으로 향하는 1박 2일 도보행진에 나섰다. 유가족들은 분향소에 있던 희생자들의 영정 사진을 들고 상복을 입은 모습이었다.

> 지난 시간들 중에 이때가 제일 처절했던 것 같아요. 모두 다 예민함이
> 최대치라고 해야 하나. 행진을 하는데 아주 예쁜 벚꽃 길을 걷게
> 됐어요. 바람이 솔솔 불면서 햇빛 속에서 벚꽃이 찬란하게 떨어지고요.

마치 만화에 나오는 장면처럼 비현실적이었어요. 저희끼리 모여
있어서 힘이 되었음에도 불구하고 마음이 너무나 아팠어요. 억울하고
슬펐어요. 그 뒤부터 벚꽃을 잘 못 보게 됐어요. 그때 기억이 마음에
팍 박혀버린 것 같아요. 산을 넘으면 또 산이고 진짜 끝이 없구나.
금방 끝날 문제가 아니구나. 그때 느꼈던 것 같아요. (박예나)

당시에는 활동하는 부모들의 수가 많았고 그만큼 다양한
입장이 있었다. 아직 부모들 중 누구에게도 말을 꺼내지 않았지
만, 어떤 부모는 '너네는 아무것도 하지 마라. 부모 세대에서 끝
내겠다'고 할 것이고, 또 어떤 부모는 적극적으로 호응해줄 터
였다. 과연 부모들이 어떻게 반응할지 걱정되긴 했지만, 그럴
수록 미리 알려서는 안 된다고 보았다. 그보다는 준비를 모두
마친 뒤에 공유하는 게 나을 듯했다. 급하고 간절한 마음이기도
했고 반응이 어떨지 모르니까 상의하는 게 부담이 되기도 했다.
다만 형제자매들은 기자회견 전에 가족협의회에는 미리 말해
두어야겠다고 생각했다. 형제자매들은 핸드폰을 스피커 상태
로 두고 운영위원장에게 전화를 걸었다.

네가 말해. 아니야, 네가 말해. 눈길을 주고받으며 서로
미루고 있었어요. 결국 보나가 얘기를 했어요. 다 듣고 나서
위원장님이 괜찮다고, 해보라고 하셨어요. (남서현)

도보행진 중 광명장애인종합복지관에 얼마간 머물렀다. 그

자리에서 형제자매들은 기자회견을 준비했다. 모두 14명의 형제자매들이 "우리는 이제 숨죽이지 않을 것이다"라고 쓰인 플래카드를 들고 사람들 앞에 섰다. 그중엔 카메라에 대한 두려움 때문에 마스크를 쓴 고등학생 김채영 씨도, 참사 이후 대인기피 증세로 거의 집 밖을 나오지 않았던 김소리 씨도 있었다.

  그날은 김채영 씨가 카메라 앞에 선 첫 번째 날이었다. 그는 사실 카메라에 대한 거부감이 커서 절대로 회견장에 서지 않으려 했다. 2014년 진도체육관에서 겪었던 경험 때문이다. 기자들이 무분별하게 취재하고 카메라 플래시가 쉴 새 없이 터졌다. 하지만 정작 방송에는 본인들이 애써 설명한 절박한 이야기가 보도되지 않았다. 언론이 실질적인 도움을 주기보다 피해를 준다고 생각했다. 이번 기자회견 때도 마찬가지였다. 본인이 나서서 힘이 되는 건 좋지만 기사가 나고 SNS에서 지인들이 자신을 알아보는 건 싫었다. 두려웠다. 그래도 그는 마음을 다잡았다. 이번 회견을 통해 세월호운동 전체의 판도가 바뀌는 건 아니겠지만 형제자매들이 힘을 모은 자리에 옆자리를 채워주고 싶었다.

> 고1이면 한창 형제랑 티격태격 싸우기도 하고,
>
> 장난치면서 웃기도 할 때인데 저는 이렇게 서 있다는 게
>
> 슬펐어요. 내가 오빠를 위해 무언가를 하고 있구나 싶으면서도
>
> 슬프기도 한, 이중적인 감정이 들었어요. (김채영)

'무슨 정신으로 있었지?' 당시 기억은 잘 안 나요. 한 번씩 도보행진에 참여하거나 농성장에 가긴 했는데, 그때마다 각종 언론과 매체가 우리를 보는 시선과 말에 큰 상처를 받았어요. 후유증이 심했어요. 기자회견장에 가면서도 두려움과 걱정이 많았어요. 가족들 앞에서 제가 호기롭게 가겠다고 해놓고 심장이 너무 뛰어서 결국 청심환 세 알을 삼키고 갔어요. 엄마도 열심히 싸우느라 정신없던 와중에 여동생은 저보다 더 힘들어 보여서, 우리 집에서 갈 수 있는 사람은 저라고 생각했어요. 그 자리를 채운다는 마음이었던 것 같아요. 사람이 없는 것보다 많으면 좋으니까, 앞에 나서서 행동하던 형제자매들도 더 든든해할 것 같았어요. 그동안은 제가 너무 겁쟁이라 나서지 못했는데 저보다 어린 친구들이 나서주니까 미안한 마음이 컸어요. 그들에게 작게나마 도움이 되고 싶었어요. 그전까지 항상 형제자매는 뒤에서 묵묵히 부모님을 챙기고 있었지만 부모님보다 슬픔도 고통도 덜할 거라고 생각하는 사람들이 많았고, 아무도 우리의 이야기는 모르잖아요. 그전까지는 우리의 입장이 없었으니까, 또 우리 형제자매들의 얘기는 부모들의 얘기와는 다를 수 있으니까 목소리를 내야 한다고 생각했어요. (김소리)

참사 이후 처음으로 형제자매들이 자기 목소리로 등장하는 자리였다. 그들은 자신이 집에서 부모를 위로하거나 걱정하고 응원하는 걸로는 부족하다는 마음이 컸고 힘을 보태고 싶었다. 동시에 자신들이 눈에 보이지 않는다고 아무것도 안 하는 게 아니라는 것을 말하고 싶었다. 그렇게 형제자매들은 자신들의 힘을 확인하는 과정을 거쳤다. 그날 기자회견은 먼저 활동을 시작한 형제자매들이 다른 이들과 함께할 자리를 만드는 과정이기도 했다. 이제 희생자의 누나, 형, 오빠, 동생이라는 개인의 자리에서 '형제자매'라는 집단으로 위치를 만들어가기 시작한 것이다. 더 나아가 부모들에게 털어놓기 어려운 형제자매의 경험을 나누고 사회를 향해 이야기할 수 있는 토대를 쌓아가기 시작했다.

시작부터 마무리까지 함께한 박보나 씨와 남서현 씨는 기자회견이 끝난 후 도보행진을 하면서 방송차를 타고 시민들을 향해 호소문을 읽었다. 뒤이어 단식농성장에서는 특조위원들을 만나 요구를 전달하는 시간을 가졌다. 모든 일정이 끝났을 때 기자회견을 준비한 형제자매 네 사람은 상복을 입은 채 광화문에서 서로 끌어안고 울었다.

> 슬픔과 분노로 무겁게 짓눌렸던 마음이, 기자회견을 통해
> 무언가 행동했다는 생각에 조금은 후련해졌어요. 많이 힘든
> 시기에는, 활동을 하면 오히려 슬픔과 분노의 감정에서
> 못 헤어날까 봐 두려웠어요. 근데 생각과는 반대로, 무언가를
> 하는 게 상처를 치유하는 데 도움이 된 거 같아요. (김채영)

피해자의 존엄과 권리를 이야기하는 데에서 자신의 언어로 경험을 해석하는 과정은 재난 이후 회복 과정에서 필수적이다. 부모들은 이미 참사 후 1년 동안 시민들을 만나서 자신의 맥락

에서 세월호참사를 이야기하는 시간을 보냈고, 그로부터 한 사람 한 사람의 구체적인 서사가 나오기 시작했다. 그런데 형제자매들은 그런 시간을 갖지 못했다. 누군가한테 속마음을 털어놓는 건 피해자들에게 새로운 도전이었다. 사람들이 자신들의 이야기를 어떻게 받아들일지 알 수 없었다. 기대했던 것 이상의 공감이나 위로를 얻기도 하지만 때로는 상처를 받기도 한다. 다양한 반응들을 마주하는 것이니 두려울 수밖에 없었다. 하지만 그 시간을 같이 보내줄 수 있는 유가족이라는 집단이 있어서 그들은 용기를 낼 수 있었다.

실제로 형제자매들은 다양한 반응을 마주했다. 어느 부모님은 '왜 너네끼리 하냐? 우리 애는 명단에 없다'라며 항의하기도 했다. 누구나 힘든 상황이니 부모님이 무슨 말을 해도 이해하려 했고 진심이 아닐 거라고 생각했지만 형제자매들은 속상했다. 안타까운 일이지만 모든 형제자매의 연락처를 모을 수는 없는 상황이었다. 일부러 누군가를 빼놓고 간 것이 아니라 최선을 다했음에도 벌어진 일이었다.

형제자매들은 자신들이 진상규명을 함께하는 존재로 평등하게 인정받기를 원했다. '가만히 있으라'는 말은 참사로 떠난 형제자매의 억울한 상황을 떠올리게 말이자, 자신들도 듣고 싶지 않은 말이었다. 형제자매들은 단순히 자신들이 위로받고 싶은 유가족이고 피해자 중에 부모가 아닌 형제자매도 있다는 걸 사람들에게 보여주고 싶어서 나선 것이 아니었다. 이들은 가족의 위치에 있는 또 다른 존재인 형제자매로서 진상규명에 힘을 보태기 위해 목소리를 내고 싶었던 것이다.

> 기자회견이 형제자매들의 사회적 등장을 기획한 것이긴 하지만
> 1박 2일 도보행진 일정을 함께한 가족들, 그리고 그동안 연대했던
> 시민들 안에서의 등장이라는 의미가 더 크고 중요한 것 아닌가
> 싶어요. 부모들에겐 이들이 세월호참사의 형제자매이고 유가족
> 집단의 일원이기도 하다고 생각하게 된 시간이지 않았을까.
> 그 국면에서 형제자매들이 사회적으로 엄청나게 주목을 받았나,
> 그건 잘 모르겠어요. 시행령이 몰아치는 노골적인 국면이었고
> 가족들이 집단으로 삭발하는 상황 자체가 압도하는 게 있었으니까요.
> 사실은 이런 경험에 부모와 형제자매가 각각 어떤 집단성을 만드는 게
> 꼭 필요하거나 좋은지는 모르겠어요. 부모와 형제자매가
> 분리되기보다는 이 안에서 서로를 이해하면서 더 단단한 집단이
> 되는 게 더 나은 일이 아닌가 싶거든요. 근데 그러기 위해서라도 유가족
> 안에서 형제자매가 집단으로 등장하는 시간이 필요하죠. (미류)

10년 가까운 시간을 보내며 형제자매들은 이날의 의미를 어떻게 생각하고 있을까? 남서현은 형제자매들과 함께 목소리를 낸 첫 번째 공식적인 사건이었다고 말했다. 그와 함께 기자회견문을 낭독한 이영수는 아래와 같이 말했다.

> 그때는 잘 몰랐는데 지금 생각해보면, 전에도 재난참사의 유가족
> 운동이 있었잖아요. 근데 형제자매라는 이름을 걸고 나와서 입장을

표명한 경우는 제가 알기론 많지 않았던 것 같아요. 그런 의미에서 그때 이후로 참사의 유가족이라는 그룹 안에 형제자매들이 있다는 점을 고려해주는 분들이 생겼고 사람들이 우리 얘기를 들으려고도 했던 것 같아요. 고마운 일이죠. 부모님의 경험과 형제자매의 경험이 다를 수 있다는 인식이 시작되지 않았을까 싶어요. (이영수)

청소년과 죽음
: 기억교실 존치 당시의 경험

형제자매 중엔 단원고 재학생과 졸업생이 있었다. 기억교실 존치 문제가 있었을 때 형제자매 공간인 '우리함께'에서, 당시에 심적으로 힘들어하는 재학생들의 얘기를 듣는 자리가 있었다. 그중에는 전학을 고민하는 형제자매도 있었다. 형제자매들은 부모들과는 또 다르게 교실 존치 문제를 인식하고 있었다. 박보나 씨에게 교실 존치 문제는 동생의 일이자 학교 후배들의 일이자 재학생 형제자매의 일이었다. 그는 교실 존치 문제가 청소년과 죽음을 대하는 한국사회의 문제적 태도와 연결되어 있다고 생각했다. 참사 이후 단원고는 혁신을 말했지만 교실 존치와 학교 운영 문제를 다루면서 학생들의 의견을 묻지 않았다. 이는 학생을 구성원으로 고려하지 않는 모습이었다. 그는 재학생 후배들에게 학교 얘기를 전해 듣고 뭐라도 해야겠다는 책임감과 막막함을 느꼈다. 남서현 씨도 비슷한 감정을 느꼈다. 여

전히 학생들에게 가만히 있으라는 메시지를 주고 있는 반성 없
는 학교의 모습을 보면서 참을 수 없이 화가 나고 괴로웠다. 형
제자매들은 가만히 있고 싶지 않았다.

　'기억교실 존치에 동의하는 단원고 졸업생의 서명을 모아
보자.' 박예나 씨는 단원고 졸업생이자 형제자매로서 적극적으
로 움직이기 시작했다. 그는 총동문회에 도움을 요청했지만 거
절당했다. 그렇다면 어쩔 수 없었다. 1주기쯤 시행령 폐지 기자
회견을 준비하며 형제자매 연락처를 모았던 것처럼, 단원고 졸
업생 한 명 한 명에게 물어가며 연락처를 모으기 시작했다. 페
이스북을 찾아서 메시지를 보내기도 했다. 서명해준 졸업생에
게 부탁해서 동참을 요청하기도 했다. 어떤 동문들은 서명을 하
겠다고 약속한 후 번복하는 일도 있었다. 세월호 유가족이 너무
욕심을 부리는 게 아니냐는 말에 상처를 받기도 했다. 동문만이
아니었다. 그는 아직도 한 교사의 태도를 잊을 수 없다.

> 저도 언니도 단원고 졸업생이니까 근무하시는 선생님들도,
> 희생된 선생님들도 알거든요. 체육 선생님이었는데 뒷짐 지고 마치
> 벌레 보듯 엄마아빠들을 보는 거예요. 이런 일이 있고 보니 제가 알던
> 모습이 아니더라고요. 너무 화가 났어요. 저런 사람도 선생님이라고
> '선생님, 선생님' 하면서 내가 학교를 다녔구나. (박예나)

　단원고와 총동문회, 교육청의 태도만이 문제는 아니었다.
이들은 안산이라는 자기 생활의 터전에서 부정적인 반응을 목

격했다. 그는 단원고로 가는 택시에서 세월호운동을 비난하면서 시비를 거는 기사와 싸우기도 했다. 잘못한 게 없는데 일방적인 비난을 하는 지역 주민들을 보면서 그는 자기 울타리 안에서도 보호받지 못한다고 느꼈다. 지역 주민이기도 한 형제자매에게 안산은 더 이상 안전한 공간으로 느껴지지 않았다. 이에 형제자매들은 안산 주민들을 만나 기억교실 존치 문제를 알리고 기억과 추모를 말해야 한다고 생각했다. 몇몇이 나서서 서명운동을 시작했다. 부모를 따라 다른 지역에 서명을 받으러 간 적은 있지만 형제자매들이 태어나고 자란 안산에서 서명을 받는 것은 또 다른 경험이었다. 안산이다 보니 지나가다 얼마든지 아는 사람을 만날 수 있는 상황이었다. 그들이 보는 자신은 이제 더 이상 평범한 청년이나 동창이 아니었다. 형제자매들에게 이때의 서명운동은 유가족이라는 자신의 위치를 피부로 느낄 수 있는 계기였다.

"단원고는 세월호를 외면 말라." 2016년 5월 8일, 형제자매들은 단원고 졸업생, 4·16대학생연대[04]와 함께 단원고 앞에서 기자회견을 열었다. 다음 날인 5월 9일은 유가족과 교육청, 단원고가 교실 임시이전과 교육관 건립, 교실 복원에 대한 협약식을 치르기로 한 날이었다. 그렇다면 왜 형제자매들은 협약식 전에 기자회견을 열 수밖에 없었을까? 단원고가 기습적으로 강제 철거를 시도했기 때문이다. 형제자매들은 분노했다. 그들은 이 사태를 지켜보며 "이는 당신들이 죽인 우리의 형제자매들의 생명에 대한 무례함이며 아직 밝혀지지 않은 세월호참사의 진실에 대한 증거를 모독하는 것이고 우리들에게 칼날과 같은 아픔"이라고 말했다.

이 시기를 거치며 가족협의회 부모들은 형제자매들이 단지 '남아 있는 아이'가 아니라 자신과 함께 싸우는 연대자임을 조금씩 자각하기 시작했다. 형제자매의 위치에서 더욱 잘 보이는 문제가 있고 이에 대한 접근이 다를 수도 있지만 가야 하는 목표는 부모들과 다르지 않았다. 각자의 위치에서 할 수 있는 것들을 찾아내면 될 일이었다. 이 길을 형제자매들이 만들고 있었다.

갈 수 없는 장례식
: 단원고 생존자들 이야기

희생자 친구들의 장례식은 생존학생들이 병원이나 중소기업연수원에 있을 때 치러졌다. 생존학생 김주희 씨는 친한 친구의 장례식 소식을 병원 밖 친구들에게 전해 들었다. 장례식장에 가고 싶었지만 결국 친구를 보러 갈 순 없었다. 생존학생들이 장례식에 참석해서는 안 된다는 게 의료진의 입장이었다. 그리고 생존학생들 사이엔 '카더라' 이야기가 돌아다녔다. '애들이 장례식장에 갔는데 유가족이 보고 기절을 했다더라. 화를 내서 싸움이 났다더라.'

저희 부모님보다 먼저 친구 부모님을 팽목항에서 만났어요.

부모님과 알고 지낸 사이였거든요. 친구가 어디 있는지 아느냐고

저에게 물으셨어요. 저는 모른다고 얘기할 수밖에 없는

상황이었어요. 그게 친구 부모님을 본 마지막 장면이에요.

친구는 돌아오지 못했으니까 저를 보면 더 힘드실 거라고 생각했어요.

부모님들이 장례식에 못 가게 하는 게 납득됐어요. 장례식에

못 가서 안타까웠지만, 가지 말라는 말도 무시할 수 없었어요.

그 뒤로도 장례식에 갈 생각을 못 했던 것 같아요. 그 상황에서도

가고 싶은 친구들은 어떻게든 갔지만 그건 그 친구들의 선택이라고

생각했어요. 잘한 결정이다 아니다를 판단할 수 없는 문제라고요.

시간이 지나야 알 수 있는 것들이 있더라고요. 장례식은 마지막

인사를 하고 친구를 보내주는 시간이잖아요. 그걸 못 해서 그런지

이 일을 받아들이는 과정이 더뎠던 것 같아요. 확인할 수 있는

믿을 만한 증거가 없잖아요. 매년 친구 생일을 축하하러 납골당에

가는데 친구가 없다는 게 받아들여지지 않아요. (김주희)

김주희 씨가 유일하게 간 장례식은 세월호 침몰 197일 만에
돌아온 황지현 씨의 장례식이다. 지현이는 1학년 때 그와 같은
반이었다. 지현이와 친하게 지냈든 아니든 상관없이 수업이 끝
나고 생존학생들이 모여 한마음 한뜻으로 장례식장을 찾았다.
어쩌면 유일하게 생존학생들에게 '허락된' 장례식이었을 것
이다.

'지현아, 너를 찾아서 다행이야. 돌아와줘서 고마워.'
모두 그런 마음이었을 거예요. (김주희)

생존학생 김도연 씨는 친구들의 장례식에 꼭 참석하고 싶었다. 그가 머무르던 고려대병원에서는 공식적으로 생존학생들의 장례식 참석을 금했다. 의료진을 설득하기 위해 그는 자신의 상황에 대한 설명을 준비해 간호사를 찾아갔다. 첫째, 나의 심리 상태가 걱정이라고 했지만 나는 친구에게 인사를 가지 않는 게 평생의 한이 될 것 같다. 오히려 온전하게 인사를 잘 하고 오는 게 안정적으로 이 시간을 보낼 수 있는 방법일 것 같다. 둘째, 내가 가는 게 우려된다면 택시를 타고 갔다가 정확히 10분 인사하고 바로 택시를 타고 돌아오겠다. 혼자 택시를 타는 게 걱정된다면 엄마와 함께 갔다가 돌아오겠다. 셋째, 유가족이 걱정되는 거라면 이미 허락을 받았다. 유가족분이 먼저 연락을 해서, 우리를 보고 싶다고 말씀해주셨다. 유가족에게 장례식장에 가는 것에 대한 나의 우려를 말씀드렸는데 괜찮다고 하셨다. 그의 엄마는 "얘가 이렇게까지 말할 때는 혹시 일이 있더라도 그건 얘가 감당할 몫"이라고 얘기했다. "내 딸은 그거 할 수 있는 애다." 이렇게까지 말했음에도 그는 간호사에게 무조건 안 된다는 얘기만 들었다. 다른 의사들도 똑같은 말만 반복했다.

어른들은 제가 온전한 감정 상태가 아니라고 추측을 하거나 애가 떼쓴다고 생각했을 거예요. 저를 계속 지켜봤던 담당 주치의가 제 상태가 불안정하니 지금은 가지 않는 게 좋겠다고 말했다면 당장은 너무 속상해도 이해하려고 애썼을 거예요. 근데 의료진의 말은 김도연이라는 환자에 대한 진단이 아니라 생존학생 전체에게 떨어진 지시 같은 거잖아요. 대화를 하겠다고 저에게 온 사람들은 저에 대해 아는 게 없고 질문에는 대답을 해주지 않았어요. 저희는 당사자이고 친구의 장례식이잖아요. 제가 깊이 관여되어 있는 일에 대해 납득할 수 있는 이유를 듣지 못한 채 안 된다는 말만 들었어요. 최대한 이 시간이 끝나길 기다리는 것 같았어요. 지금 우리의 말과 행동은 이들에게 온전하게 들리지 않는구나. 애초에 들을 생각이 없었구나. 못 가면 유가족에게 죄송하잖아요. 너무 화가 나고 속상했어요. (김도연)

애틋하게 기다려온 친구의 시신을 찾아 장례식이 열린다는 소식을 들었을 때, 그는 몰래 병원을 나가기로 했다. 망설이지 않았다. 어차피 '허락'이 안 될 일이라는 걸 알아버렸으니까.

만약 어른들의 말에서 '어떤 여지'가 있다고 느꼈다면 그는 다시 그들에게 정식으로 장례식장에 다녀오는 것을 허락해달라고 요청했을 것이다. 하지만 상황은 너무나 뻔해 보였다. '가고 싶다고 저들에게 말하지 말자.' 김도연 씨와 두 친구, 이렇게 세 명이 병실에서 외출복으로 갈아입었다. 병실을 쓰는 다른 분들에게 양해를 구했는데 그분들이 다 같이 이들의 '일탈'을 응원해주었다. 다행히 장례식장은 고대병원 부속으로 불과 몇 분만 걸으면 닿을 거리에 있었다. 한밤중에 비상구 계단을 내려가는데 다리가 후들후들 떨렸다. 제대로 걷기가 힘들었다. 그런 어수선한 와중에도 아무렇지 않은 듯 행동했다. 만약에 주변을 살피고 쭈뼛거렸다면 누가 봐도 단원고 생존자라고 생각할 것 같았다. 결국 장례식장에 도착했고, 거기서 친구의 어머니를 맞닥뜨렸다.

> 어머니는 저희가 올 건 알았지만 저희를 마주했을 때
> 어떤 마음일지 예상을 못 하셨던 거 같아요. 저희를 보고
> 어머니가 너무 힘이 드셨던 거죠. 모두가 느낄 수 있었어요.
> 장례식장에서 도망치듯 급하게 나왔어요. (김도연)

참사 이후 장애진 씨가 했던 후회는 장례식장에 가지 않은 일이었다. 당시 그의 아버지는 생존학생 가족 대표였다. 그는 아버지의 걱정을 이해했고 대표인 아버지의 입장을 고려할 수 밖에 없었다.

> 저희가 장례식장에 가면 인터뷰 한다고 몰려오는 기자들이
> 너무 많으니까 공식 입장은 가지 말자는 거였어요. 어떤 애들은 몰래
> 가기도 했는데 저는 아빠의 마음을 아니까 일부러 안 갔어요. 아빠가
> 아닌 다른 부모님이 말했으면 장례식장에 갔을 것 같아요. 대학에 갔을
> 때 장례식 못 갔던 게 생각나더라고요. 솔직히 후회했어요. (장애진)

애진 아빠는 딸의 부탁에 따라 민지의 장례식에 대신 참석 했다. 그가 장례식에 갔다가 병원에 돌아왔을 때 딸이 보이지

않았다. 병실에 있던 생존학생 엄마에게 물으니 딸이 금방 나갔다고 했다. 그는 애진이를 찾아다녔고 층계에서 울고 있는 딸을 발견했다.

　살아 돌아온 이들은 장례식에 가야 할 이유를 생각하는 것이 무의미하다고, 당연히 가야 한다고 생각했다. 이들은 못다 한 말을 전하기 위해, 그들끼리의 약속을 지키기 위해, 만날 날을 기약하며 잠시 안녕을 말하기 위해 장례식장을 찾아야 했다. 장례식은 이들에게 어른들의 염려를 무릅쓰고도 반드시 치러야 할 자신들만의 의식이었다. 그 의식에 함께하는 여러 사람들과 친구의 부재를 새삼 확인하고 다 같이 애도하는 시간을 가져야 했다. 그러나 이들에게 장례식은 허락되지 않았다. 어른들의 반대를 뚫고 몇몇은 다녀올 수 있었다. 그러나 대부분의 생존학생들은 친구들이 사라진 이유조차 모른 채 부재를 받아들여야 했고, 끝내 친구들과 제대로 이별을 할 수 없게 되었다.

함께 걷다

"정말요? 그때 저희랑 도보행진에 같이 있었다고요?"

"네. 제가 스태프로 같이 갔었어요."

"전혀 몰랐어요. 당시엔 도와주시는 분들이 있는지도 몰랐고 우리끼리 간다는 느낌이 강해서…"

2023년 김도연 씨와 내가 2014년 생존학생 도보행진을 얘

기하다 '아 그렇구나'를 확인한 순간이었다. 당시 나는 국민대
책회의 박진 공동운영위원장의 전화를 받았다. 생존학생들이
단원고에서 국회까지 1박 2일 도보행진을 가는데 스태프로 와
서 일을 할 수 있겠느냐는 내용이었다. 2014년 7월 15일 오후,
단원고 앞에는 기자들과 유가족들이 학교에서 나오는 생존학
생들을 기다리고 있었다. 학생들이 교복 차림으로 줄을 지어 걸
어 나오는 모습이 보였다. 행진에 나서는 학생들의 가방과 옷
여기저기에는 친구들의 명찰이 달려 있었다. 나중에 들어보니,
이들은 학교 복귀 전 새로 교복을 맞추면서 자신의 명찰뿐 아니
라 친구들의 명찰을 같이 주문해서 갖고 있었다. 그 와중에, 학
교를 나서는 김도연을 향해 친구 어머니가 달려오는 게 보였다.

> 학생증 보면 증명사진과 이름이 있거든요. 친구 어머니가
> 제 목에 친구의 학생증을 걸어주셨어요. 아마 어머니는 제가 딸의
> 친구인지도 모르셨을 거예요. 제가 같은 반이라고만 생각해서
> 걸어주셨는데 1학년 때부터 저랑 엄청 친한 친구였어요. 어머니가
> 용기를 내서 딸의 학생증을 저에게 걸어주신 거죠. 그걸 제가
> 잘 아니까 너무 뭉클한 거예요. 친구 어머니가 저희 발걸음에
> 반 친구들이 함께할 거라는 메시지를 전해주신 거잖아요.
> 그래서 1박 2일 내내 그 학생증을 걸고 다녔어요. (김도연)

참사 이후 3개월 만에 생존학생들은 도보행진에 나설 수 있
었다. 4월 16일 진도에서 안산으로 온 생존학생들은 안산 고대

병원에 있다가 4월 30일 중소기업연수원으로 이동했다. 사실 학교 측은 병원에서 나온 학생들이 연수원이 아닌 학교로 복귀하길 원했다. 하지만 생존학생 가족 대표였던 애진 아빠 장동원 씨의 생각은 달랐다. 그는 부모들을 설득하기 시작했다. '어차피 지금 학교에 들어가도 공부 안 된다. 학교 근처에 아직 기자들도 많은데 애들 상처만 더 커진다. 애들한테 물어보면 답이 나올 거다. 지금 애들이 학교에 갈 수 있는 분위기인지 생각해보면 좋겠다. 지금은 일단 애들을 안정시키는 게 더 중요하다.' 결국 생존학생들은 학교가 아닌 연수원으로 가게 되었다.

6월 25일, 생존학생들이 학교로 돌아왔다. 밥을 못 먹는 학생도 있었고 쉬는 시간이면 떠난 친구 자리에 가서 편지를 쓰고 오거나 울고 오는 이들이 많았다. 수업 시간에도 갑자기 누군가 울음이 터지면 더 이상 진행이 어려웠다. 알고 지냈던 친구의 부모가 학교 계단을 올라오면 그 자리를 피해 재빨리 교실로 돌아가는 이도 있었다. 유가족인 승현 아빠와 웅기 아빠는 십자가를 메고 도보행진을 떠나기 전 애진 아빠에게 생존학생들을 보고 싶다고 했다. 마침 남학생들이 보이기에 그는 상황을 설명하고 만남을 요청했다. 학생들이 만나겠다고 하면서 쭈뼛쭈뼛 고개를 숙이고 아빠들 앞에 섰다. '너희 잘못이 아니다. 친구 몫까지 잘 살아야 한다. 힘내라.' 학생들이 울기 시작했다. 두 아빠가 팽목항까지 도보행진을 할 거라는 얘길 듣고 갑자기 남학생 한 명이 분노에 차서 따라가겠다고 나섰다. 애진 아빠는, 지금은 아니고 뭔가 할 때가 있을 거라고 말하며 남학생을 진정시켰다. 친구들과 유가족들에 대한 미안함과 죄책감, 마음의 분노가 컸던 상태였다. 그는 학생들이 분노를 누르기만 할 게 아니라 드러낼 수 있는 방법을 찾아야 한다고 생각했다.

애진 아빠는 생존학생들에게 도보행진을 제안했다. 당시에 유가족들은 4·16 특별법 제정을 촉구하며 국회에서 노숙 단식농성을 하고 있었다. '생존학생들이 국회로 부모들을 만나러 가자.' 그는 박진 공동운영위원장에게 전화를 걸었고 이로써 전체 도보행진 프로그램이 만들어졌다. 그러나 출발은 순조롭지 않았다.

> 강당에 교장부터 부모들까지 모였는데 난리가 났네.
> '공부를 해야 하는데 장 대표가 아이들을 정치적으로 이용한다.'
> 나한테 직접 얘기는 안 하고 돌려서 말하더라고. 난 애들한테
> 맡기자고 얘기했어요. 가고 싶은 애들만 가면 된다. 무조건 가라는
> 얘기가 아니다. 수업 마치고 1박 2일로 갔다 오면 된다. 강하게
> 나가니까 교장도 말을 더 못 하더라고. 솔직히 교장은 안 보내고
> 싶었던 거예요. 그러니까 아이들이 도보행진에 가겠다고 신청하기
> 시작했어요. 처음에는 스물 몇 명밖에 안 됐어요. 출발할 때쯤 되니까
> 너도나도 가겠다고 해서 마흔 명이 넘었어요. 아마 부모 반대로
> 신청을 못 한 애도 있었을 거예요. 그래도 75명 중에 60퍼센트 정도가
> 움직인 거죠. 난 애들의 자발적 선택이었다고 봐요. (애진 아빠 장동원)

학생들은 한 치의 고민도 없이 '해야겠다'며 나섰다. 우리

가 왜 그런 일을 겪어야 했는지, 왜 친구들을 구조하지 않았는지 모든 것이 의문투성이였고 납득되지 않던 때였다. 우리가 해야지 아니면 누가 해주느냐고 생각했다. 자신들이 할 수 있는 일이 있다고 하니 해보자는 마음이 모아졌다. 아파서 못 가는 학생들도 있었고, 가고 싶지만 사람들을 만나는 게 힘들어 못 가겠다고 한 학생들도 있었다. 도보행진에 안 간 친구들은 가는 친구들에게 사탕과 함께 응원의 메시지를 써주기도 했다. 두렵지만 친구들이 같이하니 용기를 낼 수 있었다. "친구들의 죽음과 우리에게 있었던 일을 위해서 다 같이 온 마음으로 행동했던 첫 번째 움직임"이었다. 해외 봉사나 지역 체험을 제외하고 학교에서 교복을 입고 다 같이 간 건 도보행진이 유일했다.

출발할 때 학생 대표는 이렇게 말했다. "이렇게라도 하지 않으면, 우리 친구들에게 해줄 수 있는 게 아무것도 없습니다. 저희 친구들의 억울한 죽음의 진실을 밝혀주시길 바랍니다." 단원고에서 오후 5시쯤 출발한 학생들은 이틀 동안 47킬로미터를 함께 걸어야 했다. 학생들은 두런두런 얘기를 나누고 사진이나 영상을 찍어주면서 서로 거리를 조절하면서 걸었다. 생중계를 보고 응원을 나온 시민들이 중간중간 보였다. 어른뿐 아니라 학생들이나 어린이들, 가족 단위로 나온 사람들도 있었다. 생존학생들에게 물 한 병, 초콜릿 한 박스라도 전해주려는 시민들의 진심 어린 응원을 느낄 수 있었다. 시민들은 어떻게든 본인이 표현할 수 있는 최선의 위로를 학생들에게 전해주려고 하는 듯했다. '저 사람들의 마음은 도대체 뭘까? 어떻게 저렇게 할 수 있을까?' 신기하고 감사했다.

학생 중 한 명은 다리에 깁스를 한 채 걸었다. 걷다가 구급
차를 탔다가 다시 걷기를 반복했다. 주위 사람들이 힘들면 차
에 타고 가라고 말려도 소용없었다. 그는 절뚝이면서도 끝까지
걷기를 멈추지 않았다. 생존학생 이시우 씨도 힘겹게 걷고 있던
사람 중 한 명이었다. 그는 평소에 어느 정도 체력에 자신이 있
다고 생각해왔다. 하지만 이날은 다리에 바늘이 몇십 개 꽂힌
것처럼 찌릿찌릿해서 걷기가 힘들었다. 현장 의료진이 놓아주
는 침을 맞으면서도 포기하고 싶지는 않았다. 책임감의 무게 때
문이었을까? 그의 마음속에 어떤 부담이 있었던 것일까?

'거리에 있는 사람들이 우리를 어떻게 볼까?' 제가 사람들 눈치를
많이 보는 편이라서 친구들끼리 가면 상관없는데 거리에 사람들과
기자들이 신경 쓰였어요. 혹시 제 얼굴이 뉴스에 나갈 수도 있고
다른 사람들에게 원치 않는 얘기를 듣고 싶지도 않았어요. 우리가
겪은 일이 워낙 큰 사건이다 보니 뉴스에도 항상 오르내리고 우리에
대한 꼬투리를 잡아서 이 얘기 저 얘기 할까 봐 신경이 쓰였던 것
같아요. 다음 날은 마음이 조금 나아져서 다행이었어요. (이시우)

걷다 보니 어느덧 해가 뉘엿뉘엿 지고 어두워졌다. 학생들
도 많이 지쳐 보였다. 언덕만 넘으면 숙소에 도착하니 조금 더
힘내자는 얘기가 오갔다. 힘이 들어 뒤를 돌아볼 여유도 없이
학생들은 앞만 보며 걷던 차였다. 갑자기 학생들이 웅성웅성 하

는 소리가 뒤에서 들려왔다. 여기저기서 '와!' 하는 감탄사가 터져 나왔다. 김도연 씨는 뒤를 돌아보았다.

> 끝이 보이지 않을 만큼 많은 시민들이 우리 뒤에 있었어요.
> 누가 우리를 따라올 거라고는 생각도 못했어요. 그 순간 뭔가
> 설명할 수 없는 감정들이 올라왔어요. 우리를 응원하러 이렇게
> 많은 사람들이 왔구나. 이 참사가 제가 겪은 단순한 해양 사고가
> 아니라 우리 사회가 같이 책임져야 하는 사회적 참사라는 걸
> 인지하는 첫 번째 계기가 됐던 것 같아요. (김도연)

이날 언덕 위에서 보았던 장면을, 도보행진에 참여한 많은 생존학생들이 가장 기억에 남는 순간으로 꼽았다. 참사 이후 이들이 겪은 시간 속에 쌓인 두려움과 분노가 시민들의 온기를 만나 조금씩 누그러드는 듯했다. 시민 한 사람 한 사람의 마음이 모여 만든 이 장관은 여전히 이들의 머릿속에 강하게 머물며 삶의 힘이 되어주고 있다.

다음 날 이들은 물집 잡힌 발과 뻐근한 다리에 약을 바르고 다시 걷기 시작했다. 서울시립근로청소년 복지관에서 출발해 국회의사당에 도착하는 일정이었다. 행렬이 서울 도심으로 진입하자 피켓을 든 많은 사람들이 보였다. 생존학생들은 전에 경험해보지 못한 시민들의 열렬한 관심과 지지를 직접 목격했다. 감사한 마음이 들었지만 집중되는 시선이 부담스러운 학생도 있었다. 우산으로 얼굴을 가리는 학생들도 보였다. 인파는 줄

어들지 않고 점점 많아지는 것처럼 보였다. 생존학생들은 노란 깃발을 국회 울타리에 꽂고 노란 리본을 정문에 매달았다. 그리고 생존학생 대표가, 농성 중인 부모님에게 쓴 편지를 전달했다. 유가족들도 학생들에게 고생했다며 고마움을 전했다. 학생들은 안산으로 출발하는 버스에 탔다. 버스 밖에는 그 자리를 떠나지 않고 기다리고 있는 시민들이 있었다. 버스에 탄 생존학생 이시우는 버스 안을 걱정스러운 표정으로 살피는 시민들을 보며 생각했다. '우리는 버스를 타고 가는데 따라오신 분들은 각자 알아서 집으로 돌아가야 하다니. 죄송해서 어쩌지…' 그날 함께해준 시민들의 응원소리가 여전히 생생히 떠오른다.

　　많은 생존학생들이 도보행진에 대해 "상당히 좋았다"는 소감을 밝혔다. 사실 장동원 대표가 도보행진을 계획할 때 하고 싶었던 일이 있었다. 그는 생존학생들이 앞으로 세월호참사와 함께 삶을 살아갈 수밖에 없고 이후에 진상규명 과제를 함께 책임질 날이 올 거라고 생각했다. 과정은 힘들겠지만 생존학생과 유가족의 만남이 이루어지길 바랐다. 그 만남을 통해 학생들이 죄책감과 미안함에만 머물지 않고 나아갈 용기와 희망을 얻었으면 했다. 그는 도보행진의 마무리가 생존학생과 유가족 간의 자연스러운 만남을 이룰 수 있는 계기라고 봤다. 하지만 기대는 좌절됐다. 도보행진을 떠나기 전 회의에서 나온 일부 생존학생 부모의 주장 때문이었다. '장 대표가 애들을 정치적으로 이용하려고 한다. 국회는 들어가지 말자. 유가족은 만나지 말자.' 그는 알았다고 말할 수밖에 없었다. 그러지 않으면 도보행진의 출발 자체가 어려워질 수 있었다. 이 사회에서 청소년이고 학생인 사람들은 의사결정 과정에서 권한을 갖지 못할 때가 많다. 만약 생존학생들에게 결정권이 있었다면 이들은 어떤 선택을 했을까?

질문을 던지는 사람들

형제자매와 단원고 생존자의 삶은 "살아가는 것만으로도 투쟁"이다. 이들은 어른들이 만든 권위적인 기준에 도전하며 자신들의 목소리를 내는 집단적 노력을 벌여왔다. 그 과정은 어른과 아이, 부모와 자녀라는 불평등한 관계를 바꾸기 위한 시도인 동시에 이 사회가 자신들의 목소리를 들을 준비가 되어 있는지를 질문하는 것이기도 하다. 이들의 움직임에는 세월호참사의 진실을 알고자 하는 간절한 마음이 담기기도 했다. 특히 이들은 같은 세대에게 세월호참사에 대한 연대를 요청하는 일이 자신들의 역할이라고 생각했다.

아무래도 형제자매들은 부모님들보다 또래 청년들에게 어떻게 다가가고 소통해야 하는지 아니까 강점이 있다고 생각해요. 이 세대가 할 수 있는 일은 부모 세대와 다를 수 있으니까요. 청년 세대는 사회 이슈에 대한 생각이나 감각도 부모님들과 다를 수 있고 세월호운동을 보는 관점이나 활동 방식도 다를 수 있다고 생각해요. (이영수)

젊은 세대는 1인으로 구성된 단체도 많고 생활에서 실천하는
운동을 고민하면서 조직도 이전 세대와 다른 방식으로 만들고
있잖아요. 청년의 위치에서 낼 수 있는 다른 목소리가 있어요.
그 세대가 만든 운동의 흐름과 방식이 존재한다고 생각해요.
부모 세대의 기준으로 그건 활동이 아니라고 규정할 수는 없어요.
새로운 운동의 방식일 수 있는데 그 관점이 드러나지 않는다고
존재하지 않는다고 얘기해서는 안 되는 거죠. 우리가 유연하게
못 받아들이는 면이 있지 않나 하는 생각이 들 때가 있어요.
청년 세대들은 세월호참사라는 나의 이슈를 통해서
기성세대에게 다양한 모습으로 질문하고 있어요. 가족협의회와
기성세대가 이런 모습을 받아들일 수 있어야 해요. (박성현)

이들은 어른들로부터 "우리는 늙으니 너희들이 더 열심히
해야지"라는 말을 듣기도 했다. 그러다 보니 언젠가 자신들이
해야 할 일이 있고 감당을 해야 한다는 부담감과 책임감을 갖고
있다. 하지만 동시에 이들은 자기결정권이 온전히 주어지지 않
는 현실에 막막함을 느꼈다. 지지는 받았지만 존중은 받지 못했
던 경험이 있다. 이들은 동료 시민으로 이 싸움에 함께하길 원
했지만 아직 이 사회는 이들의 목소리를 들을 준비가 되어 있지
않았다.

"이들은 어른이 아닌 '동료'로서 곁에 함께 서줄 사람들
을 기다리고 있다." 2015년에 나온 형제자매와 생존학생의 목
소리를 담은 책 『다시 봄이 올 거예요』의 끝 문장이다. 그리고

2022년 이 책을 준비하면서 인터뷰에 응해줄 형제자매와 생존학생을 다시 찾아다녔다. 막연하게나마, 참사 초기 때보다 찾는 과정이 어렵지 않을 거라고 생각했다. 그러나 착각이었다. 아직도 세월호참사의 형제자매로, 생존자로 자신을 드러내기를 망설이는 이들이 있었다.

자신이 피해자가 된 현실을 받아들일 때 그 위치에서 말하는 것이 가능해진다. 그러나 마주보기의 속도는 모두 달랐다. 이 같은 차이에는 개인의 의지가 얼마나 굳건한가가 아니라, 지난 시간 동안 그들 곁에 누가 함께해주었는지가 중요하게 영향을 미친다. 이들이 자신의 얘기를 마음속으로 쌓아가는 동안 이 사회는 피해자의 삶을 이해하려고 어떤 노력을 해왔을까.

'가만히 있으라'와 '지켜주지 못해 미안해'는 어른들의 대처에 대한 비판과 잘못된 사회구조를 만든 어른들의 미안함을 표현하는 말로, 언뜻 보면 다른 말 같지만 사실 공통점이 있다. 이 말은 이 사회의 '어린 사람'들이 원하지도 동의하지도 않는 수동적인 위치에 놓인 현실을 드러낸다. 또한 이 말에는 발화자인 어른들은 드러나지만 대상자인 '어린 사람'들은 보이지 않는다. 형제자매와 단원고 생존자의 이야기에서 알 수 있듯이 이들은 결코 가만히 있지 않았다. 이들은 보호를 기다리지 않고 서로를 돌보는 방법을 선택하고 실천해왔다.

이들은 서로의 관계를 넘어 다른 재난참사 피해자와의 연대를 이어가고 있다. 장애진 씨는 10·29 이태원참사가 났을 때 처음엔 "우리나라에서 일어난 일이 아니라고" 생각할 정도로 충격을 받았다. 그는 세월호참사의 피해자로서 해야 할 말이 있었다.

> 이번 참사가 세월호참사 이후 희생자가 가장 많았고
>
> 희생자들의 대부분이 제 나이 대인 이십 대라는 점과
>
> 막을 수 있었던 참사라는 점이 세월호참사와 많이 닮아 있어요.
>
> 더 이상 이런 참사가 일어나지 않도록 목소리를 냈던 저에게는
>
> 더욱더 슬픔이 크게 느껴졌던 것 같아요. (장애진)[05]

그는 10·29 이태원참사와 4·16 참사의 닮은 점을 보면서 이 사회에 질문을 던지기 위해 여러 번 인터뷰를 했다. 그리고 이태원참사의 생존자를 만났다. 죄책감에 시달리는 참사 생존자에게 세월호 생존자인 그가 하고 싶은 말을 전했다. 그는 울고 싶으면 울어도 된다는, 줄어들지 않는 죄책감의 무게를 이해한다는 말을 전하고 싶었다. 잊지 않기 위해 그가 세월호참사의 진상규명 활동을 하듯이 그는 참사의 피해자이자 시민으로서 이태원참사를 잊지 않고 기억하겠다는 말을 남겼다.

형제자매 박보나 씨는 기억을 상기하기 위해 이태원참사 현장에 갔다. 그와 또래인 피해자가 많았기에 더 마음이 갔다. 자신도 친구들과 함께 갔던 곳이었기에 피해자들이 어떤 마음으로 그곳에 갔을지 더 이해가 돼서 안타까웠다. 그는 사람이 붐비는 전철을 타면 참사가 연상되어, 이태원에 다시 가기까지 시간이 걸렸다. 그는 지하철역과 참사 현장에 빼곡히 붙은 애도

와 추모의 메시지를 하나하나 읽어나갔다. 세월호참사를 함께 언급한 메시지를 인상 깊게 기억한다.

> 세월호참사를 겪었을 당시에도 다른 재난참사나 사건의 피해자들이 오셔서 자신들의 경험을 얘기해주셨어요. 2017년에는 형제자매 활동으로 다른 참사의 피해자들을 찾아가서 얘기를 듣기도 했고요. 참사 피해자들은 각기 다양하고 고통을 겪는 과정은 다를 수 있지만, 많은 말을 하지 않아도 어느 정도 통하는 것들이 있는 것 같아요. 저는 다른 재난참사 피해자들을 만나면서 위로를 받고 힘을 얻었어요. 그런 만남을 통해서 다 같이 연대해야 한다는 생각을 했던 것 같아요. 소수의 피해자들끼리 모여서 얘기한다고 바뀌진 않잖아요. 다른 참사의 피해자들도 우리와 비슷하게 겪는 일들이 있어서 더 얘기를 해야 한다고 생각했어요. (박보나)

그는 이태원참사의 피해자에게 전하는 편지를 언론에 기고했다. 세월호참사 초기에 비방 글 모니터링을 했던 그는 피해자 비난의 문제를 제기하고 피해자들이 목소리를 내는 것이 정당한 권리임을 얘기했다. '왜 호의를 권리로 생각하냐'라는 비난 댓글을 많이 보면서도 위축되기보다는 이야기를 더 많이 나눠야겠다고, 이것이 애도의 과정과 치유에도 중요한 일이라고 생각했다. 그는 이태원참사를 겪으며 여전히 피해자에 대한 2차 가해가 문제라는 점을 확인했다. 그래서 그는 재난참사 피해자에게 어떤 권리들이 있는지를 편지에 언급하면서 연대의 마음

을 전했다.[06]

　　형제자매들과 단원고 생존자들은 진학, 취업, 결혼과 출산 등 여러 삶의 과제를 풀어나가야 하는 생애주기에 놓여 있다. 학교와 직장, 그리고 새로운 가족 관계에서 유가족과 생존자로서 다른 사람들을 어떻게 만나 관계를 맺고 어울려 살아가야 할지를 고민한다. 이런 낯설고 두려운 길 앞에서 때로는 상처를, 때로는 응원을 받으며 지금도 고군분투 중이다. 이들은 피해자와 청년이라는 삶 사이에서 균형을 잡기 위해 오늘도 삶의 투쟁을 이어가고 있다.

/ 이호연

가족

우리는 피해자 부모

"당신 누구야?"

갑자기 사람들이 웅성웅성하기 시작했다. 유가족인 2반 민지 아빠가 그 대신 나서주었다. "생존학생 아빠입니다." 돌아오지 못한 민지는 애진이와 절친한 친구였고 부모끼리도 알던 사이였다. 애진 아빠를 향한 사람들의 따가운 시선이 느껴졌다. 그는 유가족들의 얼굴을 똑바로 쳐다보지 못한 채 인사를 했다. "생존학생 가족 대표 애진 아빠 장동원입니다."

누군가는 대책위에서 공유된 진행 상황을 듣고 결정사항이나 향후 방향에 대해 필요한 내용을 생존학생 부모들에게 전달할 필요가 있었다. 당시(2014년 4~5월) 유가족대책위는 안산 초지동 와스타디움 내의 대책위 사무실에서 회의를 열었는데, 애진 아빠는 그 회의에 매번 참석했다. 그의 존재는 대책위 임원진만 알고 있었다. 그는 공식적으로 생존학생 부모임을 밝히지 못한 채 조용히 앉아 있었다. 당시엔 변호사들과 정부 관계자 등이 회의에 참석했기 때문에 생존학생 부모임을 밝히지 않아도 눈에 띄지 않았다. 그러다 관계자들이 빠지고 유가족들만 회의를 하게 됐을 때 그의 존재가 문제가 되었다. 당황스러운 상황에서 하게 된 갑작스런 인사였지만 이날부터 대책위에서 생존학생 가족의 존재가 공식화되었다.

'세월호 사고 희생자·실종자·생존자 가족대책위원회.' 이름에서 드러나듯 2014년부터 생존자 가족은 유가족들과 함께했다. 당시 애진 아빠와 가족대책위 대변인이었던 예은 아빠는 서로 말로 표현하진 않았지만 모든 피해자들을 하나로 모아야 한다는 것에 뜻을 같이했다. 그들은 원래 알던 사이는 아니었다. 딸들이 알고 지낸 사이였기에 참사 이후 아빠들끼리 인사를 나누면서 진행 사항을 의논하는 관계가 되었다.

> 나한테 구체적으로 설명하진 않았지만 예은 아빠가 대변인이 되고
> 역할이 커지면서 피해자들을 다 모으려고 했던 것 같아요. 당연히 저도
> 함께할 거라고 생각했던 거죠. 그게 맞잖아요. 이런 생각이 가족대책위
> 명칭을 정하는 데 영향을 미쳤어요. 우리는 참사 이전에도 활동을 했던
> 사람들이니까. 시민사회운동 영역에 아는 인맥이 있어서 듣는 얘기도
> 있고 앞으로 상황이 어떻게 전개될지 짐작되니까 우리의 대응에서
> 단결을 보여줘야 한다는 걸 명확하게 알고 있는 거죠. (애진 아빠 장동원)

수진 아빠도 처음부터 생존학생 부모와 희생학생 부모를 구분하지 않았다. 모두가 피해자이고 억울한 마음으로 자식을

위해 할 일을 하러 나선 부모이기 때문에 같은 입장이라고 생각했다. 이와 같은 자신의 생각과는 별개로, 그는 10년 가까이 가족협의회에서 열심히 함께 활동한 생존자 부모에게 감사한 마음을 전하고 싶어 했다.

단원고 생존자 74개 가정 중 16개 가정이 가족협의회 회원으로 소속되어 있다. 그리고 애진 아빠는 가족협의회 사무처 총괄팀장으로, 애진 엄마는 4·16가족극단 노란리본과 4·16기억 상점의 일원으로, 시우 엄마는 회원조직에서 생존가족 대표로, 인서 엄마는 4·16합창단에서 활동하고 있다. 이처럼 참사의 진실을 밝히자는 목적을 갖고 함께 활동해왔지만, 생존학생의 부모와 희생학생의 부모는 선뜻 가까워지기 어려운 관계일 수밖에 없었다. 생존학생의 부모는 유가족들 앞에서 '생존'이라는 말을 꺼내기조차 어렵고 미안했다. 혹여라도 유가족들에게 상처가 될까 봐 행동 하나, 말 한마디가 조심스러웠다. 다른 한편, 그리움과 억울함의 마음을 가진 희생학생의 부모는 생존학생 부모에 대한 부러움이 어느새 시기심으로 바뀌는 것을 느끼곤 했다. 유가족들은 날 선 말들이, 불편한 속마음이 자신도 모르게 얼굴과 몸으로 드러날까 두려웠다. 추슬러지지 않은 마음이 그대로 드러날 때도 있었다. 서로의 얼굴을 어떻게 봐야 할지를 가르쳐주는 사람도, 이럴 때 참고할 그 무엇도 없었기에 이들은 몸으로 부딪치며 관계 맺기의 방식을 터득할 수밖에 없었다. 그래서 이들의 관계 맺기는 녹록지 않았다. 유가족과 생존자 가족이 함께 부딪치고 버티며 만든 10년은 과연 어떤 시간이었을까?

같은 목소리로

2014년 6월 25일, 단원고등학교 앞에 교복을 입은 학생들이 탄 버스 한 대가 들어섰다. 병원에서 나와 8주가량 중소기업 연수원에서 보낸 생존학생들이 학교로 복귀하는 날이었다. 희생학생의 부모들이 생존학생들을 격려해주기 위해 학생들을 기다리고 있었다. 단원고 학생 중 한 명이 대표로 호소문을 읽기 시작했다. 그는 "좋든 나쁘든 지나친 관심에 저희는 지쳐 있습니다. 저희를 그저 18세 평범한 소년 소녀로 대해달라"고 말했다. 눈물 때문에 말을 끝맺지 못한 그는 "왜 구조 작업이 제대로 이뤄지지 않아 친구들과 선생님들이 학교로 돌아오지 못했는지 확실한 조사가 진행될 수 있게 힘을 모아달라"고도 했다. 그러고 나서 생존학생 부모 중 한 명이 '국민에게 드리는 글'을 읽었다. 그는 아이들을 평범한 학생으로 대해달라는 말과 함께 "세월호 특별법 제정을 위한 범국민서명운동에도 많은 관심을 가져달라"고 호소했다.[01] 기자회견을 마치고 생존학생들과 유가족들이 만나 인사를 나누는 시간이 이어졌다. 유가족들은 눈물을 흘리며 학생들을 안아주면서, 돌아와줘서 고맙다는 말을 전했다.

7월 15일 세월호 특별법 제정을 요구하기 위해 생존학생 부모 10여 명이 생존학생들과 함께 단원고에서 국회까지 1박 2일 도보행진을 했다. 연희 엄마도 직장에 월차를 내고 함께 길을 나섰다. 그는 참사의 진상규명과 책임자 처벌이 생존자들에게도 중요한 문제라고 생각했다. 생존자들은 "살아 있기 때문에 그날의 생생한 기억을 갖고 있고" 세월호참사는 그들이 "죽을 때까지 안고 갈 수밖에 없는 문제"였다. 그는 자신의 아이가 사람들 앞에 서기까지 큰 용기를 낸 것을 알고 있었고, 아이와 함께 걸으며 시민들의 응원을 마주한 그 시간을 좋은 기억으로 갖고 있다.

"지난번 아이들은 학교에서 국회까지 유가족들을 만나기 위해서 걸었습니다. 또래 아이들처럼 웃고 떠드는 모습을 보면서 사람들이 물었습니다. '아이들이 괜찮아졌나 봅니다?' 그때 저희는 참사 이후 처음이라고 답했습니다. 저렇게 밝게 웃는 날이 그날 이후 처음이라서 감사했습니다."[02]

8월 27일 세월호 특별법 제정을 위해 유가족은 단식농성 중이었고 생존학생 부모들은 청운동 주민센터 앞에서 기자회견을 진행했다. 이 자리에서 생존학생 부모들은 호소문을 낭독했다. "유가족이 요구하는, 안전한 나라 만들자는 특별법을 제정한다고 약속하면 안 되겠습니까? 살아남은 아이들을 위해서라도 대통령이 약속해주면 안 되겠습니까? 제발, 제대로 된 특별법으로 철저한 진상규명, 성역 없는 처벌로 우리 아이들에게 이 사회와 나라에 대한 믿음을 다시 심어주십시오. 생존학생들이 대통령에게 그러한 마음을 전달하기 위해 면담을 요청했습니다. 기다리고 있습니다." 그러나 박근혜 대통령은 생존학생들의 면담 요청에 응하지 않았다.

생존학생의 부모들과 희생학생의 부모들은 2014년 내내 싸움의 현장에서 함께 목소리를 높였다. 2014년 9월 21일 가족대책위 임시총회에도 생존학생 74개 가정이 함께했다. 하지만 2015년이 되자 상황이 달라졌다. 유가족과 함께 진상규명을 외쳤던 생존학생 가족이 여러 입장으로 나뉘었다.

끝까지 책임을 묻기 위한 싸움

배·보상 심의위원회가 생존학생 가족들에게 간담회를 요청했다. 애진 아빠는 이를 거절하면서 그 이유를 전달했다. '먼저 심의위원회가 안을 갖고 오면 검토하고 논의해서 알려주겠다.' 하지만 심의위원회는 일단 모여만 달라며 전문가들이 와서 상세히 설명해주겠다는 입장이었다. 호락호락하지 않은 애진 아빠와 얘기하는 게 어렵다고 판단한 심의위원회는 다른 부모를 접촉하기 시작했다.

'애진 아빠는 유가족 편이고 아무개 아빠는 아이들만
생각하는 사람이다.' 이런 식으로 사람들이 나뉘기 시작하더라고.
어이가 없었지. 심의위원회가 저 모르게 부모들을 모아놓고
설명회를 연 거예요. 거기서 돈 얘기가 오가는 걸 들으면서

저건 아니다 싶었어요. (애진 아빠 장동원)

도대체 무슨 말을 하는지 일단 들어나 보자 싶어서 설명회에 앉아
있었어요. A4 한 장짜리 종이를 나눠줬어요. 배보상 받을 사람은
이렇게 하셔라, 금액이 얼마이고 받기 위한 절차가 어쩌고 하면서
설명하더라고요. 부모들은 보상을 받겠다는 입장과 소송을 하겠다는
입장이 있었고 중간에서 왔다 갔다 하는 분들도 있었어요.
어떤 게 좋은 건지를 알 수가 없으니까 머리가 아팠죠. (시우 엄마 문석연)

연희 엄마 김영희 씨도 시우 엄마와 비슷한 기억을 갖고 있
다. 설명회 이후 보상 접수 쪽으로 확고한 입장을 가진 부모는
소수였고, 오히려 이러지도 저러지도 갈팡질팡 결정을 못 하는
사람이 더 많았다. 당시에 몇몇 부모들은 많이 지친 상태였고
그러다 보니 이 상황을 겪는 것이 싫어서 빨리 보상금을 받고
정리하는 쪽으로 기우는 분위기였다. 인서 엄마 신경희 씨도 비
슷한 분위기를 감지했다.

그때는 언론 매체에서 연신 세월호를 언급하고 SNS에서 한참
세월호 얘기가 올라오는 때라서 애들 중에는 세월호의 '세' 자도
듣기 싫어하고 빨리 벗어나고 싶어 하는 분위기도 있었을 거예요.
부모들은 거기에 맞춰줘야 한다고 생각하고 빨리 정리해버리고
싶다고 판단했을 수 있어요. 빨리 결정하는 게 아이들한테 최선일
거라고 판단한 부분도 없지 않아 있었을 거고요. 아이들은

판단할 수 있는 상황이 아니었기 때문에, 부모들의 판단이었지
아이들의 판단은 아닌 경우가 많았을 거예요. (인서 엄마 신경희)

연희 엄마는 고민 끝에 가족협의회에 남아 국가배상소송을
맡기로 했다. 어른들을 불신하면서 엄마인 자신의 말조차 믿지
않는 듯한 딸의 모습에 마음이 아팠다. 아이들은 친한 친구를
잃었는데 책임져야 할 어른들은 도망하기에 바쁜 모습을 보면
서, 그는 이 사건을 이렇게 덮어서는 안 된다고 생각했다. 어려
운 싸움이지만 그는 계속해야겠다고 결심했다. 딸도 이 과정을
알아야 한다고 생각해 연희를 불러 함께 이야기 나눴다.

'지금은 네가 힘들지만 이 일은 쉽게 끝날 수 있는 게 아니다. 지금은
부모님이 같이해주지만 나중에 네가 성인이 됐을 때도 끝나지
않았다면 너희들이 싸워야 할 수도 있다. 네가 법정에서 증언해야
하는 순간이 올 수도 있지만 우리가 계속 얘기를 해서 진실을 밝혀야
하지 않겠냐. 나를 위해서가 아니라 너희들을 위해서 해야 한다고
생각하는데 어떻게 생각하니.' 딸이 알았다고 하더라고요. 딸이 마지막
1차 최종 변론할 때 증인으로 섰거든요. 잘 하더라고요. 진행 과정을
잘 받아들이고 꿋꿋하게 있어줘서 참 고마워요. (연희 엄마 김영희)

국가배상소송을 선택했는데 패소한다면? 시우 엄마 또한
이를 생각해보지 않은 건 아니었다. 정부가 제시한 보상 접수를
하지 않으면 그는 보상금을 아예 받지 못할 수도 있다고 생각했

다. 실제로 정부는 당장에 보상금을 받지 않으면 그 액수가 줄어들 수도 있다고 언급했다. 아이와 연관된 문제에 어떤 식으로든 부모가 개입할 수밖에 없는 상황에서 어떤 결정이 좋을지 판단하기 어려웠다. 남편과 의논하고 아이에게 의견을 물었다. 결론은 소송으로 간다, 국가에 책임을 물어야 한다는 거였다. 나중에 시우 엄마는 다른 생존학생 엄마에게 들은 얘기로 이날의 결정에 더 확신을 갖게 되었다.

> 애들한테 소송은 무섭잖아요. 그 집 아이가 절대 소송 같은 거
> 안 한다고 했다고 하더라고요. 그래서 '너 절대 나중에 부모
> 원망하지 마라' 그랬는데, 아이가 나중에 대학교 가서는
> '그때 우겨서라도 말리지 그랬느냐'고 했대요. 소송으로 갈 걸
> 후회했다는 얘기를 들었어요. (시우 엄마 문석연)

인서 엄마는 딸에게 원망의 말을 듣고 싶지도, 스스로 후회하고 싶지도 않았다. 자신의 생활로, 본래의 자리로 빨리 돌아가는 것도 중요하지만 딸이 괜찮을 때까지 충분한 시간을 줘야 한다고 생각했다. 그는 늘 딸에게 물어보았다. '너는 어떻게 하고 싶니? 네 생각은 어때?' 딸의 의견이 가장 중요하다고 생각했다. 딸의 상태를 보니 보상을 결정하기엔 너무 이르다고 생각했다. 사고의 원인이 밝혀지지도 않았고 구조하지 않은 이유도 모르는 울분만 쌓인 상태에서 무엇에 대한 보상을 받아야 하는지 그는 알 수 없었다. 아이가 미성년자이기 때문에 부모가 그

대신 결정하는 역할을 맡았지만 보상에 대한 결정은 섣부를 수 있었다. 또한 그는 세월호참사를 기준으로 생존자들에 대한 법의 해석이 바뀔 수 있기 때문에 끝까지 국가배상소송으로 가야 한다는 입장이었다. 딸도 이 부분에 대해서는 적극적인 편이었다. 재판에 필요한 자료여서 정신감정을 받아야 할 때에도 딸은 동의했다.

> 딸과 얘기를 충분히 하고 진행한 게 정말 잘한 선택이라는 생각이 들어요. 딸이 부모를 원망하지 않는다는 게 감사하고요. 딸이 성인이 돼서 "엄마 나 이거 하길 정말 잘한 것 같아"라고 얘기해줬을 때 고맙기도 하면서 섬뜩했어요. 그때 내 기준으로 판단해서 만약에 소송으로 안 갔다면 딸에게 원망을 들었겠구나 싶어서요. 그러면 제가 감당 못 했을 것 같아요. 천만다행이라고 생각해요. (인서 엄마 신경희)

영서 엄마 방미자 씨도, 보상 쪽으로 결정하기엔 시기상 빠르다는 생각을 갖고 있었다. 아들은 계속 치료를 받고 있었고 다른 생존학생들도 심리적 어려움을 계속 겪고 있었다. 부모들 중에는 똑같은 설명을 계속 듣거나 생각하는 것을 그만하고 싶어 하고 빨리 끝내고 싶다고 내색하는 이들도 있었지만 그는 이렇게 빨리 보상을 결정하는 게 옳지 않다고 생각했다. 그런데 아이의 입장은 또 달랐다.

> 아들이 딱 그러더라고요. "보상 관련해서 단 한 가지도 의견 내지

316

말아요. 친구들은 돌아오지 못했는데 그래도 우리는 왔잖아.
다 같이 왔어야 하잖아. 양심이 있어야지. 살아온 것도 내가
진짜 얼굴을 못 들고 다니는데 보상이니 뭐니⋯ 돌아오지 못한
친구들 보기 너무 부끄러워." 제가 아들에게 일단 치료를 하고
차후에 생각해보자 그랬더니 화를 막 내더라고요. "그러니까
결론이 뭐예요. 더 받아야 해서 그러는 거예요?" 제가 말문이
막히더라고요. 진정이 안 되어서 반박도 못 할 뿐더러 무척
힘들었어요. 아들은 이 상황에서 돈 얘기를 하는 거 자체를
싫어했고 아주 단호했어요. 제 생각은 중요시하지 않았어요.
저는 아이의 말을 존중해줘야 한다고 생각했어요. (영서 엄마 방미자)

영서 엄마는 국가배상소송을 원했지만 아들의 단호한 입장을 존중해 당시에 보상 접수를 했다. 하지만 그는 국가에 참사의 책임을 묻고 진상규명을 원하는 마음을 포기할 수 없었다. 그는 진상규명이 희생학생 유가족만의 문제가 아니라고 생각했다. 그는 죄책감에 괴로워하는 아들의 모습을 오랫동안 지켜봐야 했다. 평범했던 아들의 일상이 산산조각 난 사건은 그에게도 억울한 일이었다. 그는 지지하는 마음으로 유가족의 투쟁을 지켜보고 있다가 4년 전인 2020년에 가족협의회 회원이 되었다. 생존학생 가족 중 가족협의회 소속이면서 국가배상소송을 하지 않은 독특한 위치에 있다. 어느 날 아들이 그에게 물었다. 엄마는 유가족도 아니고 소송을 하는 사람도 아닌데 왜 그렇게 계속 관심을 두느냐고.

유가족들이 여름이고 겨울이고 노숙투쟁하고 열심히 싸우는
모습을 보면서 미안함이 계속 있었어요. 제가 일상생활로
돌아왔다고, 제 일이 아닌 것처럼 잊고 사는 게 미안했어요.
아이를 잃은 부모들의 억울함을 어느 정도 풀기 위해서는 정확히
누가 잘못을 했고 처벌을 받아야 하는지를 밝혀야 한다고 생각했어요.
그건 저의 억울함을 푸는 일이기도 했고요. 제가 적극적으로
뭘 하지는 못하더라도 이분들이 가는 길에 끝에라도 서서
힘이 되고 싶다는 생각을 했어요. 그 정도는 하고 살아야지 사람으로
사는 게 아닌가, 그 마음이었던 것 같아요. (영서 엄마 방미자)

그가 가족협의회에 소속되어 있으면 언젠가 아들이 이 일에 나서는 날이 올 때 할 일이 있지 않을까, 아들이 이 원 안으로 들어오기 더 낫지 않을까 하는 생각을 했다. 애진 엄마도 비슷한 마음을 갖고 있다. "아이가 올 수 있는 다리를 만들어놓는 과정"이기에 힘을 내며 가고 있는 중이다. 이 말에는 언젠가 단원고 생존자들이 가족협의회에 함께했으면 하는 마음이 담겨 있을 것이다.

더 나은 기준과 선례를 만드는 싸움

2019년 1월, 법원은 세월호참사 생존자와 가족이 국가와 청해진해운을 상대로 낸 손해배상 판결에 대해 원고 일부 승소 판

결을 내렸다. 이 소송은 세월호 생존자인 단원고 학생 16명과 일반인 생존자 3명, 그리고 생존자 가족 등 총 76명이 청구한 것이다. 국가배상소송에서 가족들은 세월호 침몰과 구조 실패 등 참사의 원인과 책임은 물론 참사 이후 피해자들에게 가해진 권리 침해에 대해 정부와 기업의 책임을 명시했다. 피해 가족들은 손해배상의 책임 근거로 정부에 대해서는 세월호 도입 과정과 현장 구조 활동의 위법성 등을 들었고, 청해진해운에 대해서는 세월호의 무리한 증개축 및 선장과 선원의 구조 조치 미흡 등의 문제를 제기했다. 가족협의회는 피해자들이 함께 국가에 대한 책임을 물어야 한다고 판단했고 그런 후에 정당한 배상을 받을 수 있다고 보았다. 국가가 피해자들에게 사과하지 않고 책임도 지지 않는 상태에서 주어지는 보상은 문제가 있으며 국가가 책임을 인정하면 정당하게 배상을 받겠다는 것이었다. 이에 대해 법원은 생존자 본인 1명당 8천만 원의 위자료를 지급하고, 단원고 학생 생존자의 부모와 형제, 조부모에게 400만 원에서 1,600만 원, 일반인 생존자의 배우자, 자녀, 부모, 형제자매에게 200만 원에서 3,200만 원을 각각 지급하라고 판결했다.

2015년부터니까 지난한 과정이었어요. 법정에서 생존학생이 증언을 했고 가족들도 최대한 많이 가려고 했어요. 재판에서 우리가 승소했을 때 무척 기뻤어요. 국가의 잘못을 인정받아서 진심으로 감격했어요. 재판관도 우리의 얘기를 귀 기울여 들었고 피고 측 변호사들은 별로 말이 없었어요. 잘못한 걸 인정하는 분위기였어요. (시우 엄마 문석연)

이는 2015년 배·보상 심의위원회의 결정과 어떤 차이가 있을까? 우선 그때는 생존학생들에게 위자료와 의료지원비가 지급되었다. 단, 의료지원비가 차등으로 책정되었다. 지원 기간은 최대 5년이었고 정신과 의사의 진단에 따른 치료비 추정서로 금액이 정해졌다. 문재인 정부 들어서 대통령과 단원고 생존자의 면담 이후 의료지원 기간이 10년으로 연장되었으나 이것은 소송에 참여한 생존자에게만 해당되는 것이었다. 왜냐하면 2015년에 지급을 신청해 받은 생존학생들은 당시에 이미 의료지원비를 수령했기 때문에 이후 결정에 포함되지 않은 것이다. 소송 측 생존학생 가족들은 2015년 의료지원비 차등지급 방식에 강한 문제의식을 갖고 있다.

> 몇몇 분들이 피해자에 대한 생애 전 주기 지원에 대해서 말했던 게 기억이 나요. 왜냐하면 언제 어떻게 트라우마가 나타날지 모르는 상황이니까요. 저희가 끝까지 소송으로 가게 된 이유도 그런 것 같아요. 아직까지도 저희 딸은 영화관에서 물이 나오는 장면을 보면 뛰쳐나가요. 딸하고 같이 갔을 때 영화에서 생각하지 못한 장면이 나올 수 있잖아요. 그러면 우리는 딸 눈치 보느라고 일제히 숨도 못 쉬어요. 제가 다른 부모들에게 얘길 했었거든요. '그렇게 단편적으로 생각하시면 안 된다. 합의하시면 안 된다.' (인서 엄마 신경희)

연희 엄마도 같은 생각이다. 그는 차등 지원은 해서는 안 되는 방식이었다고 말한다. 그의 딸은 참사 당시엔 병원도 안 가고 치료를 받지 않았지만 2019년 정신감정에서 결과가 더 나쁘게 나왔다. 그는 트라우마가 언제 어떻게 발현될지 알 수 없는 상황이라고 말한다. 이에 따라 가족협의회에 소속된 단원고 생존자 부모들은 의료지원에 대한 조정을 사참위에 요구했다. 그리고 의료지원 배·보상 심의위원회에서 재심의를 통과해 일부 내용이 수정되었다. 즉 2015년에 받은 지급액 중 의료지원비 사용에 대한 증빙이 가능하면 소송 측 가족들과 똑같이 2024년까지 의료지원을 받을 수 있게 되었다.[03]

2019년 손해배상 판결이 2015년 배·보상 심의위원회의 지급 내용과 또 다른 점은 생존학생뿐 아니라 그의 형제자매와 부모에 대한 위자료가 지급되었다는 점이다. 사법부는 당사자뿐 아니라 가족의 피해까지 인정함으로써 재난참사에서 피해자의 범위를 넓게 볼 수 있는 선례를 남겼다. 실제로 양육자들은 살아서 돌아온 아이와 다른 자녀들을 보살펴야 했고 오랜 기간 불안과 긴장 상태에 놓여 있었다. 직장 동료들의 세월호 생존자와 관련된 말에 상처를 입고 집과 직장에서 노심초사하는 시간을 보낸 이들도 있었다. 생존 당사자만을 피해자로 보고, 생존자의 형제자매와 부모는 피해자로 인정하지 않는 사회적 분위기 속에서 이들의 고통은 개인의 몫으로 남겨지곤 했다. 이에 대해 재판부는 생존자와 그의 가족 모두가 현재까지도 외상 후 스트레스 장애, 우울, 불안 증상 등으로 고통받고 있다고 판시했다.[04]

재판부는 해경 및 선장, 선원들의 퇴선 유도 조치 소홀 등의 위법 행위와 사고 이후 생존자들이 겪은 정신적 고통 사이에 인과관계가 있다고 보았다. 즉 생존자들이 퇴선 안내 조치를 받지 못한 채 뒤늦게 탈출하는 과정에서 상당한 어려움을 겪었고 세월호 안에서 긴 시간 공포감에 시달렸다는 것이다. 또한 재판부는 대한민국이 세월호 수습 과정에서 정확한 구조·수색 정보를 제공하지 않음으로써 혼란을 초래했으며 피해자의 의견을 반영한 체계적인 의료적·심리적·사회적 지원을 하지 않은 채 지원 대책을 일방적으로 발표하거나 홍보해 가족들이 2차 피해에 노출되었다고 보았다. 판결에서 알 수 있듯이, 세월호참사의 수습 및 피해자 지원 대책 마련 과정에서 발생한 2차 가해에 대한 정부의 책임을 일부 인정했다는 점에서 의미가 있다.

국가배상소송을 한 생존자 가족 중 18개 가정은 배상금과 위자료의 일부를 4·16재단, 사랑의열매, 그리고 가족협의회에 기부했다. 갑작스러운 결정은 아니었다. 가족들은 소송을 준비하면서 만약에 승소한다면 받은 돈의 일부를 세월호참사 활동과 시민을 위해 쓰겠다고 생각했다. 내부적으로 논의하면서 고민해왔던 것이기에 이를 반대하는 가족은 없었고 피해자들의 마음이 모아졌다.

이들이 있었기에 우리는

애진 엄마는 생존학생 부모로서, 가족협의회 일원으로서 활동을 하지 않으면 마음이 불편했다. 그는 유가족들 곁에서 작은 일이라도 좋으니 자신이 할 수 있는 걸 하며 힘을 보태고 싶었다. 그는 회사를 그만두고 광화문 지킴이 활동에 나섰다. 1년 동안 매주 수요일마다 7반 엄마들과 함께 안산에서 서울을 오갔다. 그 시간 동안 엄마들이 들려주는 아이에 대한 얘기가 아프면서도, 그동안 몰랐던 아이들 한 명 한 명에 대해 알 수 있어 좋았다. 이때까지만 해도 그는 힘들지만은 않은, 감당할 수 있는 상황이었다.

애진 엄마는 2016년부터 '4·16가족극단 노란리본'에서 활동했다. 동수 엄마로부터 함께하자는 권유를 받았지만 유가족들로부터 극단의 멤버로 받아들여지기까지 어려움이 많았다. 극단 초창기에는 유가족과 생존학생 부모가 어떻게 관계를 맺어야 하는지 누구도 알지 못했고 가르쳐주는 사람이 없었다. 당시에는 유가족들도 고통스러운 시간을 보내고 있었고 그들끼리도 여유가 없는 상태였다. 칼날 위에 서 있는 것 같은 긴장감이 공기처럼 존재했고 유가족들이 무심코 던진 말들이 마음에 가시처럼 박혔다. 그 속에서 그는 조심스러워 감정을 드러내지 못하고 하고 싶은 말도 참을 수밖에 없었다. 힘들거나 아프다고 하면 안 된다고 생각했고 시간이 지나면서 참는 것에 익숙해져 버렸다. 더구나 연극은 준비부터 공연까지 같은 공간에서 장시간 밀착된 관계로 있어야 한다는 특성이 있었다. 관계에서 '사이'를 만들기 어려운 환경에서 힘들었던 기억이 쌓여갔다.

애진 엄마는 자기가 맡은 배역에서 빠져나오지 못해 힘들었다. 연극 〈이웃에 살고 이웃에 죽고〉를 할 때 그는, 유가족이 된 회사 동료에게 상처가 되는 말을 내뱉는 배역을 맡았다. 보상을 얼마씩 받았다더라 하는 식의 내용이었다. 그가 대사를 입에 올리자 관객석에서 욕설이 들려왔다. 그저 자신이 맡은 배역이었지만 그 순간 자기 자신이 나쁜 사람이 된 듯했다.

> 연극을 하면서 트라우마가 심해졌어요. 너무 힘들었어요.
> 대학로에서 공연을 하고 돌아오는 길에 차에서 내려서 중앙동
> 벤치에서 사람들이 보든 말든 엉엉 울었던 적이 있어요. 연극이
> 끝났는데도 저는 거기에 머물러 있는 거예요. 그렇게 많이 울어본
> 적이 없어요. 감정이 추슬러지지 않더라고요. (애진 엄마 김순덕)

순범 엄마와 수인 엄마는 같은 극단에서 활동했기 때문에 더 많은 것을 보고 알고 있는 사람들이다. 처음엔 순범 엄마 역시 생존학생의 엄마를 만날 때면 얼굴 보는 것이 힘들고 속도 상했다. 그저 부러워서, 애진 엄마와 함께할 수 있어 좋다는 얘기를 꺼낼 수 없었다. 그랬던 순범 엄마도, 공연이 끝난 후 진행하는 간담회에서 항상 눈물을 머금고 말하던 애진 엄마의 모습은 잊을 수 없다. 애진 엄마의 마음속 아픔이 느껴져 순범 엄마는 가슴이 찡했다. 수인 엄마도 애진 엄마와 함께 지내면서 그런 생각을 했다. '자기 몸 상하는 줄도 모르고, 표현도 못 하고, 저렇게 한결같은 사람이 있구나.' 이제는 수인 엄마도 생존학생의 존재를 떠올리며 그들이 떠난 아이들과 똑같은 자식이라고 생각하게 됐다. 그는 애진이를 볼 때 '우리 아이가 컸으면 저

렇게 풋풋하게 컸겠구나' 싶은 마음이 든다. 이제 그는 눈물을 흘리지 않고 이런 생각을 떠올릴 수 있게 되었다. 한 사람을 받아들이는 것이 그 사람뿐 아니라 그의 가족까지 마음을 열고 받아들일 수 있음을 알게 되었다.

시우 엄마는 2015년부터 활동을 시작했지만 인지증에 걸린 어머니를 돌봐야 했기 때문에 회의와 작은 집회에만 참석하는 정도였다. 본격적인 활동은 2019년부터였다. 그는 심리생계지원분과에서 활동을 시작했다. 그의 말처럼 "힘들었던 때를 어느 정도 지나고" 가족협의회 일에 참여한 경우다.

> 맞아요. 맞아. 애진 아빠와 엄마가 자리를 다 깔아놓은 상태에서
> 저는 레드카펫을 밟고 들어왔어요. (웃음) 생존학생 부모와 유가족
> 간에 어느 정도 관계가 만들어진 다음에 제가 온 거죠. 심리생계지원
> 분과에서 활동을 했는데 우리 분과 사람들이 너무 좋은 거예요.
> 저한테 잘해주셨어요. 제가 회의 들어가서 꿔다놓은 보릿자루처럼
> 있으면, 저 보고 얘기하라고 멍석을 깔아주셨어요. 눈짓 하면서
> "생존학생 이야기, 지금이야. 하면 돼" 하는 거죠. 포용해준 가족들이
> 있어서 함께하는 게 가능했던 것 같아요. (시우 엄마 문석연)

처음엔 시우 엄마도 회의 참석이 너무 부담스러웠다. 내용은 이해가 안 되고 "말하는 사람들의 입만 보였"다. 저 사람은 왜 저렇게 말을 잘하지? 난 아무것도 모르겠는데 저 사람은 왜 이렇게 잘 알지? 회의 시작 전에 하는 묵념 시간에는 기도를 했다.

하느님 절 좀 도와주세요. 우리가 진상규명할 수 있게 해주세요.
얘들아, 아줌마 좀 잘 부탁해. 오늘도 함께해줘. 내가 정신 똑바로
차리고 잘 좀 알아들을 수 있게 해줘. 요즘도 기도를 해요. 절실할 때는
더 간절하게 해요. 지금 상황이 이런데 어떻게 하면 좋겠니? 너희들
가만히 좀 있지 말고 하느님 다리라도 잡고 흔들어봐. (시우 엄마 문석연)

시우 엄마는 생존자 가족이 가족협의회에 소속되어 있기 때문에 피해자로서 협상 테이블에 앉을 수 있고 권리를 주장할 수 있었다고 말한다. 가족협의회라는 울타리가 있었기에 집단으로서의 생존자 가족 이야기가 시민들에게 전해질 수 있었다. '우리에게는 떠난 아이들만 있는 것이 아니라 살아 돌아온 아이들이 있구나' 하는 생각을 하면서 피해자들끼리 서로를 챙기게 되었다.[05]

매일 아침 시우 엄마의 휴대전화에서는 생일 알람이 울린다. 그의 휴대전화 일정표엔 그날의 일과뿐 아니라 가족협의회 회원의 희생자 아이와 단원고 생존자, 일반인 생존자의 생일이 적혀 있다. 생일이 되면 그는 희생자 부모와 생존자에게 문자를 보낸다. 2020년부터 그렇게 해왔다. 시우 엄마가 보기에 이 일은 유가족이 할 수 없는 일이다. 그가 가진 세 권의 수첩에는 발송된 생일 문자가 일일이 적혀 있다. 같은 내용을 보내지 않기 위해 해마다 확인을 한다. 수첩엔 메시지 외에도, 같이 보낸 그림에 대한 메모도 있다. 생존자에겐 케이크 그림이나 일반적인 생일 축하 그림을 보낼 수 있지만 유가족들에겐 차마 그런 그림

을 보낼 수 없어서 그에 적합한 생일 그림을 찾아야 했다.

생일 문자를 보내려고 자료를 찾다 보니 희생자 아이들의 약전이
손에 잡히더라고요. 그 책을 펼치면 눈물만 나서 첫해에는 하루 종일
아무것도 못 하는 날이 많았어요. 황지현 학생 약전을 읽을 때에는
사무실에서 꺼이꺼이 울었어요. 지현 엄마가 지현이를 늦게 낳았는데,
그렇게 얻은 외동딸을 얼마나 절절히 그리워하는지… (시우 엄마 문석연)

어떤 생일 문자가 부모에게 힘이 될까? 어떻게 하면 아이를 잘 표현할 수 있을까? 이번엔 문장을 다른 방식으로 구성해 볼까? 10주기가 지나면 아이가 쓰는 편지 형식으로 바꿔볼까? 그는 떠난 아이가 가족을 사랑했다는 느낌을 생일 문자에 담고 싶다. 길을 가다가도 마음에 닿는 문장이 떠오르면 재빨리 메모를 해둔다. 그의 생일 문자는 계속 변주 중이다.

제가 해야 하는 일이라고 생각하지만 너무 슬플 때가 있어요.
아침 8시에 생일 알람이 울려요. '생일 축하해. 오늘 재밌게 지내.'
저 나름의 축하 의식을 해요. 생일 문자가 발송돼요. 생각해보면
제가 중요한 일을 하고 있더라고요. (시우 엄마 문석연)

인서 엄마는 가족과 함께 인양된 배를 보러 목포에 갔다가 4·16합창단장인 창현 엄마를 마주쳤다. "저희 합창단에 들어오실 생각 없으세요? 월요일에 연습을 하는데 한번 놀러 오세

요.” 창현 엄마가 인서 엄마에게 물었다. 그는 바로 거절하기 어려워 예의상 “생각해볼게요”라는 말을 건넸다.

> 인양된 배를 보는 게 딸에게 힘든 일이라 꼬시고 꼬셔서 갔는데,
> 정문 앞에서 합창단장인 창현 엄마가 노란 리본을 만들고
> 계시더라고요. 아이랑 같이 가서 미안한 마음에 유가족 얼굴을
> 마주치지 않고 들어가볼까 했는데, 딱 만난 거죠. 나오면서
> 인사는 해야 할 것 같아서 다가갔는데 창현 엄마가 합창단 얘기를
> 꺼내셨어요. 집으로 돌아와서 월요일이 됐는데 자꾸 그
> "월요일에 한번 오세요" 하는 말이 머릿속을 떠나지 않는 거예요.
> "우리, 한번 가볼까?" 남편이랑 같이 갔는데 합창 연습을 하고
> 계시더라고요. 인사하고 어쩌다 보니 그다음 연습에 또 가고
> 그렇게 시작이 됐어요. (인서 엄마 신경희)

유가족을 만나면서 기존의 선입견이 깨지는 경험을 했다. 유가족을 상상할 때면, 전투적이고 분노에 차 있고 우울한 모습이 떠올랐다. 하지만 막상 함께해보니, 소리 내서 웃고 떠드는 모습의 유가족을 만날 수 있었다. 가족들끼리 서로 의지하는 모습이 좋아 보였다. 그는 진실을 알기 위해 질문을 던지고 그 해답을 직접 찾으려는 유가족들의 모습이 자신과 닮아 있다고 생각했다. 그는 함께 활동할 수 있다는 사실이 희한하고 그저 좋았다. 그는 합창단 활동을 하다가 지금은 쉬고 있다. 아픈 게 나으면 다시 시작하려고 그는 SNS 단체대화방에 다음과 같이 말

해두었다. "조금만 기다려주세요. 저 괜찮아지면 갈게요."

애진 아빠는 사무처 총괄팀장으로 조직 전반을 챙긴다. 그는 사람들의 고충을 이해하고 설득하고 함께한다는 철학으로 노동운동을 해왔고 그때 학습된 경험이 몸에 남아 있다. 대부분의 유가족들은 운동에 대한 경험이 없는 상태에서 참사의 피해자가 되면서 활동을 시작했다. 그런 점에서 가족협의회 초기부터 임원을 맡아왔던 수진 아빠는 애진 아빠의 참사 이전 풍부한 활동 경험이 세월호운동과 가족협의회 활동에 큰 도움이 됐다고 말한다. 실제로 가족들이 노숙농성, 집회, 기자회견 등을 추진할 때 애진 아빠가 큰 힘이 되어주었다. 이 책을 준비하는 워크숍에서 유가족들은 애진 아빠뿐 아니라 가족협의회에서 활동하고 있는 단원고 생존자 가족에게 따뜻한 감사의 마음을 전하기도 했다. "필요하고 중요한 시점에 유가족과 함께 걸어온 그 용기에, 유가족 안에 스며들기 위해 먼저 나서준 마음에 고마움을 전하고 싶다." 서로의 존재에 대한 인정과 노력에 대한 감사의 마음이 모여 우리는 나아갈 힘을 얻는다.

어려운 공존의 실마리

참고 견디다 도저히 버티기 힘든 상황이 되면 보이는 것들이 있다. 애진 엄마는 더는 견디기 힘들어 3년 전 처음으로 심리상담을 받기 시작했다. 그는 함께하는 게 옳다고 생각해 지금까지 왔지만 왜 그동안 버티기만 했는지 스스로에게 질문을 던지고 있다.

> 저 자신을 살피는 시간을 보냈어야 하는데 균형을 못 잡았다는
> 생각이 들어요. 서로를 위해서도 어느 정도의 거리 설정이
> 필요한데, 일단 해야 한다는 생각으로 불나방처럼 뛰어들었던
> 거죠. 그러다 보니 한쪽 날개가 타버려서 날아가고 싶어도
> 못 나는 거예요. 이게 과정이구나 싶기도 해요. 이런 과정 없이는
> 깨닫기 어려운 건가 싶기도 하고. (애진 엄마 김순덕)

그에 반해 애진 아빠는 주로 참는 편이다. 10년이 가까워 오니 몸과 마음의 한계가 오기 시작한다고 느끼지만 그는 '생존자 부모로서의 역할'이 있다고 생각한다. 삶을 잃은 사람들 앞에서 삶을 얻은 사람들이 더 보듬고 이해해야 하는 면이 있다는 것이다. 시우 엄마도 비슷한 마음이 있다고 말한다. 그는 유가족으로부터 들은 말이 가시처럼 여겨지지 않았다. '내가 저 입장이어도 그런 마음이 들 거다. 충분히 그럴 수 있다. 저 말은 나를 힐난하기 위해 한 개인에게 하는 말이 아니다.' 그는 생존자의 엄마로서 함께하는 것이기에 자신이 들은 말에 상처를 받지 않으려고 했다.

그렇게 마음을 다잡고 지냈지만 아무렇지만은 않다는 걸 시우 엄마는 최근에 알았다. 온마음센터에서 직원 교육 차원에서 진행하는 이야기 자리에 간 적이 있다. 얘기가 끝나고 질의

응답 시간에 누군가 질문을 던졌다. "어머님은 어디서 위로를 받으세요?" 그 말을 듣는데 갑자기 눈물이 나기 시작했다. 아, 내가 듣고 싶던 말이었나? 질문을 받았을 뿐인데 위로를 덩달아 받은 셈이었다. 그동안 괜찮다고 생각했는데 아닌 걸 알게 됐다. 애진 아빠와 엄마가 유가족들과 관계를 잘 만들어놓은 다음에 와서 덜했지만 그에게도 마음 깊은 곳에 흔적을 남긴 아픈 말들이 있었던 것이다. 그가 아프다고 하면 '우리보다 더 아파?', 초기에 활동할 때 가족협의회 강당에 가 있으면 '여기 왜 왔어?' '언니 보는 거 가족들이 힘들어해'라는 말을 들었다. 그럴 때마다 그는 있어서는 안 될 자리에 자신이 온 것 같은 느낌을 받았다. 그는 아직도 '여기 왜 왔어?'라는 말에 예민하다.

저희가 얼마나 쭈뼛쭈뼛하겠어요. 힘들겠지만 '쟤가 왜 왔어'가 아니라 그냥 아무렇지 않게 '아, 오셨어요? 점심은 드셨어요? 여기 와서 앉으세요', 이렇게 그 사람이 그 자리에 있을 수 있게 옆자리를 내어주는 게 중요한 것 같아요. 저는 이런 말을 먼저 하는 게 자연스러운 사람이거든요. 어렸을 때 성당에서도 잘 어울리지 못하는 친구한테 먼저 다가가서 얘기를 건네곤 했어요. 물론 친해도 이런 말 못 하는 사람이 있는 건 알아요. '시크'해서 안 하는 사람도 있고요. 근데 사람이 원래 가진 성향을 떠나서 자리를 내어주는 말이 오가면 좋겠어요. (시우 엄마 문석연)

10년 동안 가족협의회에서 활동하면서 단원고 생존자 부모들은 함께할 수 있는 관계의 길을 찾기 위해, 자신의 활동의 의미를 공유하고 확장하기 위해 각자의 자리에서 분투해왔다. 그 길은 녹록지 않았기에 때로는 기쁨으로, 때로는 오해로, 때로는 고통으로 채워졌다. 그 모든 것이 "어찌 됐든 함께하려고 했기 때문에 가능한 일"이었다. 가닿을 수 없는 마음을 확인하고 실망하고 좌절했던 순간조차 변화의 가능성을 담은, 서로 부딪힘의 시간이었다. 이들은 같은 목표를 지향하며 각자의 자리에서 열심을 내고 서로를 응원했던 힘들에 대한 기억을 품고 있다. 그 기억들이 남아있기에, 오늘 다퉜어도 내일이면 다시 서로를 안쓰럽게 볼 수 있는 마음을 품을 수 있었다.

인서 엄마는 세월호참사뿐 아니라 다른 재난참사의 생존자 부모에게도 전하고 싶은 말이 있다고 했다. 그는 생존자와 그 가족들이 기죽지 말고 흔들리지 말고 당당했으면 좋겠다고 말한다. 참사의 책임은 피해자에게 있지 않으니 주위의 어떤 비방에도 흔들리지 말라고 그는 당부한다. 오히려 생존자의 몫이 있다면 그것은 참사가 어떻게 해결되는지 끝까지 주시하면서 행동하는 일이다.

생존자들은 증인이잖아요. 뭔가가 확실하게 밝혀지지 않으면 이들이 그다음 단계로 못 넘어갈 것 같아요. 그 일이 왜 일어났는지를 알아야 그다음 용서를 하든 책임을 묻든 할 수 있고 이런 과정이 있어야 앞으로 나아갈 수 있잖아요. 해결하지 못한 채 남아 있는 찜찜함을 털어내야 하는 거죠. 저는 애들한테 결론을 보여주고 싶어요.

설사 결론이 안 좋게 나더라도 얘기할 수 있는 게 생기잖아요.
'이게 말이 되는 결론이니? 너희들은 이렇게 하면 안 돼.' 나쁜 역사든
좋은 역사든 정확히 알아야 발전이 있는 거지 모르는 상태에서는
발전이 없다고 생각해요. 우리 애들한테 그걸 알려주고 싶어요.
분명한 건 진상규명이 되지 않으면 애들이 국가와 어른에 대해
신뢰를 회복하지 못할 거라는 거예요. (인서 엄마 신경희)

애진 아빠는 생존자 가족이 유가족, 나아가 다양한 위치의
피해자들과 연대해야 할 이유를 설명한다. 참사의 진상을 규명
하고 안전사회로 나아가기 위해서는 피해자들이 함께 힘을 모
아야 한다. 이것은 피해자 모두의 존엄한 삶과 연결되어 있으며
이들의 회복을 위해서도 필요한 일이다.

점차 시간이 흐르면 흐를수록 우리가 필요하다는 것을 느낄 수 있을
거예요. 왜냐하면 누구 한 사람의 목소리보다 다양한 피해자들의
목소리가 재난참사의 진상규명에도 도움이 되고, 이로써 피해자들의
연대가 사회적인 공감대를 형성할 수 있기 때문이에요. 피해자의
죽음과 생존은 구분되지만 국가적 재난참사에서 모든 피해자들은
함께해야 한다고 생각해요. (애진 아빠 장동원)

/ 이호연

몸짓

2014년 5월, 승묵 엄마는 집에서 하루 종일 아이 생각을 했다. 선잠이라도 들면 가위에 눌렸다. 눈을 뜨면 다시 멍하니 앉아 하루를 보냈다. 윤희 엄마도 멍하니 넋을 놓고 있을 때가 많았다. 생각이 멈춰버린 듯했다. 나무를 봐도 그 잎이 초록색인지 흰색인지 구분이 안 됐다. 어느 순간 자신이 해야 할 일이 사라졌다. 친구와 친척, 이웃은 더 이상 만나고 싶지 않았다. 그저 모든 것을 잃었다는 생각뿐이었다. 엄마들은 눈을 뜨면 화랑유원지의 분향소로 향했다. 거리에서 서명을 받고 나면 분향소로 향했고, 광화문에서 집회를 마치면 분향소로 갔다. 2014년 봄, 엄마들은 누구나 할 것 없이 분향소로 모였다.

우리는 여기서밖에 못 웃어요. 다른 데서 웃으면 자식 잃은 어미가
뭘 저렇게 좋아하느냐 그러거든요. 울면 맨날 울기만 한다고 그러고.
그러니 우리가 갈 수 있는 곳이 여기뿐이었어요. (원석 엄마 박지민)[01]

그러나 분향소에서도 사람들의 시선을 한 몸에 받기 일쑤

였다. 준혁 엄마는 분향소에서 영정 사진을 바라보다가 울다가 멍하니 앉아 있기를 반복했다. 누가 숟가락을 쥐여주면 한 숟가락을 겨우 넘기고 내려놓았다. 물잔을 쥐여주면 입을 축였다. 엄마들이 쉴 수 있는 공간이 절실해졌다. 분향소 한편에 조그맣게 엄마 대기실을 만들었다. 대기실에서도 엄마들은 다를 바 없었다. 그저 멍하니 앉아 있거나 눈물을 흘리며 작게 흐느꼈다. 그러던 어느 날, 다영 엄마가 우는 엄마 곁에 가만히 앉아 리본을 만들었다. 며칠 뒤, 어느새 모두의 손에 리본이 들려 있었고 엄마들은 각자 문득문득 미소를 지으며 아이들과의 추억을 입에 올리고 있었다. 분향소 대기실은 엄마들이 마주 앉아 이야기할 수 있는 유일한 공간이 되었다.

저는 말재주가 없어요. 간담회에 나가는 것도 어렵고 분향소에 방문하시는 시민분들과도 이야기를 잘 하지 못해요. 제가 할 수 있는 건 오로지 손으로 하는 거예요. 노란 리본도 만들고요. 동그란 브로치를 '빵떡'이라고 불렀는데 꽃이나 아이들 이름을 수놓아서 사람들에게 선물했어요. 그거라도 하니까 마음이 조금씩 편해졌어요. 할 수 있는 일이 생긴 거죠. (수진 엄마 남영미)

치유이자 투쟁의 시간: 4·16공방

청운동에서 노숙투쟁 할 때였어요. 엄마들이 청운동 길거리에서

터를 잡고 앉아 노란 리본을 만들었어요. 저는 분향소에서도

엄마들과 계속 리본을 만들거나 뜨개질을 했어요. (다영 엄마 정정희)

공방은 부모들이 투쟁하기 위해 나선 거리에서 처음 문을 열었다. 엄마들은 청운동에서, 광화문에서, 분향소에서, 앉은 자리 어디든 노란 리본을 손에 쥐었다. 노란 리본만이 아니었다. 손에 잡히는 것이라면 무엇이든 쥐고 있었다. 그즈음에 엄마들이 함께 모여 할 수 있는 일과 공간이 필요하다는 이야기가 나왔다. 2015년 5월 엄마들을 대상으로 설문조사를 진행했고 마음 편히 머물 수 있는 공간이 있으면 좋겠다는 의견을 받아들여 정식으로 4·16공방을 열었다. 공방을 시작한 이들은 엄마들이 함께 울고 웃으며 실력을 쌓고, 투쟁을 갔다 와서 쉬는 공간이자 진상규명과 추모공원 등의 장기적 활동의 토대로서 4·16 공방의 역할을 상정했다.

유가족을 대상으로 상담을 제공해주는 기관들이 있어요.

하지만 가족들 대부분은 스스로 찾아가지 않아요.

엄마들이 부담 없이 모여서 스스로 힐링할 수 있는 시간과

공간을 만들었으면 했습니다. (성빈 엄마 김미현)

엄마들은 공방 활동에 필요한 것들을 조사했다. 필요한 예산은 예은 엄마가 소속되어 있는 교회를 통해 기독교 재단으로부터 후원을 받고 온마음센터, 쉼과힘, 우리함께, 안산건강보

건센터 등에서 프로그램을 끌어왔다. 자수(브로치), 원예, 퀼트, 냅킨아트, 천연화장품 등으로 프로그램을 짰고, 온마음센터의 정신과 상담의도 주 2회 방문해 엄마들의 마음을 살폈다.

> 일주일에 한 번씩 공방에 나와서 엄마들을 만났어요. 저는 공방에서 천연화장품을 만들었어요. 샴푸, 비누, 에센스, 로션 같은 것들요. 향이 좋아서 만들 때 제 마음이 조금이나마 치유되더라고요. 그때는 엄마들 만나는 시간만 기다렸어요. (순영 엄마 정순덕)

　분향소를 오고 가는 시민들도 힘을 보탰다. 평화의나무 시민합창단이었던 마연숙 씨는 공연을 위해 분향소에 방문했다가, 엄마들이 대기실에 모여 앉아 노란 리본을 만들고 있는 모습을 보았다. 당시 마연숙 씨는 퀼트공방을 운영하다 문을 닫은 지 얼마 안 된 때였다. 마연숙 씨는 한 엄마에게 함께 바느질을 해보는 것이 어떻겠느냐고 권했다. 본인이 직접 준비물을 챙겨올 테니 함께 바느질할 엄마들을 모아달라고 청했다. 마연숙 씨는 천과 실, 바늘을 가방에 넣고 안산으로 향했다. 분향소 대기실에는 스무 명의 엄마들이 모여 있었다.

　엄마들이 대기실에 동그랗게 모여 앉아 바느질을 했다. 퀼트는 조각 천을 이어 붙여 하나의 작품을 만들어낸다. 도안을 따라 천을 이어 붙이다 보니 멈춰 있던 엄마들의 시계가 조금씩 움직였다. 한 조각, 한 조각 이어져 방석이 되고 앞치마가 되고 가방이 되고 인형이 되었다. 이태민 엄마는 아이 생각을 잠시

옆으로 미뤄두고 천을 이어 붙였다. 손이 떨려 바느질이 힘든 엄마는 천을 정리하고 공방 청소를 맡았다. 모여 있다 보니 가끔씩 서로를 보며 웃는 순간들이 생겼다. 웃음은 대개 원석 엄마 자리에서 시작된다. 원석 엄마는 퀼트 선생을 가장 많이 불러대는 사람이다. "아따, 나가 선생님 말을 영 못 알아먹겠네. 알려줘도 내는 금방 이자분다." 마연숙 씨가 재빨리 원석 엄마에게 다가가 재차 설명을 해준다. "선생님이 내 것까지 마무리해줘야겠소. 나는 당췌 모르겠당게." 그리하여 원석 엄마 작품 마무리는 매번 선생님 차지다. 엄마들은 그 모습을 보며 웃음을 터트린다. 몇 달이 흐르고 엄마들이 만들어낸 소품들이 대기실 한편에 쌓였다. 왠지 대기실의 공기도 전에 비해 한결 훈훈해진 듯했다.

2주기 무렵, 4·16공방의 역할이 애도, 치유의 성격을 넘어 외부로 확장되었다. 엄마들은 안산 지역 주민들과 함께 어울리는 자리를 마련했다. 엄마들이 만든 작품으로 바자회를 열기로 하고 '엄마와 함께하장'이라고 이름 붙였다. 엄마들은 석 달 동안 잠을 줄여가며 트럭 두 대 분량의 작품을 만들어냈다. 수놓아서 브로치를 만들고, 퀼트로 가방을 만들고, 인형과 식탁보와 앞치마와 손수건을 만들고, 비누와 수세미, 압화 액자, 배지 등을 제작했다. 성빈 엄마가 봉제공장 미싱사가 시다에게 일감을 주듯 엄마들에게 할당을 주었다.

행사가 시작하고 엄마들이 만든 소품들이 정말 빠르게 팔려 나갔어요.

제가 만든 소품을 보고 시민분들이 예쁘다 예쁘다 감탄하는 모습을

봤어요. 소장하고 싶다면서 사는 거예요. 전 제 작품이 어설퍼 보이고

부끄러웠는데 좋아해주는 모습을 보니 인정받는 기분도 들고

제 아이를 생각하며 만든 작품이니까 시민분들에게 우리 아이

이야기를 전하는 것 같아서 좋았어요. (보미 엄마 정은영)

'엄마랑 함께하장'에는 세월호를 기억하는 시민들이 많이
들 참여해주었다. 판화 작가, 캐리커처 작가 등 예술가들이 손
수 만든 작품을 팔고 수녀님들이 직접 만든 묵주나 팔찌를 기부
해주었다. 안산과 시흥 엄마들이 아나바다 장터를 열고, 푸드
트럭에서 음식을 팔았다. 시민 2,700여 명이 찾아와주었는데,
이는 그해 안산시에서 개최한 행사 중 두 번째로 큰 규모의 행
사로 기록됐다. 엄마들은 바자회 수익금을 안산의 지역아동센
터 등에 기부했다. '엄마랑 함께하장'에서 유가족들은 보다 많
은 시민들과 폭넓게 교류함으로써 세월호참사를 알리고 지역
에 공헌하고자 했다.[02]

시민분들이 정말 많이 와주었어요. 수익금을 지역아동센터 난방비와

독거노인들을 위해서 써달라고 기부했어요. 우리가 정말 많은

도움을 받았잖아요. 우리도 지역사회를 위해서 우리가 받은 것들을

나눌 수 있어서 뿌듯했어요. 자식 잃고 힘든 엄마들이 지역사회를

위해 나섰다는 걸 좋게 봐주는 것 같았어요. 우리에게는 평생

가져가는 아픔이 있지만 공방을 하면서 알게 된 각자의 재능들로

이웃에 도움이 될 수 있어서 도리어 고마웠어요. (성빈 엄마 김미현)

큰 행사를 치르고 나니 엄마들의 마음도 조금은 단단해졌다. 북적이는 그 짧은 시간 동안 엄마들이 시민들과 얼굴을 맞대고 이야길 나누었다. 꼭 세월호 이야기가 아니어도 좋았다. 자연스럽게 손을 맞잡고 묵묵히 표정만 나누어도 그랬다. 물론 그때는 가족협의회가 대정부 투쟁의 한복판에 있던 시기였으니 '지금은 벼룩시장을 할 때가 아니다'라는 목소리가 없지 않았다. 그럼에도 '엄마랑 함께하장'을 계속 열어야 한다는 이야기에는 대놓고 뭐라 하지 못했다. 이 장터가 바자회라는 영역을 넘어, 안산 지역에서 세월호 엄마들이 여전히 진실규명을 위해 싸우고 있음을 보여준다는 것을 모르는 바가 아니었으므로. 그렇게 '엄마랑 함께하장'은 총 네 차례 열렸다.

시민들을 즐겁게 만날 수 있다는 게 가장 좋았어요. 투쟁할 때는 심각할 수밖에 없어요. 서로 슬프고 아픈데, 여기서는 웃고 떠들 수 있잖아요. (지혜 엄마 이정숙)

4·16공방이 만들어지고 엄마들은 매듭, 비누 공예 등으로 범위를 넓혀갔다. 시간이 흐르니 자연스레 작품들이 쌓였다. 2020년에는 엄마들 작품으로 전시회가 계획되었다. 엄마들은 자신들의 이야기를 담아 퀼트로 표현하기로 했다. 만들고 싶은 작품을 구상하고 한 자리에 모여 한 사람씩 발표했다. 자기 이

야기를 표현하기로 했으나 엄마들이 가져온 작품은 모두 아이에 대한 것이었다. 꿈속에 나온 아이, 아이가 장래에 하고 싶었던 일, 아이가 엄마와 하고 싶어 했던 일, 아이에게 해주지 못한일 등등 엄마들 가슴속에 있던 아이들의 이야기가 작품으로 구상되었다.

전시회를 하면서 엄마들이 번갈아 도슨트(해설자)를 맡아 시민들을만났어요. 전시회를 하면서 엄마들이 조금씩 바뀌었어요.
2020년 1회 전시회 때는 '누구의 엄마'라는 이름으로 작품을내놓았어요. 그때는 죽어도 이태민 엄마로 기록하고 불리고 싶었어요.
그러다 2회 전시회부터는 본인 이름으로 활동하기로 했어요.
문연옥으로요. (이태민 엄마 문연옥)

엄마들의 퀼트는 말 그대로 그들 자신의 조각난 마음을 이어 붙이는 일과 다를 바 없었다. 한 땀 한 땀 바느질해 이어 붙인절망들이 마지막에는 한 장의 아름다운 작품으로 바뀌는 모습을 볼 때 그들은 무슨 생각을 했을까. 어쩌면 그들은 아무것도생각하지 않았을지 모른다. 공방은 그들에게 잠시나마 현실을잊어버리도록 해주는 망각의 공간이기도 했을 것이다.

4·16공방은 2020년 1회 전시회를 시작으로 거의 매년 전시회를 해오고 있다. 활동이 이어지면서 자연스럽게 강사로 활동하게 되었다. 엄마들은 지역에서 퀼트, 천연화장품, 매듭 강의를 하면서 역량을 키워갔다. 단순히 가르치는 데서 그치지 않고

세월호에 대해 알리는 일까지 해냈다.

> 처음에 주민들을 가르치러 갔을 때는 한마디도 못 꺼냈어요.
> '세월호참사로 아이들을 잃은 엄마들이 수공예를 배워 여러분을
> 가르치러 왔습니다'라고 소개를 받고도, 세월호참사가 왜 진상규명이
> 안 됐고 현재 어떻게 진행되고 있는지 이야기를 못 했어요. 그게 너무
> 아쉽더라고요. 지역에 나가서 알리고 싶어서 활동을 시작했는데
> 안 되니까요. 수업을 하고 나서 평가하는 자리를 가졌어요.
> 서로 아쉬운 점에 대해 이야기를 했어요. 한 해 두 해 시간이 지나고
> 나서야 조금씩 이야기를 할 수 있었어요. (웅기 엄마 윤옥희)

4·16공방은 2016년부터 '찾아가는 4·16공방 프로그램'을 운영하고 있다. 엄마들이 직접 만들고 마음을 전한다는 의미로 지역 주민들과 함께 매듭, 자수, 비누 공예 등을 해오고 있다. 2023년 5월에는 특별한 요청이 들어왔다. 단원고에서 재학생을 위한 공방 프로그램을 요청한 것이다. 단원고등학교는 가족협의회와 가까운 곳에 위치했지만 기억교실이 옮겨진 후 부모님들이 학교를 방문한 적은 없었다. 힘든 기억이 많은 학교에서 프로그램을 진행하는 것이 어려울 것 같다는 의견도 있었지만 엄마들은 회의 끝에 단원고에서 4·16공방 프로그램을 진행하기로 결심했다.

아이들이 학교를 사랑했어요. 대부분의 아이들이 4월 수학여행

> 떠나기 직전에 학교 벚꽃나무에서 사진을 찍었어요. 아이들
> 페이스북에 들어가면 벚꽃나무 아래에서 찍은 사진들이 가득했어요.
> 그 벚꽃나무가 우리가 가야 하는 단원고 카페 바로 앞에 있어요.
> 카페에 들어가려면 그 나무를 지나가야 하거든요. 아이들이
> 보았던 나무, 아이들의 뛰던 운동장, 아이들이 공부했던 교실을
> 바라보아야 한다는 게 정말 쉽지 않았어요. (웅기 엄마 윤옥희)

엄마들은 공예 세트를 싣고 단원고로 향했다. 프로그램은 학교에서 새롭게 조성한 카페에서 열기로 했다. 짐을 들고 가는 엄마들 표정이 조금 어두웠다. 이 공간은 세월호참사 이후 단원고에 기부된 기금으로 만들어진 곳이었다. 공간은 환하고 예뻤다. 한편에 학생들이 앉아 영상을 볼 수 있도록 꾸며놓았고, 다른 한편에는 카페테리아가 있었다. 카페 가운데에는 세월호참사로 희생된 학생들에게 전하는 메시지가 걸린 나무가 있었다. 이태민 엄마의 눈이 어느 메시지에 잠시 머물렀다. 카페에 빈자리가 없을 정도로 학생들 참여도가 높았다. 학생 대표로 보이는 여학생이 김혜선 엄마에게 말을 걸었다. "어머니, 시작하기 전에 학생들에게 우리가 참사를 기억해야 하는 의미에 대해 꼭 설명해주세요." 학생의 말에 엄마가 힘있는 말투로 세월호참사에 대해 전하며 프로그램을 열었다.

> 올해 단원고에서 재학생과 함께하는 프로그램을 처음 했던 터라
> 세월호참사에 대해 길게 이야기하기가 어려웠어요. 이 프로그램을

진행한 후에 동아리 프로그램으로도 신청이 들어왔어요. 엄마들과 학생들이 이야기를 좀 더 나누면 좋겠다고요. 그래서 이번에는 저희가 추가로 제안했어요. 재학생들과 간담회를 진행한 후에 체험 프로그램을 하겠다고요. 이 활동을 통해 단원고에서 우리 아이들에 대해 이야기할 수 있어서 보람을 느꼈어요. (김혜선 엄마 성시경)

아이의 이야기를 품고 무대에 서다
: 4·16가족극단 노란리본

동수 엄마가 같이하자고 슥 던지더라고. 나는 대사 많으면 못 한다고 그랬어. 그랬더니 언니, 대사 없는 거 준대. 엉겁결에 대본을 받았는데, 어머나, 대사가 엄청 많은 거야. 이걸 어떻게 해야 하나. 일단 받아 왔어. 공연이 한 달밖에 안 남았었거든. 그래갖고 할 수 없이 차에서 녹음한 걸 계속 들었어. 예진 엄마가 처음부터 끝까지 녹음을 해줬거든. 목포 다니면서 왔다 갔다 안산 다니면서 계속 듣고 다니고. 그러니 어깨가 얼마나 아팠겠어. 돌덩어리가 몇 개씩 들어앉아 있었어. (순범 엄마 최지영)

연극은 커피 수업에서 출발했다. 2015년 엄마 몇몇이 모여서 커피 수업을 받았다. 정해진 수업은 마쳤는데 엄마들이 집으로 들어가면 안 나올 것 같아서였는지, 커피 선생님이 엄마들을 붙잡고 연극을 해보라고 권했다. 엄마들은 손사래를 쳤다. 무슨 연극이냐고. 그런데 그렇게 다리가 놓아져 연극 연출가가 연락을 주었다. 그 사람이 지금 노란리본 극단의 연출을 맡고 있는 김태현 감독이다. 처음에는 엄마 네 명이 모였다. 다 같이 둘러앉아 대본을 읽었다. 그저 가관이었다. 대본을 읽는 것조차 제대로 하지 못했다. 당시를 추억하며 수인 엄마는 말한다. "한글이 한글 같지 않았어요. (웃음) 진짜 '아버지, 가방에, 들어가신다' 이렇게 읽었다니까요."

분량이 적고 재밌는 희곡부터 골라 읽었다. 처음에는 순서 없이 마구잡이로 읽다가 어느 순간부터 역할을 나눠서 읽었다. "정신을 차려보니까 무대 위에 있더라고요." 참사 초기에는 전국 각지로 간담회가 많이 열렸지만, 어느새 이야기를 할 수 있는 자리가 많이 줄어갔다. 그렇다면 연극을 꾸준히 상연하면 어떨까. 무대에서는 우리 아이 이야기를 할 수 있겠다고 생각했다. "그 자리에서는 우리가 어떤 처지이니 함께해달라고도 말할 수 있고, 우리 애 생일이라고도 말할 수 있었어요."

무대에 올라가 너무너무 떨렸는데 하고 나니까 기분이 괜찮더라고요. 예진이가 이래서 무대를 좋아했나 보다, 다음에 공연하면 예진이 생각해서 더 잘해야겠다, 그런 생각을 이때부터 한 거예요. 예진이가 뮤지컬 배우가 되고 싶어 했으니까 흉내라도 낼 수 있지, 다른 거였으면 흉내도 못 냈을 텐데… 이런 생각을 많이 했죠. 감독님이 장난으로 '대학로도 가겠어요' 그랬는데 진짜로 그다음에 대학로를 간 거예요. 긴장되는데도 예진이 생각만

했어요. '예진아, 엄마가 너 대신 하는 거라면 엄마 더 잘하게 해줘.' 관객석에 예진이가 있다는 마음으로 했어요. (예진 엄마 박유신)

제가 맡은 역할에 랩을 넣자고 제안했어요. 우리 영만이가 랩을 좋아했거든요. 제가 영만이처럼 잘할 수는 없겠지만, 멋지게 랩을 꼭 해야겠다고 다짐했어요. 아이 대신 내가 그 꿈을 꾸고, 내가 노래한다고 위안 삼는 거죠. 아이한테 죄스러우면서도 아이를 위한 일이라고 생각했어요. 가사가 엄청 길어요. 3분 넘는 것 같아요. 랩은 빠르잖아요. 처음에는 안 들리더라고. 가사를 보면서 매일 듣고, 참 희한한 게… 사람이 관심을 갖고 하다 보면 흥미로워지고, 어느 날부터 귀에 들리기 시작하니까 너무 재밌는 거예요. 이게 흥미로운 거예요. 거짓말 안 하고 유튜브 공연 영상을 하루에 30번도 넘게 봤어요. 한 달도 안 돼서 다 외웠어요. MR을 틀어놓고 랩하는 걸 녹음했어요. 우리 큰 아이한테 들려줬더니 아이가 엄마 대단하다고 엄청 놀라는 거야. (영만 엄마 이미경)

수인 엄마는 수인이에게 이야기를 들려주는 마음으로 무대에 선다. 그는 결혼하고 나서 10년 만에 수인이를 낳았다. 태교도 책으로 하고 수인이를 키우는 내내 책을 함께 읽었다. 이야기도 많이 들려주었다. 연극 무대를 마치고 집으로 돌아가는 길에는 항상 수인이에게 말을 건다. '오늘은 엄마가 무대에서 조금 울었네. 안 울려고 했는데 어쩔 수가 없었어. 엄마가 울었다고 속상해하지 말구. 그래도 다른 건 나름 괜찮지 않았어?'라는 식으로 대화를 많이 한다. 그에게는 무대가 수인이를 만나는 통로이자 수인이에게 바치는 이야기의 장이다.

> 안 아픈 대본이 없어요. 〈기억여행〉 때 내가 세월호를 혐오하는 주민 역할을 맡았어요. "납골당이 웬 말이냐" "세월호 가족은 각성하라"라는 대사를 해야 했어요. 입 밖으로 저 말을 내놓는데 진짜 힘들더라고. 온마음센터 가서 상담 받고 약 처방을 받아 먹으면서 연습하고, 무대에 오르기 전에는 청심환을 먹었어요. 청심환도 매일 먹으니까 안 들어. 2년 동안 〈기억여행〉 공연 올리면서 청심환을 매일 먹었던 것 같아요. 엄마니까 할 수 있었던 것 같아요. (순범 엄마 최지영)

동수 엄마는 블랙텐트에서 했던 공연이 가장 기억에 남는다. 2017년 1월 서울 광화문광장 문화예술인들과 해고노동자들이 모여 천막극장을 만들었다. 박근혜 정부의 블랙리스트에 맞서 문화예술계가 만든 '광장극장 블랙텐트'였다. 예술인들 공연 사이에 엄마들도 〈그와 그녀의 옷장〉이라는 작품을 올렸다. 광화문은 엄마들이 치열하게 싸운 곳 아닌가. 그런 곳에서 공연할 수 있어서 더 의미가 있었다. "우리 아이들한테 보여주는 느낌이었어요. 시민들이 우리 공연을 보기 위해 광화문광장에서 줄을 끝도 없이 섰어요." 예술인들 앞에서 공연을 한다는 게 떨렸지만 내 아이를 무대에 세우는 것 같아서 떨리는 마음을 다잡고 무대에 섰다. 동수 엄마는 무대에 서서 시민들의 지지와 함께 위로받았던 기억을 잊을 수 없다.

연극은 배우인 엄마들이 무대 위 순간들을 감당하고 관객의 호응을 이끌어내며 자존감을 회복해가는 과정이면서, 연극이니까 할 수 있는 해원(解冤)의 매개체이기도 하다. 〈장기자랑〉은 수학여행에서 선보일 장기자랑을 연습하는 다섯 명의 고등학생 이야기다. 연극은 다섯 학생이 무사히 제주도에 도착해 수학여행을 즐기는 모습으로 막을 내린다.

실제로는 하지 못했던 일들을 연극을 통해서라도 구현하면서
원풀이를 하는, 해원의 힘이 연극이 있다는 것을, 제가 하고 있는
연극예술이 큰 힘을 갖고 있다는 것을 느끼고 배웠어요. (김태현)

〈이웃에 살고 이웃에 죽고〉를 공연할 때 단원고 교복을 입어야
했어요. 제가 애진이 교복을 빌려 입었어요. 애진이는 생존학생인데
나랑 같이 연극하고 있는 순덕 엄마 딸내미예요. 그 교복을
입고 있으니까 애진이가 보였어요. 나만 힘들고 아픈 게 아니라
생존학생들도 힘들겠구나. 그러면서 애진 엄마랑 더 가까워질 수
있었던 것 같아요. 처음에는 생존학생 엄마인 애진 엄마를 보는 게
힘들었어요. 아팠지요. 같이 공연을 연습하고 함께 지내면서
진심을 알게 됐지요. 〈장기자랑〉에서도 엄마들이 단원고 교복을
입고 무대에 서요. 아이들 모습을 닮아가려고 노력을 많이
했어요. 〈장기자랑〉은 우리 아이들이 제주도에 도착하면서
이야기가 끝나잖아요. 그 장면은 너무 마음이 아픈데 또 좋았어요.
그랬으면 좋겠는 엄마의 마음이지… (동수 엄마 김도현)

2019년 〈장기자랑〉은 단원고 아이들, 2021년 〈기억여행〉은 엄마아빠들 활동, 2023년에 올린 〈연속, 극〉은 가족의 이야기다. 〈연속, 극〉은 극단에 속한 일곱 명의 엄마들 인터뷰를 기반으로 창작됐다. 제목이 〈연속, 극〉인 것은 아이와 관련된 이야기들이 일곱 개 버전으로 나와서다. 예진 엄마 에피소드는 예진 엄마가 주인공, 수인 엄마 에피소드는 수인 엄마가 주인공인 식이다. 자기 에피소드에는 본인 대사가 제일 많다. 자기가 이끌어가야 하니까. 본인 이야기를 하기 때문에 더 잘하는 듯도 하다. "김태현 감독님이 정말 연출을 잘하셔. 슬픈 장면도 승화시킬 수 있게 웃음 코드를 많이 넣어주세요." 아이들의 부재 때문에 마지막에는 어김없이 슬프지만 그럼에도 불구하고 엄마들이 주는 감동이 있다.

연극이 저한테는 세월호 활동인 거예요. 예전에는 간담회에서 발언하는 것으로 세월호를 알렸다면 지금은 연극으로 세월호를 알리고 있어요. 연극에 취미가 있거나 남들 앞에 나서고 싶어서 하는 게 아니에요. 합창, 연극으로 매년 새로운 작품을 만들어 다가가면 사람들이 부담스럽지 않게 저희를 만날 수 있죠. 간담회는 마음이 좀 무겁잖아요. 우리 연극도 세월호 엄마들이 한다고 하면 처음에는 '아, 세월호!' 하고 듣기만 해도 벌써 가슴이 덜컹하고 미안하고 슬픈 마음으로 들어오는 거예요. 단단하게 결심하고 오는 자리인 거야. 어떤 분이 연극을 보고 메모를 남겼는데 세월호 연극이라서 처음엔 보기 싫었대요. 슬픈 얘기, 무거운 주제겠지…

자기는 우울해지고 싶지 않았는데 막상 연극을 보니까 무겁지도
않았고 엄마들이 연기하는 게 재미도 있었고 귀엽기도 했고
잘 봤다고. 세월호가 무거운 것만은 아니구나. 다시 한번 생각해볼
수 있는 계기가 됐다는 거예요. 이런 식으로 사람들에게 파고들
수 있고 공감을 줄 수 있고, 내가 하는 연극이 세월호를 다시 한번
생각할 수 있게 만드는 작업이라고 생각해요. (윤민 엄마 박혜영)

엄마들은 공연을 다니면서 '그동안 잠시 잊고 있었는데, 지
금보다 더 기억해야 하겠다'는 말들을 자주 듣는다. 연극은 시
민들에게 '다시 한번 되새겨주는 시간'을 선사하기도 한다. 그
들은 1년에 30회 이상 돌아다닌다. 수많은 이들을 만나면서 보
람을 느낀다. 참 잘했다 싶다. "어저께 공연하고 왔는데, 그럼
으로써 시민들이 우리 아이들을 한 번 더 기억해주고 엄마의 마
음을 읽었잖아요. 우리가 많은 일을 하고 있는 것 같아, 뿌듯하
고 참 좋아요." 자신이 잘하지는 못하지만 그래도 이렇게 뭐라
도 할 수 있어서 다행이다. 연극이 아니었다면 이런 대사를 어
떻게 외워봤을까 싶다. 잘하든 못하든 떠나서 나이 먹어도 치매
는 안 올 것 같다며 서로 농담을 하며 웃을 때도 있다.

할 수 있는 데까지는 해야지 않겠어요? 내가 우울감이
깊었는데 어느 날 결정을 내렸어요. 그래! 모든 걸 내려놓고
연극만 하자. 이것을 때려치면 견디기가 너무 힘들 것 같아요.
그래서 다음 작품을 시작했어요. (순범 엄마 최지영)

희망이 되는 나무제품을 만들다
: 4·16희망목공협동조합

　　2015년의 일이다. 유가족 중 누구였는지는 모르지만 '세월호 아빠들은 모이면 맨날 술 먹고 다투니까 모여서 뭐라도 하면 좋겠다'라고 말했다. 당시 안산 화정교회 박인환 목사가 아빠들에게 목공을 해보면 어떻겠느냐고 권했다. 마침 용인 고기교회 안홍택 목사가 목공기술이 있었다. 일이 일사천리로 진행돼, 기독교 감리교 재단에서 목공기계를 사주고 청파교회의 김기성 목사가 후원해서 컨테이너박스 두 채를 마련했다. 그렇게 목공소가 시작됐다.

　　안 목사는 목공 카페 '콩세알'을 운영하는 이진형 목사와 함께 아빠들에게 목공을 가르쳤다. 이 과정을 기억하는 미지 아빠는 사실 그때는 아무것도 하고 싶지 않았다고 고백한다. 실제로 그는 이름만 올려놓고 모임에 나가지 않았다. 그래도 다른 누군가가 목공을 배우기 시작했다. 분향소 주차장에 컨테이너 두 대를 이어 붙여 터를 마련하고, 목공기계와 공구, 장비, 나무를 들여놓았다. 사람들이 하나둘 모이기 시작했다.

　　당시에는 사람들이 꽤 있었어. 성빈 아빠, 민정 아빠, 수연 아빠,

　　다영 아빠, 수정 아빠, 나까지 아빠들이 11명쯤 되고

　　엄마들이 수인 엄마, 동수 엄마, 민수 엄마, 고운 엄마 등 8명…

　　총 20명 정도 됐어요. (민정 아빠 김병준)

2015년에는 되는 일이 없고 다 지쳐 있었어요. 그때 박 목사님이
나무를 만져보라고 했어요. 내가 원하는 대로 만들어낼 수 있으니
성취감이 있을 거라고. 싸움에 지치고 아무것도 되는 게 없는
상황에서 나무를 만지는 것만으로 스트레스가 조금 풀릴 거라고요.
틀린 얘기가 아니었어요. 나무를 만지면서 느끼는 자연의 질감,
생각한 대로 만들어져서 나오는 성취감이 있었어요. 큰 위로는
아니었지만 그나마 버틸 수 있는 힘을 얻었어요. 목공방 덕분에
시간을 채우고 버티면서 나아갈 수 있었죠. (시찬 아빠 박요섭)

민정 아빠는 목공소에서 나무를 처음 만져봤다. 원래 손으
로 하는 일을 잘하고 좋아했다. 목공은 자기 자신과의 싸움이
다. 생각할 필요 없이 오로지 손의 감각에 집중하게 되는 작업
이라 더 마음이 갔다. 마음을 둘 곳이 없다 보니 더욱 목공에 빠
졌다. 말없이 묵묵히 작업을 계속해나갔다. 죽은 나무에 새 생
명을 불어넣는 작업이라고 생각했다.

저는 감리교 목사고 안홍택 목사님은 장로교 목사입니다. 목공방을
두 목사가 함께 지원하면서 한 번도 의견이 충돌하거나 갈등한
적이 없었어요. 교단이 다른 두 목사, 그리고 종교가 다른 유가족들,
시민들이 모여서 목공을 통해 마음을 하나로 모을 수 있었어요.
목공소를 통해서 마음 둘 곳 없던 어머니 아버지 들이 일을 하고
마음의 작은 위로라도 받은 것을 보람으로 생각합니다. (박인환)

2018년 5월 교회 공동체의 지원으로 목공방 엄마아빠들이 뉴욕 브루더호프 공동체에 방문했다. 브루더호프 공동체는 일상에서 예수님 닮은 삶을 실천하고자 노력하며 목공으로 수익을 창출해 소박하게 사는 공동체다. 공동체 사람들은 세월호 부모님들을 환대해주었다. 세월호 부모들은 공동체 형제들의 집에 한 명씩 흩어져 2박 3일 동안 지내야 했다. 낯선 것도 문제고, 미지 아빠는 영어를 한마디도 못 하는데 어쩌나 걱정이 태산이었다. 다음 날 아침 공동체 목공소에서 다시 만났을 때는 모두가 환한 얼굴이었다. 환대는 언어를 뛰어넘는 것이었다.

브루더호프 공동체 연수 가서 가장 인상적이었던 것은 사람들 얼굴이에요. 거기 사람들 얼굴이 환하고 빛이 나요. 사람들이 맑아요. 마음이 속상한 사람들은 얼굴을 찌푸리고 있잖아. 거기는 그런 사람들이 없더라고. 우리도 목공을 하면 저럴 수 있을까 싶었어요. 우리는 영어를 할 줄 모르는데 바디랭귀지로 다 통하더라고요. 불편한 거 없이 2박 3일 동안 잘 지냈어요. (미지 아빠 유해종)

연수를 다녀온 뒤 목공방 사람들은 그들만의 목표에 대해 이야기 나눴다. 일단은 목공방을 제대로 운영해보자고 마음을 모았다. 제대로 하려면 가족협의회에서 분리된 단체가 필요하다고 보았다. 그래서 협동조합을 만들었다. '4·16희망목공방.' 그들은 자신들이 4·16 정신을 기반으로 한 소수자를 위한 단체가 되었으면 좋겠다는 희망을 품었다.

하지만 이내 목공방을 이전해야 했다. 2018년 4주기에 화랑유원지에서 분향소를 철거할 때 목공방도 함께 철거되었기 때문이다. 그때 가족협의회 사무실과 목공방을 분리하자는 의견이 나왔다. 목공기계 소리가 시끄러우니까 별도로 있는 게 낫겠다는 판단이었다. 여러 곳을 알아보다가 단원구 와동의 꽃빛공원을 찾았다. 민정 아빠 김병준 씨는 "자리가 넓지는 않은데 목공소 자리는 되겠더라고. 묘지공원이니까 소음 문제가 없고 원래도 시에서 운영하는 목공소도 함께 있고 우리 자리로 딱이었어"라고 기억한다.

미지 아빠, 민정 아빠, 수연 아빠는 목공지도사 1급 자격증까지 취득했다. 2019년 5월 25일 '4·16목공소'가 정식으로 문을 열었다. 수연 아빠와 미지 아빠는 개소식 때 전시할 가구를 만들기 위해 5개월 동안 밤낮없이 일했다. 미지 아빠는 무리하게 일하다 손가락을 다쳤다.

목공 할 때는 신경을 거기에만 집중하니까 잡생각이 하나도 안 들지. 온갖 신경을 다 써야 하니까 다른 생각을 하면 다쳐요. 나도 작업하다가 손가락을 다쳤잖아요. 나무를 동그랗게 잘라야 하는데 톱날에 튀는 걸 잡으려고 하다가 그렇게 됐지. 목공 하면 사고가 많이 일어나. 잡생각을 조금만 해도 기계 갖고 하는 거라 다칠 염려가 많아요. 그래서 집중할 수밖에 없어요. (미지 아빠 유해종)

목공은 정답이 없다. 탁자를 각이 있게 만들 수도 있고 둥글

게 만들 수도 있는 게 목공이다. 개성 있게 만들 수 있어야 해서 결국 디자인 싸움이다. 나무를 보고 어떤 작품이 나올 수 있을지 떠올릴 수 있어야 한다. 목공소 아빠들 취향은 제각각이다. 아빠들 취향에 따라 다양한 제품이 만들어진다. 미지 아빠는 가구 같은 큰 작품을 좋아하고 민정 아빠는 아기자기한 소품을 좋아한다. 수연 아빠는 나무끼리 짜맞추는 작품을 선호한다.

처음에는 리본, 스툴, 테이블, 책꽂이와 책상을 주로 만들었는데 요새는 도마, 빵도마, 칼도마, 펜, 만년필, 볼펜, 샤프 등 다양하게 제작해요. 목사님들이 영업상무처럼 일감을 받아 와주셨어요. 십자가, 기도대 같은 것도 만들었어요. 주문 들어오면 다 만들어. 인터넷 개설하면 주문을 많이 받을 수 있는데 운영할 사람이 없으니까 아쉽죠. (민정 아빠 김병준)

저는 책상, 책장 같은 가구 만드는 걸 좋아해요. 주로 도미노라는 전동공구를 이용해서 가구를 만들고요. 나사나 못을 쓰지 않고 구멍을 뚫어서 나무를 끼워서 맞추는 건데 정밀하게 가공해야 해서 도면을 미리 그려야 해요. 캐드로 도면 작업을 해요. 정확하게 맞아 들어갈 때 재미가 있어요. (수연 아빠 이재복)

2020년, 2021년에는 가족협의회와 온마음센터, 희망마을 사업추진단, 4·16연대가 함께 '진실 여행: 진실을 향한 모두의 걸음'을 진행했다. 전국 어디든 신청한 곳이면 찾아가서 공예,

목공, 연극, 합창 등의 10여 가지 프로그램과 간담회를 열었다. 목공소 아빠들은 누구나 쉽게 조립할 수 있는 목공 키트를 마련했다. 수업할 곳에 도착하면 신청자들과 목공 수업 전에 간담회를 진행해 세월호 상황을 알리고, 그 후에 함께 목공 수업을 진행한다. 참가자들은 세월호 리본이 새겨진 나뭇조각을 조립하고 표면에 사포질을 하고 오일 바르는 작업을 한다. 주로 칼림바(손가락으로 튀기면서 연주하는 작은 악기)를 만들었다. 시민들이 이를 연주할 때마다 세월호를 기억하길 바라는 마음에서다.

2020년부터는 가족협의회에서 '늘품학교'를 만들어서 학생들을 만나고 있다. '늘품학교'는 청소년들이 세월호참사의 교훈을 통해 생명 존중과 안전사회 가치를 배우는 학교로, 세월호 엄마아빠들이 선생님이다. 학생들을 모집해서 공방, 연극, 목공, 합창, 봉사 프로그램을 한 달 반 동안 운영한다.

그중에 목공방이 가장 인기가 많아요. 중고등학교 학생들하고 수업을 함께할 때면 마음이 조금 힘들지. 수업 첫날에는 우리 아이 생각나서 눈물이 나더라고. (미지 아빠 유해종)

사실 자발적으로 온 아이들은 많지 않다. 어떤 아이들은 딱 봐도 하기 싫은 표정으로 핸드폰 게임만 하고 있다. 첫 질문이 "선생님 언제 끝나요?"일 정도다. 하지만 막상 목공을 배우기 시작하면 표정이 달라진다. 1교시는 세월호 목걸이 만들기다. 미리 재단해놓은 나뭇조각에 사포질을 하고 오일을 바르고 구멍을 뚫고 나서 줄을 맨다. 세월호의 상징인 리본을 통해 학생들은 간접적으로나마 참사의 기억을 되새길 수 있다. 2교시는 좀 더 심화된 과정으로 우드 스피커, 빵도마 등을 만든다. 부모님께 갖다드리라는 뜻으로 만드는 소품들이다. 그런데 자기가 만든 건데 왜 엄마 주느냐고, 자기 방에 걸 거라는 아이들을 보면 그 당돌함이 재미있게 느껴진다.

> 어른들은 실용적으로 크게만 만들려고 하는데 아이들은
> 창의적이에요. 돌고래 모양 도마, 별 모양 도마 다 나와.
> (수연 아빠 이재복)

2023년에는 159개 손 십자가 주문이 들어왔어요. 이태원참사 희생자분들의 이름을 새겨서 납품해야 했어요. 100퍼센트 수공이다 보니까 하루에 20개도 못 만들어요. 미지 아빠 혼자서 깎았는데 일주일 만에 만들어야 해서 쉽지 않았어요. 이태원 부모님들이 그 십자가를 안고 걷는다고 들었거든요. 미지 아빠가 원목을 십자가 모양으로 깎아주면 제가 샌딩하고 각인했어요. 159명의 이름을 한 명 한 명 새기는데 마음이 너무 아팠어요. 무너지는 감정을 다잡느라 힘들었어요. 희생자분들 얼굴은 모르지만 우리 아이들 또래잖아요. 우리 아이들 생각하면서 새겼어요. 같은 부모 마음으로 공들여서 사포질을 했어요. 희망목공방에 의뢰 주시는 이유는 이런 것 아닐까요? 우리는 어쩔 수 없이 마음을 담아서 정성껏 만들 수밖에 없어요. 그동안 했던 작업 중에 이태원참사 유가족에게 보내는 십자가

작업이 제일 힘들면서도 가장 보람이 있었어요. (동수 엄마 김도현)

너희를 담은 시간
: 꽃누르미 동아리 꽃마중

꽃누르미 공예가 이지연 씨는 참사 후 몇 달 동안 심한 무기력감에 시달렸다. 그렇게 아무것도 하지 않다가는 살 수 없을 것 같다는 마음에 2014년 9월 청운동 농성장을 찾았다. 돌아가며 농성장을 지키던 엄마들이 그 시간을 견디기 위해 노란 리본을 만들고 있었다.

무작정 꽃잎을 들고 분향소에 찾아갔어요. 별다른 말은 필요가 없었어요. 저처럼 시간을 함께 보내려는 여러 시민들이 부모님 곁에 있었어요. 얼마 후, 안산에서 공방을 만들 계획인데 동참해주겠느냐는 제안을 받고 그때부터 10년째 함께하고 있습니다. 당시는 공방이라고 갖춰진 것은 없었죠. 좁은 방에 상을 여러 개 이어 붙여 둘러앉아서 주로 바느질을 했어요. 안산에서는 처음부터 꽃을 꺼내지는 못 했고 한동안 가만히 곁에서 오가는 말들을 들으며 바느질을 도왔어요. 모두들 집에서 음식을 준비하지도 먹지도 못하던 때였는데, 공방에 모이면 주변에서 보내주는 음식으로 끼니를 해결할 수 있었어요. 아이들 이야기에 웃다가 울다가 하는 시간이 대부분이었고요. (이지연)

바느질과 달리 꽃누르미는 여러 사람이 함께 진행하기 어려워 결국 희망자 몇 사람만으로 인원이 좁혀졌다. '이웃'이라는 공간에서 밥상을 놓고 작업하기도 하고 서로의 집에서 돌아가며 모이다가 2015년 중반 무렵 온마음센터 프로그램으로 자리 잡았다. 2017년 프로그램은 폐강되었으나 처음 공방 준비부터 함께하던 엄마들이 꽃마중이라는 이름의 동아리로 등록해 지금까지 이어오고 있다. 2024년 현재 지숙 엄마 이미순, 성호 엄마 엄소영, 큰 건우 엄마 김미나, 차웅 엄마 김연실, 재욱 엄마 홍영미, 다인 엄마 김미영, 그리고 생존학생 시우 엄마 문석연과 시민 이지연 등 여덟 명이 활동 중이다.

10년 동안 여러 꽃누르미 작품들을 만들어왔는데, 아이들에게 따뜻한 밥 한 끼 먹이고 싶은 마음을 담은 〈엄마 밥은 꽃밥〉이나 각자의 모습을 담은 〈자화상〉 같은 작업을 할 때는 엄마들의 이야기가 길어지고 깊어졌다.

이야기를 하다 보면 계속 거슬러 올라가요. 안산으로 이사를 안 왔다면, 너를 낳지 않았다면, 아니 결혼하지 않았다면 이렇게 너를 아프게 보내지 않았을 텐데⋯ 서로 이야기하다가 울다가 웃다가 멍하니 눈가가 촉촉하게 젖어 생각에 잠기곤 하죠. 가끔 이유 없이 빈정 상할 때도 있어서 눈으로는 레이저를 쏘아도 이제는 아무렇지도 않은 사이가 되었어요. 우리에겐 공통분모가 있으니까요. (재욱 엄마 홍명미)

가장 비중이 큰 작업은 2014년 5월부터 『한겨레』에 연재되었던 「잊지 않겠습니다」 기사를 이용한 작품들이다. 1년여간 114명 아이들의 초상화와 아이에게 보내는 가족들 편지가 실렸고 이지연 씨는 편지글을 꽃잎으로 꾸며 전시하자는 의견을 냈다. 원하는 가족이 직접 참여하는 방식으로 진행했고, 꽃마중 엄마들은 꽃누르미를 처음 대하는 가족들의 작업을 도왔다. 작업도 작업이지만 그 시간 자체가 서로에게 위로였다. 못 하겠다 안 하겠다는 부모들을 설득하기도 했는데 마무리가 되면 하나같이 아이를 다시 만난 듯 기뻐하고 감동했다.

> 다들 자기 아이들이 원했던 것, 해주고 싶었던 것, 그리고
> 미안함과 그리움을 작품에 표현했어요. 그렇게 한 명 한 명
> 알아갈 때 내 아이에게도 친구가 한 명 한 명 더 생기는 것 같았어요.
> 당시 『한겨레』에 편지를 못 낸 부모님들은 자필로 써주기도 하고,
> 기억 꺼내는 게 힘들어 편지는 못 쓰겠다고 사진만
> 보내주기도 했어요. (건우 엄마 김미나)

그렇게 만들어진 아이들 이야기는 2016년부터 '너희를 담은 시간'이라는 제목으로 50회 넘게 전시됐다. 2017년 MBC 노조 파업 때 4·16합창단원으로 공연을 갔던 차웅 엄마는 거기서 만난 PD에게 전시 도록을 보여주며 방송국에서 전시할 수 있으면 좋겠다고 제안했다. 2018년 5월 파업 이후 새로 취임한 사장은 참사 당시 기자와 언론의 모습을 반성하고 사과하며 2주간 방송국 로비를 내주었고 뉴스를 통해 전국에 전시회 소식을 알

렸다. 엄마들은 KBS 기자에게도 전시를 요청했는데, KBS는 여의도 본관뿐 아니라 전국 지국 로비에서 순회 전시를 열 수 있도록 공간을 내주었다. 열차를 타고 함께 방송지국을 돌던 그해 여름은 각별한 기억으로 남아 있다. 그때 엄마들은 전시가 단순히 하나의 행사가 아니라, 엄마들 각자 기억의 끈을 놓지 않으려는 필사의 몸짓이라는 걸 알았다.

　　2019년 광화문광장의 세월호 천막이 철거되고 새로 추모 공간을 마련할 때의 일도 빼놓을 수 없다. 서울시는 새 추모공간에 304명 희생자의 영정 사진을 두지 않는다는 조건을 내걸었다. 가족협의회는 회의를 통해 사진을 예쁘게 꽃으로 꾸미자는 제안을 했고 그 일을 꽃마중이 맡았다. 아이들의 사진을 꽃으로 꾸미기 위해 엄마들은 당시 구할 수 있는 꽃들 중에 '가장 좋은 꽃'을 새로 사서 말리고 색이 변하지 않도록 '가장 좋은 재료'를 마련했다.

　　作업을 하면서 사진에 눈을 맞추면서 아이의 이름을 불렀어요.
　　'아무개야, 너를 알게 되어 기쁘단다. 최선을 다해서 예쁘게 꽃을
　　올려볼게.' 나를 잊지 말라는 꽃말을 새기며 사진마다 물망초 꽃도
　　올렸지요. 한 아이의 작업을 마칠 때마다 엄마들은 마음으로
　　눈물을 흘렸어요. 마음 아프면서도 아이를 예쁘게 만드는
　　일이라는 생각에 참을 수 있었고, 그 일을 내가 할 수 있어서,
　　내가 꽃마중이라서 기뻤어요. (차웅 엄마 김연실)

2021년 광화문에서 서울시의회 앞으로 옮긴 기억공간 '기억과 빛'에는 꽃으로 장식한 아이들 사진이 전시되어 있다. 팽목기억관을 제외하고 아이들을 만날 수 있는 유일한 곳이다. 아이들을 기억하고 찾아주는 시민들이 사진이 예쁘다고 말해주면 엄마들은 그저 행복했다.

꽃마중 엄마들은 긴 시간 활동을 하면서 꽃누르미 강사 자격도 갖추게 되었다. 전시 때는 해설사로서 시민들과 책갈피나 엽서 만들기 같은 활동도 함께 한다. 한 귀퉁이에 세월호 리본 도장이 찍힌 엽서와 책갈피가 꽃잎과 함께 수많은 사람들의 손에 쥐어졌다. 2022년에는 노숙인 재활을 돕는 사단법인 빅이슈와 안산의 미혼모쉼터 등지에서 강사로 활동했다.

시민들을 만나는 시간들이 여전히 마음 아프고 힘들지만 한편으로는 너무나 값지고 뿌듯해요. 10년에 가까운 시간 동안 정말 많은 분들께 도움을 받았는데 저희도 조금이나마 나눌 수 있는 기회가 생겨서 마음이 좋았습니다. (성호 엄마 엄소영)

꽃마중을 만나는 금요일이 좋아요. 서로 이야기가 통하니까요. 하지만 아직도 가족들 외 시민들을 만나고 활동하는 건 불편한 마음이 커요. 시간이 더 지나도 많이 바뀌지는 않을 것 같아요. (지숙 엄마 이미순)

다인 엄마는 익산으로 이사했지만 동아리 정기 모임 때에는 안산까지 올라온다. 이사 가기 전에는 매주 집에서 따뜻한 밥을 지어 엄마들을 먹이기도 했다. 다인 엄마는 말했다. "여기 오면 비로소 내 세상 같거든요."

2024년 4월에는 10주기를 추모하는 전시가 안산문화예술의전당에서 있을 예정이다. 몸도 마음도 곪을 대로 곪았지만 꽃마중은 여전히 아이들이 돌아오기로 했던 금요일에 만날 것이다.

보답하는 마음으로
: 4·16가족나눔봉사단

서울시 성북구 북정마을은 독거노인이 많이 거주하는 산꼭대기 마을이다. 4·16봉사단은 매년 이 시기가 되면 북정마을에서 연탄 봉사를 한다. 안산에서 새벽에 출발한 엄마아빠들은 마을 어귀에서 노란 우비와 앞치마, 토시, 장갑을 나누었다. 차로 들어가기 어려운 좁은 길목 끝마다 어르신이 사는 집이 있다. 엄마들은 길을 따라 한 줄로 길게 늘어서서 서로의 손에서 손으로 연탄을 전달하고, 아빠들은 어르신 댁 창고를 맡아 엄마들이 전해준 연탄을 차곡차곡 쌓는다. 한 줄로 길게 늘어서기 어려운 심한 비탈길은 엄마들이 두 장씩 들고 직접 나른다. 2023년 2월 봉사날은 마침 이태원참사 100일 집회가 있는 날이었다. 아침부터 오후까지 쉬지 않고 연탄을 날랐던 엄마들은 버스를 타고 광화문으로 향했다. 세월호 가족들은 집회가 마무리 될 때까지 이태원참사 유가족들과 함께 차가운 길 위에 앉아 있었다.

2015년 1월 누군가 연탄 봉사를 가자고 했어요. 그때는 우리가
봉사할 정신이 있나 싶었어요. 그러다가 일본 기자가 취재한다고
하기에, 세월호참사를 알려야 한다는 생각에 같이 가겠다고 했어요.
처음에는 그렇게 시작했어요. 한겨울이라 춥고 힘들었는데 배달을
마치고 나니까 어르신들이 고맙다고 하면서 환하게 웃어주시는
거예요. 그 웃음에 저도 덩달아 위로를 받았어요. (민규 엄마 윤영순)

연탄 봉사를 한 지 8년이 됐잖아요. 엄마들도 나이가 들어서
작년하고 또 다르네요. 작년에는 연탄을 두 개씩 들었는데
올해는 한 개밖에 못 드는 엄마도 생기고. 연탄을 들고 골목길을
올라가는데 다리가 후들거리더라고요. 힘이 들지만 이렇게
하고 나면 어르신들이 따뜻하게 겨울을 나실 수 있겠죠.
그런 생각을 하면 보람이 있어요. (애진 엄마 김순덕)

안산이 참사로 인해 슬픈 동네가 되었다는 말이 있다. 세월
호 하면 떠올려지는 침체되고 아픈 동네. 가족들은 그런 이야기
를 들을 때마다 안산 시민에게 미안한 마음을 전할 방법을 찾고
싶었다.

참사가 일어난 2014년 저희들은 진상규명을 위해 안산 바깥에서
정신없이 뛰어다녔잖아요. 안산 시민들은 저희를 대신해서 전국의

시민들을 맞이하고 봉사해주셨어요. 그때 저희는 안산 시민분들께
감사인사를 할 수 없을 정도로 넋이 나가 있었어요. 시간이 흐르고도
사실, 안산에서 이웃을 만나는 일이 힘들었어요. 어느 날
제가 사는 동네 동장님을 만났어요. 안산이 침울하고 장사도
안 되고 살기 힘든 동네가 된 거 같다고 하시더라고요. 그 말을 듣고는,
우리 지역 사람들을 만나야겠다고 생각했어요. (호성 엄마 정부자)

시민들은 간담회조차 부담스러워했다. 아마도 버거웠으리
라. 부모들은 지역으로 들어갔다. 공방 엄마들의 도움을 받았
다. 친해져야 이야기를 건넬 수 있기 때문이다. 공방 프로그램
을 갖고 도서관, 동사무소, 노인정 등을 찾았다. 다만 공방 활동
은, 워낙 공이 많이 들어서 부모들 누구나 참여하기가 쉽지 않
았다. 이런 어려움을 감안한 데다 봉사를 더 적극적으로 펼쳐보
자는 생각으로, 2019년 6월 4·16봉사단을 출범했다. 공방 활동
에 소질이 없는 엄마들도 봉사에는 함께할 수 있었다. 육체적으
로는 힘들지만 그래도 다양한 시민들을 만날 수 있어서 봉사를
마치고 나면 뿌듯했다.

올해도 양파 나눔을 했어요. 고잔동에 노인정이 50군데가 넘더라고요.
그중 화랑유원지에 생명안전공원 세우는 걸 가장 반대하는
20군데를 골라서 갔어요. 한 할머니가 양파 꾸러미를 보고 뇌물을
바치는 거냐고, 왜 남의 집 앞마당에다가 납골당을 만들려고
하느냐고 하시더라고요. 이거 뇌물 아니에요, 라고 이야기하면서

생명안전공원은 다음 세대를 위해서 하는 거라고 설명해드렸어요.
우리도 새끼 잃고 그런 소리까지 들으면서 다니고 싶지 않아요.
그래도 우리만 살다 죽으면 끝나는 게 아니잖아요. 다음 세대가
슬픔이 없는 사회에서 살게 하려고 열심히 다닌다는 자부심을
갖고 있는데 그런 소리를 들으면 속상하죠. (은정 엄마 박정화)

요즘에는 계절별로 나눌 수 있는 것들을 고민한다. 겨울에는 연탄을 나누고, 모자를 떠서 할머니들과 나누고, 감자와 양파를 나누고, 김장김치를 나눈다.

특별한 날은 그냥 지나치지 않는다. 3월 3일 삼겹살데이에는 부모들이 직접 삼겹살을 구워 어르신들을 대접하고, 어린이날에는 어린이들을 위해 선물을 나누고, 어버이날에는 304명의 어르신들에게 선물 나눔을 했다. 활동에서 생기는 수익금은 불우한 이웃들에게 나누었다. 선부동의 한 사회복지관은 1년 과정 실버대학을 운영하는데, 4·16봉사단이 실버대학 종강식에 함께해 직접 만든 매생이굴떡국을 어르신들에게 대접했다. 이렇게 어르신들과 만날 일들이 늘다 보니 이제는 봉사단을 반가워하는 어르신들도 생겼다. 특히 선부동은 이주민이 많이 거주하는 지역이다. 2023년 3월 선부동의 한 다가구주택에서 화재가 나 나이지리아 국적의 4남매가 숨진 일이 있었다. 봉사단은 4·16재단의 지원을 받아 이주민 100여 가정을 방문해서 소방용품을 나누고 화재경보기 설치를 도왔다. 이렇게 '어디든 도움이 필요하면 간다'는 마음을 먹고 나니 부모들 각자의 자

긍심도 커졌다.

> 지역에 행사가 잡히면 주민자치위원들, 통장분이 추모부서장이나
> 봉사단장을 통해 먼저 알려주시기도 해요. 이번 행사에 4·16봉사단
> 오느냐고요. 그러면 추모부서에서 봉사단에 공지하고 시간이 맞는
> 엄마들이 함께해요. 초기에는 주민들이 우리를 어떻게 볼까
> 걱정을 많이 했었죠. 지역 행사에 갔다가 욕먹기도 하고 수모도
> 겪고… 이제는 주민들 만나면 허물없이 밥도 먹고 이야기도 나눠요.
> 어려움이 있어도 이겨내고, 이겨내고, 이겨내고 해서 엄마들이
> 정말 단단해졌어요. (윤희 엄마 김순길)

2021년 가족협의회는 전문 기관에 의뢰해 세월호참사 관련 인식 조사를 진행했다. 그때 안산시 동별로 세월호에 대한 부정적인 인식을 조사했는데, 가족협의회, 재단과 가까운 마을인 고잔동, 선부동은 부정적인 인식이 낮게 나왔다. 도리어 세월호와 연관이 적은 외곽 지역이 더 높았다.

> 4·16봉사단은 지역으로 깊이 들어가요. 처음에 음식 갖고
> 봉사하러 갔는데 오지 말라고 그걸 도로 던졌다잖아요. 그랬는데
> 다시 또 찾아갔어요. 대단하죠. 이뿐 아니에요. 경로당, 복지관
> 등을 찾아다니며 음식 만들기, 김장 나누기를 하고 요즘에는
> 화랑유원지에서 지역 주민들과 함께 쓰레기를 치우는 '줍깅'을
> 해요. 안산 지역에서 하는 활동들이 상당히 의미 있죠. 주민의

이야기를 직접 듣고 그분들이 갖고 있는 잘못된 정보를 수정하면서
주민들의 인식이 조금씩 달라지고 있어요. 10년을 꾸려오면서
가족협의회는 그룹별로 움직여가는 힘들이 생긴 거 같아요. (박래군)

가족들이 고잔동에 한 달쯤 집중해서 활동했다고 고잔동 3만 명
모두가 우리 편이 되지 않거든요. 100명을 만나도 그중에 한 명의
마음을 바꾸는 게 쉽지 않아요. 모든 사람을 설득하진 않았지만 오해와
불신이 확산하는 걸 방어하는 역할은 충분히 하지 않았을까요. 가족과
주민이 함께하는 활동이 계속 이뤄지다 보니까 마을 주민들에게
무조건 긍정 아니면 무조건 부정이 아니라, 그래도 중간에서
객관적으로 이 상황들을 판단하는 힘이 생겨났다고 생각해요. (김도훈)

/ 홍세미

편견

피해자를 비난하는 사람들

1999년 10월 30일, 인천광역시 중구 인현동의 지하 1층, 지상 3층짜리 상가건물에 큰 화재가 일어났다. 이 참사로 모두 57명이 사망하고 80명이 다쳤는데, 피해자들의 평균 나이는 16.9세였다. 피해는 2층 호프집에 집중되었다. 이 업소의 주인은 인근에 다수의 유흥시설을 운영하면서 청소년을 상대로 불법 영업을 일삼았다. 경찰을 비롯해 관계 공무원들과 광범위한 유착관계를 형성했기에 가능한 배짱 영업이었다. 그러니 업장에 화재 방지나 대피 시설을 제대로 갖추었을 리 만무했다. 설상가상으로 호프 지배인은 화재를 감지하고 탈출하는 청소년들을 막아섰다. 그는 '돈을 내고 가라'며 유일한 탈출로인 출입문을 잠가버렸다. 게다가 매캐한 연기와 뜨거운 불꽃 속에 우왕좌왕하는 청소년들을 내버려두고는 주방 환풍구를 뜯어 혼자 탈출했다.

이 참혹한 사건이 알려진 후 여론의 질타는 이상하게도 피해자인 청소년들에게 쏟아졌다. '청소년들이 왜 술집에 있었느냐'로 시작된 비난은 입에 담기 힘든 헛소문들로 번졌다. 근거도 없이 고약한 말을 내뱉는 사람들은 상처 입은 청소년들을 문란한 존재로 상상하는 데 거침없었다. 이것은 '피해자 비난(victim blaming)'이라고 불리는 현상의 전형이었다. '피해자 비난'은 피해자가 비난받을 상황이 아닌데 비난이 가해지는 현상, 피해가 발생한 책임을 피해자에게 지우려는 비합리적 행위를 가리키는 말이다. 이제 그 굴레에서 벗어날 때가 된 것이다.

인현동 화재 참사의 유가족을 모시고 이야기를 듣고자 한 가장 큰 이유가 바로 이것이었다. 하지만 2018년 초 어느 팟캐스트 초대를 위해 인현동 화재 참사 유가족들의 정기모임에 찾아갔을 때,[01] 나는 예상치 못한 반응에 돌아 나와야 했다. 한 어머니가 매우 강하게 반대 의사를 표명했다. '누군가 방송에 나간다면 나는 더 이상 이 모임에 나오지 않겠다'는 단호한 말에 분위기가 순식간에 얼어붙었다. 환대를 기대한 건 아니지만, 그 정도로 격렬한 반대에 부딪힐 거라고도 생각하지 못했다. 나는 그때까지 낙인이 무엇인지 실감하지 못한 것이다. 그는 이 사건이 사회에서 다시 언급된다면, 죽은 자식들에게 찍힌 낙인이 사라지는 게 아니라 더 강화될 거라고 굳게 믿었다. 낙인은 그렇게나 두렵고도 원통한 것이었다. "참사의 책임을 제대로 밝히라"는 인현동 화재 참사 피해자들의 목소리는 그 낙인에 힘을 잃고 조금씩 사그라들었다. 수많은 청소년의 생명을 빼앗고 끔찍한 고통으로 몰아넣은, 정의롭지 못한 이 세계는 자신을 쇄신할 기회를 영영 놓쳐버리고 말았다.

한국에서 일어난 재난참사의 역사를 거슬러 오르면 이와 비슷한 장면을 숱하게 목격한다. 우리 사회는 오랫동안 이 장면들이 의미하는 바가 무엇인지 들여다보려고 하지 않았다. 하지만 세월호참사 이후, 우리는 더 이상 재난이 '안전불감증'으로만 일어나지 않는다는 걸 안다. 마찬가지로 재난참사 피해자들이 겪는 사회적 고통에 대해서도 이전에 보지 못한 새로운 이야기를 써 내려가기 시작했다.

혐오의 심연

세월호참사 피해자들 역시 '피해자 비난'에 직면해야 했다. 참사 초기부터 피해자들에게는 무수한 말의 칼이 꽂혔다. 성호 누나 박보나 씨는 당시 피해자를 겨냥한 '비방 글'을 모니터링하는 활동에 참여했다. 포털사이트 기사 댓글난이나 인터넷 커뮤니티 등을 매일같이 살피며 조롱과 모욕이 담긴 글을 읽는 일은 몹시도 고통스러웠다.

"고소를 하려면 가족들이 직접 봐야 하거든요. 부모님들이 보기보다 그냥 제가 보는 게 낫겠다 싶었어요."[02]

경찰 사이버수사대에서도 피해자를 향한 비방 글을 수사했지만 그 양은 미미한 수준이었다. 쉴 새 없이 쏟아지는 말의 포화를 피해자들이 고스란히 받아내야 했다. 모니터링 소식을 알

고 유가족, 단원고 후배들, 심지어 생존학생들까지 제보해왔
다. 그 마음을 잘 알기에 상처가 될 글은 단 한 줄도 보여주고 싶
지 않았다. 그들이 보기 전에 내가 먼저 찾아내고 말겠다는 기
세로 박보나 씨는 모니터링에 몰두했다.

악성댓글을 처음 볼 때 박보나 씨는 손이 덜덜 떨렸다. 그런
데 괴물처럼 끔찍해 보이기만 하던 그 말의 주인들이 어느 순간
애처로워 보인다는 걸 깨달았다. 그저 괴롭힐 상대가 필요할 뿐
인 사람들은 크게 두렵지 않았다. 박보나 씨가 보기에 이러한
사태에 책임을 져야 하는 이들은 따로 있었다.

"지만원 씨가 '유가족이 시체장사 한다'는 이야기를 했거
든요. 그 이후로 유가족에 대한 비난이 늘어났어요."

군인 출신 군사평론가로 이름을 얻기 시작한 지만원은
5·18북한군개입설을 주장하는 극우 인사다. 그는 국가의 무능
과 거짓을 질타하는 피해자들의 목소리를 "국가를 전복하기
위한 봉기"이자 "시체장사"에 빗댔다.[03] 참사 후 불과 6일 만
의 일이다. 수많은 사람이 슬픔에 잠겨 있을 때, 위로의 메시지
를 전해도 모자랄 유력 종교인들의 '망언'도 이어졌다.

"가난한 집 아이들이 수학여행을 경주 불국사로 가면 될
일이지, 왜 제주도로 배를 타고 가다 이런 사달이 빚어졌는지
모르겠다."

세월호참사로부터 불과 나흘 뒤인 4월 20일, 한국기독교총
연합회 부회장 조광작 목사의 입에서 나온 말이다. 한기총이 박
근혜 정부의 경제활성화 대책에 부응해 추진한 전통시장 방문

행사를 세월호 희생자 분향소가 있는 경기도 안산에서 치러도 좋을지를 논의하는 임원회의 자리였다.[04] 이것은 그저 대표적 사례일 뿐이다.

　박보나 씨는 국민대책회의와 함께, 심각한 비방 글을 대상으로 고소를 진행했다. 70여 건 중 20건은 고소를 취하했고, 나머지 50여 건은 대부분 모욕죄 등으로 유죄 판결을 받았다. 그러나 씁쓸한 결과였다. 동일한 내용의 비방 글을 적은 시민의 글은 처벌되고, 대중적 영향력이 있는 사람들은 정작 증거불충분이나 불기소처분으로 처벌받지 않았기 때문이다.

　세월호참사 초기에는 피해자의 아픔에 대해 대부분의 국민들이 공감을 표했다. 반인륜적이거나 모욕적 표현들은 적어도 공공의 장에서만큼은 큰 호응을 얻지 못했다. 가령 지만원의 '시체장사' 발언 후 새누리당 국회의원 하태경은 "보수진영은 이런 무모하고 황당한 발언에 대해 단호히 선을 그어야" 한다는 말을 SNS에 게시했다.[05] 그는 2014년 9월 6일 유가족들이 단식농성 중인 광화문광장에서 자행된 일베의 '폭식투쟁'에도 비판적 태도를 보였다. '폭식투쟁'을 '자폭투쟁'이라고 바꿔 말한 데에서 보이듯 피해자에게 대한 지나친 모욕은 자칭 '보수진영'에 득이 될 게 없다고 판단한 것이다. 그러나 세월호참사 피해자인 박보나 씨가 보기에 상처의 깊이를 결정하는 건 말이나 행동의 표현 수위가 아니었다. 그다지 특별할 게 없는 단어들로 이루어진 이 문장이야말로 피해자들에게 가장 큰 아픔을 주었다.

"세월호는 교통사고인데 왜 그러느냐?"

참사 발생 후 20여 일쯤 흘렀을 때 김시곤 KBS 보도국장이 직원들과 함께한 자리에서 세월호참사를 '교통사고'에 빗댄 사실이 세상에 알려진다. 2014년 5월 9일 새벽, 아이들의 영정을 품에 안은 유가족들의 항의방문과 함께 여론의 거센 질타가 이어지자 김 보도국장은 사임한다. 그리고 불과 두 달여 뒤, 새누리당 국회의원 조원진은 세월호참사를 '조류독감'에 비유했다(7월 11일). 같은 당 심재철 의원은 세월호 특별법의 내용과 유가족들의 주장을 왜곡한 카카오톡 찌라시를 지인들에게 전송했다(7월 18일). 이 찌라시는 세월호참사를 "안전사고"로 규정하고, 유가족들이 "국가유공자보다 몇 배 더 좋은 대우를 해달라"고 요구하고 있어 부당하다는 비방을 담고 있다. 당시 집권 세력과 관련된 정치인들은 세월호참사의 성격을 왜곡하고 참사의 심각성을 부인하는 발언을 이어갔다. 당시 2014년 여름은 세월호 특별법 제정 운동이 불타오르던 국면이다. 서명운동이 시작된 지 두 달여 만에 세월호 특별법에 동의하는 350만 명의 서명을 받아 국회에 전달할 정도로 진상규명에 협조적인 여론이 우세했다. 그 기세가 집권 세력에게는 위협적으로 느껴졌을 것이다.

'교통사고'는 세월호참사가 복합적 재난이 아니라 단순 사고라는 인식을 주기 위해 선택된 표현이라 할 수 있다. 세월호참사가 신호위반이나 부주의 따위로 일어난 불운이라면 진상규명은 무리한 요구가 되고 만다. 무리한 요구 뒤에는 특별한

동기가 있을 것이라고 사람들은 상상하게 마련이다. 참사의 성격을 달리 보게 된 사람들은 이제 피해자를 의심의 눈길로 보게 될 터였다. 의심은 작은 불꽃과 만나면 거대한 비난으로 폭발한다. 이 참사가 '교통사고'가 되길 바란 사람들은 그 의심과 비난의 불길이 활활 타오르게 할 불쏘시개도 잔뜩 쌓아두고 있었다.

보상금이 부러우십니까

세월호 특별법을 만들기 위해 피해자들이 전국으로 애타게 돌아다니던 어느 날, 예진 엄마 박유신 씨는 광화문에서 혹독한 하루를 보내고 밤늦게 안산 집으로 돌아왔다. 오래전부터 친하게 지내던 동네 언니가 새로 연 마트에 들러 맥주 한 캔을 샀다. 부담을 줄까 싶어 언니에게는 예전처럼 밝은 모습으로 대했다.

"언니가 마치 남 얘기하듯이 세월호 유가족 이야기를 저에게 하더라고요. 우리 집 이층에도 유가족이 살아. 새벽에 고양이 울음소리 같은 게 들려서 소름 끼쳐 죽겠어. 너처럼 이렇게 지내야 하는데 그 사람은 맨날 울어. 누구는 전자제품 다 바꿔서 안양으로 이사 갔다며? 너 그 사람 누군지 알아?"

안산시에서 희생자가 집중된 고잔동, 와동, 선부동 일대는 참사 발생 후 한동안 깊은 슬픔에 잠겨 있었다. 이 마을에 사는 이라면 누구나 피해자와 직간접적으로 연결되어 있다고 해도 과언이 아니었다. 이 밀착된 거리감은 피해자를 위해 행동하게 되는 동기를 제공하기도 했지만, 슬픔을 회피하려는 욕구로 이어지기도 했다. 경기침체가 이어지는 와중에 보상금을 둘러싼 이야기가 퍼지자 적대적 분위기가 조금씩 피어올랐다. 이것은 안산만의 일은 아니었다. 재난참사가 발생하면 언론은 관행적으로 피해자가 받게 될 보상금액을 재빠르게 보도해왔다. 세월호참사 당시에도 참사 당일부터 세월호가 가입된 선박보험과 희생자들이 든 여행자 보험의 보상금 규모를 언급한 기사가 나왔다.[06] 이러한 관행은 재난참사의 수습을 금전적 보상의 문제로만 축소해온 역사 속에서 형성됐다. 재난참사의 수습은 늘 국가나 지방정부의 관점에서 이루어졌다. 피해자는 수습의 대상에 불과했다. 배·보상 절차가 마무리되면 수습은 '끝'이 나고, 피해자는 이 문제에 대해 더 이상 목소리를 낼 수 없는 처지로 바뀌었던 것이다.

사회구조의 문제로 발생한 피해를 수습하거나 회복할 책임은 당연히 사회가 져야 한다. 사회가 그 책임을 다하는 모습을 볼 때 우리가 사회를 이룬 의미를 다시 확인하고 신뢰를 이어갈 수 있다. 보상금 액수만 뚝 잘라 전하는 보도 관행은 재난참사에 대한 사회적 책임을 지우고, 배·보상이 정당한 권리가 아니라 '혜택'이라는 인식을 심어주기 쉽다. 혜택이란 누군가에게 특별한 이득이 가는 일을 일컫는다. 나는 이득을 보지 못했다고 여기면 사람의 마음에는 시샘이 꿈틀대기 시작한다. 피해자의 힘을 빼앗고자 한 이들은 인간의 이 취약한 심리를 적극적으로

이용했다. 그 대표적 사례가 바로 2015년 4월 1일 해양수산부가 배포한 보도자료다.[07]

해수부는 '배상금'에 포함되지 않는 '위로지원금'(국민성금에서 배분)과 '보험금'(보험사 지급)까지 포함된 금액을 더한 액수를 해수부의 이름으로 발표했다. 깊이 따져보지 않으면 위로지원금과 보험금까지 모두 배상금으로 착각하기 좋았다. 그때는 박근혜 정부가 세월호 특별법을 무력화하는 시행령을 입법예고한(2015년 3월 27일) 뒤 가족협의회가 시행령 폐기와 세월호 인양을 촉구하며 노숙농성에 들어간 상태였다. 가족협의회는 "정부가 피해자들을 돈만 바라고 떼쓰는 사람들로 만들었다"고 분개했다. 그리고 "시행령 폐기와 세월호 인양이 마무리될 때까지 배·보상 절차를 전면 중단할 것"[08]을 요구하면서 2015년 4월 2일 52명의 회원이 삭발투쟁에 나섰다.

세희 아빠 임종호 씨의 머리카락도 그날 떨어지는 빗방울과 함께 바닥을 나뒹굴었다. 그는 주위에 늘어선 기자들을 향해 그간 수도 없이 꿀꺽 삼켰을 말을 힘겹게 꺼내놓았다.

"보상금이 부러우십니까? 부러우시면 유가족 되시면 됩니다. (…) 여기 계신 여러분은 잠재적 유가족입니다. 하지만 저는 저희 같은 유가족이 다시 생기지 않길 간절히 바랍니다."[09]

임종호 씨는 돈에만 눈길이 꽂힌 사람들이 피해자들의 진심을 알아주길 바랐다. 그러나 '특혜'라는 견고한 프레임이 씌워진 이상 그 틀을 흔드는 건 쉬운 일이 아니었다. 참사 피해자를 향해 '지겹다' '그만하라'라는 말이 세상에서 점점 덩치를 키워갔다. 이 말들은 피해자들의 가슴에 깊은 상처를 주었고, 문제는 거기에서 그치지 않았다.

2015년 4월 2일 52명의 삭발 대열에 함께한 창현 엄마 최순화 씨는 독실한 기독교인이다. 창현 엄마는 아이를 잃고도 주일학교 교사 활동을 놓지 않고 있었다. 난생처음 민머리가 된 자신의 낯선 모습에 스스로 어색해하면서도 주일이 오자 어김없이 교회로 향했다. 그런데 주일학교 아동부장이 그를 따로 불렀다.

"집사님, 주일학교 교사를 그만하셔야겠어요."

"왜요?"

"아이들이 놀라잖아요."

삭발한 머리는 최순화 씨 자신에겐 아이와 이 세상을 위해 옳은 일을 했다는 증표였다. 그러나 지금 이 교회 안에서는 사회에 반하는 '위험한 사람'이라는 표식에 불과했다. 하나님은 기독교인이 공의와 정의를 행하는 것을 가장 기뻐하신다고 배운 최순화 씨는 교회의 이율배반 앞에 그 순간 할 말을 잊었다. 그러나 차마 교회 밖으로 발걸음을 돌리지는 못했다. 최순화 씨는 그날 예배의 헌금위원 중 한 사람이었다. 소임을 다하러 예배실로 올라갔을 때, 믿고 싶지 않은 풍경이 펼쳐졌다. 그가 헌금 바구니를 돌려야 하는 줄만 텅 비어 있었다. 최순화 씨는 그날 13년간 헌신해온 교회를 떠나며 깨달았다. 이 사회에서 '피해자의 자격'이란 '사람의 자격'이기도 하다는 것을.

혈연보다 가까운 이웃사촌이 아픔에 대한 연민보다 돈에

대한 시샘을 더 앞세우는 걸 본 예진 엄마 박유신 씨 또한 '동네'를 잃었다. 가장 안전한 얼굴이 가장 무서운 얼굴로 뒤바뀌자 발밑이 부서져 내리는 기분이 들었다. 비슷한 일이 반복되면서 박유신 씨는 결국 사는 곳을 옮겨야 했다. 이렇게 재난참사 피해자를 향한 공격의 말들은 피해자를 사회로부터 분리하고 고립시키는 실질적 힘으로 작동했다. 이것을 '망언'이나 '비방'으로 부르는 건 충분하지 않다. 이것은 '혐오 표현(hate speech)'이다. 특정 집단을 향한 편견과 차별을 조장할 뿐만 아니라 멸시와 모욕, 폭력을 선동하고 확산하는 사회적 폭력 말이다.

'순수'한 유가족

2014년 5월 8일 밤 자식의 영정을 품에 안은 세월호 유가족들이 대통령에게 면담을 요청하며 청운동 동사무소 앞 길바닥에서 주저앉았다. 거기서 뜬눈으로 밤을 지새운 부모들의 몸과 마음이 아스팔트마냥 굳어가고 있을 때, 민경욱 청와대 대변인은 기자들과 만나 이렇게 말했다.

"순수한 유가족의 요청을 듣는 일이라면 누군가 나가서 말씀을 들어야 한다고 입장이 정리됐습니다."

기자들이 되물었다.

"(농성 중인 피해자들이) 순수한 유가족이 아닐 수도 있다는 말인가요?"

민경욱 대변인이 다시 말했다.

"유가족이 아닌 분들은 면담 대상이 되기 힘들지 않겠느냐는 말입니다."

청와대 대변인의 말은 청와대가 유가족을 보는 시선을 드러냈다. 순수와 불순으로 피해자를 가를 수 있다는 정권의 태도는 비판적인 여론에 부딪혔지만, 피해자의 자격을 묻는 말들이 시간이 흐를수록 들려오기 시작했다.

2014년 7월 15일, 350만 명의 국민 서명을 전달하는 것과 동시에 세월호참사 피해자 15명이 무기한 단식에 들어갔다. 특별법 제정을 둘러싸고 국회가 파행을 거듭하는 사이 피해자들은 하나둘씩 쓰러졌다. 홀로 남아 40일간 단식을 이어간 유민 아빠 김영오 씨마저 병원으로 실려 간 다음 날인 8월 23일 새벽, 온라인에 게재된 보도기사에 김 씨를 비방하는 댓글이 하나 달렸다. 자신을 '유민이 외삼촌'이라고 밝힌 글쓴이는 김영오 씨가 10년 전 이혼한 뒤로 두 딸의 양육에 무관심했다고 주장했다.

이 댓글은 인터넷 안에서 빠르게 확산했다. 카카오톡을 통해서는 김 씨에 관한 '찌라시'가 돌았다. 소문은 주로 김 씨를 나쁜 아버지로 묘사하는 말들이었다. 양육비를 거의 주지 않았다, 딸을 고아원에 버리려고 했다는 식이다. 게다가 김 씨가 민주노총 금속노조 조합원이라는 점도 비난의 빌미가 되었다. 그가 반정부시위에 자주 나타나는 '종북세력'이라는 말이 떠돌았다. 그의 단식이 보험금과 보상금을 노린 '쇼'라거나 '정략적' 목적에 따른 것이라는 단정이 판을 쳤다. 언론은 무분별한 의혹 제기로 소문의 불길에 기름을 부었다. 『조선일보』는 네티즌의 말을 빌려 김 씨가 월 3만 원에 즐기던 국궁 활동을 "가입비와 활 가격만 수십만 원"인 "고급 취미"라고 보도했다.[10] 종합편성 채널의 뉴스 프로그램들은 참사 직후 진도체육관을 찾은 박근혜 대통령에게 거칠게 항의하는 김 씨의 모습만 끌어와 집중 보도하거나 사생활 캐기에 열중했다.[11]

소문 확산 이틀째에 김영오 씨는 페이스북에 글을 올려 자신에게 제기된 모든 의혹에 대해 조목조목 해명했다. "학교로부터 받은 여행자 보험금 1억 원을 모두 아이 엄마에게 주었고, 오히려 나는 대출을 받아 투쟁하고 있다. 지난해 비정규직에서 정규직으로 전환되며 자동으로 조합원이 된 것일 뿐 정치 활동과는 아무 관련이 없다." 김 씨의 둘째 딸도 나서서 아빠의 진정성을 변호했지만 소문과 비난은 잦아들 기미가 보이지 않았다. 시골에 계신 나이 든 어머니까지 이 상처를 감당해야 하는 상황이 되자 김영오 씨는 2014년 8월 28일 결국 단식을 중단했다.

현재 가족협의회 총괄팀장을 맡은 장동원 씨는 생존학생의 아버지다. 간신히 살아 돌아온 딸을 안산 병원에 데려다놓고 장 씨는 그 길로 진도에 다시 내려가 유가족의 곁을 지켰다. 딸도 아버지가 진상규명에 함께하기를 바랐고, 장동원 씨 자신 또한 다른 부모들의 아픔을 보며 그냥 있을 수 없었기 때문이다. 그러나 생존학생의 부모로서 유가족들 앞에서 말 한마디가, 행동 하나가 다 조심스러웠다. 그 와중에 그는 자신이 민주노총에서 활동했다는 사실이 혹여 가족들에게 누가 될까 전전긍긍해야 했다.

> 가족 안에 민주노총 종북세력이 있다는 식의 얘기가 초창기부터
> 돌면서 한동안은 가족대책위 회의에 거의 안 들어갔어요. 괜히
> 나 때문에 가족들에게도 낙인이 찍힐까 봐. 민주노총에서
> 활동했다는 사실이 그렇게 사회적 파장이 큰 문제가 될 줄
> 몰랐어요. 아니, 민주노총은 노동조합법의 의거해서 만든 합법적인
> 단체잖아요? 노동조합 활동은 노동자의 권리예요. 그걸 반사회적
> 활동으로 몰아간다는 게 말이 되나요? 세월호참사 유가족들은
> 국가가 잘못해서 자식 잃은 부모들이잖아요. 진상규명을
> 외친다는 이유로 엉뚱한 딱지를 붙여서 문제 있는 사람들로
> 만들어버리니까 너무 화가 나더라고요. (애진 아빠 장동원)

단 한 사람이 잘못해도

김영오 씨가 여론의 집중포화를 맞고 단식을 중단했어도 세월호 특별법 제정을 향한 가족들의 투쟁은 사그라들 줄 몰랐 다. 이미 2014년 7월 15일에 350만 명의 국민 서명을 국회에 전 달한 데 이어 9월 2일에 다시 135만 명의 서명을 모아 청와대

에 전달하러 나섰다. 간절하고 굳은 마음을 모아 광화문에서 청와대까지 삼보일배로 이동한다는 계획까지 세웠다. 그러나 채 100미터도 가지 못한 채 경찰 벽에 가로막히고 말았다. 가족들은 국가가 길을 열어줄 때까지 네 시간이나 제자리에서 삼보일배를 계속했다. 땀과 눈물이 범벅된 가족들이 지쳐 쓰러지도록 국가는 비정한 얼굴을 거두지 않았다. 그리고 2014년 9월 6일 일베 이용자들과 몇몇 극우단체 회원들은 피해자들의 단식농성을 조롱하는 만행을 저지른다. 그러나 그날 준영 엄마 임영애 씨의 가슴을 찢은 건 그들의 '폭식'이 아니었다.

> 일베들이 나를 보고 그러더라고. 세월호 엄마면 엄마답게
> 행동하라고, 자식 보낸 슬픔을 그만 우려먹으라고. 그 소리를
> 듣고 제가 악에 받쳐서 소리를 막 질렀어요. 세월호 엄마가
> 뭐냐! 세월호 엄마다움이 도대체 뭐냐고! (준영 엄마 임영애)

임영애 씨는 그날 자신을 향해 손가락을 흔들어대던 이들의 대답을 듣지 못했다. 원통한 마음을 끌어안고 집에 돌아와 혼자가 되었을 때, 임영애 씨의 가슴이 뜨거운 말을 덜컥 토해냈다.

> '그래, 세월호 엄마다움이 뭔지 내가 그 사람한테 물을 게 아니다.
> 난 이미 정답을 알고 있다. 내 새끼가 왜 죽었는지 모르는 엄마가,
> 아이를 지키지 못한 엄마가, 그딴 소리를 듣더라도 끝까지 진실규명을

포기하지 않는 거. 그게 세월호 엄마다움이 아닌가.' (준영 엄마 임영애)

이 아름다운 선언은 단호했으나
채 굳지 못했다

그 뒤로도 저는 사회가 말하는 피해자다움에 휘둘렸어요. 세월호
엄마가 왜 웃어? 저 엄마는 빨간 옷을 입고 왔어. 피해자가 저렇게
해도 돼? 하물며 같은 유가족들도 그렇게 얘기했으니까. 집회에 노란
옷을 안 입고 가면 꼭 벌거벗은 느낌이 들게끔 말하는 유가족들도
있었어요. '임영애는 왜 저래?'가 아니라 '준영이 엄마는 왜 저래?'라고
비난당하니까 나도 모르게 옷을 골라 입게 되더라고요. 간담회에 갈
때면 화장도 지웠어요. 한번은 간담회에서 제가 너무 당당하게 말하고
우스갯소리도 하니까 '저 엄마는 간담회 가는 걸 즐기냐'는 얘기까지
들었어요. 그러니까 간담회에서 말을 하다가도 '이 시점에서 좀
울어야 하나?'라는 생각까지 들더라고요. 너무 힘들었어요. 노숙하고
국가랑 싸우는 게 힘든 게 아니라 이런 시선에 휘둘리는 게 너무
힘들었어요. 왜 그래야 하는지 이해가 되지 않았어요. (준영 엄마 임영애)

그때 대리기사 폭행 사건이 일어났다.

저는 아줌마로 살아서 그런지 그런 일의 영향력을 잘 몰랐어요.
그런데 제가 세월호 유가족이 되어보니까 알겠더라고요. 세월호

가족 한 사람이 잘못하면 세월호 가족 전체가 욕먹어요.

304명의 희생자가 다 욕을 먹더라고요. 그래서 같은 유가족끼리도

서로에게 피해자다움을 강요했던 거구나. (준영 엄마 임영애)

피해자다움이란 피해자라면 이러할 것이다, 또는 마땅히 이러해야 한다는 고정관념을 뜻한다. 이 개념은 그리스 신화에 나오는 프로크루스테스의 침대를 연상시킨다. 프로크루스테스는 행인을 붙잡아 강도질을 일삼았는데, 그의 집에는 철제 침대가 있어 그 침대에 맞춰 행인의 몸을 늘리거나 잘라 죽였다. 프로크루스테스 신화의 흥미로운 점은 그의 침대에 길이 조절 장치가 달려 있다는 사실이다. 침대에 눕는 사람은 자신의 키가 혹시라도 침대에 꼭 맞을 수도 있다는 희망을 품었지만 애초에 그런 일은 일어날 수 없었다. 피해자다움이라는 틀 역시 마찬가지다. 이 고정관념의 소유자는 자신이 생각하는 전형에 어긋나는 피해자에게 거부감을 느낀다. 그러나 전형적인 피해자가 되는 일은 지극히 수행하기 어려운 임무다. 그 전형성 자체가 애초에 허상에 가깝기 때문이다. 피해자는 어떻게 해도 몸에 맞지 않는 잣대 앞에서 전전긍긍할 수밖에 없다. 임영애 씨를 비롯해 세월호 피해자들이 절절히 깨달았듯, 피해자다움은 피해자 비난이라는 현상의 바탕을 이루며 피해자의 행동을 통제하는 강력한 장치로 기능한다.

진짜, 피해자

"그러거나 말거나." 2018년 즈음, 임영애 씨는 피해자의 자격을 놓고 왈가왈부하는 세상에 휘둘리지 않기로 했다.

> 생각해보니까 나만 피해자가 아닌 거예요. 한국에 사는 모두가
> 이 참사의 피해자인 거예요. 이 사회에서는 누구든 피해자가 될 수
> 있어요. 그러니 옷을 까맣게 입어야 피해자가 아니고, 맨날 우는
> 사람이 피해자가 아니다. 내가 먼저 당했으니 당신들은 당하지 말라고
> 말해주는 사람이 피해자다. 진실규명을 하는 것이, 그래서 더 이상의
> 피해자가 나오지 않도록 막는 것이 피해자다움이다. 우리 사회의
> 시스템을 바꿔야 한다고 앞장서서 말해주는 사람이 진정한 피해자다.
> 남들이 뭐라고 해도 이게 진짜 피해자다움이다. (준영 엄마 임영애)

오랫동안 우리 사회에서 재난참사는 그저 불운한 일로 치부되었다. 피해자는 가슴을 쥐어뜯으며 자신의 운명을 탓할 뿐이었다. 세월호참사는 재난참사를 보는 시각을 근본적으로 바꾸었다. 사회 시스템을 손보지 않으면 이 사고는 언제 어디서 다시 일어나도 이상하지 않다는 걸 깨달은 것이다. 그러니 세월호참사 피해자들에게 '먼저 사고를 당했다'는 말은 이 사실을 '먼저 알아버렸다'는 말과 같다. "내가 먼저 당했으니 당신들은 당하지 말라"는 말은 죽음의 연쇄를 삶의 연쇄로 바꾸는 혁명의 언어다. 이렇게 사회가 부여한 피해자다움을 재설정한

뒤, 임영애 씨는 간담회에 갈 때 화장을 하기 시작했다.

> 일부러 더 했어요. 나는 준영이 엄마잖아요. 준영이를 내 안에
> 품었어요. 묻을 수 없어서, 잊을 수 없어서 제가 준영이가
> 됐어요. 우리 준영이를 품었는데 내가 매일 아픈 얼굴을 하고
> 있으면 우리 준영이가 힘들 거 같아. 나는 이제 우는 엄마
> 안 하고, 싸우는 엄마가 되려고요. (준영 엄마 임영애)

임영애 씨는 자신에게 전사(戰士)의 얼굴을 새로 주었다. 슬픔을 지우고 강함을 그려 넣었다. 그것이 순수라는 이름으로 피해자에게 순응을 요구한 사회에 맞서는 길이라 여겼다. "이 말하는 데 4년이 걸렸어요."

피해자다움은 그만큼이나 강력한 족쇄였다. 세월호참사 피해자들은 그 족쇄를 끊어내기 위해 다양한 방식으로 저항의 역사를 만들어왔다. 임영애 씨의 말처럼 이제 '세월호 엄마'는 '싸우는 엄마'의 대명사가 되었다. 동시에 그 대명사에 갇히길 거부했다. 2023년 4월 개봉한 다큐멘터리 영화 〈장기자랑〉은 대중이 지닌 '세월호 엄마'에 대한 고정관념을 뒤흔든 작품이라는 평가를 얻었다. 영화 속에 등장하는 4·16가족극단 노란리본의 엄마들은 피해자라는 단면으로만 보여지던 세월호 엄마들을 욕망과 감정을 지닌 입체적 인간으로 재현해낸다. 이 영화는 예술사회학자 이라영의 이 문장들을 떠올리게 한다. "보통명사로 불리는 이들은 역설적으로 보편적 존재가 되지 못한다.

보편적 존재가 되지 못한 사람은 개별성도 상실한다."[12] 보편적 존재가 되기 위해 개별성을 되찾는 세월호 엄마들의 투쟁은 극 중 영만 엄마 이미경 씨의 이 말에 응축되어 드러난다.

> 다른 사람들이 손가락질할 수 있겠지. '엄마가 애 보내고 나서
> 뭐가 그렇게 좋아서 저렇게 살 수 있지?'라고 얘기할 수 있겠지만
> 그냥 나는, 더 멋지게 살고 싶을 때도 있어요. (영만 엄마 이미경)

사람들의 가슴에 깊은 울림을 준 이 말을 당당하게 내뱉기 까지 이미경 씨도 오랜 망설임의 시간을 흘려보내야 했다. 피해 자다운 모습을 보여주길 바라는 사람들의 시선을 깨뜨릴 수 있 었던 계기는 2020년에 찾아왔다. 세월호참사에 연대하던 시민 들이 그 계기를 함께 만들었다.

> 〈배우는 사람〉이라는 공연으로 혼자 무대에 올랐어요. 트로트 노래
> 강사가 되어가는 과정을 연기했어요. 제가 어릴 때부터 노래하는 걸
> 좋아했거든요. 노래방에 가면 탬버린을 정말 신나게 잘 흔들었어요.
> 연극 팀에게 그걸 이야기했더니 무대에서 보여주면 좋겠다는 거예요.
> 굉장히 망설여졌어요. 근데 어차피 하는 거 잘해야겠더라고요. 난 원래
> 뭐를 하든 잘해야 속이 시원해지는 사람이니까. (영만 엄마 이미경)

이미경 씨는 그 무대에서 탬버린을 "무지하게 재미있게" 흔들었다. 흥도 많고 끼도 많은 '나'로 돌아간 순간, 객석에서

환호성이 터졌다.

> 너무 후련했죠. 그래, 나는 원래 이런 사람이었어. 아픔을 겪은
> 사람이라는 사실 하나 때문에 내가 왜 사람들 눈치를 봐야 해?
> 내 감정을 숨기지 말고 있는 그대로를 보여줘야겠다, 그런 생각이
> 들고부터는 마음이 편해졌어요. 그때부터는 내가 좀 자유로워졌어요.
> 아마 그때 관객 반응이 싸늘했으면 다시 숨으려 했겠죠. 그런데
> 사람들이 너무너무 크게 응원을 해줬어요. 그렇게 응원해준 다른
> 시민들 생각도 많이 났어요. '영만 엄마 정말 대단하다, 잘 지내고
> 있어서 너무 고맙다.' 그분들을 실망시키고 싶지 않은 거예요. 내가
> 참사로 아이 잃은 엄마라는 틀에 갇혀서 슬프고 비굴한 인생을 살고
> 싶지 않다는 생각을 그런 계기로 품게 된 것 같아요. (영만 엄마 이미경)

똑같은 피해자는 없다

성호 누나 박보나 씨는 세월호참사 5주기에 다른 형제자매
들과 함께 〈나와 우리의 시간〉이라는 사진전을 열었다. 그 전시
는 "찍히는 대상이 아니라 찍는 주체가 되겠다"는 선언이기도
했다. 그리고 이듬해 10월 4·16재단이 주최한 세월호참사 6주
기 온라인 추념전[13]에서 '피해자다움'을 주제로 자신의 뒷모습
을 찍은 사진을 내걸었다. '피해자의 얼굴'이란 무엇인지를 질
문하게 하는 사진이다.

피해자가 덜 고통스럽다거나 흠이 있는 사람이라면,

그 사건은 없던 일, 더는 부당하지 않은 일이 되는 것일까요.

같은 사건으로 피해자가 된 사람들도 성향, 성격, 살아온

환경 등에 따라 상태가 다 다르거든요. 자기 마음과 마주하는

시기, 극복하는 방법 모든 게 다 달라요. (박보나)[14]

세월호참사 당시 희생학생 형제자매들의 나이는 대개 십 대에서 이십 대 중반이었다. 성장해서 '나'를 찾아야 하는 시기에 참사를 만나 삶의 시간이 정지되어버렸다. 그러나 사회인으로 자리를 찾아야 한다는 과업을 언제까지고 미뤄둘 수는 없었다. 학교에 다니고 직업을 구하는 과정은 새로운 사람과 새로운 관계를 맺는 일의 연속이었다.

유가족이라는 정체성을 감추면, 제가 이상해 보일 거잖아요?

사람들과 있다가 어느 순간 갑자기 막 불안해하고 예민한 모습을

보이면 그 사람들은 제가 왜 그러는지 이해하기 어렵죠. 그렇다고

유가족이라는 사실을 밝히면 나를 그저 유가족으로만 보지 않을까

하는 불안과 두려움이 있어요. 이런 생각 사이에서 엄청나게

힘들었어요. '나' 되기가 너무 어려웠어요. (박보나)

영만 엄마가 연대하는 시민들 사이에서 '나'로 돌아갔듯, 박보나 씨의 '나' 되기도 다른 세계와의 연결을 통해 그 길을 찾았다. 보나 씨는 2016년 세월호참사에 연대해준 청년들과 함께

스페인 산티아고 순례길을 걸었다. 자기 삶에 집중하는 시간을 참사 이후 처음 가진 것이다. 그 시기 전후로 한국의 젊은 여성들 사이에서는 페미니즘에 대한 관심이 빠르게 확산됐다.[15] 보나 씨도 그 영향을 받았다.

> 형제자매들과 기록을 시도하게 된 게 페미니즘을 공부하고 나서예요. 세월호참사 이후에 기록이 중요하다는 말을 참 많이 들었는데, 제가 겪은 일을 마주 보기가 어렵더라고요. 내 경험에 대해 이야기하면 세월호참사라는 사건보다 그냥 '박보나'라는 개인을 도드라지게 하는 게 아닐까 걱정됐어요. 그런데 그런 개개인의 이야기가 다 중요하다는 걸 페미니즘을 공부하면서 이해하게 됐어요. 한 사람의 이야기 속에 세상에 대한 이야기가 들어 있다는 걸. 제 삶의 경험을 설명할 말을 얻게 되면서, 내가 겪은 일을 다시 돌아보게 되더라고요. 내가 원래 어떤 사람이었는지도 생각하고, 앞으로 어떻게 살아가고 싶은지도 생각했어요. 피해자다움이나 여성다움에 갇히지 않는 나다움을 찾아야겠다는 생각을 하면서 친구들과 여행도 갈 수 있었죠. (박보나)

페미니즘이라는 시선을 얻으면서, 재난참사 피해자로 얻게 된 시선 역시 그 해상도를 높였다. 보나 씨에게 큰 영향을 준 페미니즘의 새로운 물결은 2016년경 디지털 공간을 통해 확산했다. 메갈리아를 기점으로 생겨난 온라인 페미니스트들은 '미러링'을 여성혐오에 대응하는 주요 전략으로 삼았다. 미러링은 인터넷 남초 커뮤니티에서 통용되던 여성혐오적인 글을 가져와서 그걸 다시 남성들에게 되돌려주는 방식이다. 박보나 씨는 당시 이 현상을 주의 깊게 관찰했다.

> 메르스갤러리 때부터 변화하는 모습을 실시간으로 다 지켜봤어요. 점점 표현 수위가 과격해지는 걸 보면서 속이 시원하면서도 긴장이 됐죠. 세월호참사 피해자들은 삭발한 것만으로도 과격하다는 소리를 들었으니까. '과격한' 모습을 보이면 사람들이 어떻게 반응할지 알고 있잖아요. (박보나)

그러나 미러링이라는 대항행동을 시도하는 여성들이, 한강에 투신해 사망한 남성연대 대표를 조롱할 때는 고개를 돌릴 수밖에 없었다. "저는 희생자를 모욕하는 비방 글을 많이 보아왔잖아요." 박보나 씨는 혐오의 심연이 비춘 진실을 떠올렸다. 우리가 누군가의 인간성을 부정할 때, 부서지는 것은 그 누군가가 아니었다. 바로 우리가 속한 사회 그 자체다. 혐오는 결코 정의로 향하는 길 위에 있지 않다.

세월호참사 피해자들은 자기 삶을 통해 이 사회의 구조를 통찰했다. 피해자다움을 강요하는 사회는 오히려 피해자에 대해 아무것도 모르는 사회라는 걸 깨달았다. 피해자란 실은 얼마나 다양한 면모를 지닌 사람들로 채워져 있는가를 자기 삶으로 증명했다. 이제 그 이해는 타인의 슬픔을 향해서도 차츰 확장된다. 박보나 씨는 세월호참사를 겪은 이후에 차별에 민감한 몸이 되었다고 말한다.

원래 몸이 좀 약하게 태어나서 자주 아프고 다쳤어요. 그래서
누군가를 볼 때 상처를 더 자세히 보게 되거든요. 세월호참사
이후에 환경문제에도 관심이 생겼어요. 유가족 말고
'나'로서 어떤 삶을 살고 싶은지 다시 생각해보면서 저와 비슷한
고통을 지닌 사람들이 다시 세상으로 발을 내딛는 디딤돌 같은
역할을 하고 싶다는 생각이 들더라고요. (박보나)

피해자의 권리를 보장하라

세월호참사 피해자들을 얽어맨 피해자다움이라는 족쇄는
아직 상당한 힘을 지니고 있다. '세월호 엄마'의 새로운 모습을
보여주었다는 평가를 받는 〈장기자랑〉의 이소현 감독은 개봉
을 준비하면서 이러한 두려움이 있었다고 말한다.

세상에서는 유가족이 밥 먹는 거 갖고도 뭐라고 하는데, 연극 배역
갖고 싸우는 이야기가 가족들 활동에 타격을 주면 어떡하지?
그런 일이 생기면 나는 나를 용서할 수 없을 것 같았어요. (이소현)

그 선을 둘러싼 많은 고민과 논쟁이 있었다. 가령 영화에는
순범 엄마 최지영 씨가 담배를 피우는 장면이 등장한다.

그 장면에 반대의견을 내신 건 동수 어머니였어요. 담배 피우는 것

자체가 아니라, 거실에서 피우는 걸 문제 삼으신 거죠. 요즘 누가

거실에서 담배를 피우느냐. 못 배운 사람처럼 보일까 봐 걱정된다는

거였어요. 그 아픔을 표현해줄 수 있는 다른 장면을 찾아달라고

하셨는데, 그만큼 적절한 장면이 없었어요. (이소현)

피해자 중에는 누구에게도 흠잡히지 않을 모범적 시민이 되어야 할 것 같은 부담을 느끼는 사람도 있다. 세월호참사를 '교통사고'로 여기고 진상규명 활동을 반대하는 사람들만 피해자다움을 강요하는 게 아니다. 때로는 피해자의 투쟁을 지지하는 시민들이 피해자다운 모습을 요구하기도 한다. '투사'로서의 모습만을 바라는 것이다. 이 또한 피해자를 자기 신념에 부합한 모습으로 가두려는 태도라 할 것이다. 복잡한 상황 속에서 피해자들은 피해자다움을 부수는 이야기를 계속 써내려가고 있다. 그리고 여기 아주 중요한 이야기가 더 남아 있다.

2018년, 유경근 씨가 진행한 팟캐스트 〈세상 끝의 사랑〉에 인현동 화재 참사 피해자를 초대하지는 못했다. 그런데 이듬해 놀라운 일이 벌어진다. 2019년 10월 30일은 인현동 화재 참사 20주기 추모식이 열린 날이다. 이 자리에 인천시 정무부시장이 인천시를 대표하여 참석해 유가족을 향해 공식 사과한다.

"참사 당시 사회와 언론은 책임은 말하지 않고 희생된 청소년을 불량 청소년이나 비행 청소년으로 매도하기 급급했습니다. 인천시를 대표해 너무 늦었지만 희생된 청소년들의 어머니, 아버지께 깊은 사과의 말씀을 드립니다."[16]

뒤늦은 사과라도 사과의 힘은 컸다. 유가족들은 뜨거운 눈물을 흘렸고 큰 위로를 얻었다. 이 뜻깊은 장면은 세월호참사 이후 우리 지역의 참사를 돌아보자고 나선 인천 시민들이 연대해 일궈냈다. 현재(2024년 3월) 인현동 화재 참사 유족회는 가족협의회가 주축이 된 '재난참사피해자연대'에 함께하고 있다. 인현동 화재 참사 유가족들의 이야기는 피해자다움과 피해자 비난을 넘어서는 일이 피해자 개인의 노력에만 맡겨둘 일이 아니라는 사실을 잘 보여준다. 결국 사회가 바뀌어야 하는 문제다.

박보나 씨는 4·16재단과 함께 2019년 겨울 '4·16메모리얼 서포터즈'라는 이름으로 독일의 추모문화를 둘러보고 '재난 피해자 지원 및 권리 강화를 위한 국제포럼'에 참석했다. 그 경험을 통해 피해자다움과 피해자 비난을 넘어서는 일이 피해자의 권리를 세우는 일과 병행되어야 함을 깨달았다.

'피해자에게는 진실을 알 권리, 질문할 권리, 진상규명 절차와 제도에 참여할 권리, 책임자 처벌을 요구하고 사과받을 권리, 배·보상을 받을 권리, 기억하고 추모할 권리 등이 있다. 피해자가 그런 것들을 요구하는 것은 너무 당연하다.' 피해자의 권리에 대해 들었을 때 눈물이 날 것 같았어요. '떼쓰는 피해자, 유가족'이 아니라 실은 피해자의 정당한 권리라는 그 말에. 피해자로서 말을 할 때는 비난에 주저하게 되거나, 말을 아끼거나, 하지 못할 때도 있었지만 권리를 말하는 또 다른 피해자들을 만나고 저 또한 당당한 피해자가

되고 싶다고 다짐했어요. 세월호참사 이전에 일어난 많은 사건의
피해자들이 말해왔고 그분들이 좌절하지 않고 싸웠기 때문에
우리가 이렇게 한 걸음 앞으로 나아갔던 거니까요. (박보나)

세월호참사는 재난참사를 인권의 언어로 설명하게 된 첫
사건이라 할 수 있다. 재난참사를 보는 관점을 인간의 존엄을
중심으로 근본적으로 재구성하게 된 데에는 인권활동가들의
참여가 한몫했다. 인권단체들은 연대기구를 구성해 활동해온
경험을 살려 세월호참사 이후 무엇을 해야 할지 머리를 맞대고
고민하기 시작했다. 이에 따라 국민대책회의 안의 소위원회로
'존엄과 안전 위원회'가 꾸려졌다.

세월호참사 이후 사회운동이 무얼 해야 하는지 질문했어요.
진상규명에 대한 요구로만은 드러나지 않는 문제를 인권운동이
제기할 필요가 있겠다, 인간의 존엄을 세월호참사 대응에서 가장
중요한 출발점으로 삼자는 데에 의견이 모였죠. 안전을 인간 존엄의
관점에서 어떻게 이야기할 것인가도 중요한 화두였어요. 그간 안전을
강조한 모든 정부가 감시와 통제를 그 수단으로 삼아왔거든요.
존엄과 안전 위원회 내부에 자유 팀, 평등 팀, 안전대안 팀을
두었어요. 자유 팀은 진상규명 집회와 행진을 가로막는 공권력과
싸우는 활동을 했어요. 평등 팀은 국적, 나이, 신분 등에서 다양한
조건에 놓인 피해자들의 고통을 살피면서 4·16인권실태조사를
진행했어요.[17] 안전대안 팀은 선박 안전만으로 좁혀진 안전담론을

확장해 사회의 안전을 위한 대안을 모색했고, 이 활동이
중대재해처벌법 제정운동으로 이어지게 되었죠. (미류)

이 모든 활동의 의미를 응축해 보여주는 것이 바로 세월호참사 2주기에 선포된 '존엄과 안전에 관한 4·16인권선언'(이하 4·16인권선언)이다. 이 선언은 2014년 12월 10일 세계인권선언일을 맞아 열린 추진대회를 시작으로 국내외 각계각층 1,100여 명이 풀뿌리토론을 조직해 함께 만들었다. 세월호참사를 비롯해 여러 재난참사의 피해자들이 참여한 것은 물론이다.

당시 4·16인권선언 성안 팀으로 활동한 정정훈 씨는 4·16인권선언이 기존의 인권선언문 형식을 취하지 않았음을 주목해야 한다고 말한다.[18] '세계인권선언' 등은 대부분 전문과 본문으로 구성되어 있다. 전문은 선언의 배경과 근본적 가치 지향을, 본문은 그에 입각한 기본적인 권리 조항을 담는 게 보통이다. 4·16인권선언은 인권의 가치와 권리 조항을 나열하는 것을 넘어 '행동'을 강조한다. 행동을 통해서만이 이 선언문이 완성될 것임을 다음과 같이 확인한다.

우리는 상실과 애통, 그리고 들끓는 분노로 존엄과 안전에 관한 권리를 선언한다. 우리는 약속한다. 세월호참사를 기억하고 진실을 밝히고 정의를 세우기 위한 실천을 포기하지 않을 것임을. 또한 우리는 다짐한다. 이 세계에서 벌어지는 각종 재난과 참사, 그리고 비참에 관심을 기울이고 연대할 것임을. 우리는 존엄과 안전을

해치는 구조와 권력에 맞서 가려진 것을 들추어내고 목소리를 내는 데 주저하지 않겠다. 이 선언은 선언문으로 완결되는 것이 아니라 수많은 우리가 다시 말하고 외치고 행동하는 과정 속에서 완성되어갈 것이다. 함께 손을 잡자. 함께 행동하자. (4·16인권선언문 중)

누구도 홀로 싸우지 않도록

가족협의회를 비롯한 재난참사 피해자와 시민사회는 이제 '생명안전기본법' 제정을 향해 나아가고 있다. '생명안전기본법'은 가장 중요한 기본권인 시민의 생명권과 안전권을 실질적으로 보장하기 위해 국가와 지자체 등이 어떤 의무를 다해야 하는지, 시민들에게는 어떤 권리가 있는지 등의 기본사항을 규정한 법이다. '생명안전기본법 제정을 위한 시민 동행' 정책위원 김혜진 씨는 법제정 운동의 배경을 이렇게 설명한다.

세월호참사 이후에 피해자의 권리를 어떻게 제도화할 것인가에 대한 고민이 깊었어요. 논의를 하다 보니 한국에 재난참사에 대한 기본적인 인식 체계를 갖춘 법이 없다는 걸 알게 된 거죠. '재난 및 안전관리 기본법'은 재난이 발생하면 정부가 어떻게 대응 기구를 구성하고 그 처리는 어떻게 해야 한다는 걸 규정하는 것에 국한돼 있거든요. 피해자의 권리까지를 포함해 재난안전에 대한 기본법을 만드는 게 중요하겠다는 고민 속에서

'생명안전기본법' 제정 논의를 시작하게 되었어요. (김혜진)

'생명안전기본법'은 2020년 11월 발의돼 2024년 3월 현재 국회 행정안전위원회에 계류 중이다. '시민 동행'은 정부와 국회에 조속한 법제정을 촉구하기 위해 2023년 5월 31일 결성됐다. 가족협의회도 함께한다. 이렇게 인권의 언어로 재난참사를 이야기하게 되면서, 지난 10년간 일어난 변화는 무엇일까.

'피해자들이 달라졌다.' 이게 가장 큰 변화라고 생각해요.
피해자들이 수동적 위치에 머물지 않고 문제를 해결할 능동적
주체로 섰다는 것. 특히나 자기 문제 해결에 그치지 않고
다른 참사의 피해자들과 서로 독려하면서 같이 가고 있다는
건 정말 어마어마한 변화라고 생각하거든요. (김혜진)

교회를 떠난 최순화 씨는 가족협의회 대외협력부서장과 4·16합창단의 단장으로 활동하면서 우리 사회 곳곳의 사회적 아픔들과 마주했다.

연대하는 현장에 가면 그 문제에 대해 발언해야 하니까 가기 전에
자세히 알아보거든요. 그러면서 피해자 입장에서 생각해보는 경험이
쌓인 것 같아요. 피해자의 심정을 조금 더 빨리 잘 이해할 수 있게 된
것 같고요. 세월호 가족들의 투쟁이 국회나 법원, 청와대 앞에서 많이
이루어졌잖아요. 그 앞에 가면, 정말 수많은 사람이 각자 자기 사연을

갖고 와서 '몸자보'를 하고 억울함을 호소하고 있더라고요. 그곳이
아예 삶의 터전이 되어버린 사람들이 이렇게 많다는 게 놀라웠어요.
추운 날은 많이 걱정되더라고요. 이분이 과연 밤새 안녕할까?
활동을 하러 이곳저곳 다니다 보면 지겹다느니, 아직도
세월호라느니, 지나가면서 한마디씩 던지는 사람을 한두 명씩은
꼭 맞닥뜨리거든요. 지금은 그런 사람들이 좀 불쌍해 보이기도
해요. 저 사람에게도 실은 혼자 억울하게 삭인 아픔이 있는 게
아닐까. 그런 사람들 때문에 세월호 진상규명이 안 되는 게 아니라
권력자들과의 싸움에서 큰 벽에 부딪히는 거니까. 국가가 특정
단체나 피해자에 대한 혐오를 조장하는 행위에 대해서는 분명한
조처가 취해져야 해요. 이태원참사나 청주 오송 지하차도 참사
피해자들도 아마 비슷한 일을 당하지 않을까. 권력자들이 오히려
더 악랄하게 피해자들을 짓밟고 목소리를 내지 못하게 가로막지
않을까. 그래서 그분들하고 적극적으로 연대하는 것이 너무나
중요한 것 같아요. 같이 힘을 모아야겠어요. (창현 엄마 최순화)

2023년 12월 16일, 8개 참사피해자들이 모여 '재난참사피
해자연대'가 공식 출범했다.[19] 피해자연대의 활동을 지속해서
뒷받침하며 지원체계를 구축할 '재난피해자권리센터 우리함
께'도 활동을 시작했다. 재난참사피해자연대는 긴 시간에 걸
쳐 차근차근 준비되었다. 가족협의회는 4·16재단과 함께 각 재
난참사의 추모기일을 챙기면서 다양한 연대 활동을 모색했다.
이태원참사 피해자들에 대한 혐오 표현 문제가 심각하던 때인

2023년 3월 15일에는 국가인권위원회와 혐오 표현에 관해 간담회를 진행하기도 했다. 그 자리에서는 당사자의 경험에서 길어올린 구체적인 이야기가 울려 퍼졌다.

> 우리는 권리를 존중받지 못하는 세상에 살았습니다. 피해자가 연대하지 못하게 하는 걸 엄청난 폭력이라고 인식하지 못하는 일반 대중과 법을 다루는 분들에게도 새로운 시각이 열리길 바랍니다. (김문수)

> 국가가 행하는 폭력을 어떻게 막을까가 1순위가 되어야 하지 않을까요. 인권위가 힘이 없다고 하지만, 오히려 권고라서 시의적절하게 대응할 수 있고 광범위하게 대응할 수 있습니다. 사법부는 법에 정해져 있지 않으면 관여할 수 없지만, 인권위는 법적 처벌 조항이 아니더라도 피해자의 보호막이 되어줄 수 있고, 사회문화 형성의 한 축을 세워줄 수 있습니다. 주어진 권한 안에서 적극적이고 주도적으로 활동해주십시오. (윤석기)

상준 엄마 강지은 씨는 피해자연대 준비위원으로 활동하며 전국 각지의 유가족을 만났다. 참사의 트라우마를 안고 살아가는 피해자에게 다른 피해자와의 연대란 그저 아름답기만 한 일이 아니다.

'생명안전버스'[20]를 다니면 그 참사에 대해서 깊이 알게 돼요.

표면적으로 알던 거하고 피해자를 만나서 그 목소리를 직접 듣는 건 다르니까요. 7·18 공주사대부고 병영체험학습 참사 추모에 갔어요. 비가 오는 날이었어요. 제가 비에 약해요. 팽목항에서 온종일 비를 맞고 처절하게 싸우던 기억이 떠오르거든요. 희생된 학생들이 우리 아이들보다 한 살 많아요. 세월호참사 일어나기 한 해 전에 참사가 났더라고요. 그날 제가 공황장애가 막 왔어요. (상준 엄마 강지은)

누구한테나 일어날 수 있지만 그 누구한테도 일어나서는 안 되는 것이 재난참사입니다. 그런데도 대한민국에서는 참사가 끊임없이 반복되고 있고, 그 참사의 한가운데 있는 피해자와 유가족들은 참사를 해결해야 할 국가와 사회로부터 추모와 위로를 받기는커녕 오히려 2차 가해를 당하고 있습니다. 수십 년 동안 그런 상황을 겪었던 여러 재난참사 피해자들이 서로 힘을 모아서 문제를 제대로 해결하고, 희생자를 온전히 추모하고, 피해자 권리를 보장받기 위해 연대하게 됐습니다. 그래서는 안 되겠지만 혹시라도 다른 재난참사가 발생한다면, 갑작스럽고 당황스러운 상황에서 슬픔과 고통에 빠져 있을 피해자와 유가족을 위로하고 피해자의 권리를 행사할 수 있도록 그 곁에 함께할 것입니다. (수진 아빠 김종기)

/ 박희정

합창

당신은 혼자가 아니라는 신호

4·16합창단에 대해 듣기 위해 단장인 창현 엄마 최순화 씨를 인터뷰하던 날, 부쩍 불면증이 심해졌다는 그는 처방받은 약이 잘 안 맞는지 종일 몽롱하고 무기력하다고 했다. 힘들면 인터뷰하지 않아도 된다고 했더니 그가 잠긴 목을 가다듬으며 낮은 목소리로 "할 수 있어요" 했다. 최순화 씨는 합창단이 진상규명 활동의 일환이며, 노래는 어디든 갈 수 있고 다양한 사람들을 만날 수 있게 한다고 했다. 100만 명이 운집한 촛불집회 무대에도 올랐고, 교인 수가 세계 최대라는 순복음교회에서도 노래했다. 매주 월요일 연습을 하고 평균 주 1회(한 해 50회) 이상 공연을 다닌다. 전체 50여 명의 단원 중 유가족은 10여 명, 나머지는 일반 시민이다. 이렇게 많은 공연을 치르다니 힘들지 않느냐고 물었더니 여전히 가라앉은 목소리로 말했다.

"시민단원들이 줄곧 우리 편을 들어주고 먹여주고 잘 보살펴주세요."

인터뷰가 끝났을 때는 오후 6시 무렵. 옆방이 왁자지껄했다. 속속 모이는 합창단원들이 삼삼오오 둘러앉아 김밥과 컵라면으로 저녁을 먹으며 근황을 나누는 중이었다. 몇 년 만에 만난 준우 엄마 장순복 씨가 나를 보더니 자신의 옆에 자리를 만들어주며 이리 앉으라고 손짓했다. 그는 나에게 이것저것 먹이는 동시에 쉴 새 없이 이야기를 쏟아냈다.

"얼마 전에 『떠나보내는 길 위에서』라는 책을 읽었는데, 그 책 읽어봤어요? 일본항공(JAL) 추락참사 유가족 이야기가 나오는데 '시신에 대한 집착'이라는 표현이 있어. 거긴 시신이 다 사라지고 훼손됐으니까. 그 표현이 너무 공감되는 거 있지. 나는 살면서 책 한 권, 단어 하나, 글자 하나가 그렇게 소중한 거 처음 알았잖아. 내일모레 그 저자가 안산에 강의하러 온대서 가보려고. 그런데 아저씨(남편)는 잘 있고?"

컵라면을 후루룩후루룩 먹으면서 듣기엔 너무 엄청난 이야기이면서 급격한 전개였다. 맞은편 창현 엄마와 중년 여성 시민단원은 컵라면을 먹으면서 탄수화물 줄이기가 얼마나 어려운지에 대해 이야기하고 있었다.

7시가 되어 합창 연습을 하는 강당, 그러니까 옆 컨테이너로 이동했다. 저편 가족협의회 사무처는 상근자들이 모두 퇴근했는지 불이 꺼져 있었다. 주변에 건물이 없고 넓은 공터만 있는 그곳은 빛이나 조명이 없어 밤이 훨씬 빠르고 어둡게 내리는 것 같았다. 나도 어서 퇴근하고 싶다고 생각하며 강당으로 들어선 순간 깜짝 놀라 뒷걸음질을 쳤다. 사람이 '너무' 많았기 때문이었다. 이 많은 사람들이 어디서 나타났지? 맨 뒷자리에 앉아 그 수를 세어보니 서른다섯 명이었다.

내 앞에 앉은 준우 엄마가 허리를 돌려 끊임없이 합창단에 대해 미주알고주알 알려주는 사이 지휘자 박미리 씨의 인사와 함께 연습이 시작되었다. 준우 엄마도 자세를 고쳐 앉았다. 합창이 시작되자마자 세상이 전과는 달라진 듯한 낯선 느낌이 들었다. 나를 뺀 모두가 일순간 진지하게 노래 속으로 들어가고 나만 꿔다놓은 보릿자루처럼 남은 것 같았다. 소프라노-알토-테너-베이스로 성부가 나누어진 그들은 어떤 부분에선 노랫말을, 어떤 부분에선 '우우-' 같은 소리를 냈고, 소리를 가다듬었다 터뜨리길 반복했다. 강당을 꽉 채운 35명의 합창이 그렇게 아름다운 것인 줄 처음 알았다. 급히 펜을 찾아 뭐라도 메모하려고 했지만 글 따위로는 순식간에 그 공간을 가득 채웠던 에너지를 절대로 표현할 수 없다는 걸 깨닫고 그만두었다. 오랜 불면증에 시달리고 있는 여성과 '시신에 대한 집착'이라는 표현이 무척 소중했다는 여성의 뒷모습을 바라보며 노래를 들었다. 모든 노래가 그들의 말처럼 들렸다. 그들은 노래를 부르고 있었지만 동시에 어떤 세례를 받고 있는 것처럼 보였다. 노래를 듣는 내내 마음을 종잡을 수 없었다.

당신과 내가 좋은 나라에서 / 그곳에서 만난다면 / 슬프던 지난 서로의 모습들은 / 까맣게 잊고 다시 인사할지도 몰라요 / 당신과 내가 좋은 나라에서 / 그 푸른 강가에서 만난다면 /

서로 하고프던 말 한마디 하지 못하고 / 그냥 마주보고
좋아서 웃기만 할거예요 (하덕규 「좋은나라」 일부)

　연습 중간엔 '별 기억식'을 가졌다. 그 주간에 생일을 맞은 희생학생의 이름과 그들이 좋아했던 것, 되고 싶었던 꿈에 대해 이야기 나누는 시간이었다. 김용진, 구태민, 안주현, 김주희, 강승묵, 권지혜, 정휘범, 그리고 이준우의 생일이 그 주간에 있었다. 준우는 직장 다니는 엄마를 늘 걱정하고 위로했으며 작가, 만화가, 기타리스트, 천문학자 등 꿈이 많은 아이였다고 어느 청년 시민단원이 낭독했다. 다시 연습이 시작되었다. 준우 엄마가 선생님 눈을 피해 떠드는 아이처럼 뒤를 돌아 빠르게 속삭였다.

　"이 노래는 삼풍백화점 참사 추모곡인데, 이번에 만든 거야. 그분들은 추모제 때마다 부를 노래가 없어서 애국가를 불렀대요. 너무 속상했겠지. 그래서 우리가 불러서 녹음해드리기로 한 거야."

　그것이 합창단원들에게 큰 자부심을 느끼게 한 일인지, 그후에도 세 명이나 더 나에게 다가와 똑같이 말해주었다. 부르면 어디든 가는 4·16합창단이지만 딱 한 군데 안 간 곳이 있었는데, 바로 프로야구 개막식 행사에서 애국가를 불러달라고 했을 때라는 사실도 함께.

　연습이 끝날 즈음 '총무님'이 나와 앞으로 한 달간의 공연 일정을 공지했다. 꼼꼼하게 참가자들을 취합하는 그는 머리가

희끗희끗한 오십 대의 시민단원 최철호였다. 그의 공지에 따르면 놀랍게도 그 한 달 동안(4월이었다) 무려 13회의 공연이 예정되어 있었는데 그중엔 경남 거창고등학교, 전남 벌교여자중학교도 있었다.

'뭘 하는 분들인데 한 달 동안 열세 번이나 공연을 할 수 있지?'

연습이 끝난 시각은 밤 10시. 까만 하늘에 초승달과 별이 또렷한 밤이었다. 세 시간 동안 노래만 부르던 사람들은 한참 더 인사를 나누다 각자 차를 타고 흩어졌다. 서울, 수원, 광명, 일산 등으로 간다고 했다.

'이 사람들은 다 누구지? 이런 모임이 어떻게 10년이나 지속될 수 있지?'

그간 가족협의회 부모들로부터 연대의 힘으로 여기까지 올 수 있었다는 말을 숱하게 들었고 그 힘에 대해 잘 안다고 생각했었다. 하지만 이 현장을 보지 않고 나는 어떻게 그 힘을 안다고 말할 수 있었을까. '연대'라는 것을 눈으로 볼 수 있고 들을 수 있는 소리로 표현한다면 바로 4·16합창단의 연습실일 것이다. 그 무수하고 평범한 밤이 10년 동안 지속되었다. 죽어가던 사람도 살려놓을 것 같은 어떤 강력한 힘이 그 밤에 있었다.

좁은 대기실 방바닥에 둘러앉아 노래했는데 가사가 너무 슬프니까 유가족들은 우느라고 노래를 거의 못 하셨어요. 어머니들은 평소 말씀을 거의 안 하셨는데, 저는 노래도 말이고 눈물도 노래라고

생각했어요. 안산으로 가는 길엔 실수할까 봐 두렵기도 하고
잔뜩 긴장해 있었는데 함께 울고 노래하다 보면 우리 사이의
묘한 경계가 풀어져서 헤어질 땐 모두 웃고 있었어요. 그래도
매번 걱정했어요. 저 어머님이 다음 주에도 나오실까? 안 오시면
어떡하지. 그러다 다음 주에 어머님이 그 자리에 앉아계시면
그게 그렇게 좋았어요. 몸도 마음도 아파서 하루종일 무기력하고
우울하게 누워 있다가 저녁에 일어나서 연습실에 노래하러
온다는 게 그분들께 얼마나 큰 용기였겠어요. 대단한 장기적인
목표가 아니라 하루하루 힘을 내는 용기. 그분들과 함께 있다
집으로 돌아올 때면 내가 좀 커진 기분이었어요. (박미리)

고등학교 음악교사로 12년간 근무했던 박미리 씨는 2014년
3월 학교를 사직했다. 학교 교육에 대한 회의가 컸다. 학생들과
축제 공연을 기획하고 함께 짜장면 시켜먹으면서 준비하는 시
간이 가장 즐거웠다. 무대를 준비하면서 밤늦게까지 신나게 준
비하는 학생들을 보면 어떻게 저렇게 반짝거릴까 싶은데 그 생
기 넘치던 학생들도 수업시간엔 다 엎드려 잤다. 교실은 오직
공부 잘하는 사람에게만 스포트라이트를 비추는 곳이었다. 그
는 무대를 기획하고 싶었다. 무대란 모두가 자기 이야기를 하러
올라오는 곳이다. 그들을 빛내주는 일을 하고 싶었다. 사직서
를 내고 한 달도 채 지나지 않아 세월호참사가 터졌다.

광화문에서 함께 노래합시다

2014년 12월 세월호 특별법 싸움이 끝난 뒤 유가족은 그동안 연대해준 시민들에게 감사 공연을 마련했다. 거기서 유가족들이 처음 노래를 하면서 합창단이 만들어졌다. 서울을 기반으로 활동하는 시민합창단 '평화의나무' 사무장이었던 박미리 씨는 유가족이 노래를 한다는 사실에 깜짝 놀랐다. 평화의나무는 쌍용자동차 노동조합이나 '위안부' 피해자들처럼 세상과 싸우는 사람들을 찾아가 공연을 했다. 하지만 노래를 부르는 건 어디까지나 시민합창단이었지, 피해자들이 아니었다. 오랫동안 학생들에게 노래를 가르쳐온 그는 인간이 자기 몸 안의 소리를 입 밖으로 꺼낸다는 게 얼마나 어려운 일인지 잘 알았다. 그 어려운 것을, 참척의 고통 속에 있는 이들이 하고 있다니 충격이었다.

2015년 평화의나무 기획공연을 앞두고 박미리 씨는 안산으로 향했다. 참사 500일에 광화문에서 추모의 노래를 함께 부르자고 제안하러 가는 길이었다. 울면서 가느라 안산 가는 길이 더욱 멀게 느껴졌다. 그날 만난 창현 엄마는 단단하고 차가운 돌덩이 같았다. 박미리를 보는 그의 눈빛엔 '이 사람은 또 누구일까' 하는 경계심이 비쳤지만 그로부터 며칠 뒤 '좋다'는 답을 보내왔다. 매주 월요일 평화의나무 단원들이 안산으로 연습하러 갔다. 경계심을 풀 방법도, 위로를 전할 도리도 없지만 곁에서 시간을 버티는 건 할 수 있었다. 유가족도, 시민도 서로를 어려워하면서 연신 눈물을 훔치며 〈여기 사람이 있네〉〈그날이 오면〉을 반복해 불렀다. 당시는 세월호 안에 아직 미수습자들이 남아 있던 때였다. 두 달 뒤 그들은 광화문광장에서 함께 노래했다. 무대를 디귿 자로 만들어 가운데에 선 유가족을 감싸는 구도였다. 양 옆에서 노래하는 시민 70여 명의 마음이 고스란히 전해졌다. 몸과 마음속에 오직 분노와 싸움밖에 없던 유가족들은 노래가 주는 따뜻한 위로를 느꼈다.

공연이 끝난 다음 주 월요일, 평화의나무 단원 최철호 씨는 종일 마음이 이상했다. 이제 더 이상 안산에 가지 않아도 된다는 게 전혀 홀가분하지 않았다. 유가족들이 '이 사람들, 공연 끝나니까 발길 딱 끊네' 하며 서운해하는 건 아닐까. ○○ 엄마, ○○ 아빠는 뭐하고 계실까? 궁금하고 걱정되고 무엇보다 보고 싶었다. 그는 퇴근 후 안산으로 향했다. 대기실에 도착해보니 마치 의논이라도 한 것처럼 평화의나무 단원들 여럿이 더 와 있었다. 모두 최철호 씨 같은 마음이었다. "우리 계속 올까요?" 누군가 묻자 유가족들이 수줍게 그래주면 좋겠다고 대답했다. 그때부터 4·16합창단은 유가족과 시민단원이 함께하는 새로운 형태의 합창단이 되었다.

점점 공연이 늘어났고 조금씩 체계가 생겼다. 창현 엄마는 '어쩌다 단장'이 되었고 박미리 씨는 '어쩌다 지휘자', 최철호는 '어쩌다 총무'가 되었다. '합창단을 부르는 곳이라면 어디든 간다'는 원칙도 생겼다. 시민단원 대부분이 직장생활을 하기에 평일 오전 지방에서 하는 공연이 들어오면 갈 수 있는 사람이

빤했다. 그런데도 날짜가 가까워지면 어김없이 온라인 소통방
엔 "저 갈 수 있어요!" 하는 소식이 올라왔다. 휴가란 휴가는
모조리 합창단 공연에 써버리는 것이다. 애쓰는 마음을 읽을 때
함께하는 시간이 더 소중해졌다.

시찬 아빠 박요섭 씨는 "시민단원들이 없었다면 합창단은
깨졌을 것"이라고 말했다. 성부가 나뉜 합창단은 서로가 각자
의 자리를 지켜줄 거라는 믿음 없이는 유지될 수 없다. 하지만
유가족은 몸과 마음이 힘들 때가 있을 수밖에 없기 때문에 연
습이든 공연이든 두세 명만 모이는 일이 비일비재했다. 시민들
이 묵묵히 자리를 지켜주었기에 합창이 가능했다. 그들은 함께
어디든 갔다. 어느 날은 연습이 끝난 밤 10시, 국회 앞에서 농성
중인 유가족들을 응원하기 위해 달려갔고, '세월호 의인' 김동
수가 재판 과정에서 자해를 하고 입원했을 때 제주도로 날아가
단 한 사람을 위한 노래도 불렀다. 반올림, 파인텍, 전국장애인
차별철폐연대, 궁중족발, 쌍용자동차 해고자 등 한국사회의 맨
끝 혹은 최전선에서 싸우는 사람들에게도 찾아갔다. 가족협의
회가 한국사회 어디쯤에 있는지 알고 싶다면 4·16합창단이 어
디서 노래하는지를 보면 되었다.

거창고등학교에서 공연을 했는데 콘티에도 없는 서프라이즈 공연이
펼쳐졌어요. 학생들이 세월호를 기억하며 활동했던 영상을 재생한
뒤 암전됐어요. 강당이 캄캄해졌는데 갑자기 전교생이 아이유의
노래 〈이름에게〉를 떼창으로 부르기 시작했어요. 오래전 지어진

나무로 된 강당이 터질 듯이 울려 퍼졌어요. 300명의 마음을 한꺼번에 전달할 수 있는 길이 노래가 아니라면 뭐가 있겠어요. 그런 순간을 마주할 때 음악의 힘이 어마어마하다는 걸 느껴요. 그런 날은 아무리 늦은 새벽에 집에 도착해도 힘을 엄청나게 받고 돌아오는 거죠. 노래는 많은 이야기를 던지고 사람의 마음을 움직여요. 지휘자의 자리에 서면 사람들의 감정이나 눈빛, 에너지를 오롯이 받아요. 한 어머니의 어깨가 부들부들 떨리면 옆에 어머니가 알아채고 손을 잡아줘요. 한 어머니가 눈물이 날 것 같으면 제 눈을 피해 하늘을 보거나 제 발끝을 봐요. 노래하고 있지만 아주 많은 대화를 하죠. 그 자리가 버겁기도 하지만 축복이기도 해요. (박미리)

단원들의 눈빛을 바라보며 그 속의 깊은 슬픔과 섬광처럼 빛나는 기쁨을 교감하는 지휘자의 자리는, 어쩌면 수많은 시민들의 응원과 지지, 환대를 한 몸에 받았던 유가족의 자리가 아니었을까. 그 자리를 버텨야 하는 고통과 그 자리를 견뎌서 얻는 희열이 공존하는 자리. '어쩌다' 지휘자가 되었지만 '그냥' 된 것은 아니다. '어쩌다' 유가족이 되었지만 '그냥' 된 사람은 아무도 없다. 매 순간 부들부들 떨면서도 살며시 손 잡아주는 사람들이 있어서, 떨림과 두려움을 읽어주는 사람이 있어서 하루하루 이를 악물고 용기내 올 수 있었다. 4·16합창단이 그들을 더 멀리, 더 깊은 곳으로, 한 걸음씩 데려갔다.

어떤 날은 쑥스러우니까 손을 가만 못 놔두시고 양말목으로 냄비받침을 뜨면서 노래하세요. 한 시간 연습하면 냄비받침 하나가 뚝딱 완성되는데, 헤어질 때 "미리 샘, 가져가세요" 하면서 툭 던지세요. 그러면서 어머님들끼리 "집에 가도 잠도 안 오는데 이거 하나 더 만들고 가지" 하셨어요. 안산에 가면 그 어머니들을 만날 수 있다는 게 기뻤어요. 세월호참사로 온 국민이 힘들 때 저만이 가질 수 있는 커다란 해방구 같은 공간이었던 것 같아요. 근데 이분들 되게 재밌어요. 밥 먹을 때 보면 왁자지껄하고. 일상은 다 무너졌는데 어떻게든 나와서 사람들과의 만남 속에서 뭔가 다시 세워보려고 애쓰는 모습을 보는 게 제게도 힘이 됐던 것 같아요. 공간이 좁으니까 다닥다닥 붙어 앉아야 해서 옆 사람과 어깨가 닿고 앞 사람 뒤통수에 대고 노래를 해야 했어요. '지휘자님, 침 튀겨요!' 막 놀리면서. 아, 그 컨테이너 연습실 진짜 행복했어요. (박미리)

5·18이 4·16에게

2014년 7월 어느 날 광주에 살며 초등학교 2학년 딸을 키우고 있던 정인선 씨는 성당 주보에 실린 유가족 승현 아빠, 웅기 아빠의 십자가 도보순례 소식을 보았다. 그날은 안산을 출발해 진도 팽목항을 찍고 다시 대전으로 올라가던 순례단이 나주에서 시작해 광주로 진입하는 날이었다. 비가 많이 내리는 새벽이었다. 따뜻한 차라도 전하고 싶어서 정인선 씨는 나주로 향했다.

새벽 5시에 순례단이 그날의 일정을 출발하는 걸 보고 저는 집으로
돌아왔어요. 집에 와서 다시 누웠는데 자식을 잃은 두 아버지와
그 뒤를 따르는 시민들의 모습이 잊히지가 않았어요. 다시 가서 오후
구간을 같이 걸었어요. 광주에 가까이 갈수록 시민들이 늘어나더니
나중엔 끝이 안 보일 정도였어요. 어디선가 나타난 사람들이 얼음물을
나눠주고 함께 눈물도 흘렸어요. 너무 감동적이었어요. 정신을 차리고
보니 다음 날도, 그다음 날도 제가 계속 걷고 있더라고요. 초등학교
2학년 아이를 지원 차량에 태우고 대전까지 열흘을 걸었어요.
하루를 걷고 집으로 돌아간 사람들이 다음 날이면 또 와 있었어요.
"안 오신다면서요" 하면 "안 잊혀서 왔어요" 했어요. (정인선)

정인선 씨는 거기서 광주시민상주모임을 알았다. 온라인
소통방에 가입하니 이상하고 신기한 세계가 펼쳐졌다. "유가
족분들께 ○○가 필요해요"라고 누군가 쓰면 "제가 준비할게
요. 혹시 전달해주실 분 있으신가요?"하는 글이 올라왔다. "기
금을 마련합시다" 하고 누군가 올리면 "밥집을 하면 어떨까
요?" 하고 화답했다. 누구도 냉소하거나 회의하지 않고 서로
다투어 "제가 공간을 내어드릴게요" "저는 재료를 구해볼게
요" "저는 음식을 할게요" "같이해요" 하며 손을 들었다. 모
두 자신의 일이 있을 텐데 틈틈이 도보순례에 합류하면서 그저
걷기만 하는 게 아니라 자신이 도울 일이 있는지 눈을 반짝였
다. '이 사람들은 다 어디에 있다가 나왔을까?' 그는 살면서 그
런 관계를 처음 보았고, 그 관계가 '평범한 주부'였던 그의 삶

을 180도 바꾸었다. 전남 구간이 마무리되는 대전 어느 성당에 서 모두 펑펑 울었다. 계속 가야 하는 유가족에게 미안했고 힘 든 여정을 함께 걸어준 사람들에게 고마웠다. "도보순례는 이 전의 자신과 멀어지는 시간이었다."[01]

'시민상주'라는 말이 낯설다. 2014년 6월 광주에서 마을촛 불 모임을 하던 사람들이 세월호 희생자 가족들의 곁을 지켜야 한다는 생각에 모였다. 그들은 우리 사회의 전통을 살려 '3년 상'을 함께 치르는 자세로 살자는 '시민상주모임'을 제안했다. 상주가 될 자격이 특별히 있는 게 아니다. 그저 책임과 결단을 품은 자라면 누구든 상주가 될 수 있었다. 기존 시민단체나 조 직적 활동과는 형태가 달랐다. 시민 개개인과 마을 촛불모임이 중심이 되고, 특별한 조직체계 없이 SNS를 통해 활동을 제안하 고 의사결정이 이루어지며 결정 사항들은 개인의 자발적 실천 으로 이어지는 식이었다. 이른바 새로운 형식의 시민활동 플랫 폼이다.

2014년 6월 10일부터 세월호 선장과 선원들의 재판이 시작 되었다. 시민상주모임에서는 '진실마중 사람띠 잇기'를 시작 했다. 광주 법원사거리에서 변호사회관까지 200미터 정도의 거리를 '진실 마중길'이라 이름붙이고 그 길에서 재판 방청을 오는 유가족들을 응원하며 피켓을 들기로 한 것이었다. 예술인 들의 제안으로 가로수에 손뜨개 작품을 입히기로 하고 참여를 원하는 시민들의 손뜨개 작품을 받았다. 유가족들이 통과할 가 로수길을 진실을 염원하는 마음을 담아 아름답게 장식한 것이다. 사람들이 모이기 어려운 아침 9시 재판임에도 불구하고, 첫 번째 진실마중에는 200여 명이 참여해 서로를 놀라게 했고, 두 번째에는 300여 명으로 늘어나 광주 시민들의 뜨거운 마음을 실감할 수 있었다. 진실마중은 2015년 7월까지 총 42회를 진행했다.[02]

> 집회 하러 서울에 간 적이 있어요. 유가족과 함께 캡사이신과 물대포를 맞았는데 씻을 데도 없고 길도 모르니까 따갑고 괴로운 채로 광화문광장에서 노숙농성을 했어요. 저는 광주도청 근처에서 살아서 어렸을 때부터 최루탄 터지는 걸 많이 봤으니 그런 것에 익숙하다고 생각했어요. 밤새 비닐 한 장 없이 추위에 오들오들 떨다가 다음 날 광주에 내려왔는데 시민상주 동료들이 고생했다며 밥 사주겠다고 기다리고 있었어요. 그날 제가 오열을 했어요. 어떻게 2015년에 경찰이 시민에게 캡사이신과 물대포를 쏘고, 어째서 유가족이 길바닥에서 자야 하는지, 그런 게 어떻게 뉴스에 한 줄도 안 나오는지. 나를 토닥여주는 내 편을 딱 만나니까 주체하기가 힘들더라고요. (정인선)

참사 이전 그는 선거 때 어머니가 찍으라는 후보를 찍을 정도로 정치와 동떨어져 살았다. 아이에게 좋다는 학원과 교육프로그램을 찾아다니기 바빴고 원어민 강사가 집으로 와 영어를 가르쳤다. 집 전체가 아이의 교재와 교구, 장난감으로 가득했다. 세월호참사를 만나며 그는 국가가 지켜주지 않으면 한순간 아이를 잃을 수 있는데 백화점에서 비싼 옷을 사 입히고 비싼

교육을 받는 게 무슨 소용이 있을까 깨닫고 다 그만뒀다. 사회가 바뀌어야 내 아이도 안전할 수 있었다. 자신이 본 것을 다른 엄마들에게도 보여주고 싶었지만 쉽지 않았다. 하지만 정인선 씨가 말 걸기를 포기하지 않고 계속 노력하면 처음엔 "언니, 이상해, 하지마" 하던 이들도 조금씩 마음을 열고 어느 순간 법원 앞에서 같이 피켓을 들었다. 자신으로 인해 변하는 사람이 생긴다는 걸 깨달은 이상 그만둘 수가 없었다.

광주시민상주모임에 대해 취재할 때 다른 단체들과는 무언가 다르다는 느낌을 받았다. 그 활동이 아주 다정하고 섬세하다는 점에서 그랬다. 10년 동안 이 활동을 지속하고 있는 정인선 씨를 인터뷰하러 가면서 그가 참사 이전에도 사회운동을 했던 사람일 거라 예상했는데 전혀 아니었다는 사실에 놀랐다. 시민상주모임의 활동이 정형화되지 않고 다채로운 이유를 알 것 같았다. 그들은 내가 생각했던 것과는 다른 어떤 것을 체화한 이들이었다. 5·18 때 시민군을 숨겨주고 먹을 것을 챙겨주었던 그들의 부모는 이후에도 데모하던 대학생들이 피신해 숨어들면 가게 셔터를 내리고 보호해주었다. 그런 부모 아래 총탄 자국 선명한 거리를 통과해 학교를 다녔던 유년 시절, 친구들끼리 돌려보았던 5·18 비디오테이프에서 본 참상, 5월이면 금남로에 전시되었던 처참한 사진들, 광주 전체가 5·18을 기억하면서 보낸 세월이 무려 43년이었다. 광주시민들의 핏속에 흐르는 그 무엇이 그들을 4·16과 굳건히 연결했다.

아픔의 빈 들에서 교회의 탄생을 보았다

　신학자 정경일 씨는 4·16생명안전공원 예배팀[03]에서 활동하고 있다. 어린 시절 기독교 배경에서 자랐지만 대학에서 5·18을 접한 뒤 모든 게 뒤집어졌다. 열성적으로 학생운동에 참여하다가 내적으로 붕괴되어 다시 신앙에 관심이 생겼다. 거대한 사회악에 대한 분노가 몸과 마음을 덮칠 때면 '악과 싸우다 악에 물드는 건 아닌가' 하는 불안이 엄습하곤 했다. 미국으로 가 신학을 공부하고 2013년 한국으로 돌아왔다. 대안적 신학 운동을 모색하던 와중에 세월호참사가 터졌고 다시 모든 게 바뀌어버렸다. 자신의 기존 지반이 다 무너져버린 것이었다. 곧바로 연대 활동을 시작했다.

　우리 모두를 각성하게 한 사건이 하나 있었어요. 2015년이었나.
　아주 대단한 폭설이 내리던 날이었어요. 운전해서 가는데 시야가
　완전히 가려져서 기어 기어 겨우 안산으로 갔어요. 분향소 주차장에
　컨테이너 박스로 만든 기독교 예배실이 있었거든요. 그 폭설을 뚫고도
　많은 분들이 오셔서 너무 고마웠어요. 그런데 그날 유가족이 제일
　견디지 못하는 그 말 '하느님의 뜻' 얘기가 나왔어요. 어느 참가자분이
　'하느님의 뜻이 있으니 잘 견디고 굳건히 정의롭게 살아가자'고 말한
　거예요. 선한 의도로 한 말이지만 어떨 때는 맥락이 다 빠져버리고
　그 말 자체가 상처가 되잖아요. 유가족분들이 항의를 하셨어요.
　오신 분들이 '아, 내가 말을 잘못했구나' 알아차리면 좋았을 텐데

'우리가 당신들을 위해 연대하러 왔는데 이렇게 화를 내면 되겠느냐, 가족들도 운동을 오래 하려면 연대하는 사람에 대해 고마워해야 하지 않냐', 이렇게 얘기한 거예요. 부모님들이 더 격분하셔서 "도대체 왜 오셨습니까?" 하면서 고성이 오갔어요. 사람들은 제가 중재하기를 바랐는데 제가 유가족분들 편을 들어버렸어요. "지금은 고통 속에 있는 당사자들의 이야기를 듣는 게 더 중요하다고 생각합니다. 그러려고 여기 온 거 아닙니까." 그러니까 다툼이 안 말려지고 분위기는 완전히 파탄이 났어요. 유가족분들이 다 뛰쳐나갔어요. 그런 일이 있으니 예배 드릴 때마다 조마조마했어요. 그런데 유가족분들이 점점 변하셨어요. 반복해 상처를 입으면서 마음의 근육이 생겼는지, 성내지 않고 들으시더라고요. 한번은 어떤 분이 분향소 영정을 보고는 위패에 십자가 없는 아이들은 천국에 못 갔을 테니 얼마나 불쌍하냐고 하셨나 봐요. 창현 어머니가 그날은 일단 들으시고 그다음 예배 때 말씀하셨어요. 아무리 생각해도 당신이 믿는 하느님은 창현이 친구들이 그리스도인이 아니라는 이유로 지옥에 보내실 분이 아니라고, 하지만 그 말을 꺼내지 않고 꾹 참으셨대요. 인내심과 신앙심이 함께 깊어지신 거죠. (정경일)

2주기가 지나면서 정경일 씨는 우울감이 깊어졌다. 세상은 너무 빨리 참사를 잊고 자신의 본색을 드러내는 것 같았다. 한국 교회는 한국사회처럼 전투적이었다. 성공과 성장을 위해 앞만 보면서 질주하고 그 과정에서 튕겨져 나가거나 뒤처지는 사람들을 돌아보지 않았다. 고통에 대한 감수성이나 사회적 공공성에 대한 고민이 없었다. 기독교인들이 흔히 하는 '이 참사에 하느님의 뜻이 있을 것'이라는 말이 바로 그 반증이었다.

2018년 분향소가 철거된 후 예배팀은 장소를 옮겨 화랑유원지 4·16생명안전공원 부지에서 예배를 드리기 시작했다. 정경일 씨는 서울에서 기독인들의 투쟁을 이어가기 위해 '세월호를 기억하고 연대하는 그리스도인' 모임에 적극적으로 참여했다. 광화문광장 기도회를 시작으로 자연스럽게 촛불교회, 교회개혁실천연대, 성서한국, 기독교사회선교연대회의, 고난함께 등의 그룹들이 연결됐다. 이후 청와대 앞에서 30일 단식농성, 30일 연속 기도회 등을 진행했는데 30개 이상 교회와 단체가 참여했다. 매월 첫 주 일요일마다 안산에서 드리는 4·16생명안전공원예배엔 10년 동안 흩어지지 않고 40~50명이 함께하고 있다. 이 예배는 유가족이 직접 참여하는 예배팀이 준비한다. 목사가 일방적으로 설교하는 일반적 예배와 달리 옆 사람과 조용히 생각을 나누고 누구나 하고 싶은 이야기를 하는 방식이다.

5월 어느 날 예배를 드리는데, 예은 엄마가 고른 성서 본문에, 메시아는 '상한 갈대를 꺾지 않으며'라는 구절이 있었어요. 취약하고 약한 존재를 무너뜨리지 않는 자비로운 메시아에 대해 얘기한 거예요. 그걸 읽고 옆에 있는 분들과 두런두런 생각을 나눴어요. 기독교에는 '하느님 나라'라는 게 있거든요. 모든 억압과 지배로부터 자유로운 세상, 서로가 서로를 돌보고 사랑하는 이상적인 나라예요. 차별 없는 세상, 고통 없는 세상 같은 거죠. 그런데 그날 제가 하느님

나라를 보았다는 느낌이 강하게 들었어요. 이틀 동안 비가 많이
와서 추울까 봐 머플러를 갖고 갔는데 따뜻해서 필요가 없었어요.
오후 5시 햇살이 부드럽게 눕고 하늘은 맑고 바람은 살랑거리고
오월의 풀들이 얼마나 예쁘던지. 거기에서 사람들이 둘러앉아
조곤조곤 "저는요, 이렇게 생각해요" 하면서 이야기가 꽃처럼
피어났어요. 모든 것이 너무 무해한 거예요. 그런 기분은
교회에서도 사회운동의 현장에서도 경험해 본 적 없었어요.
살다 보면 정의와 평화를 위해 싸우는 사람들도 서로 다투고 상처
입히고 해치기도 하는데 그 순간은 섬광처럼 '이런 게 하느님 나라
아닌가' 하는 생각이 들더라고요. 아무도 서로를 해치지 않고
돌보고 배려하고 사랑하는 나라, 그런 게 거기 있어요. (정경일)

울어야 그다음으로 나아갈 수 있다

한국비폭력대화센터 대표님을 모셔서 애도써클이라는 걸 했어요.
동그랗게 둘러앉아 격의 없이 이야기하는 모임인데, "울어라,
울어도 된다, 웃어라, 웃어도 된다"고 하셨어요. 마을 주민들은
유가족에 대한 미안함 때문에 마음 편히 울지도 못했어요. 그 자리가
주민들한테도 저한테도 큰 위로가 됐어요. 둘러앉아 슬픔을 나누면
온전히 자신이 공감 받는 느낌이 안에서 차오르고 서로가 서로에게
놀라운 힘을 준다는 걸 느껴요. 울어야 그다음으로 나아갈 수
있어요. 그렇게 모인 사람들과 함께 '이웃 대화 모임'을 시작했어요.

2019년엔 한 단계 심화시켜서 '마을 갈등 해결을 위한 이웃대화 모임 진행자 양성 과정'을 열었어요. 그때 참여하신 한 유가족 어머님이 그런 얘길 하셨어요. 세월호에 대해 비난하고 공격하는 사람들이 괴물로 보였는데 그분들도 자기 의지와 욕구를 가진 사람들이란 걸 이해하게 됐다고요. 정말 그렇다고 생각해요. 반대하는 사람들의 이야기도 들어줘야 하는데 그건 개인이 아니라 공신력 있는 주체가 해야 해요. 고소 고발이나 힘으로 누르는 게 아니라, 저 사람들은 왜 저렇게 생각하고 행동할까, 나와 너에 대해 끊임없는 질문해야 하는 거죠. 그러면 특별한 악인도 대단한 선인도 없다는 걸 알게 돼요. (김은호)

2014년 4월 16일 저녁, 작은 민중교회 목사였던 김은호 씨는 단원고등학교에서 실종자들의 무사 귀환을 바라는 촛불 침묵 기도회를 열었다. 소식을 들은 주민들이 단원고로 모였다. 그 후 뭐라도 하고 싶지만 뭘 해야 할지 몰라서 괴로워하는 주민들과 함께 '와동 촛불 모임'을 열고 노란 리본을 만들었다. 참사 피해자 가족을 위한 지원은 많았지만 안산 주민들을 위한 프로그램은 거의 없었던 시기를 또렷이 기억하는 그는 자신을 '4·16마을활동가'라고 소개한다. 69명의 청소년이 희생된 와동에서 16년째 목회를 하고 있는 그는 주민들과 함께 안전한 마을을 만들어가며 별이 된 친구들을 기억하고자 마을교육공동체 '별들과 함께하는 와동온마을학교'를 설립했다.

유가족들을 보며 가장 인상적이었던 장면은 기억교실을 둘러싼 갈등 상황이었어요. 결국 이전하기로 결정됐지만 그 과정에서 말로 표현할 수 없는 울림이 있었죠. 당시 기억교실은 가족들에게 전부였거든요. 진상규명도 책임자 처벌도 되지 않은 상황에서 모든 게 담보 상태였을 때 기억교실이 마지노선이었어요. 거기서 무너지면 전부를 잃는 것처럼 여겼어요. 그런데도 반대 의견을 수용하는 모습이 굉장히 충격적이었거든요. 절대 포기할 수 없는 것을 포기한 거죠. 더 많은 사람들과 더 오래 함께 가기 위해 뼈아픈 결정을 내린 거예요. 그때 가족들은 기존의 삶을 근본적으로 뛰어넘어 다른 삶을 살아가고 있었어요. 평범한 사람들이 사건을 통해 각성하고 주체로서 나가는 과정이 너무 놀라웠죠. 민중신학 책에서 보던 자기 초월의 모습이었어요. (김은호)

피해자들이 기존의 삶을 뛰어넘는 동안 김은호 씨 역시 과거의 자신으로부터 떠나 다시 태어나고 있었다. 그의 관심은 마을공동체였다. 다들 '우리 모두가 세월호참사의 가해자'라고 하면서도 정작 우리 자신은 무엇을 바꾸고 마을 공동체는 어떻게 변화해야 할지 고민하지 않는 것 같았다. 활동가들도, 피해자 가족들도 모두 서울에 가서 진상규명 활동에 매진했다. 안산을 지키고 지역 주민들과 함께하는 활동이 필요하다는 그의 제안은 받아들여지기 어려웠다. 그의 안에선 언제나 폭풍우가 일었다.

힘들었던 건 자꾸 유가족의 눈치를 보는 거였어요. 어떤 활동을 하거나

발언을 할 때 유가족이 있으면 움츠러들었어요. 첨예한 사안일수록
더욱 입을 열기가 어려웠죠. 시민대책위에서 회의를 하고 결정을
해도 가족협의회에서 통과되지 않으면 아무 소용이 없었어요.
처음엔 유가족들을 이해하기 어려웠죠. 마치 상관처럼 느껴졌어요.
지역에서 오래 운동해왔던 활동가들이 있는데, 활동가들의 의견이
존중되지 않아 속상했어요. 지금이야 당시엔 그럴 수밖에 없었고
내 생각도 오만했다는 걸 알지만 그땐 무척 힘들더라고요. (김은호)

한국사회의 모순이 폭발한 것이 세월호참사였듯 그의 삶에
누적된 모순들도 이즈음 폭발했다. 성장만을 좇는 한국사회를
비판했지만 그 자신도 성과를 좇긴 마찬가지였다. 그는 2008년
민중교회에 대한 꿈을 품고 안산 와동으로 왔다. 생각만큼 잘되
지 않았다. 성과를 만들어야 한다는 생각에 몰두해 전투적이고
공격적으로 일했기 때문에 교인들과 자주 부딪쳤다.

결국 교인들이 다 떠나고 두 사람의 교인만 남았다. 패배감
에 안산을 떠나야겠다고 생각했다가 40일간 새벽기도를 하며
다시 안산에 남기로 어렵게 결심했을 때 세월호참사가 터졌다.
세월호 이후 우리 모두가 바뀌어야 한다고 말하면서도 정작 자
신에 대한 성찰은 하지 못했다. 그는 성과를 내기 위해 일을 벌
이느라 자신을 돌보지 않았다. 참사 직후 맹렬히 활동했던 2년
간이 절정이었다. 남의 인정을 받는 게 중요했기 때문에 남의
눈치를 보느라 기력을 다 써버렸고 충분한 인정이 돌아오지 않
으면 괴로워했다. 2016년 극심한 우울증이 찾아와 두 달 동안

집에 누워서만 지내다가 스스로 정신병원에 찾아갔다.

제 발로 병원에 찾아가고 나서부터 세월호운동이 나의 운동이 된 것
같아요. '돌봄'이라는 단어에 푹 빠졌어요. 죽고 싶었던 시간을 통과해
결국에는 자신을 돌보는 게 이 우주를 돌보는 것이고 우주를 돌보는
것이 자신을 돌보는 것임을 알아차렸어요. 세월호참사라는 거대한
아픔을 거치기 위한 통과의례였던 것 같아요. 4·16정신의 핵심은
환대와 연결이라는 마음이에요. 평가, 판단, 분석 없이 온전히
그 존재를 있는 그대로 따뜻하게 맞이해주는 것이 가장 안전한 사회죠.
세월호 관련 회의를 할 때면 모두 일어나서 별이 된 아이들을 기억하는
묵념을 하는데, 저는 조금 달라요. 누군가를 위해 묵념하는 것이
아니라 그들을 기억할 '나'를 위한 침묵의 시간을 갖고 싶어요. (김은호)

온몸으로 쓰는 동화

동화 작가 임정자 씨는 2014년 2월 글을 쓰기 위해 여주 어
느 고즈넉한 산자락에 있는 집으로 이사 갔다. TV도 인터넷도
연결하지 않아서 4월 16일에 일어난 일은 다음 날 신문을 보고
서야 알았다. 일주일 후 그는 차를 몰아 진도로 향했다. 몸을 떨
면서 목포대교에 올라서자 푸른 바다와 반짝이는 윤슬이 보였
다. 이렇게 힘들고 먼 길을 실종자 가족들은 어떻게 왔을까 싶
은 생각에 하염없이 눈물이 흘렀다. 온갖 천막과 자동차, 기자

들과 자원봉사자들로 꽉 찬 팽목항을 서성대다가 딱히 무엇을 해야 할지 몰라 돌아가려고 할 때, 방파제 쪽에서 짐승의 소리를 들었다. 한 어머니가 바다를 향해 아이의 이름을 부르고 있었다.

> 어머니가 울부짖는 소리와 바닷바람 소리를 듣는데… 등짝이 마른 통나무 장작처럼 쩍 갈라지는 듯한 느낌이었어요. 그때 생각했어요. '여기를 다시 오게 되겠구나…' 다음 날 안산 합동분향소에 갔는데 너무 힘들더라고요. 어린 사람들의 영정 사진들을 보며 '얘네는 연애도 한 번 못 해보고 갔구나' 생각했어요. 인간이 누릴 수 있는 수많은 즐거움과 고통이 있는데 그걸 제대로 누리지도 못하고 갔다는 생각에 가슴이 아팠어요. 그날 밤 아이들이 제 방으로 내려오는 꿈을 꿨어요. 아이들이 쉬고 싶다고 팔베개를 해달라고 해서 제가 팔을 내밀어줬더니 그 애들이 내려와 잠을 자더라구요. (임정자)

뭐라도 해야 한다는 생각에 임정자 씨는, 줄곧 모든 일을 함께해왔던 어린이도서연구회 사람들과 급하게 의논한 뒤 분향소에 가서 안내자 역할을 맡았다. 함께하는 사람들이 늘어나자 다음엔 광화문광장에 의자와 파라솔을 펼쳐놓고 손바닥만 한 노란 종이를 잘라 시민들이 글이나 그림을 그릴 수 있도록 부스를 운영했다. 참사 100일이 됐을 땐 어린이책 작가들, 그림 작가들과 '한뼘 걸개 그림책 걸기'를 했다. 글·그림 작가 67명이 모였다. 글 작가들이 글을 쓰면 그걸 받아 그림 작가들이 그림을 그렸고 그걸 현수막에 인쇄해 광화문광장에 걸었다. 전시회를 하고자 하는 곳이면 전국 어디든 현수막을 보내서 세월호 이야기를 나눌 수 있도록 했다. 전국 150여 곳에서 전시회가 열렸다.[04]

참사 200일이 됐을 땐 타일에 글과 그림을 그려 '세월호 기억의 벽'을 만들기로 했다. 어린이도서연구회 각 지회들과 지역 작은 서점들, 도서관들이 합심했다. 많은 작가들이 참여해 전국 22개 지역 어린이, 청소년과 어른, 그리고 피해자 가족을 만나 가로 11, 세로 13센티미터 타일에 세월호참사에 대한 자신의 감정이나 느낌, 생각을 표현할 수 있도록 북돋아주었다. 임정자 씨는 차에 빈 타일을 싣고 전국을 다녔고 사람들이 그림을 그린 타일을 다시 여주로 갖고 와 가마에 구웠다. 전남 해남, 강진처럼 먼 곳에서는 타일을 함께 날라준 사람도 있었다. 그렇게 모인 타일이 4,767장이었다. 수많은 사람들의 다짐을 담은 타일은 참사 1주기 팽목항 방파제에 '세월호 기억의 벽'으로 거듭났다.

사람의 길, 팽목바람길

작가들은 팽목을 지켜야 한다고 생각했다. 팽목항은 세월호 희생자들이 차가운 물속에서 올라왔던 땅이고, 모두가 울면서 그들을 기다리며, 언론이 어떤 잘못을 저지르고 정부가 자기에게 권력을 위임해준 사람들을 어떻게 배반하는지 지켜봤던 대한민국 역사의 현장이었다. 이곳을 보존하기 위해 작가들은 '걷는 길'이 필요하다고 생각했다. 길이 있으면 그 길을 걸으러 사람들이 찾아오고, 걷는 동안 사람들은 생각을 한다. 처음엔 참사 당시 팽목에서 진도대교까지 부모들이 '내 아이를 살려내라' 울부짖으며 행진했던 길을 생각했다. 하지만 그 길은 차들이 쌩쌩 달리는 도로여서, 평상시에 걷기엔 전혀 안전하지 않은 '투쟁의 길'이었다.

> 길을 만들어본 사람들이 조언했어요. 투쟁의 길을 걸을지
> 상생의 길을 걸을지 선택해야 한다고. 세월호를 기억하는 길은
> 사람들 속에, 일상에 있을 때 더 긴 생명력을 가질 수 있고,
> 그러려면 사람들과 함께 마을 속으로 한 발짝 들어서야 한다는 걸
> 깨달았어요. 길 만드는 답사를 하던 날, 폼 나게 깃발 들고 지도도
> 커다랗게 출력해서 쫙 펼쳐 들었어요. 그렇게 걸었는데, 아…
> 진도가 아름답더라고요. 세상이 아름답다는 걸 잊고 있었어요.
> 벚꽃을 볼 수 없었을 정도로 힘들었는데, 4년이 지나서 문득
> 고개를 들어 바라본 진도는 아름답더라고요. 진실한 아름다움은
> 고통과 함께 있기에 아름다웠구나, 생각했어요. (임정자)

작가들은 진도 주민들과 함께 낫질을 하고 도끼질을 하며 마을로 향하는 길을 냈다. 2018년 팽목항을 가운데 두고 팽목마을을 거쳐 마사마을, 간척지들길, 갈대숲길을 걷는 '팽목바

람길'을 열었다. 걷는 내내 저 멀리 팽목항의 빨간 등대가 보이는 길에서 한 달에 한 번씩 사람들과 함께 '기억과 상생의 도보 여행길' 행사를 연다. 진도의 아름다운 풍경을 잠시라도 눈에 담고 걸으면서 세월호를 기억하고 참사 후유증으로 고통 받은 진도 주민들도 생각하는 것이다. 사람들은 동화 작가들이 세월호와 무슨 관계가 있기에 이렇게 활동하느냐고 물었다.

> 동화는 마땅히 그러해야 할 세상에 대한 이야기예요. 옛날이야기와 같은 속성을 갖고 있어요. 사람들은 동화와 옛날이야기가 허무맹랑하고 뻔해서 시시하다고 말하지만, 그 이야기는 인간 삶의 본질에 관한 것들이에요. 수백, 수천 년 동안의 민중들의 삶과 철학, 지혜가 담긴 현자들의 비기 같은 거죠. 특히 피지배자들이 영겁의 세월 속에서 어떻게 살아왔고 그들이 꿈꾸는 세상이 어떤 것인지에 대해 이야기해요. 다수의 민중들이 부자나 양반한테 만날 시달려서 힘들고 고달프지만 그 고난을 넘어 삶의 주체로 당당히 서서 도달하는 게 행복한 결말의 세상인 거죠. 도달하지 못하면 죽어서라도 도달하고 싶다는 바람이기도 하고요. (임정자)

가진 사람과 못 가진 사람, 힘센 사람과 약한 사람, 배운 사람과 못 배운 사람으로 우위가 나뉜 세상에서 생명과 존중, 평등과 평화가 우선시되는 세상으로 나아가는 과정은 고난의 길이기도 하다. 그 길에서 괴물을 만나기도 하고 이간질하는 사람의 간사한 계략에 빠지기도 한다. 그러니 나를 성찰하고 함께 힘을 합치는 게 매우 중요하다. 그래야만 "마땅히 그러해야 할 세상"에 도달할 수 있다. 세월호참사로 본다면 진상이 규명되고 책임자가 처벌받는 세상, 아픔을 겪은 피해자들이 위로 받고 다시는 이런 일이 일어나지 않는 세상이다. 동화 작가들은 "마땅히 그러해야 할 세상"에 대한 이야기를 온몸으로 쓰는 중이다. 언젠가는 몸으로 쓴 이야기가 동화로 쓰이고 전해질 날이 올 것이다.

멈춘 적 없는 기도

2019년 4월 팽목항에 있는 4·16세월호기억관에 갔다. 참사 당시 바다에서 올라온 희생자들이 가족을 처음 만난 장소다. 시신을 수습했던 자리에 2015년 분향소가 들어섰고, 미수습자 가족들이 숙소와 식당으로 사용했던 컨테이너와 여러 봉사자들이 생활했던 천막과 부스도 있었다. 이 공간을 지키려는 사람들의 노력으로 현재까지 기억관, 가족식당, 강당 등이 남아 있다.

줄곧 이곳을 지키던 우재 아빠 고영환 씨는 몇 년 전 교통사고를 당한 뒤 치료와 회복을 위해 잠시 떠나 있었고, 참사 피해자들과 시민들이 돌아가면서 추모객을 맞는 중이었다. 나는 1박 2일 동안 그곳에 머물며 기억관을 지키기 위해 안산에서 내려온 유가족 지혜 엄마, 은정 엄마, 웅기 엄마를 인터뷰할 계획이었다. 도착하자마자 가족식당으로 들어갔다. 컨테이너를 개조한 가족식당은 2017년 세월호가 인양되어 목포에 거치되어 갔을 때 진도군에 의해 철거될 뻔했다. 우재 아빠가 여기저기에 도와달라고 전화를 돌리자 다음 날 새벽 도깨비 방망이를 두드린 것처럼 광주시민상주모임 사람들이 냄비와 후라이팬, 조그마한 냉장고까지 가져와 하루아침에 다시 식당의 구색을 갖춰주었다. 살림살이가 있는 곳은 누구도 함부로 짓밟지 못하는 법이다.

나는 어머니들이 차려준 밥과 엄나무순과 두릅 무침, 김치전을 먹었다. 뜨거운 김치전이 화수분처럼 나왔다. 배가 이미 불렀음에도 어머니들의 강권에 김치전을 입에 가져갔다. 재난 상황에서 임시로 만들어진 이 컨테이너 건물이 이토록 오래 갈 거라고 예상한 이는 아무도 없었을 것이다. 심지어 주검으로 돌아온 자식을 붙들고 통곡했던 자리에서 10년이 지난 뒤 김치전을 부치게 될 거라고 상상했던 어머니도 아무도 없었을 것이다. 세월이란 그런 이상한 일마저도 지극히 자연스러워 보이게 만드는 힘이 있다. 옆 테이블에선 동화 작가와 연극인, 강진에서 작은 서점을 운영한다는 중년의 여성이 며칠 후 있을 9주기 행사를 위해 노란 종이로 리본과 별을 만드는 중이었다.

갑자기 바깥이 웅성거려 나가보니 주차장을 가득 채운 검은 세단에서 하나같이 검은 정장을 갖춰 입은 사람 수십 명이 우르르 내렸다. 커다란 카메라를 든 촬영기사가 그들을 따랐다. 기사가 찍어야 할 사람은 모 지역의 교육감이었는데, 그는 주인공답게 가장 마지막에 나타났다. 2박 3일 지킴이 활동을

위해 최대한 실용적으로 갖춰 입은 유가족 어머니들의 야구모
자와 노란 후드티, 검은 추리닝 바지가 유난히 더 후줄근하게
보였다. 그 시각 누구의 주목도 받지 못한 채 한 여성이 식당으
로 들어왔다. 칠십 대로 보이는 귀엽고 해맑은 얼굴의 여성이
었다. 어머니들이 그에게 김치전을 해주겠다고 일어서자, 그는
폐 끼치지 않는 게 자신의 원칙이라며 한사코 거절하면서 자신
이 사 온 송편을 어머니들 앞으로 슥 밀었다. 웅기 엄마가 우리
에게 그를 소개했다.

"2014년부터 지금까지 매일 팽목성당에 기도하러 오는 분
이세요."

그러고는 그를 인터뷰해보라고 제안했다. 그 짧은 설명이
무엇을 뜻하는지 잘 몰랐으나, 어머니들이 준 뜨거운 김치전을
거절 못 하는 정도의 마음으로 얼렁뚱땅 성당으로 자리를 옮겨
인터뷰를 시작했다. '팽목성당'이라고 하면 사람들은 외딴 항
구의 아담하고 소박한 성당과 마당의 하얀 성모상을 떠올리겠
지만, 이곳 역시 참사 당시 희생자들의 영혼을 위로하기 위해
만들어진 '천막성당'이었다. 다른 종교 부스가 모두 철수한 뒤
에도 팽목성당은 남았고 나중에 '컨테이너 성당'으로 자리 잡
았다. 성당엔 여성의 남편이 성경책을 뒤적이며 잠시 후 있을
기도를 준비 중이었다. 인터뷰를 요청하자 누군가 자신들의 이
야기를 궁금해하는 것을 반가워하는 눈빛이었다.

2014년 4월 20일에 성당 사람들과 같이 팽목항에 왔는데 뭐라고

말을 할 수 없을 정도로 가슴이 아프고 유가족들 보기가 짠하데요.
우리가 할 수 있는 것은 기도밖에 없으니 아기들이 좋은 곳으로 가게끔
하고 가족들의 억울함도 밝혀달라고 지금까지 버텨온 거예요. (손인성)

진도군이 유가족 측에 팽목기억관을 철거하라고 했을 때
진도군은 광주대교구에도 이 성당을 철거하라고 요구했다. 광
주대교구는 끝내 명령을 거부하고 유가족 곁에 남았다. 이 모
든 역사를 지켜본 사람이 김영례, 손인성 부부였다. 부부는 천
막성당을 처음 설치했을 때부터 하루도 빠짐없이 이곳에 나와
기도를 했다고 말했다. 나는 그제야 '매일'이 '진짜 매일'인 것
을 깨닫고 눈이 휘둥그레져서 물었다. "2014년부터 매일 나오
셨다고요?" 심지어 그들의 집은 팽목으로부터 왕복 두 시간 거
리에 있었다. 아내가 해맑은 얼굴로 더 놀라운 이야기를 이어나
갔다.

세 차례 못 왔던 적이 있어요. 여기를 오가던 중에 교통사고가
세 번 났거든요. 세 번째 사고는 목숨이 위험했던 대형 사고였어요.
우리 둘 다 3개월간 입원을 했어요. 하느님은 참 희한하셔서
몸은 일곱 군데나 끊어졌는데 얼굴은 하나도 안 다쳤어요.
다 아가들이 돌본 덕분이에요. 몇 번 그런 위험을 겪고 나니까 둘 다
운전대를 잡으면 어디서 무엇이 나타날지 몰라 눈을 크게 뜨고
주위를 둘러보는 게 일이었어요. 너무 무서워서 '내일은 안 와야지'
마음먹은 적도 있는데 그런 밤에는 어김없이 꿈에 하느님이

나타나서 안전한 길을 보여줬어요. 하느님이 희생자들을
얼마나 사랑하는지, 얼마나 가슴이 아팠는지 느껴졌죠.
이게 하느님 뜻인가 보다 하면서 다시 나왔어요. (김영례)

부부는 이 슬픈 항구에서 일어난 일들을 생생히 지켜보았
다. 그중 잊을 수 없는 사람들이 있다며 들려준 이야기는 가톨
릭 상장례 봉사자들의 모습이었다. 수습된 시신을 아기 다루듯
하며 머리를 감기고 얼굴을 닦아준 뒤 가족 품으로 돌려보낸 이
들이었다. 그들은 장례지도사 면허를 받은 전문가들이었지만
아무 대가 없이 묵묵히 헌신했다.

추모미사를 드릴 때 상장례 사람들은 앞줄에 앉았어요. 시신이
하루에도 몇 사람씩 올라오니까 얼마나 힘들었겠어요. 4월인데도
사람들의 등허리가 땀으로 흠뻑 젖어 있었어요. 그 모습을 보면
마음이 아팠어요. 보이지 않는 곳에서 힘쓰는 고마운 사람들이 참
많았어요. 여기는 예수님이 십자가를 지고 갔던 골고다언덕 같은
곳이에요. 이곳이 성지가 됐으면 좋겠어요. 억울하게 박해받고
희생된 사람들이 있는 곳, 자기 몸을 내주면서까지 세상의 진실을
밝히는 사람들이 있는 곳, 그런 곳이 성지니까요. (김영례, 손인성)

기도 시간이 다 되어 인터뷰는 급히 끝났다. 참석자는 다섯
명이었다. 10년 전 장례 봉사자들이 눈물을 훔치며 씻기고 닦인
자녀를 품에 안았던 어머니들과 그들을 보며 기도하던 두 명의

주민이 함께하는 조촐한 기도였다. 벽에 걸린 칠판엔 오늘이 그 날로부터 3,282일째 되는 날이라고 적혀 있었다. 나는 핸드폰을 켜 3,282번째 반복되었을 기도 소리를 녹음했다. 기도는 이렇게 끝났다.

"유가족들이 아픔의 상처를 딛고 굳건히 일어설 수 있도록 힘과 용기를 주소서. 고통을 겪고 살아가는 어려운 이웃들을 외면하지 않고 참된 나눔의 삶을 통해 하느님 나라의 사랑과 정의가 우리 안에 이루어지게 하소서. 진리와 생명이신 예수 그리스도 님, 저희에게 자비를 베푸소서."

30분간의 기도가 끝나자 부부는 다시 차를 몰아 집으로 돌아갔다. 미처 그들 삶의 이력도 묻지 못했다. 그래서인지 이 글을 쓰는 지금도 나는 그들의 존재가 비현실적으로 느껴진다. 10년이란 시간이 꼭 100년처럼 아득하게 멀어 보이기도 하고 옛날이야기처럼 허무맹랑하게도 느껴지는 것이다. 동시에 이것이 바로 전설 속에 나오는 '민초들의 간절한 염원'인가 했다. 부부는 아주 쉬운 말만 썼으나 나는 그들의 말이 어렵게 느껴졌다. 유가족들의 모습에 '마음이 짠해서' 왕복 두 시간의 운전이 너무 무서웠음에도 10년간 버텼는데, 그건 모두 하느님의 뜻이었다고 했다. 종교가 없는 나로선 하느님의 뜻을 따른다는 게 어떤 건지 알 길이 없다. 한 가지 분명히 알게 된 건, 세월호운동엔 내가 직접 눈으로 보지 않고는 도저히 믿을 수 없는, 우리가 상상할 수도 없고 일반의 언어나 숫자로 집계될 수도 없는 이런 이야기가 아주 많으리라는 사실이었다. 이 한 사람 한 사

람의 힘이 고통 받는 피해자들을 살게 했고 싸우게 했고 세상에
대한 사랑을 포기하지 않게 했다. 부부는 오늘도 12시면 팽목성
당에 도착해 성당 내부를 깨끗이 청소한 뒤 문을 활짝 열고 2시
면 어김없이 기도를 시작할 것이다.

/ 홍은전

미주

그 섬

01 '4월16일의약속국민연대'의 약칭. 세월호참사 국민대책회의가 중심이 되어 2015년 6월 발족했다.
02 「세월호 인양 현장에서 새해를 맞는 사람들… 인양 기원 '한마음'」, 연합뉴스 2016. 12. 30.
03 다큐멘터리 〈장기자랑〉 감독, 이 내용은 2023년 6월 다큐멘터리 상영 이후 감독과의 대화 중에 나온 이야기다.

인양

01 김관홍 잠수사는 수색 작업으로 얻은 잠수병으로 잠수를 할 수 없게 되자 대리운전을 하며 생계를 이어갔다. 그러면서도 세월호 진상규명 활동을 함께해왔다. 김관홍 잠수사는 2015년 12월 세월호참사특별조사위원회 1차 청문회에 증인으로 출석해 참사 수습 현장의 혼선 등 문제점을 증언했다. 당시 청문회에서 정부 책임자들이 '기억이 안 난다'는 답변으로 일관하자 김관홍 잠수사는 "나는 당시 생각이 다 난다. 잊을 수도 없고 뼈에 사무치는데 고위 공무원들은 왜 모르고 기억이 안 나느냐"고 일침을 가했다. 그는 2016년 6월 17일 새벽 갑작스레 세상을 떠났다.
02 구조 현장을 떠난 후 민간 잠수사 25명 중 18명이 후유증을 얻었다. 해수부는 민간 잠수사들의 치료와 보상을 약속했지만 보상은 제대로 이루어지지 않았다. 공우영 잠수사는 실종자 수색 작업 중 잠수사가 사망한 일로 2014년 8월 업무상 과실치사로 고발당한다. 책임 여부를 놓고 기나긴 법정 공방을 벌였고 2016년 무죄판결을 받았다. 법원은 판결문에 '실종자 수색 작업에 참여하겠다고 자원한 민간 잠수사들이 리베로호 바지선에 승선할 수 있도록 허락하는 권한은 중앙구조본부의 장에게 있었고, 대부분의 결정은 민·관·군 합동구조팀에서 협의를 통해서 결정되었다는 점' 등을 들어 무죄를 선고했다. 사망한 잠수

사의 현장 합류에 대해 공우영 씨는 "더 충원이 없어도 된다"고 반대했으나 구조본부의 결정으로 이뤄졌다는 점도 지적됐다. 끝내 해경은 기소되지 않았다.

03 세월호 침몰 인근 섬 주민들은 실종자 가족의 아픔에 누구보다 공감하며 수색 작업을 도왔으나 주민들이 감수해야 하는 피해는 점점 늘어났다. 팽목항이 항구로서의 기능을 하지 못하게 되면서 섬사람들도 유일한 교통수단이었던 뱃길도 몇 달간 이용하기 어렵게 되었다. 게다가 실종자 수색이 장기화되면서 어민들은 해산물 출하 시기도 놓치고 생업에 어려움을 겪었다. 피해는 반복되었다. 2017년 3월 세월호 인양 과정에서 또 다시 기름이 유출되었다. 미역 양식업 회복을 기대했던 어민들은 절망했다. 어민들은 보상을 요구하며 어선을 타고 해상시위에 나서기도 했으나 해수부나 인양업체에서는 제대로 된 대책을 마련하지 못했다. 동거차도 어민들은 "침몰한 세월호에서 새어나온 기름으로 양식장이 오염돼 그해 양식을 망쳤다"며 정부에 피해보상을 요구했으나 법원은 손실액 사정을 위한 법령 미비 등의 이유를 들어 청구를 기각했다.

04 김 경감은 참사 후 두 달이 넘도록 진도체육관과 팽목항에 상주하며 희생자 시신을 확인해 유가족에게 설명하거나 가족들의 고충을 범정부사고대책본부에 전달하는 역할을 했다. 그는 2014년 6월 26일 진도대교에서 투신해 스스로 목숨을 끊었다. 경찰은 순직 처리를 추진했으나 공무원연금관리공단은 김 경감이 '위험 직무 순직'이나 직무 수행 중 사고 및 관련 질병으로 숨진 '공무상 사망'에 모두 해당하지 않는다고 판단했다. 세월호 유가족은 순직을 인정해달라고 탄원을 하고 김 경감의 가족과 인연을 이어갔고 2017년 5월, 3년 만에 '공무상 사망'이 인정되었다.

05 「세월호 인양, 미수습자 수습, 선체조사의 쟁점 국회 토론회」, 2017. 3. 23.

06 유품은 '고인이 생전에 사용하다 남긴 물건'을 가리킨다. 유류품 또한 고인이 남긴 물건을 가리킴과 동시에 본래의 목적과는 달리 불가피한 사유로 남겨진 물건을 통칭한다. 즉 세월호가 인양되었을 때 수많은 유류품이 발견되었고, 그것들은 최종적으로 희생자들의 유품으로 그 명목이 정해졌다.

조직

01 유해정 「재난정치와 애도: 남영호, 삼풍백화점, 세월호참사의 마주함을 중심으로」, 성공회대학교 박사학위논문 2018, 181면.

02 유경근 「진상규명, 책임자 처벌, 안전한 나라…우리가 원하는 건 오직 이것뿐입니다」, 『한겨레』, 2014. 7. 29.

03 임시분향소는 4월 23일 오전 9시부터 4월 28일까지 안산 올림픽기념관에서 운영되었고, 29일부터는 안산화랑유원지에 정부 공식 합동분향소가 마련되었다. 이 화랑유원지 분향소는 2018년 합동영결식이 치러지기 전까지 운영되었다.

04 「KBS 여론조사 (2) "세월호 다시 협상, 수사권 보장"」, KBS 2014. 8. 31.

05 「최종 타결안 받아들일 수 없다」,『주간동아』 2014. 10. 13.

06 2015년 1월 가족총회를 통해 정관을 만들고, 이사를 선출하고, 외부 감사를 선임하는 등 가족대책위 체계를 사단법인 형태에 적합하게 바꾸고 서류 작업을 준비해 등록을 신청했다.

07 삼풍백화점 붕괴 참사(1995년) 당시 참여연대가, 인현동화재 참사(1999년) 당시 인천 시민사회단체가, 대구지하철 화재 참사(2003년) 당시 대구 시민사회단체가 피해자들을 지원하는 활동을 했으나, 그때 시민사회단체의 활동은 매우 제한적인 영역에 한정되는 경우가 많았다. 또한 전국적인 차원에서 시민사회단체가 재난에 대응하고 개입한 것은 세월호참사가 처음이었다.

갈등

01 이 글에서 언급하는 '0416단원고가족협의회'는 가족협의회와는 별도의 조직으로, 2019년 가족협의회에서 탈퇴했거나 기존에 가족협의회에 참여하지 않은 이들을 중심으로 새로 구성된 단체다. 2015년 1월 25일에 발족한 '(사)4·16 세월호참사 진상규명 및 안전사회 건설을 위한 피해자 가족협의회'와도 별개의 조직이다.

02 「세월호 희생자 배상·위로금 학생 8억여 원·교사 11억여 원」, KBS, 2015. 4. 1; 「학생 7억·교사 10억여 원 배상… 천안함 때는?」, TV조선, 2015. 4. 1; 「세월호 학생 유가족에 1인당 8억2000만 원 배상, 위로금 지급」,『중앙일보』 2015. 4. 1; 「[정부, 세월호 배상·보상안] 학생 8억·교사 11억… 이례적으로 총 수령액 제시」,『경향신문』 2015. 4. 1.

03 이 조항은 「세월호피해지원법 시행령」의 '배상금 등 동의 및 청구서' 양식에는 '4·16세월호참사에 관해 어떠한 방법으로도 일체의 이의를 제기하지 않을 것임을 서약합니다.'라는 문구로 표면화됐다. '이의제기 금지규정'은 배·보상 신청 종료 된 이후인 2017년 6월 29일 헌법재판소에서 위헌결정을 받았다. 결정문에 '세월호참사에 대한 일체의 문제제기를 할 수 없다는 우려에 따른 위축효과로 많은 피해자들이 배상금 지급신청을 하지 않은 것으로 보인다'고 명시될 정도로, 이 내용은 피해자들의 배·보상 지급신청에 영향을 미쳤다.

04 공식 명칭은 '가습기살균제 사건과 4·16세월호참사 특별조사위원회'로서, 이를 줄여 사참위로 불리게 된다.

05 「기무사 세월호 유족 불법 사찰도… 법원 "위자료 추가 지급하라"」,『한겨레』 2023. 1. 12.

국가

01 한동훈 법무부 장관은 더불어민주당 집권 시기 국회에서 검찰 수사권을 축소한 것에 대해

권한쟁의 심판을 헌법재판소에 냈고, 이에 헌법재판소에서는 2023년 3월 23일 각하 결정을 내렸다.

02 사회적참사특별조사위원회 「416세월호참사 특별조사위원회 등에 대한 진상규명 활동 방해 조사결과보고서」, 11면; 「[단독]청와대, 4대 기업 70억 걷어 '아스팔트 우파' 지원」, 『한겨레』 2017. 1. 31.

03 세월호 유가족 비난 여론을 조성하기 위한 기무사의 사찰 책임자인 소강원 참모장은 2023년 2월 항소심에서 징역 1년을 선고받고 대법원에서 형이 확정되었지만 윤석열 정부가 2023년 8월 15일 광복절 특사로 사면복권을 했다.

04 일례로 당시 해양수산부가 발표한 금액은 세월호참사 생존자에게 한 푼도 보상하지 않는다는 전제에서만 가능한 금액이었으며 그마저도 국민성금과 청해진해운이 지불해야 할 금액까지 모두 포함한 액수였다.

05 「사회적참사특별조사위원회 종합보고서」 중.

06 결국 이 의혹은 2018년 검찰 수사를 통해 관저에서 머물며 최순실과 만나 대책 논의를 한 것으로 일부 밝혀지기는 했으나 탄핵 과정에서 이에 대한 기록이 대통령 기록물로 넘어가면서 끝내 모든 사실이 밝혀지지는 않고 있다.

07 4·16세월호참사 국민조사위원회는 가족협의회 부설기관이었지만 100여 명의 시민위원, 민변 세월호TF 변호사 등도 참여하여 독자적인 조사연구단과 사무국을 두었다. 국민조사위원회는 2018년 3월까지 활동했으며, 그동안 밝혀진 진상규명 과제들을 정리하여 『세월호참사 팩트체크』라는 책을 발간했다.

08 세월호 선체는 헌법재판소의 탄핵 결정 13일 뒤인 3월 23일 바다 위로 모습을 드러냈고 박근혜가 구속된 3월 31일 목포신항에 도착했다. 가족협의회는 인양된 선체에서 미수습자의 수색 과정, 선체 조사 과정 및 유류품 수습 등을 모니터링하기 위해 곧바로 목포신항 입구에 천막을 세우고 농성에 들어갔다. 자세한 내용은 이 책의 「인양」 편에서 다룬다.

09 김경일 당시 정장은 업무상 과실치사상 혐의로 기소돼 2015년 11월 징역 3년형이 확정됐다.

10 당시 구조 헬기가 준비되지 않았던 것이 아니라 그 헬기를 해경 지휘부가 탄 것으로 밝혀져 국민적 공분이 일었다. 사참위는 이에 대해 김석균 해경청장, 김수현 서해해경청장, 김문홍 목포해경서장 등에 대해 검찰에 수사요청을 하여 특별수사단이 수사를 했으나 이후 무혐의처분을 내렸다.

11 사참위는 기간 연장이 안 될 경우를 대비해야 했기에 활동기간 동안 종합보고서TF를 세 번이나 꾸려야 했다는 사실이 그 한계를 잘 보여주는 대표적 사례다.

12 「4·16세월호참사 진상규명소위원회 보고서」, 세월호참사 특별조사위원회, 2023, 160면.

13 스텔라데이지호 침몰 사고. 화물선 스텔라데이지호가 2017년 3월 31일 한국인 8명, 필리핀인 16명을 태운 채 남대서양에서 침몰한 사고다.

14 민변 세월호참사 TF에 참여했으며 현재 10·29 이태원참사 진상규명 TF에서 활동하고 있다.

기억

01 특별재난지역은 '재난 및 안전관리 기본법'에 따라 자연·사회재난 발생 지역에서 지방자치단체의 행정·재정 능력만으로 수습이 곤란해 국가적 차원의 조치가 필요하다고 인정될 때 선포된다. 국가 차원의 조문과 분향이 필요한 경우 정부합동분향소가 설치·운영되고 추모사업이 필요할 때에는 소요 실비를 정부 재원으로 지원하게 된다. 사회재난지역이 특별재난지역으로 선포된 것은 삼풍백화점 붕괴 참사가 첫 사례. 1995년 6월 29일 삼풍백화점이 무너졌고, 7월 19일 선포됐다(당시 명칭은 특별재해지역).

02 분향소동은 대형 막구조 텐트(2400m^2, 가로 60m, 세로 40m)로 설치되었다. 정부합동분향소 앞에는 컨테이너 및 텐트가 설치되었다. 각종 간담회와 회의 등이 진행되었던 유가족대기실, '경기도·안산시 통합재난심리지원단'이 운영하는 심리지원상담소, 안산자원봉사센터가 운영하는 '밥차', 단원·상록수보건소가 운영하는 진료센터, 종교계 부스 등이 있었다.

03 삼풍백화점 붕괴 참사 때는 이례적으로 합동영결식이 치러진 이후 2년, 참사 발생으로부터 3년간 존치되다가 위령탑이 건립된 1998년 6월 29일에 철거되었다.

04 올림픽기념관 임시분향소 18만 385명, 정부합동분향소 73만 8,446명.

05 「재난안전법」 제14조의 2(수습지원단 파견 등) 및 같은 법 시행령 제18조(수습지원단의 구성 및 임무 등)의 필요한 사항을 세부적으로 규정하기 위해 2021. 9. 15. 「수습지원단 구성 및 운영 규정」([시행 2021. 9. 15., 행정안전부훈령 제210호, 2021. 9. 15., 제정)이 제정되었다.

06 세월호참사 이후 안산 시민들이 중심이 되어 꾸려진 '416기억저장소'는 2015년 2월부터 합동분향소와 단원고 교실을 방문하는 '기억과 약속의 길'을 운영했다. 2015년 11월 24일에는 '416교실 지키기 시민모임' 결성되어 교실 존치를 위해 활동했다.

07 기억교실 이전까지의 경과에 관해서는 사회적참사특별조사위원회가 작성한 「조사결과보고서: 단원고 4.16기억교실 존치·이전 갈등 확산과 강제철거 시도」(병합_직라-18_신라-6)를 참조했다.

08 「기억교실' 존치 논란 안산 단원고 1지망서 신입생 정원 넘겨」, 『경향신문』 2015.12.21.

09 5월 9일 협약식 후 한 유가족이 단원고에서 아이의 생활기록부를 떼다 희생학생들이 모두 제적 처리된 사실을 발견한다. 경기도교육청은 2016년 5월 13일 교육행정정보시스템인 나이스(NEIS)를 운영하는 한국교육학술정보원(KERIS)과 협조해, 제적 처리된 세월호 희생학생 246명에 대해 '재학' 상태로 학적복원 작업을 완료했다. 12일 기억교실과 관련한 유가족-재학생 학부모 대표단의 면담 결과를 양측이 수용하면서 농성시작 엿새만인 13일 농성을 해제했다.

10 희생된 학생들의 명예졸업식은 '미수습 학생들의 문제가 해결될 때까지 미뤄달라'는 유가족의 요청으로 미뤄졌다. 희생학생들의 명예졸업식은 2019년 2월 12일 열렸다.

11 「세월호 추모교실 해법은 없나?」, 『경향신문』 2016. 2. 17.

12 이 협약은 가족협의회, 경기도교육청, 경기도청, 경기도의회, 안산시, 안산교육지원청, 단원고등학교 7개 기관이 참여했다.

13 2016년 5월 9일 체결된 '4·16안전교육 시설 설립을 위한 협약'의 결과로 경기도교육청 산하에 설치된 4·16안전교육시설이다.

14 「세월호피해지원법」에 근거한 추모사업 추진 경과에 관해 사회적참사특별조사위원회가 작성한 「조사 결과보고서: 세월호참사 관련 추모 및 유류품관리, 피해 지역 공동체회복과 경제활성화사업」(156면-210면)를 참조했다.

15 각각의 정식 명칭은 세월호피해지원법(4·16세월호참사 피해구제 및 지원 등을 위한 특별법), 지원·추모위원회(4·16세월호참사 피해자 지원 및 희생자 추모위원회), 안산시 추모사업협의회(4·16세월호참사 안산시 추모사업협의회)다.

16 2019년 2월 10일 열린 가족협의회 총회에서 분과 체제를 부서 체제로 개편했다. 추모사업 분과는 추모사업부서로 명칭을 바꿨다. 참고로 성빈 엄마 김미현 씨는 2015년부터 2018년까지 추모사업분과장을 맡았고, 호성 엄마 정부자 씨는 2018년부터 2024년 현재까지 추모사업부서장을 맡고 있다.

17 해당 용역은 (사)한국도시설계학회가 맡아 13개월간(2016. 6. 13.~2017. 7. 25.) 진행했다.

18 4·16세월호참사 특별조사위원회 활동기간 보장과 특검 도입을 요구하며 유경근 당시 4·16가족협의회 집행위원장과 장훈 진상규명분과장이 2016년 8월 17일부터 무기한 단식 농성에 들어갔다. 가족들도 동조단식에 나섰다. 단식은 9월 5일까지 이어졌다. 2016년 7월 27일부터 10월 5일까지 이석태 특조위 위원장의 일주일 단식을 필두로 특조위 상임위원과 조사관들도 하루 단식을 이어갔다.

19 안산시 추모사업협의회는 안산시장을 위원장으로, 4·16가족협의회 운영위원장을 부위원장으로 하여 언론, 여성, 시민단체 및 지역자치위원 등 각계각층 대표 24명으로 구성되었다. 지역사회 의견 수렴과 추모협의회 내부 논의를 함께 진행해, 되도록 2017년 3월 안에 추모시설 입지와 조성 방안에 대해 시민 합의안을 도출한다는 운영 방침을 세웠다.

20 2003년 2월 18일 발생한 대구지하철화재 참사의 경우 대구시가 유족과 추모비·추모묘역·안전교육관을 포함한 추모공원 조성을 약속한 바 있다. 그에 따라 국민성금과 국비, 시비를 함께 들여 '대구시민안전테마파크'가 설립되었고 수목장 형태로 32위의 유골이 묻혔다. 그러나 대구시는 공식적으로 추모공원으로서의 성격을 부정하고 있다. 추모공원을 혐오시설로 보는 지역 상인들의 반발이 거세기 때문이다.

21 참사의 아픔을 위로할 교회의 책임을 중시한 명성교회와 안산 최초 복지기관인 군자종합사회복지관, 연세대코칭상담센터의 협업으로 탄생했다. 현재는 '고잔복지센터 쉼과힘'으로 명칭을 바꿨다.

22 다크투어란 재해 장소, 전쟁 피해지 등 비극적인 역사 현장을 둘러보며 대재난의 원인과 구조를 이야기 나누는 여행 프로그램이다.

23 "안전한 세상·억울한 사람 없는 좋은 세상을 만들고 싶어요.", 4·16재단 홈페이지 활동소식, 2022년 5월 26일.

24 2014년 7월 18일 여성 조리사의 시신을 수습한 이후 10월 29일 고 황지현 학생이 수습될 때까지 추가 수습은 없었다.

25 시민들은 2018년 12월부터 '팽목 기억공간 조성을 위한 국민비상대책위원회'를 꾸리고 팽목기억관을 지키는 가족협의회의 투쟁에 함께하고 있다.

각성

01 KBS는 언론 인터뷰에서 유가족들이 다른 KBS 간부를 김시곤으로 오인했다고 말했다(「KBS 간부, 세월호 분향소 갔다가 봉변」, PD저널 2014.5.8). 이에 대해 김종기 씨는 그날 분향소를 방문했던 KBS 직원에게 "사라진 김시곤을 불러오라"고 했을 때 직원이 부정하지 않았다면서 이렇게 말했다. "그 사람한테 김시곤 어디 있냐, 같이 오는 거 다 봤다, 빨리 불러서 우리한테 사과하라고 했다. 그 사람이 어딘가에 연락을 하더니 '전화를 안 받는다'고 했다. 그럼 책임자 불러오라고 했더니 또 어딘가 연락을 하더니 '오는 중'이라고 했다. 세 시간을 기다려도 안 오니까 우리가 화가 나서 KBS에 가게 된 것이다."

02 주현숙 감독, 다큐 〈당신의 사월〉(2021).

03 「세월호참사: 이윤 경쟁이 내장된 자본주의 체제에선 재연될 수밖에 없다: 하지만 박근혜도 책임 있다」, 노동자연대 2014.5.7.

04 유해정 「재난정치와 애도: 남영호, 삼풍백화점, 세월호참사의 마주함을 중심으로」, 성공회대학교 박사학위논문 2018, 183~84면 참고.

05 예은 엄마 박은희 인터뷰 참고.

06 유해정, 앞의 글 187~91면 참고.

07 「"김무성 대표 미웠지만 내가 무능한 아빠니까 무릎 꿇고…"」, 『한겨레』 2014.11.14.

08 「세월호 희생자 피해자 가족 "죽을 각오요? 이미 죽었습니다"」, 『경향신문』 2015.4.2.

09 「세월호 가족 눈물의 2차 삭발… 영정 품고 1박 2일 도보행진」, CBS노컷뉴스, 2015.4.4.

10 「세월호 유가족·시민, 광화문서 경찰과 격렬 대치… 연행자 속출」, CBS노컷뉴스, 2015.4.18.

11 「세월호 1년, 하루 집회에 2~3년치 최루액 사용」, YTN 2015.4.25.

12 유해정, 앞의 글 233~39면 참고.

13 「세월호 가족, 청와대 100미터 앞서 참았던 눈물 터져」, 『가톨릭프레스』 2016.12.5.

14 「세월호 학생 맥박 뛰는데… 헬기는 해경청장 태웠다」, 『한겨레』 2019.10.31.

15 「청와대 앞 세월호 진상규명 촉구 피케팅 300일…」, 뉴스앤조이, 2020.9.7.

16 「4·16세월호참사가족협의회는 '문재인 대통령님의 성역 없는 진상규명 약속 이행 의지와 권한 실행 천명'을 기다리는 청와대 노숙농성을 시작합니다」, 4·16연대 성명 2020.12.24.

17 「오열 속에 거행된 세월호 유가족 삭발 현장」 영상, 『세계일보』, 2021.1.22.

차이

01 너에게 보내는 편지 영상. https://www.youtube.com/watch?v=p0qZTcKuNR0

02 '우리함께'는 2014년부터 2018년까지 운영된 세월호참사 희생자의 형제자매 공간의 이름이다. 세월호참사 이후 유가족들과 함께하기로 한 안산 지역 내 10개 복지관 네트워크 '우리함께'가 형제자매들과 함께 이 공간을 만들었다.

03 인권활동가 박래군은 1988년 6월 광주학살의 진상 규명을 요구하며 분신한 고 박래전 열사의 형이다.

04 4·16대학생연대는 '4·16대학생 새로배움터'뿐 아니라 세월호 특별법 제정을 위한 서명 캠페인과 기자회견, 4·16여름학교 등의 활동을 해온 연대체이다. 2016년부터 2018년까지 진행한 새로배움터는 4·16 대학생연대와 세월호참사 희생자의 형제자매가 함께한 활동이다. 전국의 대학생들이 매해 2월 초에 1박 2일 동안 안산에 모여 기억교실을 찾아가고 유가족을 만나고 세월호참사 진상규명에 대한 강의를 듣는 활동을 벌였다.

05 「[사사건건 플러스] 세월호 생존자 장애진 "'이태원참사'가 어떻게 '사고'인가? 또래의 슬픔, 내 일처럼 기억하겠다"」, 방송 인터뷰 일부, KBS, 2022.11.7.

06 「"혼자가 아니라는 것을 기억해주세요" 이태원 생존자께 보내는 편지」, 『한겨레』 2022.12.26.

가족

01 「단원고 생존학생 '눈물의 첫 등교', "평범한 학생처럼 대해달라"」, 민중의소리 2014.6.25., 「"친구들 잊지 말아주세요" 단원고 2학년 눈물의 등굣길」, 오마이뉴스. 2014.6.25.

02 「제대로 된 특별법, 살아남은 아이들을 위해서라도 대통령이 결단해주십시오」, 2014년 8월 27일 생존학생 학부모 호소문 내용 중 일부.

03 사참위의 권고에 다음과 같은 내용이 포함되었다. "세월호참사 피해지원을 위해서는 정부기관의 총괄 기능을 강화해야 한다. 관련하여 향후 의료비 추정의 어려움이나 생존자 중 다수인 미성년자들은 장기간 관찰과 치료 등이 필요한 점을 고려하여 미성년과 장년층, 형제자매 등 피해자 특성과 생애주기를 고려한 '장기 지원 계획'을 수립하고, 이에 대한 점검을 강화하며, 세월호참사 생존자 의료지원금 지급 기간을 연장해야 한다."

04 「세월호 생존자들, 국가 상대 손배소 승소… "1명당 8천만 원 배상"」, 연합뉴스 2019. 1.14.

05 그동안 사회복지공동모금회에 지정 기탁된 국민 성금은 통상 유가족에게만 배분되었다. 그러나 배분에 대한 설명을 들은 전명선 운영위원장은 생존자에게도 성금의 배분이 이루어져야 한다고 말했다. 사회복지공동모금회 담당자는 국민성금이 생존자에게 배분되는 선례는 없었다고 했다. 담당자는 유가족의 의견이 모아지면 생존자에게도 배분할 수 있지만 배분율은 공동모금회에서 결정하겠다고 말했다. 시우 엄마는 유가족들의 양보와 결

정으로 생존자들도 국민성금을 받게 되었다고 말한다.

몸짓

01 「죽음을 옆에 두고 살지만, 여기서는 웃을 수 있어요」, 오마이뉴스 2016. 1. 10.
02 같은 글.

편견

01 2018년 1월 11일, 4·16가족협의회 집행위원장 예은 아빠 유경근 씨가 팟캐스트 진행자로 나섰다. CBS와 4·16연대가 함께 만든 이 방송의 이름은 '세상 끝의 사랑'. '유족이 묻고 유족이 답하다'라는 부제가 붙었다. 유경근 씨는 15주에 걸쳐 매주 다른 참사의 피해자를 만나 그 아픔에 귀를 기울였다. 참사 피해자 중에서는 서로 이야기는 나눴지만 팟캐스트 녹음실로 모시지 못한 경우가 있다. 그중에 인현동 화재 참사 피해자들이 있다.

02 「성직자 꿈꾸던 성호, 누가 빼앗아 갔나요, [인터뷰] 세월호참사 희생자 박성호 군 누나 박보나 씨」, 뉴스앤조이, 2016.4.15.

03 「지만원, 세월호참사에 "시체장사에 한두 번 당해봤는가"」, 『경향신문』 2014.4.22.

04 「가난한 집 아이들 불국사로 수학여행 가지…」, 『한겨레』 2024.5.23.

05 「하태경, '세월호 분노는 시체장사' 지만원에 "보수인사라고 부르지 말아야"」, 『경향신문』 2014.4.23.

06 「〈여객선침몰〉 세월호, 메리츠화재·해운조합 선박보험 가입(종합2보)」, 연합뉴스 2014.4·16.

07 「세월호 배·보상 착수」, 해양수산부 보도자료 2015.4.1.

08 「눈물 젖은 머리칼 날린 광화문 광장, "두상 못났으니 삭발하지 말라던 딸 약속 못 지켰네요"」, 『경향신문』 2015.4.4.

09 앞의 글.

10 「유민 外家, "저 사람 지금 이러는 거 이해 안 돼"」, 『조선일보』 2014.8.25.

11 「유민 아빠 악성 루머와 국정원 사찰 의혹 관련 신문·방송 모니터 보고서」, 민주언론시민연합 2014. 8. 27.

12 이라영 『폭력의 진부함: 얼굴, 이름, 목소리가 있는 개인을 위하여』, 갈무리 2020, 10면.

13 「왜 안 들리고 왜 모르는 척하는지」, 4·16재단 뉴스레터, 2020.10.31.

14 4·16재단 「활동소식: "나는 많은 것을 잃었다"」, 박보나 2020.11.9.

15 2015년을 전후해 디지털 공간과 대중문화 영역에 만연한 '여성혐오'에 대항해 이십 대 여성을 중심으로한 '넷페미니스트'들이 사회적 목소리를 크게 내기 시작했다. 2015년 2월

10일 '#나는 페미니스트입니다'라는 해시태그 운동이 전개되었고, 다음 해인 2016년에는 '강남역 여성혐오 살인사건'을 계기로 거리와 광장의 저항으로 확장되었다. 이를 '페미니즘 리부트' 또는 '페미니즘 재부상'이라고 말한다.

16 「인현동 화재 참사 20주기 "과거 넘어 미래지향적 가치로 확장되어야"」, 인천in, 2019.10. 30.; 「인현동 참사 20주기… "공공의 기록으로"」, OBS뉴스, 2019.10.30.

17 4·16인권실태조사는 유가족과 생존자라는 단순 구획을 넘어 '피해자'의 개념을 재구성했다. 희생학생, 희생교사 가족, 생존학생, 생존학생 부모, 학교 관계자, 미수습자 가족, 희생자 가족, 생존자, 생존 화물기사, 이주민 희생자 가족, 민간 잠수사, 진도 어민, 자원봉사자로 대상을 구분했다. 유가족과 생존자 안의 차이를 드러냈을 뿐만 아니라 그간 피해자로 호명되지 못한 존재들에게로 시선을 돌렸다. 4·16인권실태조사는 애도받아야 하는 죽음과 그렇지 않은 죽음을 판별하고 줄 세우는 우리 사회의 인식에 질문을 던진 기획이었다.

18 정정훈 「선언하라, 우리를」, 인권오름 472호 2016. 2. 1.

19 삼풍백화점 참사(1995), 씨랜드 화재 참사(1999), 인천 인현동 화재 참사(1999), 대구지하철 참사(2003), 가습기살균제 참사(2011), 공주사대부고 병영체험학습 참사(2013), 세월호참사(2014), 스텔라데이지호 참사(2017).

20 4·16재단은 2023년 전국 재난참사 현장과 추모현장을 찾아가는 생명안전버스를 매달 운영했다.

합창

01 광주시민상주 100인 『사람 꽃 피다 2: 세월호 3년상을 치르는 광주시민상주모임: 진실을 인양하려는 실천과 행동의 기록』, 전라도닷컴 2016.

02 광주시민상주모임 정기열 인터뷰.

03 2015년부터 세월호참사 희생자 정부합동분향소 주차장의 컨테이너 박스 기독교 예배실에서 매주 그리스도인 유가족과 시민이 함께 드리던 '기억과 동행 예배'에서 시작되었다. 2018년 합동분향소가 철거된 후 4·16생명안전공원 부지에서 매월 첫째 주 일요일에 예배를 드리고 있다. 서울에서도 광화문광장, 청와대 앞을 거쳐 지금은 서울시의회 마당 세월호 기억관에서 매월 셋째 주 목요일 저녁에 진상규명 목요기도회를 진행하고 있다. 예배팀에는 그리스도인 유가족과 그들 곁을 지키는 목회자, 평신도가 함께한다. 4·16생명안전공원 예배팀은 지붕도 벽도 없는 아픔의 거리와 빈 들에서 태어난 '4·16교회'다. 4·16생명안전공원 예배팀, 『포기할 수 없는 약속』, 새물결플러스, 2023, 책날개 참고.

04 이때 작품들을 엮어 만든 책이 한뼘작가들, 『세월호 이야기』, 별숲 2014이다.

강곤

기억하기와 기록하기에 관심이 많다. '희망은 인간의 불완전함에 뿌리를 둔다'는 말,
그리고 이야기의 힘을 믿는다. 답보다 질문이 궁금한 삶을 살아가려 애쓰고 있다.

박희정

인권기록은 고통을 고하고 싶은 이들이 말할 자리를 만들어내는 일이다. 나는 겁이 많아
이 자리에 섰다. 이 위태로운 세상에서 내가 기댈 곳은 오직 이 한 뼘의 말할 자리인 까닭이다.

유해정

3년 만이라며 시작한 인권운동이 다짐하던 나이를 훌쩍 넘겨버렸지만, 운동과 삶은
여전히 미궁이다. 안간힘으로 밀어 올리는 목소리들을 무심히 외면하지 말아야지.
오늘도 다짐한다.

이호연

재난참사, 청소년 인권, 빈곤 그리고 보살핌과 돌봄노동에 대한 기록과 연구를 하고 있다.
존엄이 지켜지는 세상과 서로를 돌볼 수 있는 일상을 만들기 위해 사람들을 만나고 있다.

홍세미

저항하는 사람의 곁에 서고 싶어 인권 기록을 시작했다. 무릎을 맞대고 이야기를
전해 들은 시간만큼 내 세계가 부서지고 넓어졌다.

홍은전

문제 그 자체보다 문제를 겪는 사람에게 관심이 있고 차별받는 존재가 저항하는 존재로
거듭나는 이야기를 좋아한다.

520번의 금요일

세월호참사가족협의회 2014~2023년의 기록

기획 / 사단법인 4.16 세월호 참사 진상규명 및 안전사회 건설을 위한 피해자 가족협의회
인터뷰 및 취재, 집필 / 4·16세월호참사 작가기록단
교정 / 박대우 김정희
디자인 / 박대성

초판 1쇄 발행 2024년 3월 15일
초판 2쇄 발행 2024년 3월 29일

온다프레스
24756 강원도 고성군 토성면 아야진길 50-3
전화. 070-4067-8645
팩스. 0303-3443-8645
이메일. onda.ayajin@gmail.com
인스타그램. @onda_press